Traditionen und Zukünfte

Schriften der
Deutschen Gesellschaft für
Erziehungswissenschaft (DGfE)

Sigrid Blömeke
Marcelo Caruso
Sabine Reh
Ulrich Salaschek
Jurik Stiller (Hrsg.)

Traditionen und Zukünfte

Beiträge zum 24. Kongress
der Deutschen Gesellschaft für
Erziehungswissenschaft

Verlag Barbara Budrich
Opladen • Berlin • Toronto 2016

Bibliografische Information der Deutschen Nationalbibliothek
Die Deutsche Nationalbibliothek verzeichnet diese Publikation in der Deutschen
Nationalbibliografie; detaillierte bibliografische Daten sind im Internet über
http://dnb.d-nb.de abrufbar.

Gedruckt auf säurefreiem und alterungsbeständigem Papier.

ISBN   **978-3-8474-0660-0 (Paperback)**
eISBN   978-3-8474-0819-2 (eBook)

Umschlaggestaltung: Bettina Lehfeldt, Kleinmachnow – www.lehfeldtgraphic.de
Typographisches Lektorat: Judith Henning, Hamburg – www.buchfinken.com
Druck: paper & tinta, Warschau
Printed in Europe

Inhalt

Traditionen und Zukünfte

III Traditionen und Zukünfte

Herausforderungen derInternationalisierung

Inklusion

Inhalt

Traditionen und Zukünfte

I Einleitung

SIGRID BLÖMEKE, JURIK STILLER, ULRICH SALASCHEK,
SABINE REH, MARCELO CARUSO

Traditionen und Zukünfte – 50 Jahre Deutsche Gesellschaft für Erziehungswissenschaft

Wissen und Bildung werden weltweit zur wichtigsten Ressource auf dem Weg zu Wohlstand und Lebensqualität – und an die Erziehungswissenschaft als Forschung über Sozialisation, Erziehung und Bildung werden hohe Erwartungen von Öffentlichkeit und Politik gestellt. Dabei geht es nicht nur um eine Verbesserung des Bildungswesens auf allen Ebenen – eine bessere Förderung schon der Jüngsten und jedes Einzelnen im Laufe seines Lebens liegen ebenso wie der Abbau sozialer und herkunftsbedingter Ungleichheiten durch Bildung im Fokus der Bildungsforschung, wie der 24. Kongress der Deutschen Gesellschaft für Erziehungswissenschaft (DGfE) zu ihrem fünfzigjährigen Bestehen unter dem Motto „Traditionen und Zukünfte" gezeigt hat – vielmehr scheint auf Erziehungswissenschaft und eine entsprechende, handlungsrelevante Forschung auch die Lösung verschiedener drängender sozialer Probleme verwiesen: die Verschärfung von Ungleichheit, eine veränderte Kommunikationsdichte, Individualisierung, Herausforderungen im Umgang mit knappen Ressourcen wie Umwelt und Zeit sowie neue Eingriffsmöglichkeiten in das, was einmal als das natürliche Leben und als Voraussetzung von Erziehung und Bildung galt. Das ist eine hohe Verantwortung – Folge auch einer sich im Laufe der letzten 200 Jahre vollziehenden „Pädagogisierung" sozialer Probleme.

Die Erziehungswissenschaft hat sich in den zurückliegenden gut einhundert Jahren zu einer bedeutenden wissenschaftlichen Disziplin mit einem festen Ort an den Universitäten entwickelt. Erst vergleichsweise spät, 1964, wurde die Deutsche Gesellschaft für Erziehungswissenschaft von Vertreter*innen der Universitätspädagogik gegründet. In deren Geschichte, vor allem in der Geschichte ihrer Kongresse, der Themen der Kongresse und in der sich wandelnden Organisationsstruktur der DGfE in den letzten 50 Jahren spiegeln sich Veränderungen der Disziplin, ihre Expansion an den Universitäten, die Entwicklung erziehungswissenschaftlicher Forschungsmethoden aber auch die vielfältigen und teilweise widersprüchlichen Erwartungen, die pädagogisch-praktische und politische Bezugssysteme immer wieder – und möglicherweise auch immer stärker – an die Erziehungswissenschaft richten (vgl. Berg/Herrlitz/Horn 2004).

Im gesamten 20. Jahrhundert verlief die Herausbildung der Erziehungswissenschaft als eigenständige, universitäre Disziplin in Forschung und Lehre daher – und das scheint nun wenig verwunderlich – keineswegs gradlinig. Ihre Entwicklung aus der Philosophie und der Prozess ihrer Etablierung an den Universitäten sind geprägt von vielfältigen Traditionen, von politischen Vereinnahmungen und den Versuchen, sich vor solchen in eine scheinbare Neutralität von Wissenschaftlichkeit zu retten. Abbrüche und Umbrüche, produktive Optionen und Irrwege charakterisieren die Geschichte der Erziehungswissenschaft wie diejenige von Bildung und Erziehung und sind begleitet von dem Versuch der Disziplin, ihren wissenschaftlichen Status und ihre gesellschaftliche Rolle zu bestimmen und auszufüllen.

Die wechselvolle Geschichte der Erziehungswissenschaft ist geradezu beispielhaft anhand ihrer Entwicklung innerhalb der Berliner Universitäten – wo der Jubiläumskongress zum 50jährigen Bestehen der Deutschen Gesellschaft für Erziehungswissenschaft stattfand – sehr gut rekonstruier- und nachvollziehbar (vgl. Horn/Kemnitz 2002). Obwohl hier „Pädagogik" von Beginn an gelehrt wurde – von Schleiermacher über Trendelenburg bis zu Paulsen und Dilthey, also von Theologen und Philosophen –, wird erst 1920, aus dem Philosophischen Seminar heraus, mit der Berufung Eduard Sprangers ein eigenständiges „Pädagogisches Seminar" geschaffen. Die Institutionalisierung in Berlin zeigt zugleich die politischen Referenzen, die scharfen Formen wissenschaftlicher Abgrenzung und die gefährlichen ideologischen Verlockungen der Etablierung von Universitätspädagogik. Sie spannt sich auf zwischen vielfachen Optionen: als traditionelle Philosophie, als universitär kaum anerkannte Professionswissenschaft, als Instanz der Politikberatung und Legitimationsbeschaffung. Sie ist schon seit dem Ende des 19. Jahrhunderts auch als experimentelle Pädagogik und Psychologie präsent, findet als solche ihren disziplinären Ort aber in der Psychologie und ihren sozialen Ort bei reformerischen Oberlehrern. Ihre problematische politische Funktion zeigte die universitäre Pädagogik 1933, vor allem im Werk Alfred Baeumlers. Statt Bildung spätestens jetzt auch anderem, der Konstruktion des „politischen Soldaten" verpflichtet, lehrt er „Rasse als Grundbegriff der Erziehungswissenschaft" und sieht die Legitimation der nationalsozialistischen Herrschaft als zentrale Aufgabe. Die ideologische Indienstnahme der Universitätspädagogik durch SBZ und schließlich in der DDR sowie ihre freiwillige Unterwerfung setzten sich im „Kampf der Systeme" nach 1945 bis 1990 fort.

Sigrid Blömeke, Jurik Stiller, Ulrich Salaschek,
Sabine Reh, Marcelo Caruso

Ziel des Jubiläums-Kongresses zum 50jährigen bestehen der Deutschen Gesellschaft für Erziehungswissenschaft unter dem Motto „Traditionen und Zukünfte" war es, die innovativen Potentiale der Erziehungswissenschaft wie die von der Erziehungswissenschaft auszubalancierenden Spannungsverhältnisse von Tradition und Offenheit, von Intentionen und Wirkungen, Anpassung und Widerstand sowie Reaktion und Antizipation zu identifizieren, um davon ausgehend zu diskutieren, welche Zukünfte – eines neuen Menschen, einer neuen Gesellschaft oder einer neuen Schule – die Erziehungswissenschaft (mit)gestalten will und kann. Forschende entwarfen diese Zukünfte nicht allein aus einer Gegenwart heraus, die sich als durchaus ambivalent präsentiert. Zukunftsentwürfe wurden auch vor dem Hintergrund von Traditionen und Bildern des Gewordenen geformt. Die konstitutiven und variablen Spannungen zwischen Vergangenem und zukünftigen Entwicklungen in der erziehungswissenschaftlichen Forschung und Lehre wie auch von Erziehung und Bildung in pädagogischen Handlungsfeldern einschließlich ihrer Kontexte wurden bei diesem Kongress in den Blick genommen.

Im Bezug auf die Zukunft des Bildungswesens und der Gesellschaft fand eine doppelte Auseinandersetzung mit den Problemkonstruktionen, den gesellschaftlichen Erwartungen und den Erkenntnisstrategien der Gegenwart einerseits und der Historizität von Bildung, Erziehung und Forschungsarbeit andererseits statt. Sie erlauben es, begründete Prognosen abzugeben und Zukunftsentwürfe zu skizzieren. Je theoretisch klarer und empirisch überzeugender es ihr gelingt, die ökonomischen und gesellschaftlichen Kontexte von Bildung und Erziehung, Hilfe und Prävention zu bestimmen und zu problematisieren, desto nachhaltiger wird sie sich auch in Diskurse um die Gestaltung von Zukünften einbringen können. Nicht zuletzt der wieder zunehmende Rekurs auf erziehungswissenschaftliche Erkenntnisse für die Konturierung und Begründung von Bildungs- und Sozialpolitik, und so auch von Zukunftsszenarien, stellt eine der jüngsten Herausforderungen dar. Angesichts der Verschärfung sozialer Ungleichheit, der veränderten kommunikativen Umwelten, der Schattenseiten der Individualisierung und des problematischen Bezugs auf ein Gemeinsames, der Herausforderung des Umgangs mit knappen Ressourcen wie Umwelt und Zeit und der problematischen Neubestimmungen von Vorstellungen über Eingriffsmöglichkeiten in das, was einmal als das natürliche Leben fraglose Voraussetzung von Erziehung und Bildung zu sein schien, provoziert die Charakterisierung von »Bildung« als eine der zentralen sozialen Frage des 21. Jahrhunderts.

Die Erziehungswissenschaft wird nicht mit einheitlichen Lösungen aufwarten können. Aber sie kann antizipativ Konzepte und vielleicht auch produktive Utopien entwerfen. Unterschiedliche Zukunftsentwürfe erfordern die Definition von Zielsetzungen und die Klärung von Interessen. Insofern Zukunft gestaltet werden kann, sieht die Erziehungswissenschaft sich herausgefordert, daran kritisch und produktiv mitzuwirken.

Das fünfzigjährige Bestehen der Deutschen Gesellschaft für Erziehungswissenschaft wurde auf dem Berliner Kongress 2014 also zum Anlass, in über 100 Veranstaltungen unterschiedlichen Formats über das Verhältnis von Vergangenheit, Gegenwart und Zukunft, über Traditionen und Zukünfte, Auf- und Umbrüche in der Konsolidierung und Weiterentwicklung der erziehungswissenschaftlichen Disziplin und des Bildungs-, Sozial- und Erziehungswesens nachzudenken. Dieses Nach- und Neudenken fand auf unterschiedlichen Ebenen und in unterschiedlichen Bezugnahmen statt:

- Das Verhältnis von Vergangenheit, Gegenwart und Zukunft von Bildung und Erziehung im Hinblick auf ihre Erforschung und Reflexion unter historischen, kategorial-systematischen und praktischen Perspektiven.
- Das Verhältnis von unterschiedlichen epistemologischen, methodologisch-methodischen und praktischen Traditionen und Programmen der Produktion, Verbreitung und Kommunikation ihres Wissens in Bezug auf die zukünftige Gestalt und zukünftige Aufgaben der Erziehungswissenschaft.
- Gesellschaftliche, kulturelle und politische Herausforderungen für die zukünftige Gestaltung von Bildung und Erziehung, von Hilfe und Prävention und Konsequenzen daraus für zukünftiges pädagogisches Handeln.

Ein Teil aus der Menge der interessanten Beiträge – wenn vielleicht auch kein im statistischen Sinne repräsentativer – wurde für die Veröffentlichung in diesem Band ausgewählt und soll die vielfältigen Anregungen und Diskussionen, aber sicherlich auch die Provokationen und Verständigungsversuche einer großen und etablierten und dennoch vielfältigen Disziplin spiegeln.

Literatur

Horn, Klaus-Peter/Kemnitz, Heidemarie (Hrsg.) (2002): Pädagogik Unter den Linden. Von er Gründung der Berliner Universität im Jahre 1810 bis zum Ende des 20. Jahrhunderts. Stuttgart: Franz Steiner Verlag.
Berg, Christa/Herrlitz, Hans-Georg/Horn, Klaus-Peter (2004): Kleine Geschichte der Deutschen Gesellschaft für Erziehungswissenschaft. Eine Fachgesellschaft zwischen Wissenschaft und Politik. Wiesbaden: VS Verlag für Sozialwissenschaften.

Über Neomanie und die posttheoretische Phase in der Erziehungswissenschaft

Der Verlust von Vorurteilen

Die Überwindung von Traditionen zu bejubeln, ist nicht immer ein guter Indikator für die Bildung eines Menschen oder einer Gesellschaft. Das wusste unter den politischen Philosophen vielleicht Hannah Arendt auf besondere Weise, glaubte sie doch zu erkennen, dass die Sprengung der philosophischen, politischen und religiösen Traditionen auch die Voraussetzung für das Aufkommen des Totalitarismus bildet bzw. gebildet hat. Totalitarismus ist der radikale Schnitt, er schneidet die Vergangenheit von der Zukunft ab. Arendt benützt das Bild der fehlenden Brücke über die Lücke zwischen Vergangenheit und Zukunft, wobei sie mit „Brücke" die philosophisch-politischen Werte meint. In dieser Lücke habe man „ohne Geländer" zu denken. Traditionsbrüche waren ein zentrales Thema Hannah Arendts[1]. Für die Entwicklung der kulturellen Moderne sind für Arendt drei Schritte entscheidend gewesen: erstens die Entdeckung Amerikas und damit verbunden die Erforschung und Inbesitznahme der Erdoberfläche durch die Europäer, zweitens die Reformation und die damit verbundene Enteignung der Kirchengüter und Ankurbelung des gesellschaftlichen Akkumulationsprozesses, und schliess-

---

1   Arendt untersuchte insbesondere die Entstehung der Neuzeit im 16. und 17. Jahrhundert und den damit verbundenen Zweifel an der Gültigkeit des gesunden Menschenverstandes, die politischen Revolutionen des 18. Jahrhunderts und die industrielle Revolution des 19. Jahrhunderts.

Über Neomanie

lich die Erfindung des Teleskops, welche die Entwicklung der modernen Wissenschaft vorangetrieben hat[2].

Im Kontext des Kongressthemas ist die Ansicht Arendts bedeutsam, dass es unterhalb der „offiziellen" Tradition eine *verborgene* Tradition gibt, eine Vergangenheit, die nicht vermittelt wird. Nur nach einem Traditionsbruch wird es möglich, diese „neue" Vergangenheit an die Oberfläche zu bringen, an ihr zeigt sich die Vergangenheit als die Tiefendimension des menschlichen Lebens (Kohn 2011: 321). Arendt glaubte nun nicht, dass dies eine Sache der ideengeschichtlichen Interpretation sei, sondern vielmehr dass der Bruch mit der Tradition eine Tatsache darstelle, die erhebliche Konsequenzen für die politische Situation im weitesten Sinne nach sich ziehe: Traditionsbrüche sind Krisen des Gemeinsinns bzw. des gesunden Menschenverstandes (Arendt 1994: 260). Es handele sich um einen „Verlust von Vorurteilen" (256): das heisst nicht mehr und nicht weniger, als dass „wir die Antworten verloren haben, mit denen wir uns gewöhnlich behelfen, ohne auch nur zu wissen, dass sie ursprünglich Antworten auf Fragen waren" (Arendt 1994: 256). Dass Vorurteile immer negativ zu bewerten seien, ist selber auch ein Vorurteil, nämlich ein Vorurteil zweiter Ordnung, d.h. ein Vorurteil gegen das Vorurteil.

Was nun aber Erziehung und Bildung betrifft, so werden die Kinder nach Arendt nie in eine neue Welt hineingeführt, sondern immer nur in eine alte, „das heisst vorgegebene, von den Lebenden und Toten erstellte Welt, die nur für diejenigen neu ist, die neu in sie hineinkommen, durch Geburt oder Einwanderung" (Arendt 1994: 258) – das betreffe auch die sogenannte „Neue Welt", die in Amerika gegründet worden war. Kurz: Es sei eine Illusion, durch Erziehung eine neue Welt bauen zu wollen. Diese Illusion sei allerdings real, und so greife man „diktatorial mit der absoluten Überlegenheit des Erwachsenen ein und versucht, das Neue dadurch zustande zu bringen, dass man ein Fait accompli schafft, also so tut, als sei das Neue bereits da" (257f.). Das Neue beginnt nicht mit der Erziehung, im Erzieherischen liegt nach Arendt immer das *konservierende* Moment, immer ist „etwas zu hegen und zu schützen – das Kind gegen die Welt, die Welt gegen das Kind, das Neue gegen das Alte und das Alte gegen das Neue" (273). Das Kind selbst ist das Neue und um „des Neuen und Revolutionären willen in jedem Kind muss die Erziehung konservativ sein; dies Neue muss sie bewahren und als ein Neues in eine alte Welt einführen, die, wie revolutionär sie sich auch gebärden mag, doch im Sinne der nächsten Generation immer schon überaltert ist und nahe dem Verderben" (ebd.).

2 Mit diesen Umbrüchen ging eine Umkehrung traditionaler Geisteshaltungen einher: „Das in der Tradition so wichtige Vertrauen auf letzte Wahrheiten und ihrer intellektuellen Anschauung in der vita contemplativa wird in den neuen Wissenschaften durch eine experimentelle Wissenschaft ersetzt, die im Experiment auf Naturerscheinungen zurückgreift" (Schindler 2011: 300).

Roland Reichenbach

Dreierlei Neues und die Neomanie

In Zeiten des Umbruchs ist der „Enthusiasmus für das Neue" und das „Pathos des Neuen" (vgl. Arendt 1994: 257) nicht nur verständlich, sondern wohl auch nötig, denn die alten Antworten scheinen ausgedient zu haben und sie weiterhin verwenden zu wollen, vertieft die Krise nur noch. Dennoch ist die verführerische Idee des radikalen Bruchs mit der Vergangenheit politisch gefährlich, selber Ideologie und lässt die Vielfalt der Weltdeutungen auf erbärmliche Weise zusammenschrumpfen. Das ist die Situation, in der wir auch heute zu stecken scheinen, in der die Fortschrittsidee weitgehend von Innovationsrhetorik abgelöst worden ist, in der die Transformation und Erneuerung institutionalisiert worden sind, mittlerweile teilweise bürokratisch überwacht werden (um ein anderes Wort als „Monitoring" zu verwenden). Egal was es ist, es muss neu sein. Die damit verbundene Mentalität zeugt von einer Überschätzung der menschlichen Kreativität und Originalität.

Andreas Reckwitz unterscheidet in seiner Analyse des Prozesses gesellschaftlicher Ästhetisierung – *Die Erfindung der Kreativität* (Reckwitz 2012) – sogenannte „Strukturierungsformen" bzw. „Regime der Orientierung am Neuen" (44). „Regime des Neuen", so Reckwitz, „beobachten nun nicht nur das Neue, sie präferieren es auch und versuchen es zu fördern: sie betreiben aktiv eine Dynamisierung des Sozialen" (ebd.). Diese idealtypisch gedachten Regime sind: erstens das Neue als *Stufe* (Neues I), zweitens das Neue als *Steigerung* (Neues II) und drittens das Neue als *Reiz* (Neues III) (ebd.).

Das Regime des Neuen als *Stufe* will Altes definitiv überwinden. Dieses Modell liege der Idee der (politischen) Revolution zugrunde. Beispiele sind der „Sprung aus der Traditionalität in den Rechtsstaat, in die formale Bürokratie, den Sozialismus, die moralische Selbstaufklärung, aber auch die funktionalistische Architektur" (ebd.). Sei die neue Stufe erreicht, „werden das Soziale und das Subjekt an der Perfektionierung des gewissermassen immerwährenden Neuen orientiert" (ebd.).

Mit dem Regime des Neuen als *Steigerung* wird im Unterschied dazu „eine permanente Produktion des Neuen in eine unendliche Zukunft hinein angestrebt" (ebd.). Die Steigerung kann sowohl qualitativ als auch quantitativ verstanden werden, typische Beispiele seien die Entwicklung von Naturwissenschaft und Technik, ökonomische Innovationen auf dem Markt, die Überbietungssequenz künstlerischer Avantgarden, aber auch psychologische Modelle der Selbstoptimierung (45). Kennzeichnend für dieses zweite Regime sei der normative Anspruch der *Verbesserung*, der mit dem Neuen verbunden wird. „Institutionen und Subjekte, die nach diesem Muster organisiert sind, streben nach permanenter Veränderung in Form von graduellem oder sprunghaftem Fortschritt" (ebd.). Kurz: das Neue ist immer „besser".

Über Neomanie

Das Regime des Neuen als *Reiz* ist nach Reckwitz ein Ausdruck dessen, was er – in Anlehnung an Michel Foucault – „Kreativitätsdispositiv" nennt. Zwar geht es auch hier um „die dynamische Produktion einer Abfolge von neuen Akten, die unendlich ist. Das Neue ist aber weitgehend normativ neutralisiert. Der Wert des Neuen bestimmt sich hier nicht über seinen Ort in einer Fortschrittssequenz in die Zukunft hinein, sondern über seinen momentanhaften ästhetischen Reiz in der Gegenwart, der immer wieder von einer nächsten sinnlich-affektiven Qualität abgelöst wird. Es ist nicht der Fortschritt oder die Überbietung, sondern es ist die Bewegung selbst, die Abfolge von Reizen, der das Interesse gilt" (ebd.).

Das Neue als Reiz kommt ohne Fortschritt aus. Es handelt sich um eine Ästhetisierung im Sinne der „Selbstzweckhaftigkeit" und „Selbstbezüglichkeit", der „Wahrnehmung um der Wahrnehmung willen", nicht um Kants „interesseloses Wohlgefallen" (Reckwitz 2012: 23). Während Moderne einerseits als grosse „Entästhetisierungsmaschine" gesehen werden könne (namentlich durch die Prozesse der Industrialisierung, Kapitalisierung, formalen Versachlichung und der Mensch-Ding-Separierung [32]), komme es – sicher zuweilen als Reaktion und entfremdungskritischen Opposition zur Entästhetisierung – andererseits und gleichzeitig zu neuen Ästhetisierungsformen, welche durch fünf „Agenten" getragen und vorangetrieben würden, nämlich (1) dem Expansionismus der Kunst, (2) der Medienrevolutionen, (3) der Kapitalisierung im Sinne der Ästhetisierung der Warenwelt, (4) der Objektexpansion im Sinne der Vermehrung neuer Artefakte, und schliesslich (5) der Subjektorientierung (34-38). Diese Ästhetisierungsprozesse helfen der Orientierung am Neuen zum Durchbruch. Löst sich diese Orientierung vom kriteriengeleiteten, sagen wir: in irgendeinem Sinne vernünftigen Vergleich mit dem Alten oder Anderen, so könnte m.E. von „Neomanie" gesprochen werden. Das Neue als Reiz wäre als Ausdruck der Suche nach Befriedigung neomanischer Bedürfnisse zu verstehen[3].

Klafki in Finnland, Bollnow in Japan und Korea...

Auf internationalen Konferenzen geschehen bisweilen eigenartige Dinge. Zum Beispiel wenn ein finnischer Kollege dem Publikum seine neusten Ein-

---

3 Dass die Suche nach dem Neuen eine stetige Illusion sein könnte, die lange vor jeder Moderne bemerkt worden ist, kommt freilich schon alttestamentarisch, im Kohelet zum Ausdruck: „Es gibt nichts Neues unter der Sonne. Zwar gibt es bisweilen ein Ding, von dem es heisst: Sieh dir das an, das ist etwas Neues – aber auch das gab es schon in den Zeiten, die vor uns gewesen sind. Nur gibt es keine Erinnerung an die Früheren und auch an die späteren, die erst kommen werden, auch an die wird es keine Erinnerung geben bei denen, die noch später kommen werden" (Kohelet, 1,9).

Roland Reichenbach

sichten zu Wolfgang Klafki mitteilt oder wenn eine koreanische Kollegin über Otto F. Bollnow spricht, als ob dieser gerade das neuste Werk auf den Markt der pädagogischen Ideen geworfen hätte. In diesen Situationen schauen sich die deutschsprachigen Kollegen etwas konsterniert an und rollen vielleicht mit den Augen. Klafki in Finnland, was soll das, hat er 40 Jahre gebraucht, um die Ostsee zu überqueren? Und war das überhaupt nötig? Diese Finnen: lesen sie denn keine neueren Theorien, zeitgenössische Autoren? Und dann Bollnow in Ostasien! Genau dort gehört er hin, denken sich vielleicht manche. Diese scheinbaren Verspätungen gerade bei den sogenannten PISA-Gewinnern gefallen: die Sieger schnöder Schulleistungsolympiaden lesen Bollnow und Klafki!

Umgekehrt merken deutschsprachige Kollegen vielleicht weniger, wenn ihnen das Augenrollen gilt. So erscheint etwa manchem französischen Kollegen der Hype, den Pierre Bourdieu und Michel Foucault hier momentan erfahren, nicht ganz nachvollziehbar zu sein. Die Verspätung ist übrigens vergleichbar mit jener der finnischen Klafki- und koreanischen Bollnowlektüre.

Nun, wenn Bollnow und Klafki immer noch gelesen werden, dann haben sie offenbar immer noch etwas zu sagen, könnte man argumentieren. Die Tatsache, dass Jean-Jacques Rousseau seit einem Vierteljahrtausend gelesen wird, lässt die Voraussage recht sicher erscheinen, wonach Rousseau noch sehr lange gelesen werden wird, egal welchen Fortschritt die erziehungswissenschaftliche Forschung machen wird oder nicht. Da Platon seit 2.500 Jahren gelesen wird, wird das bei ihm ganz sicher ebenfalls der Fall sein. Das ist der Unterschied zu den Hunderttausenden von Aufsätzen, die ihren momentanen Sinn sicher haben, wohl für die Autoren selbst, aber die wissenschaftsgeschichtlich vor allem „weisses Rauschen" darstellen. Wissenschaft scheint eine sehr „fragile" Tätigkeit zu sein, um es mit dem populären Autor Taleb auszudrücken (2013: 451). Die Wahrscheinlichkeit, dass das, was ich hier äussere, in sehr naher Zukunft noch von irgendeiner Bedeutung erscheint, ist nahe bei Null. Daher ist Neomanie eine so schlechte Strategie, und wird sie zu einem Regime, ist sie eine Misere, zwar nur eine mittlere Misere, aber doch eine Misere. Wer also für die Zukunft was tun will, der soll sich mit dem Alten und Bewährten, mit Vergangenem und den Früheren beschäftigen. Die Beschäftigung mit „zeitgemässem" Material wird höchstwahrscheinlich keine Früchte tragen, denn die Originalität des Menschen ist begrenzt; während Neomanie die Verleugnung dieser Begrenztheit oder auch der aussichtslose Kampf gegen sie darstellt.

Nun kann man sich fragen, ob es im Bereich der Erziehung und Bildung das Neue in einem starken Sinne wirklich geben kann. Die drei Regime der Orientierung am Neuen sind vielleicht eher noch in der pädagogischen Praxis als in der erziehungswissenschaftlichen Forschung zu erkennen. Die Errungenschaft, das Kind als Bedürfniswesen zu verstehen und akzeptieren, dieses neue Bild des Kindes und seiner Entwicklung scheint die Qualität des Neuen

Über Neomanie

als Stufe zu besitzen, es stellt gewissermassen eine kulturelle Revolution dar. Die Etablierung des Ideals der Autonomie scheint ebenso in diese Kategorie zu gehören; ohne die Subjekt- und Bewusstseinsphilosophie hätte es dazu gar nicht kommen können, das ist klar. Auch dass sich das Ideal der Gleichheit in Fragen der Bildung durchsetzen konnte, darf wohl in der Rubrik des Neuen als Stufe verortet werden. Vielleicht sind manche didaktische und pädagogische Verbesserungen und Anpassungen als Neues im Sinne der Steigerung zu verstehen. Und ganz sicher gibt es Hunderte von Beispielen, in denen die neomanische Bedürfnislage zu Vorschlägen von pädagogischen Praxen und wohl auch zu erziehungswissenschaftlichen Forschungen führt, die zwar „neu" erscheinen, aber bloss „reizvoll" sind, und weder einer Steigerung noch einer noch so kleinen Revolution entsprechen.

Erziehung und Bildung sind anthropologische Konstanten, scheint es, vieles mag sich verändern, Wesentliches bleibt sich gleich. Das stört den neomanischen Zeitgeist. Denn alles muss und soll sich verändern. Veränderung muss nicht legitimiert werden, aber Stabilität, Konstanz und Stagnation. Ein populäres „Argument" der reformfreudigen Evidenzleute, die teilweise deutliche Anzeichen der neomanischen Fixierung aufweisen, besteht darin, zu bemängeln, dass das Bildungssystem und vor allem die Schulen und Lehrpersonen – ganz im Unterschied zu anderen Systemen und ihren Akteuren – so wenig adaptiv seien. Als Indiz für die Trägheit und die selbstverschuldete Unbelehrbarkeit des Schulsystems hat beispielsweise Robert Slavin das bekannte Gedankenexperiment wiederholt, welches man auch Sleeper-Argument nennen könnte: Nehmen wir an, heisst es dann, ein Mensch, sagen wir aus dem 18. Jahrhundert, sei ins Koma gefallen, eingeschlafen oder tiefgefroren und 250 Jahre später wieder aufgewacht oder zum Leben erweckt worden. Dieser Mensch würde nun in unserer Zeit herumirren, fassungs- und orientierungslos, die ganzen technischen Errungen- und Gerätschaften kaum begreifend, er käme aus dem Staunen nicht heraus, würde kaum eine Institution wiedererkennen, wenigstens bis er – endlich! – in ein Schulhaus finden würde. Dort käme ihm alles vertraut vor! Fast nichts hat sich verändert. Was er beobachten könnte – Unterricht – würde er, im Unterschied zu allen oder fast allen Tätigkeiten ausserhalb der Schule, sofort wiedererkennen! Die Schule bleibe also, so die Suggestion des Sleeper-Arguments, immer die gleiche, in diesem Lebensbereich habe sich offenbar kaum etwas geändert, und es sei doch insgesamt bedenklich, dass unsere Schulen offenbar so altbacken und herkömmlich sind, und die Lehrpersonen, selber unbelehrbar wie eh, tun das Gleiche wie ihre Kollegen und Kolleginnen vor ihnen, vielleicht dass sie heute weniger dreinschlagen, vielleicht dass sie subtilere Formen der Disziplinierung entwickelt haben und froh über den verbreiteten Einsatz von Ritalin sind. Doch schon die Prämissen des Sleeper-Arguments überzeugen kaum: als ob gerade nur die Institution der Schule im Wesentlichen die gleiche geblieben wäre, unveränderbar und unflexibel, als ob Institutionen anderer Systeme, beispielsweise des Wirtschaftssystems oder des Rechtssystems oder auch des Gesundheitssystems für einen Besucher aus dem 18. Jahrhundert kaum zu deuten oder begreifen wären. Aber das ist nicht der entscheidende Punkt, sondern vielmehr, was daraus folgen soll, wenn es denn überhaupt stimmen würde, dass nur die Schule noch im Wesentlichen die gleiche geblieben wäre. An der Stabilität von Erziehungs- und Bildungsfragen freut man sich viel zu wenig, scheint mir, während neomanische Blasen nur kurzlebige Diskurse zu entfachen vermögen. Allerdings gibt es auch grössere Debatten.

Grosse Debatten scheinen bedeutsam zu sein, fallen dann aber in sich zusammen

„Gross" könnten akademische Debatten bezeichnet werden, die dem wissenschaftlichen Publikum zu suggerieren vermögen, es sei von grosser Bedeutung, welchem Diskurslager man sich selber zuordne. Es sei besonders bedeutsam, ob man sich eher auf die Seite des kritischen Rationalismus oder aber jene der kritischen Theorie stelle, es sei so wichtig, ob man eher strukturalistische oder poststrukturalistische, kommunitaristische oder liberalistische Positionen gutheisse, ob man die Erziehungswissenschaft eher im Sinne der geisteswissenschaftlichen Pädagogik sehe oder aber sozialwissenschaftlich begreife, ob man eher qualitative oder quantitative Forschungsmethoden präferiere usw. usf.

Grosse Debatten folgen einer Dramaturgie. Eine Gruppe A, meist angeführt von einem Meisterdenker oder einem, der dafür gehalten wird oder sich selber dafür hält, schlägt die Lager auf und positioniert sich, so dass sich diametral gegenüber eine Gruppe B zu formieren müssen meint, um dieser Provokation zu begegnen. Gruppe B wird meist ebenso angeführt von einem kleineren oder grösseren Meister. Bisher waren diese Meister vor allem männlichen Geschlechts und nun ändert sich auch dies. Wenn nun A zum Beispiel „die Modernen" sind, dann sind B „die Postmodernen". Nun meinen die Personen im mehr oder weniger einschlägigen Kreis, nachdem sie die entstehende Debatte zunächst kaum wahrgenommen haben, sich unbedingt einem Lager zuordnen zu müssen. Plötzlich ist es überaus wichtig, ob man sich also als „modern" oder aber als „postmodern" versteht. Ein paar Lustige outen sich noch kurz als „vormodern", aber die werden im Verlauf der kleinen und grossen Diskussionen nicht mehr weiter wahrgenommen. Nun nimmt die Debatte also ihren hitzigen Gang. Die Modernen sind entsetzt darüber, wie undiszipliniert und chaotisch die Postmodernen sind, die Postmodernen können die Rigidität und Multi-Zentrizität der Modernen nur als gefährlich und ungerecht deuten. Man versucht die Argumente auszutauschen und merkt bald, dass es keine Annäherung geben kann, weil das je andere Lager zwar aus intellektuellen, aber dennoch letztlich geistig beschränkten Vertretern besteht. Nach wenigen Jahren entstehen die ersten Dissertationen und Habilitationen, und emsige Akademiker unterscheiden nun relevante Demarkationslinien, ontologische von methodologischen, begriffstheoretische von sprachanalytischen, deskriptive von normativen, und so vielen anderen mehr, dass der einzelne Interessierte, der zunächst einfach eine simple, aber kräftige A- oder B-Identität angestrebt hat, – wenn er es zugibt – einfach nicht mehr mitkommt und merkt, dass er sehr viel mehr Energie und Zeit haben und aufwenden müsste, um noch zu wissen, wo er steht. Man muss nicht Seneca heissen, um zu merken, dass das Leben für solche Zusatzaufgaben zu kurz ist. Daher werden die grossen Debatten nie gelöst und gibt es keine Gewinner und keine Verlierer, vielmehr fallen die Diskurse in sich zusammen wie ausgetrocknete Kakteen oder sie zerbröseln wie altersschwache Kekse. Jedenfalls gibt es keine Lösungen für diese Debatten und was an ihnen so neu und so bedeutsam erschien, interessiert immer weniger, und eine gewisse Ermüdung und Leidenschaftslosigkeit tritt ein.

Doch unabhängig von diesen diskursiven Turbulenzen bleiben Platon, Rousseau und Kant, und Humboldt und Herbart, und Schleiermacher und viele andere mehr, für die u.a. das deutsche erziehungs- und bildungstheoretische Denken an vielen Orten der Welt immer noch und immer wieder neu beneidet wird. Beneidet auch für eine Sprache und Differenziertheit, die von den deutschen Kolleginnen und Kollegen selber mitunter nicht mehr gesehen wird, weil sie vielleicht meinen, ihre Geschichte würde ihnen einen radikalen Bruch mit der Theorietradition auferlegen, die mit ihresgleichen nur in wenigen Kulturräumen überhaupt vergleichbar ist. Dass die vielen theoretischen Babys mit dem Badwasser des Internationalitäts- und Anschlussarguments weggespült wurden, gehört zur mittleren Misere der Neomanie.

„So kam ich unter die Deutschen…", beginnt die bittere Anklage, die Hölderlin seinen Protagonisten im *Hyperion* äussern lässt, und es ist mir ganz klar, dass wer heute so redet, nur seinen romantischen Pferdefuss entblösst. Doch es geht weniger um die Spannung zwischen Aufklärung und Romantik oder um die Differenz der Ideale der Autonomie und Authentizität, mit welchen die subjektive Freiheit der Moderne zu verstehen versucht worden ist, als um die Tatsache, dass wir, um es mit René Char zu sagen, „Erben ohne Testament" sind. Das theoretische Erbe ausschlagen zu müssen, nur weil es testamentarisch nicht festgelegt ist, scheint mir zum Selbstmissverständnis der deutschen Erziehungswissenschaft zu gehören, die mit einer gewissen Gründlichkeit die theoretischen Versuche und Vorschläge der geisteswissenschaftlichen Pädagogik weitgehend in den Wind geschlagen hat, die der nichtdeutsche pädagogisch interessierte Mensch nicht unbedingt verstehen kann. Mehr noch: zur negativen Identität gehört das Phänomen der mehr oder weniger süffisanten Verachtung der deutschen pädagogischen Tradition durch deutschsprachige Erziehungswissenschaftler selber. Das ist für den Quasi-Aussenstehenden so auffällig, dass nur immer wieder neu die Konsequenzen des radikalen Bruchs in der deutschen Geschichte des 20. Jahrhunderts bedacht werden müssen. Dieser kulturelle „Schaden" ist sicher als kollateral und arbiträr zu bezeichnen und bezeugt daher keine wirkliche, sondern – ich wiederhole mich – nur eine mittlere Misere. Und klar ist, dass man auch ohne deutsche geisteswissenschaftliche Pädagogik erziehungswissenschaftliche Forschung vorantreiben kann.

Kästen, Pfeile…:
Hier braucht niemand einen „protective belt"

Der Wissenschaftstheoretiker Imre Lakatos (1922-1974) prägte die Begrifflichkeit des „protective belt". Damit ist bekanntlich gemeint, dass Hilfshypothesen aufgestellt werden, um die fragwürdigen zentralen Hypothesen einer Theorie zu schützen. Je mehr Hilfshypothesen nötig werden, desto weniger kann die Kernhypothese überhaupt noch falsifiziert werden. Es handelt sich also um einen kritischen Begriff, der die Immunisierungsstrategien der Theoretiker gegen die Falsifikationsversuche der Skeptiker hinterfragt.

Theorien dienen dem Beschreiben, Verstehen und Erklären der Welt. Je mehr man für dieses Verstehen und Erklären einen „protective belt" braucht, desto mehr stellt sich die Frage, woran hier der Forschung mehr gelegen ist, dem Schutz der eigenen Theorie oder dem Interesse der Welt, die man zu untersuchen oder zu beschreiben vorgibt.

Doch heute scheint in der erziehungswissenschaftlichen Forschung mitunter deshalb kein „protective belt" notwendig mehr zu sein, weil es gar nichts zu schützen gibt, weil gar keine Theorie vorhanden ist, die diesen Namen verdienen würde. Offenbar ist es aber auch gar nicht mehr nötig, eine Theorie zu haben bzw. man kann flotte „theoretische Modelle" ganz kurzfristig generieren, modifizieren und wieder verwerfen etc. *Diese* „Theorien" kommen auch fast ohne Sprache aus. Das empfinden mache offenbar als Vorteil.

Die beiden Grundelemente solcher „Theorien" sind Kästen einerseits und Pfeile andererseits.

Minimal braucht eine solche „Theorie" zwei Kästen und einen Pfeil, der sie verbindet.

Über die Richtung des Pfeils darf gestritten werden.

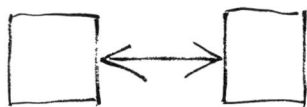

Auch kann der Pfeil – ziemlich raffiniert – an beiden Enden eine Spitze haben.

In die Kästen können Wörter eingetragen werden, z.B. „Frustration" und „Aggression" oder „Soziale Herkunft" und „Schulerfolg". Solche „Theorien" können auch sehr komplex sein, das ist klar. Denn es sind beliebig viele Kästen und Pfeile möglich.

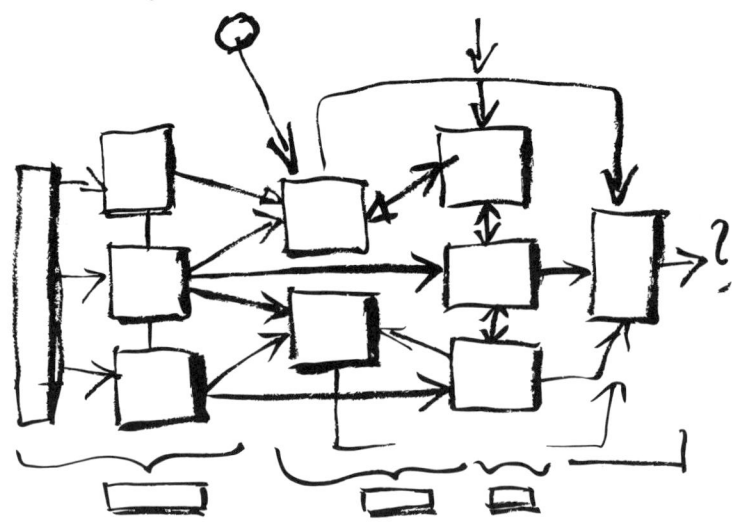

Roland Reichenbach

Weil diese „Theorien" so sprachlos sind, werden sie häufig ein wenig anders genannt, so spricht man gerne von „unserem theoretischen Modell" oder von den „theoretischen Grundannahmen, die der Untersuchung zugrunde liegen, wie in Abbildung xy dargestellt". Richtiger wäre es wahrscheinlich, von „unserem posttheoretischen Modell" oder den „posttheoretischen Grundannehmen" zu sprechen.

Ein Grossteil der Erziehungswissenschaftler braucht heute solche „Posttheorien", sie vertreten in der Zunft die grosse „Kästen-und-Pfeile-Kaste". Daneben gibt es aber immer noch eine kleine Kaste, die sich strikt und stur weigert, Pfeile und Kästen zu verwenden, sondern allein auf Prosa, Lyrik und Begriffe setzt. Diese Kaste schreibt teilweise sehr komplex, häufig auch unverständlich. Viele schreiben nur für wenige andere Theoretiker und werden auch nur von diesen gelesen und verstanden, wenn überhaupt – das ist mehrwiegend eine Stilfrage, je nach Sprache des Meisterdenkers, den man präferiert. Odo Marquard hat Philosophen kritisiert, die nur für andere Philosophen schreiben würden. Sie würden sich so absurd verhalten, wie Sockenhersteller, die nur für andere Sockenhersteller Socken herstellen. Daher möchte ich diese zweite Kaste die „Sockenhersteller-Kaste" nennen. Ihre Beschreibungen der Welt werden nicht verstanden, von einem grösseren Publikum sowieso nicht, teilweise nicht einmal in einschlägigen Kreisen.

Ich möchte nun abschliessend behaupten, dass nicht nur die Kästen-und-Pfeile-Kaste, sondern auch die Sockenhersteller-Kaste in gewisser Weise „posttheoretisch" fungiert, wenn Theorie immer noch der Beschreibung, dem Verstehen und dem Erklären der Welt dienen soll. Beide Kasten – die Kästen-und-Pfeile-Kaste sowie die Sockenhersteller-Kaste – sind Teil eines „selfish systems" geworden; hier interessiert man sich vor allem noch für sich selbst und die neomanischen Reize, die kastentypisch generiert werden. Die Welt der Erziehung und Bildung profitiert von beiderlei Kastenforschung nur minimal, wenn überhaupt.[4]

Dilthey meinte bekanntlich, dass die Wissenschaft der Pädagogik mit der Beschreibung des Verhältnisses des Erziehers zu seinem Zögling beginnen müsse. Doch die Aufgabe dieser Beschreibung stellt sich in jeder Epoche neu, und sie setzt ein fundamentales *Interesse* an den Phänomenen und der Welt der Erziehung und Bildung voraus. Mit dem Fokus auf originelle Sprache oder – wie nun meist – raffinierte Methoden hat sich die deutschsprachige Erziehungswissenschaft hinsichtlich der Aufgabe der *Theoriebildung* weitgehend selbst ausgehöhlt. Hingegen stehen die pädagogische und erzie-

---

4   Diese zweifache Typisierung ist eine grobe, rhetorische Vereinfachung, denn natürlich gibt es nicht nur diese Extreme, sondern noch weitere „Typen" oder Gruppen und freilich ist die Varianz innerhalb einer Gruppe erheblich und grösser als jene zwischen ihnen. Gleich bleibt sich m.E., dass die theoretischen und/oder theoriebildenden Impulse aus der deutschsprachigen Erziehungswissenschaft und Pädagogik insgesamt schwach geworden sind.

hungswissenschaftliche Sprach- und Methodenkritik – zumindest indirekt – für das Interesse an der Welt.

Literatur

Arendt, Hannah (1994). Zwischen Vergangenheit und Zukunft. Übungen im politischen Denken I. München, Zürich: Piper.

Kohn, Jerome. (2011): Tradition. In: Heuer, Wolfgang/Heiter, Bernd/Rosenmüller, Stefanie (Hrsg.): Arendt Handbuch. Leben – Werk – Wirkung. Stuttgart: Metzler, S. 320ff.

Reckwitz, Andreas (2012): Die Erfindung der Kreativität. Zum Prozess gesellschaftlicher Ästhetisierung. Frankfurt a. M.: Suhrkamp.

Schindler, Roland. W. (2011). Neuzeit/Moderne. In: Heuer, Wolfgang/Heiter, Bernd/Rosenmüller, Stefanie (Hrsg.): Arendt Handbuch. Leben – Werk – Wirkung. Stuttgart: Metzler, S. 300ff.

Taleb, Nassim N. (2013): Antifragilität. Anleitung für eine Welt, die wir nicht verstehen. München: Knaus.

KAI S. CORTINA

Kompetenz, Bildung und Literalität.
Anmerkungen zum Unbehagen der Pädagogik mit zentralen Konzepten der empirischen Bildungsforschung[1]

Kaum eine deutschsprachige Publikation im Bereich empirischer Bildungsforschung der letzten zehn Jahre scheint ohne den Begriff der Kompetenz auskommen zu können – in der Regel in Kombination mit einer Domäne wie Lesekompetenz, soziale Kompetenz, oder einer Vielzahl von Bindestrich-Kompetenzen. Johannes Hartig (2007; Hartig/Klieme 2006) hat wiederholt vor dem undifferenzierten und mitunter inflationären Gebrauch des Kompetenzbegriffs aus der Sicht der pädagogischen Diagnostik gewarnt. Wie bei vielen anderen psychologischen Begriffen auch ist es für *Kompetenz* nicht immer leicht, eine wissenschaftlich fundierte Definition von den Konnotationen des alltagssprachlichen Begriffs abzugrenzen (Klieme 2004). Im Folgenden wird argumentiert, dass das Unbehagen mit diesem Begriff in der Pädagogik – verstanden als die Wissenschaft von Theorie und Praxis von Bildungsprozessen – weder auf das Ringen um eine definitorischen Abgrenzung des Begriffs zurückgeht noch mit Fragen nach der Messbarkeit von Kompetenzen zusammenhängt. Zu wenig reflektiert erscheint vielmehr bis heute die durch PISA zyklisch genährte, aber kaum belegte Annahme, gemessene Kompetenzen am Ende der Pflichtschulzeit seien bildungsbiografisch stabil und für den weiteren Lebensverlauf von direkter Relevanz und daher ein zuverlässiger und universeller Indikator für die Qualität der Schule und des Bildungswesens insgesamt.

---

[1] Dieser Text basiert auf dem Eröffnungsvortrag des 24. Kongresses der Deutschen Gesellschaft für Erziehungswissenschaft, gehalten am 9. März 2014, ursprünglich konzipiert als Positionsreferat.

Ziel der weiteren Ausführungen ist nicht, die doch recht abwegige Gegenthese zu vertreten, (Schlüssel-)Kompetenzen seien für den weiteren Lebensweg irrelevant. In durchaus selbstkritischer Absicht geht es mir vielmehr darum anzuerkennen, dass die innovative Kraft, die vom Kompetenzparadigma für die Modernisierung des deutschen Bildungswesens zweifellos ausgegangen ist (Klieme/Jude/Baumert/Prenzel 2010), auch seine konzeptionelle Schwächen deutlich gemacht hat.

Definition und Messung von Kompetenzen

Was sind schulisch vermittelbare Kompetenzen und wie lassen sie sich reliabel und valide messen? Diese Kernfragen der pädagogischen Diagnostik standen im Mittelpunkt der „empirischen Wende der 1990er Jahre" (Köller 2014). Ohne die nicht nur Fachkreise überzeugenden Antworten wäre der Aufstieg der empirischen Bildungsforschung im deutschen Bildungsdiskurs undenkbar gewesen. Kaum jemand bezweifelt heute noch, dass man Mathematik-, Lese-, oder Biologieleistungen in einer Weise messen kann, dass die resultierenden Werte über Klassen-, Schul-, Bundesländer- und sogar Staatsgrenzen hinweg als Kompetenzen grundsätzlich vergleichbar sind. Die Definition von Kompetenzen als „erlernbare kontextspezifische kognitive Leistungsdispositionen" (Hartig 2007) passt auf die curricular in Schulfächer gefassten Lernprozesse wie der Deckel auf den Topf. Dass diese Definition motivationale Aspekte von Kompetenz bewusst ausklammert und sich explizit von Begabungskonzepten abgrenzt sei hier nur deshalb erwähnt, weil darin der Unterschied zwischen wissenschaftlichem Terminus und dem entsprechenden Alltagsbegriff zum Ausdruck kommt: Bescheinigen wir umgangssprachlich einer Politikerin Führungskompetenz, so ist dies gerade nicht auf einen leicht eingrenzbaren Kontext bezogen und dürfte assoziativ mit einer Vielzahl sozialer und motivationaler Aspekte in Verbindung gebracht werden („kann mit Leuten gut umgehen", „kann Stress ertragen"). Zudem drücken wir mit dem Begriff in der Regel aus, dass diese Kompetenz etwas ist, was man nicht, oder zumindest nicht ohne weiteres erlernen kann.

Mit der Messbarkeit von Kompetenzen, ihrer Messung und ihrer statistischen Aufbereitung (Skalierung, Kalibrierung, Equating etc.) befasst sich die empirische Bildungsforschung äußerst intensiv, wenn nicht gar mit leichtem Hang zur Obsession. Das liegt historisch daran, dass die empirische Bildungsforschung noch bis Ender der 1990 Jahre auf breite Skepsis bis hin zu offenem Widerstand in der Pädagogik traf, wenn sie die aus der Psychologie übernommenen messtheoretischen Ansätze nutzte, um Schulleistungen exakter zu messen als z.B. durch Noten. Das Resultat ist, dass in wohl keiner anderen sozialwissenschaftlichen Disziplin „Messinstrumente" so exakt entwickelt und dokumentiert werden wie in der empirischen Pädagogik, u.a. mit der Folge, dass Lesekompetenz, wie sie in PISA gemessen wurde, empirisch von derjenigen abgrenzbar erscheint, wie sie der Test für den Mittleren Schulabschluss misst (MSA), obwohl sich beide Tests offensichtlich nicht in pädagogisch relevanter Weise unterscheiden (Jude/Hartig/Schipolowski/Böhme/Stanat 2013).

Mit Hinblick auf die Definition und Messung von Schulleistungen bzw. Kompetenzen sollte man heute auch als Pädagoge kein Unbehagen haben, denn weder das Bemühen um definitorische Präzisierung dessen was gelernt werden soll, noch das Streben nach Vergleichbarkeit individueller Leistungsniveaus stehen im Widerspruch zur pädagogischen Betrachtung von Lernprozessen, solange die Kompetenzbetrachtung im Diskurs über Bildung nicht verabsolutiert wird und die Institution Schule nicht auf die Funktion eines Durchlauferhitzers zur Kompetenzmaximierung reduziert wird. Doch genau da liegt das Problem.

Das Woher und das Wohin individueller Kompetenzen

Wenn die Weiterentwicklung der pädagogischen Diagnostik in den letzten 20 Jahren wichtige Errungenschaften gebracht hat, wo ist dann ein legitimes pädagogisches Unbehagen mit dem Kompetenzbegriff? Das Problem steckt im Dispositionsbegriff, der im *explanans* der oben gegebenen Definition von Kompetenzen auftaucht („[...] kognitive Leistungsdispositionen") und der zu Missverständnissen Anlass gibt, die man fairerweise der pädagogischen Diagnostik nicht anlasten kann. Wenn wir z.B. die Leseleistung von Schülerinnen und Schülern in der 9. Klasse heute messen, so stellen sich grundsätzlich zwei pädagogisch relevante Fragen: a) retrospektiv: Wie kommt es zu diesen Werten? b) prospektiv: Was bedeuten diese Werte für die Zukunft?

Auf die erste Frage beziehen sich nahezu alle fundierten Analysen der empirischen Bildungsforschung, nämlich darauf, Ursachen für Unterschiede in den hier und jetzt gemessenen Leistungen in der unmittelbaren Lernumgebung (z.B. Unterrichtsqualität) oder der längerfristigen Wirkzusammenhängen (z.B. soziale Herkunft, Migrationshintergrund) zu suchen. Hier kommen auch die Messqualitäten der Kompetenzmessung voll zur Geltung, weil durch die universelle Vergleichbarkeit der Werte Leistungsunterschiede auf allen Ebenen des Bildungswesens abgebildet werden können und nicht nur im sozialen Vergleichskontext der Schulklasse.

Doch was ist mit der zweiten Frage, dem biografischen Blick nach vorne? Wie bedeutsam sind die exakt gemessenen Kompetenzen für die weitere Biografie von Kindern und Jugendlichen? Hier ist es zweckmäßig, zwei Diskurse zu unterscheiden. Zum einen geht es um die theoretisch-pädagogische Frage, inwieweit der Kompetenzbegriff mit dem klassischen Begriffen von Bildung oder Mündigkeit als normative pädagogische Ziele vereinbar ist und welchen Nutzen es bringt, diese alten pädagogischen Begriffe durch den Kompetenzbegriff zu ersetzen oder zu ergänzen. Zum anderen geht es um den durch die OECD popularisierten Begriff der Literalität (*literacy*), der das konzeptionelle Rückgrat der PISA Studien bildet und der die Instrumentalität der in PISA gemessenen Kompetenzen für einen erfolgreichen weiteren Lebenslauf in modernen Gesellschaften betont (Baumert/Artelt/Klieme/Stanat 2001).

Kompetenzen, Bildung und Bildungsideal

In einem sehr lesenswerten Aufsatz leiten Klieme und Hartig (2007) den modernen Kompetenzbegriff historisch von Heinrich Roths „Pädagogischer Anthropologie" (2. Band, 1971) ab, in der er das pädagogische Ziel der Mündigkeit herunterbricht in Selbstkompetenz (Fähigkeit zu selbstverantwortlichem Handeln), Sachkompetenz (kognitive Kompetenzen im engeren Sinne) und Sozialkompetenz – eine Unterscheidung, die den ersten Deutschen Bildungsrat nachhaltig beeinflusst hat. Die Kritik seitens der Pädagogik, Bildung im Sinne der Selbstentfaltung und Weltaneignung müsse mehr sein als Kompetenzerwerb weisen Klieme und Hartig (2007) mit Verweis auf die in PISA (zumindest für Deutschland) breit angelegte Messung der Sach-, Selbst-, und Sozialkompetenztrias zurück. Mit Bezug auf Roth erscheint das eine doch etwas kühne These, weil dieser unter Mündigkeit – ganz in der Tradition der neuhumanistischen Pädagogik – ein universelles Bildungsideal verstand, d.h. als das Ziel aller Bildungsprozesse – nicht nur der schulischen Unterweisung.

Die Debatte um den Kompetenzbegriff stammt aber erkennbar aus der Schulpädagogik und wenn man seine Reichweite auf die Schule als pädagogische Institution begrenzt, haben Klieme und Hartig ein gutes Argument: Schulische Lernprozesse sind nur ein – wenn auch ein sicher wichtiger – Teil des formativen Bildungsprozesses insgesamt. Welche Bildungsziele aus dem Gesamt einer zu bildenden Person in der Schule umgesetzt werden sollen und sich für die in der Schule üblichen sozialen Interaktionsformen überhaut eignen, ist eine interessante Debatte für sich, die sich immer wieder an Fragen der Werterziehung und religiösen Unterweisung entzündet. Es wäre hier eine selbst innerhalb der humanistischen Pädagogik vertretbare Position zu fordern, Schule solle sich auf die Vermittlung von Sachkompetenzen beschränken und andere Bildungsziele anderen Sozialisationsagenturen zu überlassen. Die Eingrenzung schulischer Bildungsziele lässt sich in Deutschland historisch plausibel begründen ohne ein normativ geprägtes Bildungsideal aufgeben zu müssen. Insofern steht das Kompetenzmodell gar nicht im Wider-

Kai S. Cortina

spruch zu universellen Bildungsidealvorstellungen. Dass PISA mitunter auch andere Kompetenzen misst, ist ehrenwert, steht aber mit der grundlegenden Frage nach dem idealen Ziel von Bildung in keinem direkten Bezug, weil daraus noch lange nicht logisch folgt, dass Schule auch der primäre oder gar alleinige Ort ihrer Vermittlung sein sollte.

Fruchtbar ist die Debatte aber insofern, als sich hier wiederum die grundsätzliche Frage nach der Messbarkeit stellt. Zumindest implizit richtet sich die Kritik am Kompetenzbegriff gegen die Annahme, alle Elemente eines emphatischen Bildungsbegriffs seien grundsätzlich messbar und somit auch als Kompetenzen beschreibbar. Diese Kritik ist wenig stichhaltig, wenn man sich von vornherein auf denjenigen Ausschnitt von Bildungszielen beschränkt, für den man der Schule Zuständigkeit zuschreibt. Denn für diese Ziele muss in der Tat das Prinzip der Messbarkeit gelten, weil Bildungsziele der Schule mit den dort geltenden, universellen Prinzipien vereinbar sein müssen, insbesondere dem der Universalität und Spezifität, welches individuelle Leistungsbeurteilung und soziale Vergleiche legitimiert (Leschinsky/Cortina 2008). Da wird es schwierig, gegen eine grundsätzlich Messbarkeit zu argumentieren, weil ja z.B. Rückmeldung des Leistungsstands in Hinblick auf ein Bildungsziel ein zentrales pädagogisches Element ist, welches logisch eine Messung des erreichten Niveaus voraussetzt. Die Forderung nach Messbarkeit von Kompetenzen bezieht sich nur auf die institutionalisierten Bildungsprozesse im Kontext der Schule, ohne dadurch in Widerspruch zu teleologisch-normativen Konzepten wie Bildung oder Mündigkeit zu geraten.

Literalität: Basiskompetenz, Schlüsselkompetenzen oder Orientierungswissen?

Es ist also nicht die Messbarkeit oder die Unvereinbarkeit mit normativen Konzepten in der Pädagogik die ein Spannungsverhältnis zwischen empirischer Bildungsforschung und Pädagogik begründet. Die intellektuelle wie forschungspraktische Sollbruchstelle hängt vielmehr mit dem Begriff der *Literalität* und seiner Ableitung aus dem Konzept der *literacy* zusammen, das die OECD zur Grundlage von PISA gemacht hat und das sich – wenn auch nur vage – aus der Humankapitaltheorie ableitet (vgl. Baumert/Artelt/Klieme/Stanat 2001):

„[...] PISA überprüft, inwieweit Schülerinnen und Schüler gegen Ende ihrer Pflichtschulzeit Kenntnisse und Fähigkeiten erworben haben, die für eine volle Teilhabe am Leben moderner Gesellschaften unerlässlich sind, wobei der Schwerpunkt auf Lesekompetenz, Mathematik und Naturwissenschaften liegt." (OECD 2010: 17)

33

Die Crux liegt in der Kombination von „Schülerinnen und Schülern" als definierte Population und der unterstellten Instrumentalität der Kompetenzen für „die Teilhabe am Leben moderner Gesellschaften". Auf Schule als Organisation wird nur indirekt über die Zielpopulation von Jugendlichen in ihrem Rollenausschnitt als Schülerinnen und Schüler Bezug genommen. Auf der internationalen Ebene geht es PISA explizit nicht um die Schule, sondern um die simple Frage, ob 15-Jährige Jugendliche bestimmte, als lebensrelevant erachteten Kompetenzen besitzen ohne Rücksicht darauf, wo, wie und wann sie diese Kompetenzen erworben haben. Es mag zunächst sophistisch erscheinen, auf den logischen Unterschied zwischen *Jugendlichen* und „Schülerinnen und Schüler" hinzuweisen, doch es ist der wichtigste Kristallisationspunkt für das gegenwärtige Spannungsverhältnis zwischen (Schul-)Pädagogik und der empirischen Bildungsforschung seit PISA. Selbstverständlich dürfte es – vor allem in der Mathematik und den Naturwissenschaften – überwiegend die Schule sein, die in PISA gemessene Kompetenzen vermittelt, was sich u.a. an der Konvergenz der PISA Studien und den TIMS-Studien ergibt, obwohl sich nur die Tests letzterer explizit auf das Schulcurriculum beziehen. Lässt man sich darauf ein, dass auch PISA *cum grano salis* Schulleistungen misst, so stolpert man über die Frage, ob es in der Tat das primäre Ziel schulischer Vermittlung die „volle Teilhabe am Leben moderner Gesellschaften" zu ermöglichen? Die Antwort hängt natürlich stark davon ab, was man unter „Teilhabe" und unter „Leben in modernen Gesellschaften" versteht. Bemerkenswert ist in diesem Zusammenhang, dass sich das Deutsche PISA Konsortium von Anfang an spürbar von dem hier implizit zugrunde liegenden „Bevorratungsmodell" schulischen Lernens distanziert hat, wonach erworbene Kompetenzen im weiteren Leben einen direkten instrumentellen Nutzen haben (Weinert 1997). Bereits im ersten PISA Bericht definieren Baumert, Stanat und Demrich (2001) schulische Bildungsprozesse als die

„[...]Aneignung eines für Weiterlernen anschlussfähiges Orientierungswissen [...]. Schulisch erworbenes Wissen bewährt sich nicht, indem es auf spätere Berufs- und Lebenssituationen angewendet wird, sondern dann, wenn es die Chancen verbessert neue Anforderungen situationsadäquat unter Berücksichtigung von Werten Zwecken und Zielen zu interpretieren, und das zur Bewältigung der Anforderungen notwendige Um- und Neulernen erleichtert." (ebd.: 30)

Es wäre ein Leichtes zu belegen, dass diese Konzeption schulisch erworbener Kompetenzen als Orientierungswissen nicht nur in der Pädagogik, sondern auch in der Entwicklungspsychologie des Jugendalters ausgesprochen gut verankert ist. Wenn es nicht darum geht, wie effizient die Sozialisations- und Bildungsprozesse bis zum Alter von 15 verlaufen sind (retrospektive Betrachtung), sondern um die Frage nach der Bedeutung der gemessenen Kompetenzen für die kurz- mittel- und langfristige *Zukunft* der Jugendlichen (prospektiv), so geht es um mehr als nur oberflächliche Rhetorik, wenn man Orientierungswissen von Basis- oder Schlüsselkompetenzen als „solides

Kai S. Cortina

Fundament" (OECD 2010: 23) abgrenzt. Wenn das pädagogische Ziel der Schule ist, Jugendlichen universelles Orientierungswissen zu vermitteln, so stellt die *Literalität* im Sinne von PISA lediglich einen Ausschnitt notwendiger Bedingungen für das Gelingen des Übergangs in die autonome Lebensführung dar. Die Qualität von Schule bildet sich demnach zwar auch in der gelungenen Vermittlung von Literalität ab, ist aber bei Weitem nicht mit ihr identisch. Die Reduktion der Leistung der Schule (bzw. des gesamten Bildungssystems) auf die Vermittlung von Schulleistungen bzw. Basiskompetenzen ist eine folgenreiche Verkürzung, derer sich die OECD in den für ein breiteres Publikum geschriebenen PISA Berichte regelmäßig schuldig macht, weil dort an vielen Stellen die Kompetenzmittelwerte (und ihre Varianz) als universelles Maß dafür gelten, wie erfolgreich das Bildungssystem eines Landes ist. Da wurde bekanntlich zunächst Finnland gepriesen, seit 2009 sind es nun vor allem China (Shanghai) und Korea. Doch die *Spitzenländer* in den Mathe- und Leseleistungen sind regelrechte Versagerstaaten, wenn es um die psychosoziale Seite des Schullebens geht. Koreanische Schulkinder zeigen trotz hoher Leistungen sehr geringes Interesse an schulischem Lernen (So/Kang 2014), fühlen sich ihrer Schule kaum verbunden und schenken Lehrer kaum Vertrauen – Aspekte des schulischen Lernen, wo europäische Staaten inklusive Deutschland *Spitze* sind (Arel/Cortina/Pant 2012). Es geht hier nicht darum, das eine gegen das andere auszuspielen, sondern darum zu illustrieren, dass das *literacy*-Paradigma dazu tendiert, den Blick auf Bildungssysteme ohne Not zu verengen.

An dieser Stelle erscheint es notwendig, die deutschen PISA Forscherinnen und Forscher in Schutz zu nehmen, die nicht müde werden, bei jeder PISA Runde genau auf die Begrenzung des Kompetenzmodells von PISA hinzuweisen und bemüht sind, Missverständnisse diesbezüglich auszuräumen (z.B. Jude/Klieme 2010; Sälzer/Prenzel 2013; Klieme/Jude/Baumert/Prenzel 2010). Das Problem ist jedoch, dass die Simplifizierung a la OECD für den Aufstieg der empirischen Bildungsforschung in Deutschland instrumentell war und wir empirischen Bildungsforscher (Autor eingeschlossen) diese verkürzte Sicht oft billigend in Kauf nehmen, wenn es um die öffentliche Aufmerksamkeit unserer Forschung geht. Man muss sich durchaus kritisch fragen lassen, ob die empirische Bildungsforschung in Deutschland nicht gut daran täte, Kompetenzen konsequent als Orientierungswissen zu konzipieren. Denn (schulische) Bildung ist eben doch mehr als die Vermittlung von Basiskompetenzen auf möglichst hohem Niveau.

Jenseits des Literalitäsmodells

Mag es am unteren Ende der *Literalitätsskalen* vertretbar erscheinen, z.B. auf den hohen Prozentsatz von Jugendlichen mit geringem Leseverständnis als potenzielle biografische Risikogruppe zu verweisen (unterhalb Kompetenz-stufe II), so besteht dennoch keine lineare Beziehung in der Weise, dass biografische Risiken um so geringer sind, je höher die Lese-, Mathematik- und Naturwissenschaftskompetenzen im Alter von 15 Jahren sind. Diese biografisch-instrumentelle Risikobetrachtung basiert bestenfalls auf Plausibilitätsannahmen und ist wissenschaftlich im Rahmen von PISA alles andere als belegt. Immer wieder muss die *einzige* (!) längerfristige Längsschnittstudie aus Kanada (Youth in Transition Survey, YITS) als Beleg für das erhöhte biografische Risiko im Hinblick auf Schulabschluss und Arbeitslosigkeit herhalten (z.B. Naumann/Artelt/Schneider/Stanat 2010, OECD, 2010), obwohl die Resultate dieser Studie recht uneinheitlich sind: Männliche Jugendliche, die im Jahre 2000 im Alter von 15 Jahren im untersten Quartil des Leseverständnistests waren, hatten zwar unabhängig von sozialer Herkunft eine höheres Risiko, sechs Jahre später arbeitslos zu sein. Doch den 18% Arbeitslosen in dieser Gruppe stehen immerhin 11% Arbeitslose in der Gruppe gegenüber, die im Jahr 2000 im obersten Leistungsquartil waren. Keine signifikanten Unterschiede fanden sich zudem für die Frauen (Hansen 2009, siehe auch: Cortina in press).

Fasst man schulische Kompetenzen hingegen als Orientierungswissen auf, würde man langfristige direkte Effekte von Kompetenzunterschieden am Ende der Pflichtschulzeit gar nicht erwarten, weil im Mittelfeld und am oberen Ende der Kompetenzskalen (d.h. oberhalb der Schwelle funktionaler Risiken) Unterschiede z.B. in der Lesekompetenz eine qualitativ andere Bedeutung haben: Wer sich mit dem Lesen etwas schwerer tut als andere, wird vermutlich eine Bildungs- und Berufskarriere einschlagen, die weniger auf fortgeschrittener Lesekompetenz beruht, wie umgekehrt einem Jugendlichen mit lediglich solider *Basiskompetenz* in Mathematik und Naturwissenschaften viele Berufsoptionen offenstehen, wo vertiefende Kenntnisse in diesem Bereich nicht von Bedeutung sind (vgl. Zedler 2000).

An den Begriff des Orientierungswissens geknüpft ist die *ur*-pädagogische Idee der Freiheit, reflektiert (d.h. *mündig*) aus verschiedenen Berufs- und Lebensentwürfen wählen zu können. Viele Kompetenzen und individuelle Neigungen stehen hier gleichberechtigt nebeneinander ohne die Privilegierung der drei Domänen des OECD *literacy* Konstrukts: Die Realschulabsolventin, die sehr gut in Mathematik und Chemie ist, entscheidet sich gegen die gymnasiale Oberstufe, die sie besuchen könnte, weil sie wegen des direkten Kontakt zu Menschen lieber eine Ausbildung zur Krankenschwester machen möchte. Der Gymnasiast im Mathematik Leistungskurs ist unschlüs-

Kai S. Cortina

sig, ob er Informatik studieren soll, wie es ihm die Eltern nahelegen, oder nicht doch am Konservatorium vorspielt, wie ihm die Musiklehrerin rät, weil er im Schulorchester die Bratsche mit Abstand am besten spielt. Das Literalitätsmodell blendet aus, dass moderne Gesellschaften hochgradig arbeitsteilig sind und die Prozesse optimaler *Selbstplazierung* der nachwachsenden Generationen im sich stetig wandelnden beruflichen Sektor für die Reproduktion einer erfolgreichen Volkswirtschaft mindestens ebenso wichtig sind wie die basalen Kulturtechniken. In der Erforschung der relevanten formativen Prozesse im Kindes-, Jugendalter und deren Förderung und Stützung in der Schule liegt der breite gemeinsame Nenner von pädagogischer Betrachtung und empirischer Bildungsforschung. Wie hier argumentiert wäre viel gewonnen, wenn sich die empirische Bildungsforschung aus dem zu engen Prokrustesbett des Literalitätsmodells befreien würde.

Literatur

Arel, Sari/Cortina, Kai S./Pant, Hans A. (2012): Teacher Support and Sense of School Belongingness: A Universal Effect? Insights from Two PISA Studies. Poster presented at the annual conference of the American Educational Research Association. Vancouver, Canada.

Baumert, Jürgen (2000): Lebenslanges Lernen und international Dauerbeobachtung der Ergebnisse von institutionalisierten Bildungsprozessen. In: Achtenhagen, F./Lempert, W. (Hrsg.): Lebenslanges Lernen im Beruf – seine Grundlegung im Kindes- Jugendalter. Bd. 5, Opladen: Leske + Budrich, S. 121-127.

Baumert, Jürgen/Artelt, Cordula/Klieme, Eckhard/Stanat, Petra (2001): PISA – Programme for International Student Assessment. Zielsetzung, theoretische Konzeption und Entwicklung von Messverfahren. In: Weinert, F. E. (Hrsg): Leistungsmessungen in Schulen. Weinheim: Beltz, S. 285-310.

Baumert, Jürgen/Stanat, Petra/Demmrich, Anke (2001): PISA 2000: Untersuchungsgegenstand, theoretische Grundlagen und Durchführung der Studie. In: Deutsches PISA Konsortium (Hrsg.): PISA 2000 – Basiskompetenzen von Schülerinnen und Schülern im internationalen Vergleich. Opladen: Leske + Budrich, S. 15-68.

Cortina, Kai S. (im Druck): PIAAC und PISA: Pädagogisch paradoxe Parallelen. Zeitschrift für Pädagogik.

Jude, Nina/Hartig, Johannes/Schipolowski, Stefan/Böhme, Katrin/Stanat, Petra (2013): Definition und Messung von Lesekompetenz. PISA und die Bildungsstandards. In: Jude, Nina/Klieme, Eckhard (Hrsg.): PISA 2009 – Impulse für die Schul- und Unterrichtsforschung. Weinheim u.a.: Beltz 2013, S. 200-228. (Zeitschrift für Pädagogik, Beiheft; 59)

Jude, Nina/Klieme, Eckhard (2010): Das Programme for International Student Assessment (PISA). In: Klieme, Eckhard; Artelt, Cordula; Hartig, Johannes; Jude, Ni-

Kompetenz, Bildung und Literalität

na; Köller, Olaf; Prenzel, Manfred; Schneider, Wolfgang; Stanat, Petra (Hrsg.):
PISA 2009. Bilanz nach einem Jahrzehnt. Münster: Waxmann, 11-22.

Hansen, Jorgen (2009): How does academic ability affect educational and labour
market pathways in Canada (Education Working Paper No. 30). Paris: OECD.

Hartig, J. (2007): Skalierung und Definition von Kompetenzniveaus. In B. Beck & E.
Klieme (Hrsg.): Sprachliche Kompetenzen. Konzepte und Messung (S. 83-99).
Weinheim: Beltz.

Hartig, J./Klieme, E. (2006): Kompetenz und Kompetenzdiagnostik. In: K. Schweizer
(Hrsg.): Leistung und Leistungsdiagnostik (S. 127-143). Berlin: Springer.

Klieme, Eckhard (2004): Was sind Kompetenzen und wie lassen sie sich messen? In:
Pädagogik 56 (6), S. 10-13.

Klieme, Eckhard/Hartig, Johannes (2007): Kompetenzkonzepte in den Sozialwissenschaften und im erziehungswissenschaftlichen Diskurs. In: Prenzel, M./Gogolin,
I./Krüger, H.-H. (Hrsg.): Kompetenzdiagnostik. Zeitschrift für Erziehungswissenschaft Sonderheft 8, S. 11-29.

Klieme, Eckhard/Jude, Nina/Baumert, Jürgen/Prenzel, Manfred (2010). PISA 2000–
2009: Bilanz der Veränderungen im Schulsystem. In: Klieme, E./Artelt,
C./Hartig, J./Jude, N./Köller, O./Prenzel, M./Schneider, W./Stanat, P. (Hrsg.):
PISA 2009. Bilanz nach einem Jahrzehnt. Münster: Waxmann, S. 277-300.

Köller, Olaf (2014): Entwicklung und Erträge der jüngeren empirischen
Bildungsforschung. In: Fatke, Reinhard/Oelkers, Jürgen (Hrsg.): Das
Selbstverständnis der Erziehungswissenschaft: Geschichte und Gegenwart.
Weinheim; u.a.: Beltz Juventa 2014, S. 102-122. (Zeitschrift für Pädagogik,
Beiheft; 60)

Leschinsky, Achim/Cortina, Kai S. (2008): Zur sozialen Enbettung bildungpolitischer
Trends in der Bundesrepublik [Social embeddedness of educational trends in
Germany]. In: Cortina, K. S./Baumert, J./Leschinsky, A. (Hrsg.): Das Bildungswesen in der Bundesrepublik Deutschland. Strukturen und Entwicklungen
im Überblick. Reinbek: Rowohlt, S. 20-51.

Naumann, Johannes/Artelt, Cordula/Schneider, Wolfgang/Stanat, Petra (2010): Lese-
kompetenz von PISA 2000 bis PISA 2009. In: Klieme, E./Artelt, C./Hartig,
J./Jude, N./Köller, O./Prenzel, M./Schneider, W./Stanat, P. (Hrsg.): PISA 2009.
Bilanz nach einem Jahrzehnt. Münster: Waxmann, S. 23-65.

OECD (2010): PISA 2009 Ergebnisse: Was Schülerinnen und Schüler wissen und
können. Schülerleistungen in Lesekompetenz, Mathematik und Naturwissenschaften, Bd. 1. Bielefeld: Bertelsmann.

Roth H. (1971): Pädagogische Anthropologie. Band II: Entwicklung und Erziehung.
Hannover: Schroedel.

So, Kyunghee/Kang, Jiyoung (2014): Curiculum reform in Korea: Issues and
challenges for twenty-first century learning. Asia-Pacific Education Researcher
23, 4, S. 795-803.

Weinert, Franz. E. (1997): Psychologie des Unterrichts und der Schule. Enzyklopädie
der Psychologie, Bd.3. Göttingen: Hogrefe.

Zedler, Peter (2000): Wandlungen des Reformdiskurses. Konfliktlinien leitender Ori-
entierungs- und Bewertungsmaßstäbe in der Schulentwicklung. In: Krüger, H.-H./
Wenzel, H. (Hrsg.): Schule zwischen Effektivität und sozialer Verantwortung.
Opladen: Leske und Budrich, S. 15-41.

II Traditionen und Zukünfte – Selbstvergewisserungen

Der Untergang des Geistes, der Aufstieg der Evidenz. Wissensgeschichtliche Überlegungen zur Vergangenheit und Zukunft der Erziehungswissenschaft

Im Titel dieses Beitrags werden nicht nur Vergangenheit und Zukunft singularisiert, sondern auch das Spannungsverhältnis von Vergangenheit und Zukunft, von Tradition und Zukunft. Die Geschichte der Verwissenschaftlichung der Pädagogik (Tenorth 2009) und ihrer akademischen Institutionalisierung bzw. „Normalisierung" (Kuhn 1967) als Erziehungswissenschaft in den letzten einhundert Jahren wird als Übergang von einer geisteswissenschaftlichen Pädagogik zu einer evidenzbasierten Bildungsforschung gefasst. Dieser Gebrauch von Begriffen im Singular und der Versuch, zwei wissenschaftliche Positionen in ihrer Bedeutung für eine ganze Disziplin hervorzuheben, könnten als ein Kontrapunkt zum Titel des Kongresses[1] gelesen werden, in dem von Traditionen und von Zukünften die Rede ist.

Der Kontrapunkt war nicht intendiert. Es hat sich bei der Formulierung des Titels eher eine wissenschaftliche Gewohnheit eingeschlichen, die für einen bestimmten Denkstil und einen spezifischen erkenntnistheoretischen Zugang steht. Die Pluralisierung im Rahmen begrifflicher Arbeit bzw. begrifflicher Auffassung ist wissenschaftlich gesehen im besten Fall eine *contradictio in adiecto*, im Normalfall Verlegenheitsausdruck, ein sich nicht festlegen wollen, ein sich nicht festlegen können. Zuerst könnte man diesbezüglich denken, dass eine solche wissenschaftliche Haltung in Folge der so genannten Postmoderne obsolet geworden sei. Auf den zweiten Blick würde man

---

1 Es handelt sich um den Titel „Traditionen und Zukünfte" des 24. Kongresses der Deutschen Gesellschaft für Erziehungswissenschaft, der vom 9. bis 12. März 2014 an der Humboldt-Universität zu Berlin stattgefunden hat.

aber feststellen müssen, dass auch Autorinnen und Autoren der Postmoderne nicht auf den Singular verzichten, wenn sie etwas auf den Punkt bringen wollen, wenn sie ein Phänomen in seiner Besonderheit erfassen wollen, wenn sie eine semantische Verschiebung markieren. Sie schreiben von Postmoderne, von Differenz, von Widerstreit, von disziplinärer Gesellschaft, von Gouvernementalität im Singular.

Das Singulare steht nicht für eine, wie Nietzsche sagen würde (Nietzsche 1888/1980: Bd. 6, I, §1), Mumifizierung von Phänomenen, für eine Essentialisierung argumentativer Vorgänge, sondern *erstens* für eine vorläufige aber verbindliche Fixierung von Ergebnissen, *zweitens* für die Sichtbarmachung von Hegemonien, Dominanzen, Emergenzen. So beabsichtigen die begriffliche Auffassung von Phänomenen und die Hervorhebung von Tendenzen zum erkenntnistheoretischen Klärungsprozess sowie zur geschichtlichen Erschließung wissenschaftlich disziplinärer Entwicklungen beizutragen.

Hat die Pluralität in der politischen Sphäre, in der Sphäre der Handlung nicht nur ihre Legitimation, sondern auch ihre Notwendigkeit (Arendt 2001: 213), müsste sie wissenschaftlich begründet werden, wenn man die plurale Logik politischer Handlung und das erkenntnistheoretisch fundierte und methodisch gesicherte Verfahren wissenschaftlicher Forschung nicht als identisch erachtet.

War man im 20. Jahrhundert der gefährlichen Naivität bzw. dem Platonismus von Universitätsprofessoren ausgeliefert, die glaubten, die Philosophie an die Macht bringen zu können (Arendt 1969: 893-902), ist man im 21. Jahrhundert einer merkwürdigen Umkehrung dieser Haltung ausgesetzt, deren historische Genese zu erläutern wäre. Merkwürdig ist sie aus dem Grund, dass sie sich in einer Zeit der so genannten Wissensgesellschaft vollzieht. Universitätsprofessorinnen und Universitätsprofessoren politisieren oder moralisieren die Wissenschaft, indem sie die spezifische Logik wissenschaftlicher Forschung verkennen. In Bezug auf die professoralen Ambitionen könnte man von einer Umkehrung des Verhältnisses von Politik und Wissenschaft – breiter gefasst von Praxis und Theorie – sprechen: Nicht die politische Handlung, die Praxis soll wissenschaftlich begründet werden, sondern die Wissenschaft will legitimiert werden, indem sie sich die Logik der Handlung zu Eigen macht.

Zusammenfassend könnte man zur unterschiedlichen Natur von Wissenschaft und Handlung sagen: *Strebt die Wissenschaft nach Einheit, stellt die Handlung die Pluralität fest.*

Der Titel des Kongresses artikuliert sowohl seitens der wissenschaftlichen als auch der bildungspolitischen Gesellschaft den Bedarf nach einem Ort, der die Konfrontation unterschiedlicher Akteure ermöglicht. Zugleich sollte der Kongress aber auch, wie Britta Behm in ihren *Gedanken zum Jubiläum* im Programmheft treffend bemerkt, ein Ort sein, an dem die Fachgesellschaft wissenschaftstheoretisch kategorisiert und historisch – im bildungspolitischen

Rita Casale

wie im theoretischen Geschehen – eingeordnet werden sollte (Behm 2014: 12). Dafür sollen im Folgenden einige Hypothesen formuliert werden.

Hinsichtlich der Deutschen Gesellschaft für Erziehungswissenschaft verweist Britta Behm auf einen mutmaßlich strukturellen Konflikt zwischen geisteswissenschaftlicher Pädagogik und empirischer Bildungsforschung, der die Geschichte der Gesellschaft von Anfang an charakterisiert habe (ebd.). Dieser Konflikt sollte in einer hegemonialen Perspektive gelesen werden und nicht nur auf die Geschichte der Fachgesellschaft, sondern auch auf den Prozess der Verwissenschaftlichung der Pädagogik, auf die Etablierung der Erziehungswissenschaft als universitäres Fach in Deutschland in den zwanziger Jahren des letzten Jahrhunderts bezogen werden. Unter *hegemonialer Perspektive* ist nicht ausschließlich eine machtpolitische Positionierung einer wissenschaftlichen Strömung zu verstehen, sondern die erkenntnistheoretische Dominanz eines wissenschaftlichen Paradigmas. Eine solche Dominanz ist zuerst epistemologisch. Bei der hegemonialen Perspektivierung epistemologischer Entwicklungen geht es darum, zu verstehen, welche Position in einem spezifischen Kontext als das maßgebende Rationalitätsmodell betrachtet wird. Damit sind sicher Ressourcen und Stellenbesetzungen verbunden, aber wissenschaftlich ist in erster Instanz die anerkannte Legitimität, die ein Rationalitätsmodell genießt, zu begreifen. Die Dominanz eines wissenschaftlichen Rationalitätsmodells ist eher symbolischer als machtpolitischer Natur. Sie setzt einen für sich gewonnenen Konsens voraus. Dementsprechend läuft die Anerkennung, die akademische Etablierung anderer Zugänge über eine unvermeidliche Konfrontation mit dem hegemonialen Rationalitätsmodell.

Nimmt man das Verhältnis von Geisteswissenschaftlicher Pädagogik und Empirischer Bildungsforschung, würde man für die Gegenwart vergeblich nach Indikatoren suchen, welche die Hegemonie der Geisteswissenschaftlichen Pädagogik belegen würden/könnten. Die Geisteswissenschaftliche Pädagogik, eine philosophisch orientierte Pädagogik, die Geisteswissenschaften allgemein befinden sich heute eher unter ständigem Legitimationsdruck. Schon für die Zeit nach dem Zweiten Weltkrieg bis zu den frühen sechziger Jahren, in der sich eine *machtpolitische* Dominanz der Geisteswissenschaften und der geisteswissenschaftlichen Pädagogik historisch rekonstruieren lässt (vgl. Kersting 2008), handelt es sich lediglich, wie Georg Bollenbeck formuliert, um eine „vorübergehende Reaktivierung" eines traditionellen Deutungsmusters (Bollenbeck 1996: 306). 1946 fragte sich Friedrich Meinecke: „Wird es gelingen, den deutschen Geist zu retten?" (Meinecke 1946: 176)

Die damalige geisteswissenschaftliche Hegemonie lässt sich als konservative Modernisierung, als Restauration eines schon alt gewordenen Geistes, d.h. als epigonale Phase eines Untergangs charakterisieren, der plastisch im Titel *Geisteswissenschaftliche Pädagogik am Ende ihrer Epoche*, der 1968 erschienenen Festschrift zu Ehren Erich Wenigers, fixiert wurde. Eva Matthes präzisiert, dass mit dem Titel der Festschrift nicht gemeint war, was damit ausgedrückt wurde, sondern dass die Titelfindung Ergebnis langwieriger Diskussionen gewesen sei (Matthes 2011: 185). Was sich als historisch korrekt erweist, wirkt in der Rezeption als die geschichtliche Ankündigung des Endes einer Dominanz.

Das Ende der Hegemonie der Geisteswissenschaften oder, sarkastisch formuliert, der Untergang des Geistes ist Ende der sechziger Jahre zu datieren. Diese Zäsur ist *nicht unmittelbar* und *nicht ausschließlich* mit der wachsenden Dominanz der empirischen Bildungsforschung zu erklären. Die Zersplitterung des Geistes, der Einheit des Geistes beruht auf der Erosion des Allgemeinen, wovon der Geist die treibende Kraft bildete. Die Krise der Geisteswissenschaften ist als Krise einer Epoche zu verstehen, die in der objektivierenden Tätigkeit des Geistes in Staat und Kultur dessen politische und kulturelle Hegemonie legitimiert fand.

Darauf wird später eingegangen. Zuerst soll versucht werden, einige Punkte zu präzisieren, die für die Rekonstruktion der Vergangenheit aktueller Tendenzen berücksichtigt werden sollten. Es geht um *epistemologische Klärungen* und den Hinweis auf mögliche *Verklärungen*. Im Hintergrund stehen die wissenschaftstheoretischen Analysen von Gaston Bachelard und Georges Canguillem.

Die *erste* Klärung betrifft die so genannte *Ungleichzeitigkeit* historischer Phänomene bzw. wissenschaftlicher Strömungen. Hegemonie schließt Ungleichzeitigkeit nicht aus. Dass im selben Zeitraum unterschiedliche Positionen im akademischen Kontext vertreten sind, ist noch kein Beleg gegen die Hegemonie eines erkenntnistheoretischen Zugangs. Das hat Lucien Criblez in seiner Rekonstruktion der empirischen Bildungsforschung als wissenschaftliche Avantgarde zu Beginn des 20. Jahrhunderts in der französischen und deutschsprachigen Schweiz jüngst gezeigt. Avantgarde gewesen zu sein, verhalf der empirischen Bildungsforschung zumindest im deutschen Kontext nicht dazu, sich im Sinne Kuhns als Normalwissenschaft im akademischen Kontext etablieren zu können (Criblez 2013: 13-34).[2] Auch die Schweizer experimentelle Avantgarde sollte nicht zur wissenschaftlichen Referenz für die in den sechziger Jahren in Deutschland hegemonial gewordene empirische Bildungsforschung werden. Zur „Normalisierung", zur akademischen Etablierung einer wissenschaftlichen Richtung gehört also etwas anderes als die Pionierarbeit in einem bestimmten Bereich. Voraussetzung dafür ist eher die *Kondivision*, der *hegemoniale Konsens* hinsichtlich eines Rationalitätsmodells. Dieser beinhaltet die explizit aber auch implizit verbreitete Akzep-

---

2   Die Unterschiede zwischen dem französischen und dem deutschen Kontext, die Criblez rein soziologisch skizziert, sind m. E. für eine Rekonstruktion der epistemologischen Entwicklung der Disziplin nicht relevant. Abgesehen davon, dass die sich in Genf etablierte empirische Forschung eine transzendentale Erkenntnistheorie voraussetzt.

Rita Casale

tanz der hegemonialen Position einer Rationalitätsform in unterschiedlichen gesellschaftlichen Segmenten historischer Realität.

Die *zweite* Anmerkung bezieht sich auf die Klärung des Verhältnisses von *Wissensgeschichte und Wissenschaftsgeschichte*. Die Hegemonie eines Rationalitätsmodells ist nicht ausschließlich in Bezug auf eine Disziplin, auf eine einzelne Wissenschaft zu erklären. Ihre Analyse kann zwar von einer bestimmten wissenschaftlichen Konkretisierung nicht abstrahieren, aber sie sollte sich nicht nur darauf begrenzen. Die Hegemonie der Geisteswissenschaftlichen Pädagogik sowie ihr Untergang erschließen sich dementsprechend nur im Zusammenhang mit der wachsenden Bedeutung der Geisteswissenschaften und des Historismus im ausgehenden 19. Jahrhundert sowie der Krise eines solchen Zugangs in den sechziger Jahren des letzten Jahrhunderts.

Das gilt allgemein, aber insbesondere für die Erziehungswissenschaft angesichts ihrer spezifischen interdisziplinären Matrix. Das bedeutet nicht, dass das Verhältnis zwischen Wissenschaftsgeschichte und Wissensgeschichte einer Import-Export Beziehung ähneln soll. Das geschieht leider zu oft in der Erziehungswissenschaft. Eine wissensgeschichtlich orientierte Wissenschaftsgeschichte hat eher die Genese ihrer Begrifflichkeit und Argumentationsverfahren zum Gegenstand. Der Ausgangspunkt bleibt also die eigene Disziplin, deren wissenschaftliche Entwicklung es unter Berücksichtigung ihrer unterschiedlichen und *diskontinuierlichen*, interdisziplinären Rationalitätsmodelle im Horizont des hegemonialen Wahrheitsdiskurses zu untersuchen gilt.

Die *dritte* Klärung dreht sich um das Verhältnis zwischen Wissensgeschichte bzw. *Wissenschaftsgeschichte und Wissenssoziologie*. Die Beziehung zwischen Wissenschaftsgeschichte und Wissenssoziologie wird in der epistemologischen Forschung als Analyse der Relation zwischen internen und externen Faktoren wissenschaftlicher Entwicklung thematisiert. Canguillhem unterscheidet diesbezüglich die Position jener Historiker, Internalisten, welche die Wissenschaftsgeschichte rein immanent bzw. nach der immanenten Logik der Forschung erläutern, von den Externalisten, die wissenschaftliche Entwicklung als eine kausale Konsequenz ökonomischer und gesellschaftlicher Faktoren betrachten:

„Der Externalismus besteht darin, eine Reihe von Ereignissen, die man eher aus Tradition als aufgrund von kritischen Analysen der Wissenschaft zurechnet, durch Bezugnahme auf ökonomische und gesellschaftliche Interessen, auf technische Erfordernisse und Praktiken, sowie auf religiöse oder politische Ideologien zu erklären. Es handelt sich um einen verdünnten und armseligen Marxismus [...]. Der Internalismus, der von den Externalisten für Idealismus gehalten wird, meint, daß Wissenschaftsgeschichte nur bestehen kann, sofern man sich ins Innere des wissenschaftlichen Werks versetzt, um zu analysieren, wie es den spezifischen Normen zu entsprechen sucht, die es

Der Untergang des Geistes, der Aufstieg der Evidenz

als Wissenschaft und nicht als Technik oder Ideologie definieren. […] Der Externalist sieht in der Wissenschaftsgeschichte die Erklärung eines Kulturphänomens durch die Bedingungen der gesamten kulturellen Umwelt; er versteht sie darum als eine naturalistische Soziologie der Institutionen, nicht als Interpretation eines *Diskurses mit Wahrheitsanspruch*" (Hervorhebung RC) (Canguilhen 1979: 27-28).

Das Ausklammern des Wahrheitsanspruchs wissenschaftlicher Forschung führt dazu, die Hegemonie eines wissenschaftlichen Ansatzes mit der Machtposition einer wissenschaftlichen Richtung zu identifizieren. Dominanz, Aufstieg eines Rationalitätsmodells sind aber *weder kontingent noch notwendig.* Sie resultieren aus der Etablierung einer wissenschaftlich vermittelten Logik, die von gesellschaftlichen, ökonomischen Faktoren beeinflusst wird. Der Aufstieg sowie die Dominanz eines Rationalitätsmodells sind aber nicht auf die externen Faktoren ohne symbolische Vermittlung zurückzuführen.

Um es an einem Beispiel zu erläutern: die OECD, die so genannten Neueren Steuerungen, die Johannes Bellmann und Thomas Müller analysieren[3] (vgl. Bellmann/Müller 2011: 17) haben zwar Einfluss auf die Etablierung eines Rationalitätsmodells, das angeblich auf Evidenz basiert, aber sie allein erklären das Phänomen nicht. Aus diesem Grund kann eine wissenssoziologische Kontextualisierung von Rationalitätsformen nicht die immanente Auseinandersetzung mit der wissenschaftlichen Geschichte einer Disziplin ersetzen. *Wissenssoziologie ist in diesem Sinn mit Wissensgeschichte nicht gleichzusetzen.*

Gesellschaftliche Transformationen unterschiedlicher Art spielen eine entscheidende Rolle bei der Verschiebung oder bei der Krise erkenntnistheoretischer Zugänge, aber ihr Eintritt in den wissenschaftlichen Diskurs erfolgt nur infolge einer Übersetzung, in Form „symbolischer Vergesellschaftung" (Bollenbeck 1996: 306)[4], die sich in Begriffe, Theorien, Ideen herauskristallisiert.

---

3   „Eine Vermutung dieses Bandes […] besteht darin, die Konjunktur und den Erfolg evidenzbasierter Pädagogik als Ausdruck einer hypertechnokratischen Steuerungsfunktion wissenschaftlichen Wissens zu verstehen." Und weiter heißt es: „Die Konjuktur des Paradigmas resultiert aus unserer Sicht vielmehr aus der forschungs- und bildungspolitischen Stützung und Institutionalisierung evidenzbasierter Pädagogik, die im Kontext eines neuen ‚indikatoren-' bzw. ‚datengestützten' Steuerungsmodells eine besondere Nachfrage erhalten hat. Zur Einordnung evidenzbasierter Pädagogik reicht deshalb auch eine rein methodologische und erkenntniskritische Diskussion nicht aus; sie muss ergänzt werden durch Perspektiven der Wissenschaftsforschung und Wissenschaftssoziologie, die in der Lage sind, das Paradigma im Kontext forschungs- und bildungspolitischer Machtkämpfe zu verorten" (vgl. J. Bellmann, Th. Müller: Evidenzbasierte Pädagogik – ein Déjà vu? Einleitende Bemerkungen zur Kritik eines Paradigmas. In: J. Bellmann, Th. Müller (Hrsg.): Wissen, was wirkt. Kritik evidenzbasierter Pädagogik. Wiesbaden: VS Verlag 2011, S. 9-32, hier S. 10, S. 17.)

4   Von symbolischer Vergesellschaftung spricht Bollenbeck in Bezug auf den Bildungsbegriff, dessen erkenntnistheoretischer Hintergrund der Rationalitätsform einer bürgerlichen Gesellschaft entspricht (G. Bollenbeck: Bildung und Kultur, op. cit., S. 306).

Rita Casale

In Anlehnung an eine konstruktivistische Deutung von Michel Foucaults Diskursanalyse und einem Verständnis von hegemonialem Diskurs im Sinne Chantal Mouffes und Ernesto Laclaus werden in den Geschichtswissenschaften und in den Sozialwissenschaften, die dann konsequent beide als Kulturwissenschaften gefasst werden, kulturalistisch wissenssoziologische Analysen mit epistemologischen Untersuchungen von Rationalitätsformen zusammengeworfen.

Anderseits ist Wissenschaftsgeschichte bzw. Epistemologie mehr als reine Erkenntnistheorie, die, wie Regine Becker-Schmidt bemerkt, „in der deutschen Philosophie eher auf die Frage nach den Möglichkeiten und Grenzen menschlicher Erkenntnis [zielt]" (Becker-Schmidt 2006: 292). Im Unterschied dazu frage der Begriff Epistemologie mehr nach den empirischen und historischen Bedingungen von Erkenntnisprozessen (ebd.).

Die *vierte* Anmerkung bezieht sich auf *Inhalt* und *Form* der Wissenschaftsgeschichte. Sie befasst sich nicht mit naturalistisch gefassten Objekten oder Tatsachen, sondern mit den Bedingungen und der Logik des Erkenntnisprozesses eines Objekts, eines Phänomens. Ihr geht es um die Geschichtlichkeit wissenschaftlicher Diskurse. Aus diesem Grund ist sie keine *empirische Historie*, sondern eine Genealogie von Begriffen (Canguilhem 1979: 28). Unter Berücksichtigung ihres Gegenstandes – Begriffe, Theorien, Ideen – bettet Bachelard die Epistemologie, die Wissenschaftsgeschichte in die philosophische Tradition ein. Sie wird als eine Philosophie der Geschichte der Rationalitätsformen, als eine Philosophie der Bildung wissenschaftlichen Geistes begriffen.

1970 in der Zeit der Sozialdemokratisierung des Bildungswesens, der Krise der Geschichtswissenschaften und des Aufstiegs der Sozialwissenschaften schreibt Heydorn:

„Fehlt der Bildung die geschichtlich zuwachsende Kraft, so ist sie auch theoretisch nicht mehr in der Lage, ihre eigenen Voraussetzungen aufarbeiten zu können. Pädagogik, in Deutschland lange vornehmlich Teil einer philosophischen Tradition von Weltgeltung, wird mit dem Zerfall der spätbürgerlichen Philosophie isoliert, wird zum Residuum, in dem sich der Antiintellektualismus aller Spielarten austoben darf. Die Bildung wird ihrer eigenen Prämissen nicht mehr habhaft. Damit Bildung jedoch befreienden Charakter gewinnen kann, muß sie sich zunächst selber aufschließen". (Heydorn 1970: 216)

Will die Erziehungswissenschaft in Deutschland heute nicht darauf verzichten, die eigene Tradition zu begreifen und ihren Anspruch als Universitätsfach auch zukünftig aufrechterhalten, sollte sie darauf achten, dass eine theoretisch-geschichtliche Befassung mit der eigenen Begrifflichkeit und den eigenen methodischen Verfahren nicht nur breiter kultiviert wird, sondern auch wieder curricular institutionell verankert wird, selbst wenn die Zeit der Geisteswissenschaften historisch gesehen vorbei ist.

Der Untergang des Geistes, der Aufstieg der Evidenz

Mit der Charakterisierung der Wissenschaftsgeschichte als Begriffsgeschichte wird die letzte epistemologische Klärung eingeführt, welche die Relation von Geschichte, *Geschichtlichkeit und Normen* zum Gegenstand hat. Die Anerkennung der Geschichtlichkeit wissenschaftlicher Diskurse steht *nicht* im Gegensatz zum normativen Charakter wissenschaftlicher Forschung. Das betrifft nicht nur die Pädagogik bzw. die Erziehungswissenschaft, die sich damit explizit auseinandergesetzt hat. Verwiesen sei hier auf das inzwischen klassisch gewordene Werk von Jörg Ruhloff *Das ungelöste Normproblem der Pädagogik* (1979) und auf die Abschiedsvorlesung von Frank Olaf-Ratdke *Tatsachen und Werte. Erziehungswissenschaft zwischen Expertise und Kritik* (2011/ersch. 2012) (siehe dazu Casale 2013).

Das normative Urteil erweist sich, darum der Gebrauch des Singulars, für Bachelard als konstitutive Instanz des wissenschaftlichen Arbeitens: „Die Geschichte ist aufgrund ihres Prinzips jedem normativen Urteil feindlich. Und dennoch kommt man um eine normative Perspektive nicht umhin, will man die Wirksamkeit eines Gedankens beurteilen" (Bachelard 1987: 50f.).

Ausgehend davon, soll sich die Auseinandersetzung mit hegemomialen Positionen auf ihre Normen, auf ihre Legitimationsformen richten. Die umstrittene Autonomie der Wissenschaft ist nicht mythologischer Natur, sondern liegt ausschließlich im epistemologisch vermittelten Charakter ihres Urteils begründet. Schon 1927 sah Julien Benda *la trahison des clercs,* den Verrat der Intellektuellen (Benda 2013), nicht in ihrer Distanz zum Geschehen, sonden in ihrem Drang nach Ummittelbarkeit, nach Anpassung an die unterschiedlichen Formen des Faktischen, in der Politisierung der Wissenschaft.

So gesehen sollte die Frage nach der spezifischen Rationalitätsform evidenzbasierter empirischer Forschung gestellt werden und nicht nur auf die explizite Anerkennung, sondern auch auf die implizite Akzeptanz ihrer hegemonialen Position eingegangen werden.

Die evidenzbasierte empirische Forschung als Forschung, die auf das Handeln, auf die Wirkung orientiert ist, als Wissen, das wirken soll, stürzt das Postulat moderner Wissensbegründung, demzufolge die Kriterien wissenschaftlicher Beurteilung im Verfahren des Erkenntnisprozesses selbst liegen. Eine solche transzendentale Begründung wissenschaftlicher Erkenntnis gehört eher zur kantischen als zur geisteswissenschaftlichen Tradition, wofür die Legitimationsformen einem Prozess der Historisierung unterliegen. Das synthetisierende Moment vollzieht sich in der geisteswissenschaftlichen Tradition als Objektivierungsprozess sowohl in wissenschaftlicher als auch in politischer und in kultureller Hinsicht, dessen Geltung im Prinzip des Allgemeinen verankert ist, das in den unterschiedlichen Bereichen der historischen Realität *repräsentativ* vertreten wird.

Aus diesem Grund kann philosophisch das Rationalitätsmodell der Geisteswissenschaften als *System der Repräsentation* bezeichnet werden: das All-

Rita Casale

gemeine wird in objektivierter Form in verschiedenen Segmenten der historischen Lebensbereiche repräsentiert. Das Besondere an dem Modell geisteswissenschaftlicher Rationalität ist, dass von einem *Kontinuum* zwischen den
unterschiedlichen Sphären historischer Realität ausgegangen wird, von einem
Kontinuum zwischen Leben und objektivem Geist.

Die Krise des Systems der Repräsentation in den sechziger Jahren war so
umfassend wie der Anspruch seines Rationalitätsmodells. Die Krise war politisch, kulturell und wissenschaftlich. *Politisch* wird das sogenannte System
der Repräsentation in seiner institutionellen Verfasstheit von den Studenten-
und Frauenbewegungen angegriffen, die den repräsentativen Charakter bürgerlicher Institutionen – Staat, Familie, Universität und Schule – ablehnten.
Für Christoph Fuhr sind die sechziger Jahre die Jahre des deutschen Univer-
sitätswunders. Insgesamt wurden umfassende Bildungsreformen eingeleitet,
die zu einer Demokratisierung des Bildungssystems und einer Transformation traditioneller Bildungseinrichtungen führten (Fuhr 1998).

Kulturell sind hier weniger die unterschiedlichen Formen von künstlerischer Produktion von Bedeutung, die den Aspekt der Wiederholung, des
Fragmentarischen, des Mannigfaltigen betonen, als vielmehr die Thematisierung und die Praxis einer anti-autoritären Erziehung, die mit ihrer Kritik an
dem Begriff der Autorität die Quelle des Legitimationsprinzips des Allgemeinen desavouierten. Jürgen Oelkers erinnert an die anti-institutionelle Kritik, die im Anschluss u.a. an Ivan Illich in der Pädagogik formuliert wurde
(Oelkers 1998). Illich wird einige Jahre später (1980) mit dem Vortrag „Erziehung als Grundmuster des Industrie-Zeitalters – Über die historische Herausbildung pädagogischer, politischer und ökonomischer Sphären" einer der
Hauptredner des DGfE-Kongresses zum Thema „Erziehung als Politik?" sein
(Berg/Herrlitz/Horn 2004: 105). Inwiefern '68 einen kulturellen Umbruch in
der Geschichte der Bundesrepublik markiert, hat Meike Baader in den letzten
Jahren in verschiedenen Texten analysiert. In diesem Kontext beginnt die
Konjunktur einer Pädagogik der Vielfalt, die sich in dem Buch von Annedore
Prengel (1993) niederschlägt, und deren Institutionalisierung im Bildungswe-
sen in späteren Jahren folgen wird.

Der wissenschaftliche Angriff auf die Geisteswissenschaften kam in den
sechziger Jahren von der Philosophie selbst – das wird in Deutschland oft ig-
noriert oder vergessen – und von der Soziologie. In diesem gesamten Kontext
ist die sogenannte empirische Wende der Erziehungswissenschaft und ihr
Wandel von einer philosophisch orientierten Geisteswissenschaft zu einer sozialwissenschaftlich ausgerichteten Disziplin anzusiedeln. Die französischen
Philosophien der Differenz entstehen aus der Auseinandersetzung mit der
geisteswissenschaftlichen Tradition, insbesondere mit der hegelschen Philosophie und mit deren politischen Auswirkungen. Negiert wird vor allem der
synthetisierende und repräsentative Charakter des Allgemeinen.

Der Untergang des Geistes, der Aufstieg der Evidenz

Im Positivismusstreit kritisieren die Soziologen den metaphysischen Gehalt des Allgemeinen, den in denselben Jahren Heinrich Roth in seiner Göttinger Antrittsvorlesung (1962) für rückständig hielt. Durch die Kritik an der metaphysischen Natur des Allgemeinen wird eine philosophisch orientierte Soziologie attackiert, die Gesellschaftstheorie der ersten Frankfurter Schule. Dass der Begriff des Allgemeinen bzw. der Gesellschaft der ersten Frankfurter Schule philosophisch gesehen nicht auf die geisteswissenschaftliche Tradition zu reduzieren ist, dass Adorno den Begriff der Gesellschaft nicht nur philosophiegeschichtlich, sondern auch erkenntnistheoretisch fasst, sollte später bei der Rezeption und Wirkungsgeschichte des Positivismusstreits im Allgemeinen und im Besonderen für die Erziehungswissenschaft keine große Rolle spielen.

Die fehlende Auseinandersetzung mit den Problemen dieser Rezeption in der Erziehungswissenschaft hat Dieter Benner 1989 moniert (Benner 1989). Durch diese fehlende Auseinandersetzung wurde die Möglichkeit historisch ausgeklammert, Erkenntnistheorie und Philosophie in einer geschichtlichen Perspektive weiterzuentwickeln. Stattdessen etablierte sich in der empirischen Bildungsforschung der kritische Rationalismus oder eine erfahrungswissenschaftliche Pädagogik, die rigoros Werte und Tatsachen unterscheidet, die die Frage wissenschaftlicher Objektivität methodisch auffasst und die sich in Anlehnung an Karl Popper und Max Weber auf die Erforschung von Wirkungsgesetzen konzentriert.

Der evidenzbasierte Ansatz, der in der Erziehungswissenschaft international zurzeit diskutiert wird, signalisiert eine wesentliche Verschiebung der Rationalitätsform des kritischen Rationalismus.

In dem schon erwähnten, von Bellmann und Müller herausgegebenen Sammelband, welcher der Problematisierung evidenzbasierter Forschung gewidmet ist, unterscheiden die Herausgeber empirische von evidenzbasierter Bildungsforschung. Von dieser Unterscheidung geht die Mehrheit der Beiträge mehr oder weniger implizit aus. Weniger durchgängig wird die Kontinuität oder Diskontinuität zum kritischen Rationalismus bzw. zum Positivismus fokussiert. Die Klärung dieses Punktes ist wichtig, um zu verstehen, ob es sich bei der evidenzbasierten Forschung um eine neue Rationalitätsform handelt. In einigen Beiträgen des Bandes wird die evidenzbasierte Forschung als eine Reaktivierung von positivistischen Dogmen aufgefasst (vgl. Howe 2011, vgl. Müller/Waldow 2011). In anderen Beiträgen wird eine wissenschaftsgeschichtliche Erörterung dieser Richtung umgangen, indem sie vor allem mit unterschiedlichen nationalen wissenschaftlichen Kulturen oder Forschungsstilen und Auffassungen von professioneller Ausbildung in Zusammenhang gebracht wird (Keiner 2011).

Der Begriff der Evidenz hat eine lange Tradition, der gegenüber der aktuelle Gebrauch eine deutliche Diskontinuität markiert. Ideengeschichtlich relevant wird der Begriff der Evidenz zu Beginn der klassischen Epoche – während des französischen Klassizismus. Mit Evidenz wird im cartesianischen Sinn eine spezifische Qualität der Wahrnehmung charakterisiert. Sie bezeichnet die Klarheit der Wahrnehmung. An diese Tradition knüpft Edmund Husserls Phänomenologie am Anfang des 20. Jahrhunderts an. Für Husserl ist Evidenz die Deckung des Gegebenen und des Gemeinten, die Erfahrung der Übereinstimmung zwischen dem Gedachten und dem in der Anschauung Gegebenen. Dementsprechend wird Evidenz als formale Anschauung bezeichnet (Husserl 1950). Husserl unterscheidet dabei die alltägliche von der wissenschaftlichen Evidenz, die er adäquate Evidenz nennt:

„Vervollkommnung vollzieht sich dann als synthetischer Fortgang einstimmiger Erfahrungen, in der diese Mitmeinungen zur erfüllenden wirklichen Erfahrung kommen. Die entsprechende Idee der Vollkommenheit wäre die der adäquaten Evidenz, wobei es offen bleiben mag, ob sie nicht prinzipiell im Unendlichen liegt." (Husserl 1950: 24)

In dieser cartesianisch-husserlschen Tradition ist Wahrheit, verbunden mit der Erfahrung, subjektiv erfasste Evidenz. Die Wahrheit liegt also nicht in der Tatsache, sondern in der evidenten Erfahrung einer Sache.

Für eine wissensgeschichtliche Erörterung des Evidenzbegriffs ist von Bedeutung, dass diese Auffassung der Evidenz zuerst vom Empirismus, später vom Positivismus kritisiert worden ist. Wie Hans-Jörg Sandkühler präzise rekonstruiert, wurde diese Auffassung der Evidenz und ihre Bedeutung für den Erkenntnisprozess erstmals im frühneuzeitlichen naturwissenschaftlichen Denken und im Empirismus von Hume kritisiert:

„Im naturwissenschaftlichen Denken, vor allem im Experiment entfaltet sich in der Moderne die Abkehr vom Reich der Offenbarung und von autoritätengebundener Hermeneutik als Hinwendung zum Reich der Natur und zum beobachtenden Selbstdenken und zu mathematischer Vermessung und Konstruktion der Welt". (Sandkühler 2011: 42)

Auch Vertreter des Wiener Kreises, Moritz Schlick in seiner *Allgemeinen Erkenntnislehre* (1918), äußerten sich kritisch gegenüber der Unmittelbarkeit des phänomenologischen Prinzips der Evidenz.

Auf der Basis der phänomenologischen Auffassung des Begriffs der Evidenz sollte also ihre positivistische Deutung ausgeschlossen werden. Der Positivismus als wissenschaftliche Methode zur gesetzmäßigen Erschließung von Tatsachen distanziert sich von einer phänomenologisch aufgefassten Evidenz.

Keiner und Biesta (2011) datieren das Auftauchen des aktuellen Konzeptes einer evidenzbasierten Forschung in der Erziehungswissenschaft im anglo-amerikanischen Kontext in den achtziger Jahren des 20. Jahrhunderts und seine Etablierung als hegemoniale Position in den späteren neunziger Jahren. Das Konzept entsteht in den fünfziger Jahren in der medizinischen Praxis und verbreitet sich von dort aus auch in andere Bereiche des Gesundheitswesens und des professionellen Handelns. Es bezeichnet eine Forschung, die in der Lage sein sollte, die Krankheit nicht nur zu prognostizieren, son-

Der Untergang des Geistes, der Aufstieg der Evidenz

dern sie auch zu heilen. Voraussetzung dafür sei, Biesta zufolge, ein techno-
logisches Verständnis von Professionalität, das dem offenen Charakter von
Erziehung nicht angemessen sei. Im Vordergrund stünde die Untersuchung
von Wirkungszusammenhängen, die in randomisierten, kontrollierten Studien
kausal gefasst sein sollten. Nach dieser Auffassung wäre eine positivistische
Deutung des Konzepts noch adäquat.

In dem Manifest von Robert Coe von 1999 zur evidenzbasierten Erziehung wird klargestellt, dass der Begriff der Evidenz nicht wertfrei, häufig unvollständig und mehrdeutig sei und mit ihm weniger eine Tatsache als vielmehr eine Wirkung bezeichnet werde. Die Evidenz ist also als eine durch performative Praktiken, kulturelle Überzeugungsarbeit und institutionelle Maßnahmen erzielte Wirkung zu verstehen.

Die Logik der evidenzbasierten Forschung bleibt kausal. Der kausale Zusammenhang, der Wirkungszusammenhang erweist sich aber nicht als Antizipation der Zukunft auf der Basis der in der Vergangenheit oder in der Gegenwart verifizierten Relation, sondern als performative Projektion einer
wahrscheinlichen Wirkung. Als solche, als zu erzielende Wirkung, verliert
die angebliche Evidenz jede Wertfreiheit, die trotz der eingeschränkten kau-
salen Logik des kritischen Rationalismus die Autonomie der Wissenschaft
bewahrte.

Die so aufgefasste Evidenz kennt aber auch nicht das Veto der Sache, der
Erfahrung der Sachen, das zum phänomenologischen Erkenntnisprozess konstitutiv gehört.

Entspricht die evidenzbasierte Forschung einer Rationalitätsform, die sich
ausschließlich auf die Sphäre der Handlung richtet? Wenn ja, wie lässt sich
der verbreitete, gleichwohl nicht immer explizite Konsens erklären, den eine
Logik des Performativen, des Projektiven heute genießt?

Vielleicht ließe sich eine historisch und erkenntnistheoretisch fundierte
Erklärung finden, wenn es gelingen würde, sich von dem Druck der unmittelbaren Wirkung zu distanzieren, der das heutige Universitätsleben prägt.

Literatur

Arendt, Hannah (1969): Martin Heidegger ist achtzig Jahre alt. In: Merkur 10, S. 893-
902.
Arendt, Hannah (2001): Vita activa oder Vom tätigen Leben (1958). München: Piper.
Bachelard, Gaston (1987): Die Bildung des wissenschaftlichen Geistes. Beitrag zu ei-
ner Psychoanalyse der objektiven Erkenntnis (1938). Frankfurt am Main: Suhr-
kamp, S. 50-51.
Becker-Schmidt, Regina (2006): Theoretische und methodische Anmerkungen zu
„Sozialisation und Geschlecht". In: Bilden, H./Dausien, B. (Hrsg.): Sozialisation

Rita Casale

und Geschlecht. Theoretische und methodologische Aspekte. Opladen: Leske & Budrich.

Behm, Britta (2014): 50 Jahre „Deutsche Gesellschaft für Erziehungswissenschaft" (DGfE). Gedanken zu Jubiläum und Forschungslücken. Beitrag zum Programmheft des 24. DGfE-Kongresses „Traditionen und Zukünfte – 50 Jahre DGfE" vom 9. bis 12. März 2014 in Berlin. In: Erziehungswissenschaft 25, 48, S. 11-23.

Bellmann, Johannes/Müller, Thomas (2011): Evidenzbasierte Pädagogik – ein Déjà vu? Einleitende Bemerkungen zur Kritik eines Paradigmas. In: Bellmann, J./Müller Th. (Hrsg.): Wissen, was wirkt. Kritik evidenzbasierter Pädagogik. Wiesbaden: VS Verlag, S. 9-32.

Benda, Julien (2013): Der Verrat der Intellektuellen (1927). Mainz: Verlag André Thiele.

Benner, Dietrich (1989): Systematische Pädagogik und historische Rekonstruktion. In: W. Brinkmann, J. Petersen (Hrsg.): Theorien und Modelle der Allgemeinen Pädagogik. Donauwörth: Auer, S. 117-136.

Berg, Christa/Herrlitz, Hans-Georg/Horn, Klaus-Peter (2004): Kleine Geschichte der Deutschen Gesellschaft für Erziehungswissenschaft. Wiesbaden: VS Verlag.

Biesta, G. (2011): Warum „What works" nicht funktioniert: Evidenzbasierte pädagogische Praxis und das Demokratiedefizit der Bildungsforschung. In: Bellmann, J./Müller Th. (Hrsg.): Wissen, was wirkt. Kritik evidenzbasierter Pädagogik. Wiesbaden: VS Verlag, S. 95-122.

Bollenbeck, Georg (1996): Bildung und Kultur. Glanz und Elend eines deutschen Deutungsmusters. Frankfurt am Main: Suhrkamp, S. 306.

Canguilhem, Georges (1979): Wissenschaftsgeschichte und Epistemologie. Frankfurt am Main: Suhrkamp.

Casale, Rita (2011): Zur Abstraktheit der Empirie – Zur Konkretheit der Theorie. Anmerkungen über die versäumte Auseinandersetzung mit den Folgen des Positivismusstreits. In: Breinbauer, I./Weiss, G. (Hrsg.): Orte des Empirischen in der Bildungstheorie. Würzburg: Königshausen & Neumann, S. 45-60.

Casale, Rita (2013): Das Ungedachte als Aufgabe. Einige Überlegungen zum geschichtlichen Horizont der Erziehungswissenschaft. In: Vierteljahrsschrift für wissenschaftliche Pädagogik 2, S. 266-276.

Criblez, Lucien (2013): Die experimentelle ‚Avantgarde' der Pädagogik in der Schweiz zu Beginn des 20. Jahrhunderts. In: Jahrbuch für Historische Bildungsforschung, S. 13-34.

Fuhr, C. (1998): Zur deutschen Bildungsgeschichte seit 1945. In: Handbuch der deutschen Bildungsgeschichte, Bd. VI: 1945 bis heute. München: Beck, S. 1-26.

Heydorn, Heinz-Joachim (1970): Über den Widerspruch von Bildung und Herrschaft. Frankfurt am Main: Europäische Verlagsanstalt, S. 216.

Howe, Kenneth R. (2011): Positivistische Dogmen, Rhetorik und die Frage nach einer Wissenschaft von der Erziehung. Wissen, was wirkt. In: Bellmann, J./Müller Th. (Hrsg.): Wissen, was wirkt. Kritik evidenzbasierter Pädagogik. Wiesbaden: VS Verlag, S. 57-92.

Husserl, Edmund (1950): Cartesianische Meditationen. Gesammelte Werke. Den Haag: Nijhoff, Bd.1.

Keiner, Edwin (2011): Evidenzbasierte Pädagogik ohne historische und vergleichende Kontexte? Fragen und Befunde der Wissenschaftsforschung der Erziehungswis-

Der Untergang des Geistes, der Aufstieg der Evidenz

senschaft. In: Bellmann, J./Müller Th. (Hrsg.): Wissen, was wirkt. Kritik evidenzbasierter Pädagogik. Wiesbaden: VS Verlag, S. 217-234.

Kersting, Christa (2008): Pädagogik im Nachkriegsdeutschland. Wissenschaftspolitik und Disziplinentwicklung 1945 bis 1955. Bad Heilbrunn: Verlag Julius Klinkhardt.

Kuhn, Thomas (1967): Die Struktur wissenschaftlicher Revolutionen. Frankfurt am Main: Suhrkamp.

Matthes, Eva (2011): Geisteswissenschaftliche Pädagogik. Oldenburg Verlag: München.

Meinecke, Friedrich (1946): Die deutsche Katastrophe. Betrachtungen und Erinnerungen. Wiesbaden: Friedrich Eberhard Brockhaus Verlag, S. 176.

Müller, Thomas/Waldow Florian (2011): Expertenwissen für Bildungsreformen. Beziehungen zwischen Bildungsforschung und Bildungspolitik in Schweden und Deutschland. In: Bellmann, J./Müller Th. (Hrsg.): Wissen, was wirkt. Kritik evidenzbasierter Pädagogik. Wiesbaden: VS Verlag, S. 235-255.

Nietzsche, Friedrich (1980): Götzen-Dämmerung (1888/1980). Kritische Studienausgabe. Colli, G./Montinari, M. (Hrsg.): Kritische Studienausgabe. München und New York: dtv 1980, Bd. 6.

Oelkers, Jürgen (1998): Pädagogische Reform und Wandel der Erziehungswissenschaft. In: Handbuch der deutschen Bildungsgeschichte, Bd. VI, S. 217-244.

Sandkühler, Hans-Jörg (2011): Kritik der Evidenz. In: Bellmann, J./Müller Th. (Hrsg.): Wissen, was wirkt. Kritik evidenzbasierter Pädagogik. Wiesbaden: VS Verlag, S. 33-55.

Tenorth, Heinz-Elmar (2009): Struktur der Erziehungswissenschaft. In: Andresen, S./Casale, R. et. al.: Handwörterbuch Erziehungswissenschaft. Weinheim und Basel: Beltz 2009, S. 850-865.

Die deutsche Universität als pädagogische Institution. Analysen zu ihrer historischen, aktuellen und zukünftigen Entwicklung

Einleitung

2009 war in einem Beitrag des Bielefelder Soziologen André Kieserling zu lesen, dass angesichts der Bologna-Zwänge die Lehrenden in Universitätsseminaren nur zwei Möglichkeiten besäßen, nämlich pädagogisch oder pädagogisch rücksichtslos zu agieren. Unter ,pädagogisch' wurde dabei die „Durchsetzung der Lehre auf Kosten der Forschung" und die Präsentation eines „Simplifikats" von Wissenschaft verstanden (Kieserling 2009: 36). „Pädagogisch rücksichtslose Seminare" bezeichneten dagegen diejenigen, in denen der/die Lehrende, der Wissenschaft verpflichtet, auf vermittelnde Interaktion weitgehend verzichtet und auch die „passive Beteiligung" zu einem „Privileg weniger" wird (Kieserling 2009: 35). Die Kieserlings Ausführungen implizite These lautete, dass sich Pädagogik und Universität nicht harmonisch zueinander verhalten können, im Grunde: sich gegenseitig ausschließen. Sieht man sich die Beiträge zur Lage der Universitäten in den letzten zehn Jahren an, z.B. in „Forschung und Lehre", der Zeitschrift des Deutschen Hochschulverbands, so zeigt sich, dass unter der Erfahrung ständig steigender Studierendenzahlen und gewaltiger Strukturreformen genau hier, an der Schnittstelle von Forschung und Lehre, eine neue, brisante Problemsituation entstanden ist. Kieserlings pointierte Aussage aufnehmend stellen sich folgende Fragen: Wie verhalten sich Pädagogik und Wissenschaft heute zueinander in der Institution Universität und welche Auswirkungen hat dies auf die Institution?

Vor diesem Hintergrund hätte die Erziehungswissenschaft als diejenige Disziplin, die eines ihrer zentralen Erkenntnisinteressen auf das als pädagogisch zu klassifizierende Handeln und seine Institutionen richtet, mit ihren Analyseperspektiven und Forschungsergebnissen aktuell allen Grund, sich selbstbewusst und umfassend im Rahmen der Universitätsforschung zu platzieren, was sie jedoch bislang so gut wie nicht getan hat. Aber, so lautet meine *erste These*: Die deutsche Universität ist erkennbar auf dem Weg, eine *pädagogische Institution* zu werden. Ich werde in den folgenden Ausführungen diese These aus den Fragestellungen und Forschungsergebnissen der Historischen Bildungsforschung heraus für die Gegenwart entwickeln, werde an einigen Stationen historische Zusammenhänge darstellen, die für die Analyse aktueller Fragen zur Universität relevant sind und schließlich Aspekte eines erziehungswissenschaftlichen Fragerahmens für die Erforschung der Universitäten formulieren.

Die institutionelle Identität der ‚klassischen Universität'

Die Rekonstitution der Universität in Preußen entwickelte und konkretisierte sich um 1800 im Kontext zweier bereits erprobter Optionen: auf der einen Seite das französische Modell höherer Fachschulen und auf der anderen Seite das ‚mittelalterliche' Modell der Universität in der kontinentaleuropäischen Fakultätsstruktur oder in der englischen Fassung des College-Systems (vgl. Charle 2004). Aber erst ein ‚exogener Schock', nämlich der Zusammenbruch des preußischen Staats nach der Niederlage gegen Napoleon 1806, der das überkommene, aufgeklärt-absolutistische politische System und die gesellschaftliche Struktur der – bereits an vielen Stellen in Auflösung befindlichen – Stände grundlegend in Frage gestellt und Preußen mit dem Frieden von Tilsit 1807 an den Rand seiner Auflösung gebracht hatte,[1] eröffnete die Möglichkeit und die Notwendigkeit einer grundlegenden Neuorientierung im gesamten Bildungswesen. Diese Neuorientierung erfolgte im Falle der Universität mit der Festlegung auf das kontinentaleuropäische Modell der Universität, allerdings in einer reformierten Fassung. So gab es an der Modelluniversität Berlin (Aufnahme des Lehrbetriebs im WS 1810/11) keine propädeuti-

---

1   Mit den Frieden von Tilsit hatte das Königreich Preußen etwa die Hälfte seiner Territorien, d.h. alle westlich der Elbe gelegenen Teile und die ehemals polnischen Gebiete außer Westpreußen, verloren. Dazu traten Kontributionszahlungen an Frankreich (120 Millionen Francs) und die Versorgung der in Rest-Preußen verbleibenden französischen Besatzungstruppen. Gleichzeitig musste Preußen für Frankreich Hilfstruppen im Falle neuer Kriege stellen. Staatshalbierung und drohender finanzieller Staatsbankrott ließen Preußen aus dem Rang einer europäischen Großmacht ausscheiden und zu einem Staat von Napoleons Gnaden schrumpfen. Vgl. zusammenfassend Nipperdey 1984: 11-34.

Carola Groppe

schen Studien mehr. Während seit dem Mittelalter zunächst eine erste Studienphase in der Artistenfakultät hatte absolviert werden müssen, um dann in die Berufsfakultäten (Jura, Medizin, Theologie) einzutreten, wurde zugleich mit der Entscheidung für das kontinentaleuropäische Universitätsmodell die Vorbereitungsphase für das Fachstudium aus den Universitäten an die ebenfalls reformierten Gymnasien verlagert, so dass Universitätsreform und die Reform der höheren Schulen miteinander verzahnt wurden. Die Oberstufe der Gymnasien übernahm nun die Aufgabe der vorherigen Artistenfakultät, die den anderen Fakultäten als Philosophische Fakultät gleichgestellt wurde und eine neue Funktionszuschreibung als Lehrerausbildungsfakultät erhielt (vgl. Groppe 2006).

Für meine Argumentation ist dabei wichtig, dass mit der getroffenen Entscheidung für ein reformiertes kontinentaleuropäisches Universitätsmodell Folgeentscheidungen – im Sinne einer ‚Pfadabhängigkeit'[2] – verknüpft waren, welche die deutsche Universität im 19. und 20. Jahrhundert als Institution nachhaltig in Struktur und Identität prägten. Dazu zählen die Einphasigkeit des Studiums, die fehlende Kontrolle des Studienverlaufs, die Zertifizierung von Leistungen allein durch Abschlussprüfungen und die Verzahnung von Bildungsabschlüssen mit Berufslaufbahnen durch das Berechtigungssystem (vgl. Groppe 2012).

Wilhelm von Humboldt hatte 1809 festgehalten, dass die höhere Schulbildung die Aufgabe habe, den Lehrer an der Universität überflüssig zu machen, so dass an den reformierten Universitäten kein Unterricht im engeren Sinne mehr erteilt werden müsse.[3] Er hatte damit mit einer idealistischen Vorgabe die Befreiung der Universität von einer Erfolgskontrolle der Studenten begründet und stattdessen die gemeinsame wissenschaftliche Arbeit von Professoren und Studenten in den Vordergrund gestellt.

Friedrich Schleiermacher dagegen, als Universitätsprofessor anders als Humboldt die alltäglichen Mühen und Grenzen der universitären Lehre realistisch einschätzend, hatte in seinen „Gelegentlichen Gedanken über Universitäten in deutschem Sinn" (1808) den Universitäten sehr wohl die Aufgabe zugewiesen, auch höhere Fachschulen zu sein und dadurch zwischen höherer Schule und Akademie (als Stätte reiner Forschung) zu vermitteln. Er hatte zugleich klarer als Humboldt die Ausbildungsfunktion der Universität für den Staatsdienst und die staatsnahen Berufe im Blick gehabt, so dass die Universitäten für Schleiermacher neben Stätten der Wissenschaft „zugleich höhere Spezialschulen" sein sollten (Schleiermacher 1808/2000: 125). Die Verbin-

---

2   Die aus der Ökonomie stammende Pfadabhängigkeitstheorie versucht Stabilität und Wandel in Institutionen und Organisationen angesichts instabiler Umweltentwicklungen möglichst differenziert und vor allem prozessbeschreibend zu erklären. Vgl. zur Pfadabhängigkeitstheorie in den Sozialwissenschaften grundlegend Beyer 2006.

3   Vgl. „Darum ist auch der Universitätslehrer nicht mehr Lehrer, der Studierende nicht mehr Lernender, sondern dieser forscht selbst, und der Professor leitet seine Forschung und unterstützt ihn darin." Humboldt 1809/1993a: 170.

dung beider Aufgaben machte für Schleiermacher „das Wesen der deutschen Universitäten" aus (Schleiermacher 1808/2000: 126); eine Reduktion der Aufgaben der Universität auf höhere Fachschulung sei abzulehnen. Im Gegensatz zu Schleiermachers Ziel einer pädagogisch reflektierten *Verbindung* von Forschung und Lehre setzte sich aber im 19. Jahrhundert als identitätsstiftendes Ziel die Forschung durch. Durch den „Forschungsimperativ" (Tenorth 2012: 111) sollten auch die ‚Zwecke des Staats' am optimalsten verwirklicht werden: Fortschritt in der Erkenntnis, Mitwirkung am gesellschaftlichen Fortschritt und in diesem Kontext gleichsam beiläufige Qualifizierung für akademische Berufe, im Staatsdienst als höherer Beamter oder in staatsnahen Berufen als Jurist oder Mediziner.

Das die Unterschiede zur Schule setzende Element war dabei die Wissenschaft als Medium und Gegenstand der Lehre und als institutionalisierte Tätigkeit der Professoren. Der Forschungsimperativ dominierte und strukturierte die deutschen Universitäten im 19. und 20. Jahrhundert, auch jenseits einer wissenschaftlich oft defizitären Praxis insbesondere in der ersten Hälfte des 19. Jahrhunderts, und einer durchaus ambitionierten Verbesserung der Lehre, wie sie besonders im Kaiserreich eintrat (vgl. Dowe 2007). So setzte sich in den deutschen Staaten ein Universitätsprinzip durch, welches das 19. Jahrhundert und die ersten beiden Drittel des 20. Jahrhunderts dominierte, d.h. in der von Hartmut Titze so genannten „klassischen Epoche" der deutschen Universität zwischen 1800 und 1960: die teilautonome, staatliche, rechtlich abgesicherte Volluniversität mit im Regelfall vier Fakultäten mit voller Gleichstellung und Gleichberechtigung (vgl. Titze 1995: 15ff.; Zitat S. 15) und die Verpflichtung der Professoren auf Forschung und das hieß zugleich auf eine Lehre, die aus der Forschung gleichsam automatisch, und nicht als eigenständige, pädagogisch reflektierte Praxis erwachsen sollte. Die spezifische institutionelle Gestalt der deutschen Universität war geboren.

Pädagogische Institutionen, institutionelle Fiktionen, Bildung durch Wissenschaft

Institutionen haben nicht nur die Aufgabe, funktionale Beiträge zu anderen gesellschaftlichen Teilsystemen zu leisten (vgl. Parsons 1951; Senge 2006: 37), sondern sie sind auch „Sozialregulationen", die kollektive Interaktionen in der Gesellschaft verbindlich ordnen und gesellschaftliche Normen und Werte symbolisch festigen (vgl. Rehberg 1994: 56; Zitat ebd.). Dazu formen Institutionen Erwartungskontexte, die in institutionsspezifischen Sozialisationsarrangements und sanktionierbaren Rollenvorgaben bestehen (vgl. Scholl

Carola Groppe

2009: 81).[4] Dabei werden nicht nur Aufgabenzuschreibungen von außen an Institutionen herangetragen, sondern Institutionen bringen selbst auch Selbstbeschreibungen und -reflexionen hervor, die große Bedeutung für die institutionelle Identität und die soziale Identität ihrer Akteure besitzen. Legt man diese Institutionendefinition an die deutsche Universität des 19. und 20. Jahrhunderts an, so war sie in Struktur, Aufgabenzuschreibung und Selbstbeschreibung keine pädagogische Institution.

Ich fasse den Begriff der pädagogischen Institution enger als es etwa Hans Merkens getan hat, der als pädagogische Institutionen solche definiert, die ihre Aufgabe hauptsächlich oder teilweise mit der Verfolgung eines Ziels wahrnehmen, das als pädagogisch gilt (vgl. Merkens 2006). Ich verstehe pädagogische Institutionen vor dem Hintergrund der vorausgehend getroffenen Institutionen-Definition spezifischer als solche, deren Funktion *und* Selbstbeschreibung *umfänglich pädagogisch* sind, d.h. in denen Prozesse der Erziehung und des Unterrichts und pädagogische Arrangements von Entwicklung sowie die Verantwortung dafür ganz im Mittelpunkt des institutionellen Tuns und der institutionellen Identität stehen. Schon die Familie wäre so nur eingeschränkt eine pädagogische Institution zu nennen, die Schule, der Kindergarten oder die Jugendfürsorge dagegen voll und ganz.

Das „Projekt der Institutionalisierung radikaler Wissenschaftsfreiheit" am Beginn des 19. Jahrhunderts, welche die weitgehende berufliche Freistellung von anderen Aufgaben und die Autonomie der Institution gegenüber gesellschaftlichen und staatlichen Ansprüchen beinhaltete, konnte dabei allerdings nicht ohne Religion auskommen, wie Wolfgang Eßbach spitz bemerkt (Eßbach 2011: 114; Zitat ebd.). Der religiöse Gehalt, die Hingabe an eine unbedingte, freie Wissenschaft, wurde durch eine „Leitidee"[5] unterstützt, die erstens die erstrebte Freiheit des Geistes auf Dauer stellte und notfalls substituieren konnte, also institutionalisierte, und zweitens einem Zweck dienen, also begründet werden konnte. Das konnte insbesondere durch die Verbindung mit konkreten staatlichen Zwecken, hier die Ausbildung von Beamten, geschehen; allerdings sollte dies in einer Form sich vollziehen, die den Forschungsimperativ und damit die Freiheit der Wissenschaftler zur Forschung nicht in Frage stellte. ‚Bildung *ist* Ausbildung' hieß somit die paradoxe Grundformel, wobei die Teilhabe an und Beobachtung von Forschung bildend sein sollte, also ‚Bildung durch Wissenschaft' bewirkt werden sollte. Die Vorbereitung auf die akademische Berufstätigkeit im engeren Sinne wurde in eine zweite, praxisorientierte Ausbildungsphase verlegt, die in ihrer Institutionalisierung für alle vier Fakultäten am Ende des 19. Jahrhunderts zum Abschluss kam (vgl. Titze et al. 1995: 23).

---

4   Grundlegend Esser 2000: 281ff.
5   Vgl. „Diese Form der Stabilisierung von Ordnungen [d.s. Institutionen, CG] findet ihren – hoch steigerungsfähigen – Ausdruck in der Ausformulierung einer institutionellen Leitidee […] sowie dazu gehöriger Symbolisierungssysteme." Rehberg 1994: 56.

Die deutsche Universität als pädagogische Institution

Die Leitidee ,Bildung durch Wissenschaft' diente der Universität bis in die späten 1960er Jahre unhinterfragt als Zentrum der Selbstbeschreibung und identitätsstiftendes institutionelles Merkmal. Dabei war nicht ausschlaggebend, ob dieses Prinzip zu jedem Zeitpunkt auch umgesetzt werden konnte. Entscheidend war vielmehr die *Existenz* dieser Leitidee, welche die Institution nach innen und außen regulieren und ihr eine kollektive Identität und relative Autonomie verleihen konnte, also als „institutionelle Fiktion" (Eßbach) diente. Die Universitäts- und Rektoratsreden des 19. und frühen 20. Jahrhunderts feierten diese Leitidee ebenso regelmäßig wie sie in feierlichen Eröffnungen des akademischen Jahres symbolträchtig inszeniert wurde, gerahmt und unterstützt durch die Amtstracht der Professoren, die das Außeralltägliche und quasi-Religiöse der Wissenschaft betonte (vgl. Groppe 2002; Groppe 2012; am Beispiel der Universität Berlin Tenorth 2012: 108ff.).

Bereits an diesen kurzen Ausführungen wird sichtbar, was eine Leitidee für eine Institution zu leisten imstande ist. Sie funktioniert als ein spezifisches „Deutungsmuster"; Georg Bollenbeck hat die Leistungen eines Deutungsmusters folgendermaßen definiert: Es konstruiert und abstrahiert einen Typus „vorangegangener Erfahrung", der „als Bestimmungsrelation zur gegenwärtigen Zeit [dient] und mit seinen programmatischen Überschüssen auf zukünftige Möglichkeiten verweisen [kann]" (Bollenbeck 1994: 19); es ist Abwehr- und Bezugsnorm gegenüber der Umwelt. Es wirkt somit identitätsstiftend und – im Falle der Universität – Autonomie sichernd (vgl. Rehberg 1994).

Problemstellungen des 20. Jahrhunderts an der deutschen Universität: Das Problem der großen Zahl, ,Bildung' durch Endprüfungen

Die Planer und Reformer, welche das neue Universitätsmodell in Preußen konzipierten, waren allerdings von den ihnen vertrauten Größenverhältnissen der damaligen Universitäten ausgegangen. Halle war um 1800 in Preußen mit fast 1.000 Studenten die größte und bedeutendste gewesen (bevor sie mit dem Frieden von Tilsit 1807 verloren ging), Königsberg und Frankfurt/O. folgten mit je etwa 300 Studenten. Die Universität Göttingen, die viele der späteren preußischen Reformer als Studenten in den 1780er Jahren besucht hatten, besaß rund 800 Studenten (vgl. Huber 1957; Wehler 1996: 297). Darauf beruhte das Szenario, das die Reformer für die neue Universität entwarfen: zahlenmäßig überschaubare Forschungs- und Bildungsgemeinschaften, durch welche die akademischen Lehrer und ihre Studenten sich in enger Gemeinschaft

Carola Groppe

der Wissenschaft widmen konnten (vgl. u.a. Fichte 1807/1998; Humboldt 1809/1993b; Schleiermacher 1808/2000; auch Tenorth 2012: 40ff.).

Ein besonderes Strukturmoment des entstehenden deutschen Bildungssystems, das dieses für die nächsten zwei Jahrhunderte prägen sollte, führte ab dem letzten Drittel des 19. Jahrhunderts zu rapide wachsenden Studentenzahlen. Das Berechtigungssystem verknüpfte seit den preußischen Reformen Leistungen und Qualifikationen im Bildungssystem (Einjähriges, Abitur, Staatsexamen etc.) mit dem Zugang zu bestimmten Laufbahnen im öffentlichen Dienst; ab der Phase der Hochindustrialisierung im deutschen Kaiserreich orientierten sich auch Handel und Industrie daran. „Über Einstieg und Ende von Karrieren wurde in der Schule [und in den Universitäten, CG] entschieden. [...] Bildungslevel [wurden] Primärkriterien der sozialen Differenzierung in Bürokratie und Gesellschaft." (Müller 1987: 16f.).

Zusätzliche Anreize wurden durch die Neuschaffung einer Vielzahl von höheren Beamtenstellen in der Reichsgründungsphase erzeugt; dazu trat, dass sich der Mittelstand im Kaiserreich nicht nur in wachsendem Maße ein Studium seiner Söhne leisten konnte, sondern einen sozialen Aufstieg der nachfolgenden Generation insbesondere durch Abitur und Studium gewährleistet sah. Um 1900 stellten die Söhne des alten und Mittelstandes bereits über 50% der Studenten, die Söhne der Akademiker und des Wirtschaftsbürgertums stellten über 30%, über 10% stammten aus ländlichen Gutsbesitzer- und Bauernfamilien, nur noch 2% aus dem Adel und unter 1% aus Arbeiterfamilien. Gegenüber der Bevölkerungszahl, die im Kaiserreich zwischen 1871 und 1914 um 58% anstieg, wuchsen die Studentenzahlen an den deutschen Hochschulen im selben Zeitraum um 346% an. Während 1870 rund 17.800 Studenten studierten, waren es im letzten Vorkriegssemester 1914 rund 79.000 Studierende an insgesamt 32 Hochschulen, davon rund 60.000 Studierende an Universitäten; 13 Hochschulen, insbesondere Technische Hochschulen und Handelshochschulen, waren im Kaiserreich neu gegründet worden (Zahlen nach Wehler 1995: 1210ff.; Jarausch 1984: 72ff).

Damit wurden bereits an der Jahrhundertwende 1900 Friktionen zwischen der institutionellen Fiktion ‚Bildung durch Wissenschaft' auf der einen Seite und der Entwicklung der Studierendenzahlen, der Forschungs- und Fächerdifferenzierung an den Universitäten und den neuen Hochschultypen auf der anderen Seite sichtbar (vgl. vom Brocke 2001). Auch hatte die Zunahme der Professorenstellen mit den rasant steigenden Studentenzahlen nicht Schritt halten können; sie stiegen im Kaiserreich an den Universitäten nur um 130% und blieben damit deutlich hinter dem Wachstum der Studentenzahlen zurück (vgl. Wehler 1995).

Zudem fanden die Bedarfe der entstehenden Industriegesellschaft in der neuhumanistisch geprägten Universität nur wenig Resonanz. Angesichts beginnender Technisierung und spezifischer Kenntnis- und Verwaltungsbedürfnisse der Großindustrie entstanden zwei Wissenskulturen im tertiären Sektor

Die deutsche Universität als pädagogische Institution

des Bildungssystems: „auf der einen Seite die Welt des Beamtentums", der altsprachlichen Bildung und der ‚reinen Wissenschaft', „auf der anderen Seite und davon scharf geschieden die Welt der Wirtschaft und Technik, der Produktion und des Handels", mit der Orientierung an praktischen Bedürfnissen (Titze et al. 1995: 19).

Einbezogen in ein funktional differenziertes Gesamtsystem der Qualifikationen und Berechtigungen – das, was Detlef K. Müller als ‚Prozess der Systembildung' in seinen Entwicklungsphasen im 19. Jahrhundert gültig beschrieben hat (vgl. Müller 1987: 13) – gab es vor dem Ersten Weltkrieg in Deutschland ein breites Spektrum anerkannter Hochschulen: „neben den Universitäten die Technischen Hochschulen [seit 1900 mit Promotionsrecht, CG], die Handelshochschulen, die Tierärztlichen Hochschulen, die Landwirtschaftlichen Hochschulen, die Forstlichen Hochschulen und schließlich die Bergakademien" (Titze et al. 1995: 19). Der tertiäre Sektor war in sich differenziert, tendierte aber, wie heute auch, zur Angleichung an das prestige- und statusträchtigste Element, die Universität mit Promotionsrecht und Forschungsauftrag.

Es war dabei insbesondere das im 18. und frühen 19. Jahrhundert implementierte System der Staatsexamina (vgl. Titze et al. 1995), das der Leitidee Bildung durch Wissenschaft trotz der geschilderten Entwicklungen seine institutionelle Relevanz verlieh und zugleich die Freiheit des Studiums für die Studierenden und die Freiheit zur Forschung für die Professoren sicherte. Bis zur Bologna-Reform der 2000er Jahre waren Endprüfungen, ob als Staats- oder als Universitätsprüfungen, das entscheidende Nadelöhr zu einem guten oder schlechten Studienabschluss gewesen (vgl. Eßbach 2009). Exzessiv sichtbar wurde dies am Studienverhalten vieler Verbindungsstudenten im 19. Jahrhundert, die nach ausführlichem Burschenleben und wenig Vorlesungsbesuch am Ende des Studiums in intensiven Phasen mit reichlich Nachhilfe durch andere Verbindungsstudenten auf das Examen hin büffelten; Verbindungsstudent sein konnte im Kaiserreich geradezu die Abstinenz von Bildungsveranstaltungen bedeuten (vgl. Levsen 2007).[6]

Mit der Einführung der Staatsexamina – für die Juristen, Theologen und Mediziner bereits im Verlauf des 18. Jahrhunderts, für das Höhere Lehramt 1810 – waren nicht nur die Berufszugänge normiert worden, sondern nach und nach „ein etwa einjähriges Sonderreich am Ende des Studiums" (Eßbach 2009: 19) geschaffen worden. Bis in die 2000er Jahre hatte dieses Sonderreich strukturell Bestand. Wolfgang Eßbach hat dessen Effekte prägnant beschrieben: Im Studium vor Bologna waren die Noten „nur Signale" gewesen, Möglichkeiten der Einordnung der eigenen Leistungen, mit der Konsequenz, dass sich das Studienverhalten danach ausrichtete. Zeitverschwendung, Aus-

---

6　Christopher Dowe hält fest, Lehrveranstaltungen im Kaiserreich seien „Bildungsangebote" gewesen, „die von Studenten angenommen oder ausgeschlagen werden konnten". Dowe 2007: 77. Das gilt auch für die bundesrepublikanischen Universitäten bis ‚Bologna'.

Carola Groppe

landserfahrungen ohne Scheinerwerb, Auszeiten zur Erwerbstätigkeit etc. waren möglich und wurden nicht zum Nachteil der Studierenden oder der Universitäten, da auch die sog. ‚Scheinstudenten', welche, eingeschrieben ohne zu studieren, die reale Studierendenzahl und damit die Lehre, die Prüfungen und die generellen Kapazitäten der Universitäten nicht belasteten (Eßbach 2009: 19f.).

Gleichzeitig waren die Studierendenzahlen nach dem Zweiten Weltkrieg kontinuierlich weiter angestiegen. Waren 1955/56 123.000 Studierende an den deutschen Hochschulen eingeschrieben, so waren es im WS 1960/61 bereits rund 200.000 Studierende (vgl. Jarausch 1984: 215). 1975 studierten dann an den deutschen Hochschulen bereits rund 780.000 Studierende, 1985 waren es rund 1,2 Millionen. Die Studienanfängerquote, d.i. der Anteil der Studienanfänger und -anfängerinnen an der gleichaltrigen Bevölkerung, betrug im Studienjahr 2011, gestützt durch doppelte Abiturjahrgänge in manchen Bundesländern, die Aussetzung der Wehrpflicht und eine generell steigende Studienneigung 57%, 10% mehr als 2010.[7] Die Studierendenzahlen steigen kontinuierlich weiter an: Im Studienjahr 2013/14 begannen rund 507.000 Studierende ein Studium an einer deutschen Hochschule,[8] im Jahr 2000 waren es erst rund 314.000.[9]

Großvorlesungen mit vielen hundert Studierenden und Seminare mit über hundert Teilnehmerinnen und Teilnehmern waren aber schon Teil der Universitätserfahrung für Lehrende und Studierende seit den 1960er Jahren vor und im Rahmen von Bildungsreform und Bildungsexpansion gewesen (vgl. Groppe 2008), da die Hochschulgründung und der Hochschulausbau mit der steigenden Studienneigung nicht Schritt gehalten hatten. Neu hinzugekommen sind in den 2000er Jahren jedoch bildungspolitische Auflagen, die auf eine stärkere Berufsqualifizierung der Studierenden zielen und sich in der Stufung und Modularisierung der Studiengänge niedergeschlagen haben. Das bildungspolitische Argument, die unterstrukturierte Studienlandschaft der alten Studiengänge sei schuld an hohen Studienabbruchsquoten, hat dabei zu formalen Standardisierungen und inhaltlichen Neuausrichtungen der Studiengänge an den Universitäten geführt, aber nicht zu einer umfassenden institutionellen Ausdifferenzierung des tertiären Sektors, sondern – bereits seit der Bildungsexpansion der 1960er Jahre – zum exorbitanten Wachstum der Universitäten selbst (vgl. dazu Eßbach 2009: 20/22ff.), als der ‚Königsinstitution' des tertiären Sektors: Aktuell studieren im Studienjahr 2013/14 knapp

---

7   Vgl. https://www.destatis.de/DE/Publikationen/Thematisch/BildungForschungKultur/Hochschulen/BroschuereHochschulenBlick0110010137004.pdf (Zugriff 23.06.2014), S. 12f.
8   Vgl. https://www.destatis.de/DE/ZahlenFakten/GesellschaftStaat/BildungForschungKultur/Hochschulen/Tabellen/StudierendeErstesHSHochschulart.html (Zugriff 26.06.2014).
9   Vgl. Anzahl der Studienanfänger/-innen im ersten Hochschulsemester in Deutschland in den Studienjahren von 1995 bis 2013: http://de.statista.com/statistik/daten/studie/4907/umfrage/studienanfaenger-in-deutschland-seit-1995/ (Zugriff 27.06.2014).

1.700.000 Studierende an 106 Universitäten und knapp 850.000 Studierende an 212 Fachhochschulen.[10]

Das Urteil des Bundesverfassungsgerichts 1972 zur Verfassungswidrigkeit des Numerus clausus, der nur in Notlagen toleriert werden dürfe „in den Grenzen des unbedingt Erforderlichen unter erschöpfender Nutzung der vorhandenen Ausbildungskapazitäten"[11], schuf dabei die Grundlage für einen Zustand, der die Überfüllung insbesondere an den Universitäten zur Normallage machte. Der sogenannte Öffnungsbeschluss der KMK vom 4. November 1977 folgte dieser Direktive und verschärfte sie, indem die Hochschulen gezwungen wurden, zeitweise riesige Überlastquoten zu akzeptieren, bis – so das bildungspolitische Versprechen – die geburtenstarken Jahrgänge versorgt seien und der Staat im Hochschulausbau nachgezogen hätte (vgl. Eßbach 2009: 22[12]).

Gleichzeitig konnte durch die Unterstrukturierung des Studiums (einphasiges Modell mit Abschlussprüfungen) die Leitidee Bildung durch Wissenschaft an den Universitäten als „institutionelle Fiktion" (Eßbach) aufrechterhalten werden, indem man die Nutzung der Lehrangebote dem Interesse und der Entscheidung der Studierenden überließ und dies als freien Bildungsprozess deklarierte.

Bereits zu Beginn der 1980er Jahre wurde jedoch klar, dass die beabsichtigte ‚Untertunnelung des Studentenberges' vor dem Hintergrund steigender Abiturientenzahlen und steigender Studienneigung eine Illusion gewesen war. Dies führte nicht nur in der KMK[13] zur Konzeption eines berufsqualifizierenden Erststudiums mit Bachelorabschluss für alle Studierenden und einer davon unterschiedenen, stärker wissenschaftsorientierten zweiten Phase mit Masterabschluss für 40% der Studierenden, die insbesondere der wissenschaftlichen Nachwuchsausbildung dienen sollte.[14]

---

10 Vgl. https://www.destatis.de/DE/ZahlenFakten/GesellschaftStaat/BildungForschungKultur/
Hochschulen/Tabellen/HochschulenHochschularten.html und https://www.destatis.de/DE/
ZahlenFakten/GesellschaftStaat/BildungForschungKultur/Hochschulen/Tabellen/Studieren
deInsgesamtHochschulart.html (abgerufen 26.6.2014).

11 Entscheidungen des Bundesverfassungsgerichts 1972, zit. nach Eßbach 2011: 117.

12 Zur Problematik von Bundesverfassungsgerichtsurteil und KMK-Öffnungsbeschluss vgl.
ausführlich Eßbach 2011: 117ff.

13 Vgl. http://www.kmk.org/wir-ueber-uns/gruendung-und-zusammensetzung/zur-geschichte-
der-kmk.html (abgerufen am 19.6.2014).

14 Der Bologna-Prozess und seine Ziele und Verläufe sollen hier nicht Gegenstand der Analyse sein. Dass die Stufung, formale Modularisierung und inhaltliche Standardisierung der Studiengänge maßgeblich auf ‚Bologna' mit dem Ziel der Verbesserung der ‚employability' und der Schaffung eines europäischen Hochschulraums zurückzuführen ist, ist allgemein bekannt. Zu einer scharfen Kritik daran vgl. Münch 2009: 56ff./93ff. und neuerdings Lenzen 2014.

Carola Groppe

Meine *zweite These*[15] lautet daher, dass nur in dem alten, einphasigen Studiensystem eines generell schwach regulierten und nicht durch Standardisierungen und Prüfungen verregelten Studiums die Leitidee Bildung durch Wissenschaft aufrechterhalten werden konnte, unabhängig von der wachsenden Zahl von Studierenden.

Die Universität, so lauteten übereinstimmend das Konzept der Universität und seine Umsetzung in der klassischen Epoche 1800-1960, stellte einen akademischen Kontext bereit, in dem sich Bildung durch Wissenschaft ‚ereignen' konnte. Der Bildungsprozess der Studierenden wurde, wie im Bildungsbegriff angelegt, selbstorganisiert und selbstbestimmt gedacht, als etwas, das sich (wie die Ausbildung, welche die wissenschaftliche Bildung automatisch mit sich bringen sollte) ohne direkte pädagogische Einwirkung der Lehrenden oder gar ihre kleinschrittige Kontrolle abspielte. Damit wurden traditionell zwei zentrale gesellschaftliche Werte aufeinander bezogen: Die Wissenschaft als Forschung war die Bedingung für die Bildung; die Bildung war die funktionale Legitimation der Wissenschaft in einer durch den Staat eingerichteten und durch die öffentliche Hand finanzierten Institution.

Die aktuell noch von den Verteidigern der kontinentalen Universitätsidee mit der Leitidee Bildung durch Wissenschaft geführten Debatten um die kollektive Identität und die relative Autonomie der Universitäten sind m.E. Rückzugsgefechte; die neue Struktur der Lehre (Modularisierung, Parzellierung der Endprüfungen zu einzelnen Modul- und Teilprüfungen, Standardisierung von Lehrinhalten) wird auf die Identitätsstiftung durchschlagen, weil sie die Arbeitsweise, die Beanspruchung und dadurch das Rollenverständnis der Lehrenden tiefgreifend verändert. Waren die alten Universitäten aus dem Prinzip der Forschung heraus konstruiert worden, so werden sie nun aus dem Prinzip der Lehre heraus neu geschaffen. Damit wird auch die ‚institutionelle Fiktion', welche die Universität als Stätte der Forschung identifizierte und sicherte, fragwürdig, weil sie sich in den Strukturen und den alltäglichen institutionellen Erfahrungen insbesondere der Lehrenden als seinem strukturellen Kontext nicht mehr widerspiegelt.

Wolfgang Eßbach hat in einem anderen Zusammenhang festgehalten, dass Brüche zwischen Geschichte und Gegenwart an der Universität so lange nicht gesehen werden, wie noch genügend Dozenten im alten System gebildet und qualifiziert worden sind: „In Ländern, die wie Großbritannien bereits in den achtziger Jahren ihren Bologna-Prozeß begonnen haben, wächst heute die Sorge, den Hochschullehrerbedarf nicht mehr mit Absolventen der eigenen Hochschulen decken zu können. Sie nehmen unter anderem gern deutsche Wissenschaftler, weil das einphasige, unmodularisierte Studiensystem immer noch qualifizierteste […] Absolventen entlässt, die ihr Fach beherrschen. Ahnungslose deutsche Politiker feiern die internationale Zusammen-

---

15 Diese zweite These baut auf meiner ersten These auf, nämlich dass die deutsche Universität auf dem Weg sei, eine pädagogische Institution zu werden.

Die deutsche Universität als pädagogische Institution

setzung angelsächsischer Fakultäten." (Eßbach 2009: 18) So sind in Deutschland an den Universitäten momentan noch fast zu 100% Professorinnen und Professoren tätig, die im alten einphasigen Studiensystem und in individualisierten Promotions- und Habilitationsverfahren ihre wissenschaftlichen Qualifikationen erworben haben. Die kollektive Illusion, der Bologna-Prozess habe lediglich die Lehr- und Prüfungsstrukturen verändert, und es gehe nur um die Erkämpfung und Verteidigung von Zeitkorridoren für die Forschung, wird sich daher noch eine Weile aufrecht erhalten lassen. Voraussichtlich wird die spätere Einsicht, dass sich hier ein fundamentaler institutioneller Wandel vollzogen hat, auch gar keine krisenhaften Erschütterungen mehr hervorrufen, weil diejenigen Lehrenden, die bereits im neuen System ihre Habitualisierung erfahren haben, diesen Wandel nicht mehr als Problem wahrnehmen. Diese Form fast konfliktfreien Wandels ist bedingt durch einen spezifischen ‚Generationenmechanismus', der ein cooling out des Protestpotentials bewirkt.[16]

Die Universität ist zugleich nach wie vor eine Institution. Das klingt selbstverständlicher als es ist. Sie könnte inzwischen auch ‚nur' eine Organisation sein. Niklas Luhmann stellte angesichts der Gründung der Universität Bielefeld und der wachsenden Zahl der Studierenden nüchtern fest, dass die Universität sich zur Organisation gewandelt hätte.[17] Damit sollte festgehalten werden, dass eine Institution nicht ohne eine ihre Normen und Werte abbildende und ihre Rollenmodelle und Strukturen anleitende Fiktion auskommt, eine Organisation zur funktionalen Lösung ihrer Aufgaben dies aber nicht benötigt.

Ich glaube, dass Luhmann mit seinem Diktum irrt. Die Institution Universität hört nicht auf und wird durch funktionale Organisation ersetzt, sondern die institutionelle Fiktion, die Leitidee, ändert sich. Meine *dritte These* lautet: Aus der Leitidee Bildung durch Wissenschaft wird sich eine neue, z.B. mit ‚Unterricht' oder ‚Erziehung' im Zentrum, ergeben. Wenn den Professorinnen und Professoren Entwicklungs- und Erfolgsverantwortung für die Studierenden auferlegt wird und Reglementierungen und Sanktionierungen der Stu-

---

16 Den ‚Generationenmechanismus' konnte man auch bei der Einführung der W-Besoldung beobachten. Nur die neu berufenen Professorengenerationen waren davon betroffen; diejenigen, die sich schon im System befanden, jedoch nicht (juristisch: „Bestandsschutz"). Damit entfiel ein deutlicher Protest, da diejenigen, die das alte mit dem neuen Besoldungssystem durch eigene Erfahrung vergleichen konnten, vom neuen System nicht betroffen waren und die Neuberufenen das alte System bzw. dessen Besoldungshöhen nicht mehr persönlich kennengelernt hatten. Durch Leistungszulagen bzw. das Versprechen auf solche wurde im neuen Besoldungssystem zudem ein weiterer ‚cooling-out-Mechanismus' implementiert. Zu feldspezifischer generationaler Sozialisation vgl. Nohl 2011; Groppe 2011.

17 Vgl. Luhmann 1992: 93f./98. Luhmann führt dies auch auf die Studentenbewegung: „Das erhebliche Maß an Anarchie und Gewaltsamkeit in den Jahren nach 1968 hatte das Gute, an die Vorteile von Ordnung zu erinnern. Die Vorteile konnten aber nicht durch Rückgriffe auf die Idee der Universität, sondern nur über Organisation wiedergewonnen werden." Ebd.: 95.

dierenden durch die Lehrenden (z.B. in Form von Anwesenheitskontrollen und entsprechenden Auflagen bei Versäumnissen o.ä.) bis zur Vollverantwortung für den Ausschluss von Studierenden vom Studium reichen (nicht nur durch Mangelleistung, sondern z.b. auch durch mehrmalige Fristversäumnis), dann geht es nicht mehr um selbsttätige Bildung durch Wissenschaft, sondern um kleinschrittig planbare und kontrollierbare Wissensbestände und Kompetenzen, die durch Erziehung und Unterricht, also durch dezidiert pädagogische Tätigkeiten und Settings, vermittelt werden sollen.[18] Damit einher geht eine ‚pädagogische' Reduktion von Anforderungen, gepaart mit einer – zumindest geforderten – engmaschigen Betreuung. Da dies alles von der nationalen Bildungspolitik und globalen Akteuren strukturell erzwungen wird (oder werden soll), haben wir eine *pädagogische Institution* vor uns, in der Prozesse der Erziehung und des Unterrichts und das pädagogische Arrangement von Entwicklung und die Verantwortung dafür im Mittelpunkt des institutionellen Tuns stehen. Vor dem Hintergrund, dass eine Institution kollektive Interaktionen in der Gesellschaft verbindlich ordnet und gesellschaftliche Normen und Werte zum Ausdruck bringt und symbolisch festigt, wird sich damit auch die Leitidee der Institution Universität verändern.

Dass die Beobachtung einer Veränderung der Leitidee der Institution Universität nicht nur eine Binnenperspektive beschreibt, kann man an den neuen Elternsprechtagen ablesen, die inzwischen an vielen Universitäten stattfinden.[19] 2013 war in der Campus-Zeitschrift „Unicum" zu lesen:

„Es ist der ganz normale Wahnsinn im Wintersemester an der juristischen Fakultät der Westfälischen Wilhelms-Universität Münster. Der ganz normale Alltag mit durcheinanderwuselnden Studenten im brechend vollen Hörsaal, der sich ihm da als Anblick bietet. Und doch traut Professor Thomas Hoeren seinen Augen nicht an diesem Montagabend, als sich drei Personen vor ihm aufbauen. ‚Da stand eine 17-jährige Erstsemestlerin vor mir – aber nicht alleine, sondern in Begleitung von Mama und Papa! ‚Wir wollten uns mal anschauen, wo und wie unsere Tochter studiert und was sie so alles bei Ihnen lernt', sagten die Eltern zu mir.' Der Prof war baff. Nach der Vorlesung zum Thema ‚Informationsrecht'

---

18 Vgl. dazu kritisch Münch 2009: 56ff. Dass es seit langem eine Hochschuldidaktik gibt, die das Lehren und Lernen an der Hochschule verbessern soll, ändert nichts an der Grundaussage, dass die Universität erst durch Bologna zu einer pädagogischen Institution wird. Die universitäre Lehre zu verbessern kann auch das Ziel in einer Institution sein, die ihre Leitidee aus anderen Werten und Idealen bezieht.

19 So z.B. an der Universität Freiburg, der Universität Münster, der Universität Osnabrück, der TU Dresden, der Universität Frankfurt a.M. uva. Vgl. exemplarisch die Artikel im SPIEGEL, der Wirtschaftswoche und der FAZ: Knoke 2013; Klein 2013; Locke 2011. Stefan Locke paraphrasiert den stellvertretenden Vorsitzenden des Studentenwerks Ostniedersachsen, Klink: „Gehe es um Wohnheimplätze, brächten heute 80 bis 90 Prozent der Studenten ihre Eltern mit, die dann auch prompt alles regelten. Viele Studenten hätten kaum Lebenserfahrung, seien bequemer geworden und froh, dass sich die Eltern kümmerten. ‚Früher wurden Probleme in Wohnheimen direkt geklärt, heute wird vielfach Papa angerufen, der sich dann bei uns meldet und die Sache erledigt haben will', berichtet Klink." Locke 2011.

ist die Mutter der Studentin zu ihm gekommen, ‚Sie machen das ja alles so lustig, unsere Tochter ist gut aufgehoben bei Ihnen‘, hat sie zu mir gesagt‘, erzählt Hoeren."[20] In dieser von dem Professor referierten Szene wird ersichtlich Erziehungsverantwortung von den Eltern an den Dozenten übergeben. Im letzten Satz der Mutter äußert sich das Vertrauen, dass der Professor – mindestens in der Vorlesung, vielleicht auch darüber hinaus – der Tochter eine Lern- und Entwicklungsumgebung bereitstellen wird, die den Bedürfnissen und Zielen der Eltern entspricht.

Ausblick

Ich möchte abschließend die bis hierhin erzielten Analyseergebnisse und entwickelten Thesen in ihrer Relevanz für eine (bislang noch wenig erfolgende) erziehungswissenschaftliche Erforschung der Universitäten skizzieren. Die Erziehungswissenschaft kann allgemein gefasst werden als die Disziplin, die sich forschend mit dem Verhältnis von Individuum und Gesellschaft in seiner Vermittlung durch Erziehungs-, Bildungs- und Sozialisationsprozesse befasst. Mit ihrem Erkenntnisinteresse umgreift Erziehungswissenschaft somit die gesamte Lebensspanne.

Es ist dennoch unübersehbar, dass sich die erziehungswissenschaftliche Forschung überwiegend auf das Kindheits- und Jugendalter und die entsprechenden Institutionen bezieht, bzw. überall dort besonders stark vertreten ist, wo sich dezidiert pädagogische Institutionen und Berufsfelder auffinden lassen. Die Erforschung pädagogischer Verhältnisse macht dabei zugleich einen Teil ihrer disziplinären Identität gegenüber anderen Disziplinen aus (vgl. Baader 2013).

Fasst man aber die disziplinäre Aufgabe der Erziehungswissenschaft wie eben skizziert etwas weiter, nämlich als Disziplin, die sich forschend mit dem Verhältnis von Individuum und Gesellschaft in seiner Vermittlung durch Erziehungs-, Bildungs- und Sozialisationsprozesse befasst, könnte und sollte sie sich zunehmend auch solchen Forschungsgebieten zuwenden, die bislang nicht primär als pädagogische Verhältnisse oder Institutionen definiert sind, aber sehr wohl im thematischen Bereich des Verhältnisses von Individuum und Gesellschaft in seiner Vermittlung durch Erziehungs-, Bildungs- und Sozialisationsprozesse anzusiedeln sind. Im Falle der Universität fällt eine solche Hinwendung der Erziehungswissenschaft vielleicht inzwischen deshalb leicht, weil sich diese momentan selbst zu einer pädagogischen Institution wandelt.

---

20 Steinecke, Almut: Master mit Mama. In: Unicum 01/2012, S. 8-10, online http://www.unic um.de/studienzeit/rund-ums-studium/allgemein/master-mit-mama/ (abgerufen 28.06.2014).

Carola Groppe

Begreifen und analysieren lässt sich dieser Wandel vollumfänglich allerdings erst dann, wenn auch eine historische Perspektive eingenommen wird. So sind es z.B. die zeitliche Überlappungen von Sozialisationserfahrungen und die daraus resultierenden Identitäten und Handlungsorientierungen, die verantwortlich sind für den fast reibungslosen Wandel der Institution. Die zu unterschiedlichen Zeitpunkten in die Universität eintretenden akademischen Generationen der Lehrenden erfahren unterschiedlich ausgerichtete Institutionen und interpretieren dementsprechend ihre institutionellen Rollen divers. Während für diejenigen Lehrenden, insbesondere die Professorinnen und Professoren, die noch in der alten Studien- und Forschungsstruktur sozialisiert und ausgebildet worden sind, die Leitidee Bildung durch Wissenschaft und der Forschungsimperativ die berufliche und soziale Identität bestimmen, wird sich dies in der Zukunft für die kommenden Professorinnen und Professoren vermutlich zugunsten einer Identität als *Hochschullehrer/in* verschieben.

Pädagogisierung, mangelnde Freiräume für Forschung und Gehaltsabsenkungen[21] sind Symptome für eine grundlegende Veränderung der Institution Universität, ihrer Aufgabendefinition und Rollenvorgaben. Um solche Wandlungsprozesse in ihrer Komplexität zu verstehen, bedarf es einer umfassenden, historischen wie aktuellen universitätsbezogenen Sozialisationsforschung: „Denn die Geschichte endet nicht mit der Gegenwart. Vielmehr gehört es zu den fundamentalen Einsichten historisch arbeitender Wissenschaften, dass selbst bei revolutionären Umwälzungen die sozialisierten und institutionalisierten Strukturen weiterhin die Orientierungen und Handlungsspielräume der Akteure nachhaltig prägen." (Zymek 2013: 470). Bildungssystemische Entwicklungen der höheren Schulen und der Universitäten, die bereits vielfach analysiert worden sind (vgl. exemplarisch Müller 1977; Müller et al. 1987; Titze et al. 1995), müssten dabei stärker als Kontextbedingungen von Sozialisationsprozessen analysiert werden.

Für eine erziehungswissenschaftliche Erforschung der Universität wäre neben einer historischen und gegenwartsbezogenen Sozialisations- und Institutionenforschung auch eine Professionsforschung wichtig. Insbesondere für die Lehrenden wäre nach ihrer sozialen Identität und ihrem professionellen Selbst zu fragen, und dies unterschieden nach Alterskohorten im Sinne einer institutionsspezifischen Generationsforschung. Hier ginge es auch um Divergenzuntersuchungen von Berufsambitionen und Universitätsalltag und um die damit verbundenen möglichen Veränderungen im professionellen Selbst. Dies betrifft insbesondere die aktuelle Scharniersituation, in der eine ältere

---

21 Wohlgemerkt: Die De facto-Gehaltsabsenkungen in der W-Besoldung sind begründet worden als leistungsgerechte Besoldung, wodurch Anreize gesetzt und Leistungsträger belohnt werden sollten. Sie setzen gleichwohl das Signal, dass die bisherigen Leistungen (Promotion, Habilitation, Juniorprofessur, wissenschaftliche Publikationen, Projekte etc.) nur für ein Grundgehalt qualifizieren, das in vielen Bundesländern nur knapp über dem Gehalt eines Studienrats mit Berufserfahrung liegt.

Professorengeneration in einem neuen System lehrt bzw. unterrichtet. Ihre Einstellungen und praktischen Umgang mit dem neuen Studiensystem wäre ebenso zu untersuchen – ob und inwiefern z.b. sich die Divergenz von Selbstbild und Studiensystem auswirken oder inwiefern unterschiedliche Konzepte vom professionellen Selbst zwischen den Generationen auszumachen sind. Dies wäre insbesondere in historischen Längsschnittuntersuchungen zumindest durch das gesamte 20. Jahrhundert lohnend.

Eine Sozialisationsforschung im weit gefassten Sinne könnte die Universität als sozialen wie erziehenden Raum erforschen; das umfasst pädagogische Architektur (Vermittlung von Wissenschafts- und Studienidealen) und räumliche Arrangements der Interaktionen (vom Seminarraum bis zum Dienstzimmer der Professoren). Mit Bezug auf die Studierenden könnten Einstellungen und Wandlungen zum Status Studierende/r ebenso in historischen Längsschnittanalysen untersucht werden wie dies auch in Studierendenkohorten vor, während und am Ende des Studiums aktuell erhoben werden kann.

Und welche Vorstellungen von der Universität bringen die Studierenden zum Studium mit? Welche entstehen oder verändern sich während des Studiums? Schließlich: Die Schulpädagogik und die Unterrichtsforschung könnten sich den Seminaren und Vorlesungen zuwenden und Lernmotivation der Studierenden und pädagogisches Handeln der Lehrenden untersuchen. Dabei ginge es um Seminare und Vorlesungen als Lernmilieus und um Studenten- und Dozenteninteraktionen; um didaktische Konzepte u.v.a.

Eine Sozialisations-, Institutionen- und Professionsforschung bliebe allerdings unvollständig ohne Theorie-, Ideen- und Diskursforschung. Theorien, Ideen und Diskurse formen und strukturieren das pädagogische Feld sowie die einzelnen Institutionen und die Orientierungen pädagogischen und institutionellen Handelns in ihnen. Institutionelle Leitideen respektive institutionelle und gesellschaftliche Diskurse über die Universitätsentwicklung, Wissenschaftstheorien etc. wirken auf Institutionen und Akteure ein und müssen als idealer Rahmen, machtvolle Idee und Theorie, umkämpfter Diskurs etc. in ihrer Bedeutung für gesamtgesellschaftliche Prozesse mit pädagogischem Bezug und insbesondere für Institutionen und Erziehungs-, Bildungs- und Sozialisationsprozesse erfasst werden.

Für die von mir diskutierten aktuellen und zukünftigen Entwicklungen der deutschen Universität wäre dabei zugleich eine spezifische zeitgeschichtliche Epoche von besonderer Bedeutung: die langen 1960er Jahre und ihre Auswirkungen, z.B. der strukturelle Umbau der Universitäten von der Ordinarien- zur Gruppenuniversität und rasant wachsende Studierendenzahlen, die spätestens in den 1970er Jahren die Anomie der Massenuniversität zur systemischen Normalität machten. Diese zweite deutsche wie gesamtwestliche Achsenzeit der Modernisierung, nach der ersten an der Jahrhundertwende 1900 (vgl. Herbert 2002), stellt eine Transformationsphase dar, die nicht nur

Carola Groppe

bildungshistorisch höchst bedeutsam ist, sondern an der aktuell-erziehungs-
wissenschaftliche und bildungshistorische Forschung so dicht zusammenar-
beiten können wie in kaum einem anderen Forschungsfeld.

Literatur

Baader, Meike S. (2013): Erziehungswissenschaft zwischen disziplinären Grenzen,
  Grenzüberschreitungen und Entgrenzungen. In: Müller, Hans-Rüdiger/Bohne,
  Sabine/Thole, Werner (Hrsg.): Erziehungswissenschaftliche Grenzgänge. Mar-
  kierungen und Vermessungen. Beiträge zum 23. Kongress der Deutschen Gesell-
  schaft für Erziehungswissenschaft. Opladen/Berlin/Toronto: Budrich-Verlag,
  S. 61-80.
Beyer, Jürgen (2006): Pfadabhängigkeit. Über institutionelle Kontinuität, anfällige
  Stabilität und fundamentalen Wandel. Frankfurt a.M.: Campus-Verl., New York.
Bollenbeck, Georg (1994): Bildung und Kultur. Glanz und Elend eines deutschen
  Deutungsmusters. Frankfurt a.M.: Insel.
Brocke, Bernhard vom (2001): Die Entstehung der deutschen Forschungsuniversität,
  ihre Blüte und Krise um 1900. In: Schwinges, Rainer C. (Hrsg.): Humboldt inter-
  national: Der Export des deutschen Universitätsmodells im 19. und 20. Jahrhun-
  dert. Basel: Schwabe, S. 367-401.
Charle, Christoph (2004): Grundlagen. In: Rüegg, Walter (Hrsg.): Geschichte der
  Universität in Europa. Bd. III. Vom 19. Jahrhundert zum Zweiten Weltkrieg
  (1800-1945). München: Beck, S. 43-80.
Dowe, Christopher (2007): Ein Zeitalter der Lehre – Deutsche Universitäten im Kai-
  serreich. In: Bilstein, Johannes (Hrsg.): Jahrbuch für Historische Bildungsfor-
  schung Bd. 13. Bad Heilbrunn: Klinkhardt, S. 57-88.
Eßbach, Wolfgang (2009): Jenseits der Fassade. Die deutsche Bachelor-/Master-
  Reform. In: Kaube, Jürgen (Hrsg.): Die Illusion der Exzellenz. Lebenslügen der
  Wissenschaftspolitik. Berlin: Wagenbach, S. 14-25.
Eßbach, Wolfgang (2011): Die Universität als institutionelle Fiktion. In: Ders.: Die
  Gesellschaft der Dinge, Menschen, Götter. Wiesbaden: VS-Verlag, S. 113-129.
Esser, Hartmut (2000): Soziologie. Spezielle Grundlagen. Bd. 5. Institutionen. Frank-
  furt a.M./New York: Campus-Verl.
Fichte, Johann G. (1807/1998): Deducierter Plan einer in Berlin zu errichtenden hö-
  hern Lehranstalt. In: Ders.: Nachgelassene Schriften 1807-1810. Hrsg. von
  Lauth, Reinhard u.a. . Stuttgart-Bad Cannstatt: Frommann-Holzboog, S. 65-170.
Groppe, Carola (2002): Diskursivierungen der Antikerezeption im Bildungssystem
  des deutschen Kaiserreichs. In: Aurnhammer, Achim/Pittrof, Thomas (Hrsg.):
  Mehr Dionysos als Apoll? Antiklassizistische Antikerezeption um 1900. Frank-
  furt a.M.: Klostermann, S. 21-44.
Groppe, Carola (2006): Pädagogik im 19. Jahrhundert. Pädagogische Denkformen,
  Erziehungswirklichkeit und Bildungssystementwicklung um 1800 und 1900. In:
  Harney, Klaus/Krüger, Heinz-Hermann (Hrsg.): Einführung in die Geschichte der

Die deutsche Universität als pädagogische Institution

Erziehungswissenschaft und Erziehungswirklichkeit. Opladen: Budrich, Bloomfield Hills, S. 37-70.

Groppe, Carola (2008): „Die Universität gehört uns". Lehr-, Lern- und Handlungsformen an der Universität in der 68er Bewegung. In: Baader, Meike (Hrsg.): „Seid realistisch, verlangt das Unmögliche!" Wie 1968 die Pädagogik bewegte. Weinheim/Basel: Beltz, S. 121-140.

Groppe, Carola (2011): Universität, Generationenverhältnisse und Generationenkonflikte um „68". Vom Wandel der Institution und der Radikalisierung politischer Aktivität. In: Baader, Meike S./Herrmann, Ulrich (Hrsg.): 68 – Engagierte Jugend und Kritische Pädagogik. Impulse und Folgen eines kulturellen Umbruchs in der Geschichte der Bundesrepublik. Weinheim/München: Juventa-Verl., S. 129-147.

Groppe, Carola (2012): Bildung durch Wissenschaft: Aspekte und Funktionen eines traditionellen Deutungsmusters der deutschen Universität im historischen Wandel. In: Bildung und Erziehung 65, 2, S. 169-181.

Herbert, Ulrich (2002): Liberalisierung als Lernprozess. Die Bundesrepublik in der deutschen Geschichte – Eine Skizze. In: Ders.: Wandlungsprozesse in Westdeutschland. Belastung, Integration, Liberalisierung 1945-1980. Göttingen: Wallstein-Verl., S. 7-50.

Huber, Ernst R. (1957): Deutsche Verfassungsgeschichte seit 1789. Bd. 1. Reform und Restauration 1789-1830. Stuttgart: Kohlhammer.

Humboldt, Wilhelm von (1809/1993a): Der Königsberger und der Litauische Schulplan. In: Ders.: Werke Bd. 4. Schriften zur Politik und zum Bildungswesen. Hrsg. von Flitner, Andreas/Giel, Klaus. Darmstadt: Wiss. Buchges., S. 168-195.

Humboldt, Wilhelm von (1809/1993b): Über die innere und äussere Organisation der höheren wissenschaftlichen Anstalten in Berlin. In: Ders.: Werke Bd. 4. Schriften zur Politik und zum Bildungswesen. Hrsg. von Flitner, Andreas/Giel, Klaus. Darmstadt: Wiss. Buchges, S. 255-266.

Jarausch, Konrad H. (1984): Deutsche Studenten 1800-1970. Frankfurt a.M.: Suhrkamp.

Kieserling, André (2009): Die Wirklichkeit der Humboldt-Rhetorik oder Was soll aus den Studenten werden? In: Kaube, Jürgen (Hrsg.): Die Illusion der Exzellenz. Lebenslügen der Wissenschaftspolitik. Berlin: Wagenbach, S. 26-37.

Klein, Hans P. (2013): Kommentar: Praxis der Unbildung. Elternsprechtag an der Uni. In: Wirtschaftswoche, 11.05.2013. Online: http://www.wiwo.de/erfolg/campus-mba/praxis-der-unbildung-elternsprechtag-an-der-uni/8187420.html (abgerufen 28.06.2014).

Knoke, Mareike (2013): Elternalarm an der Uni: Mama, steh mir bei. In: Der SPIEGEL, 06.05.2013. Online: http://www.spiegel.de/unispiegel/wunderbar/helikop ter-eltern-hochschulen-entdecken-eltern-als-zielgruppe-a-897649.html (abgerufen 27.06.2014).

Lenzen, Dieter (2014): Bildung statt Bologna! Berlin: Ullstein.

Levsen, Sonja (2007): Charakter statt Bildung? Universitäten, Studenten und die Politik der Männlichkeit im späten 19. Jahrhundert. In: Jahrbuch für Historische Bildungsforschung 13. Bad Heilbrunn: Klinkhardt, S. 89-114.

Locke, Stefan (2011): Papa, Mama die Uni und ich. In: FAZ, 21.06.2011. Online: http://www.faz.net/aktuell/gesellschaft/jugend-schreibt/studieren-mit-eltern-papa-mama-die-uni-und-ich-1655378.html (abgerufen 28.06.2014).

Carola Groppe

Luhmann, Niklas (1992): Die Universität als organisierte Institution. In: Ders.: Universität als Milieu. Kleine Schriften. Hrsg. von Kieserling, André. Bielefeld: Haux, S. 90-99.

Merkens, Hans (2006): Pädagogische Institutionen. Pädagogisches Handeln im Spannungsfeld von Individualisierung und Organisation. Wiesbaden: VS Verl. für Sozialwiss.

Müller, Detlef K. (1977): Sozialstruktur und Schulsystem. Aspekte zum Strukturwandel des Schulsystems im 19. Jahrhundert. Göttingen: Vandenhoeck & Ruprecht.

Müller, Detlef K. (1987): Methodische Voraussetzungen zur Analyse der Entwicklung des Bildungssystems im 19. und 20. Jahrhundert. In: Ders./Zymek, Bernd [unter Mitarb. von Ulrich G. Herrmann]: Sozialgeschichte und Statistik des Schulsystems in den Staaten des Deutschen Reiches 1800-1945. Datenhandbuch zur deutschen Bildungsgeschichte Bd. II. Höhere und mittlere Schulen. 1. Teil. Göttingen: Vandenhoeck & Ruprecht, S. 13-20.

Münch, Richard (2009): Globale Eliten, lokale Autoritäten. Bildung und Wissenschaft unter dem Regime von PISA., McKinsey & Co., Frankfurt a.M: Suhrkamp.

Nipperdey, Thomas (1984): Deutsche Geschichte 1800-1866. Bürgerwelt und starker Staat. München: Beck.

Nohl, Arnd-Michael (2011): Einführung: Zur Entstehung und Konsolidierung des türkischen Bildungssystems. In: Ders./Pusch, Barbara (Hrsg.): Bildung und sozialer Wandel in der Türkei – Historisch und aktuelle Aspekte. Würzburg: Ergon-Verl., S. 17-41.

Parsons, Talcott (1951): The Social System. Glencoe: The Free Press, Illinois.

Rehberg, Karl-Siegbert (1994): Institutionen als symbolische Ordnungen. Leitfragen und Grundkategorien zur Theorie und Analyse institutioneller Mechanismen. In: Göhler, Gerhard (Hrsg.): Die Eigenart der Institutionen. Zum Profil politischer Institutionentheorie. Baden-Baden: Nomos-Verl.-Ges., S. 47-84.

Schleiermacher, Friedrich (1808/2000): Gelegentliche Gedanken über Universitäten in deutschem Sinn. In: Ders.: Texte zur Pädagogik. Kommentierte Studienausgabe Bd.1. Hrsg. von Winkler, Michael/Brachmann, Jens. Frankfurt a.M.: Suhrkamp, S. 101-165.

Scholl, Daniel (2009): Ansprüche an öffentliche Erziehung: Sind die Zuständigkeiten und Leistungen der Institutionen Familie und Schule austauschbar? In: Ecarius, Jutta/Groppe, Carola/Malmede, Hans (Hrsg.): Familie und öffentliche Erziehung. Theoretische Konzeptionen, historische und aktuelle Analysen. Wiesbaden: VS Verl. für Sozialwiss., S. 73-92.

Senge, Konstanze (2006): Zum Begriff der Institution im Neo-Institutionalismus. In: Dies./Hellmann, Kai-Uwe (Hrsg.): Einführung in den Neo-Institutionalismus. Wiesbaden: VS Verl. für Sozialwiss., S. 35-47.

Steinecke, Almut (2012): Master mit Mama. In: Unicum 01/2012, S. 8-10. Online http://www.unicum.de/studienzeit/rund-ums-studium/allgemein/master-mit-mama/ (abgerufen 28.06.2014).

Tenorth, Heinz-Elmar (2012): Verfassung und Ordnung der Universität. In: Ders. (Hrsg.): Geschichte der Universität Unter den Linden. Bd. 1. 1810-1918. Berlin: Oldenburg Akademieverlag, S. 77-130.

Die deutsche Universität als pädagogische Institution

Titze, Hartmut, unter Mitarb. von Hans-Georg Herrlitz/Volker Müller-Benedict/Axel Nath (1995): Wachstum und Differenzierung der deutschen Universitäten 1830-1945. Datenhandbuch zur deutschen Bildungsgeschichte Bd.1: Hochschulen, 2. Teil. Göttingen: Vandenhoeck & Ruprecht.

Wehler, Hans-Ulrich (1995): Deutsche Gesellschaftsgeschichte. Bd. 3. Von der „Deutschen Doppelrevolution" bis zum Beginn des Ersten Weltkriegs 1849-1914. München: Beck.

Wehler, Hans-Ulrich (1996): Deutsche Gesellschaftsgeschichte. Bd. 1. Vom Feudalismus des Alten Reiches bis zur Defensiven Modernisierung der Reformära, 1700-1815. München: Beck.

Zymek, Bernd (2013): Die Zukunft des zweigliedrigen Schulsystems in Deutschland. Was man von der historischen Schulentwicklung dazu wissen kann. In: Zeitschrift für Pädagogik 59, S. 469-481.

RITA NIKOLAI

Institutioneller Wandel und Pfadabhängigkeit: Der Beitrag des Historischen Institutionalismus zur Analyse von Reformprozessen in Schulsystemen

Für die deutsche Schulpolitik wird häufig ein Reformstau oder Stagnation konstatiert. Das jahrzehntelange Festhalten am dreigliedrigen Schulsystem scheint dieses Bild zu bestätigen. Reformprozesse in Schulsystemen vollziehen sich dabei häufig in einem Spannungsfeld (Blanck/Edelstein/Powell 2013; Edelstein/Nikolai 2013): Einerseits werden Reformen im Schulsystem erschwert durch Beharrungskräfte historisch gewachsener institutioneller Arrangements, die bis in das 19. Jahrhundert zurückreichen. Andererseits können Entwicklungen in der Umwelt eines Schulsystems einen derart starken Veränderungsdruck erzeugen, dass schulpolitische Entscheidungsträger institutionelle Veränderungen vornehmen müssen. In der Schulforschung hat bislang vor allem der soziologische Neoinstitutionalismus Anwendung gefunden, der den Fokus auf die Umweltbezüge von Schule und deren Umgang mit institutionellen Vorgaben richtet. Gewinnbringende Analyseinstrumente hält eine bisher in der Erziehungswissenschaft vernachlässigte neo-institutionalistische Perspektive bereit: Der Historische Institutionalismus. Gerade eine historisch-institutionalistische Perspektive ermöglicht zu analysieren, wie historisch gewachsene institutionelle Konfigurationen über einen längeren Zeitraum fortwirken und warum Länder einen bestimmten Entwicklungspfad verfolgen. Am Beispiel eines aktuellen Forschungsprojektes zu den schulstrukturellen Reformprozessen in den ostdeutschen Bundesländern in den Jahren 1990/91 zeigt der Beitrag, wie diese theoretische Perspektive bei der Analyse von Reformprozessen sowohl institutionelle Stabilität als auch dynamische Prozesse des Wandels zu fassen vermag.

Der Beitrag stellt zunächst die unterschiedlichen Strukturmodelle in den ostdeutschen Bundesländern und Berlin zum Schuljahr 1991/92 vor. Anschließend wird das Konzept der Pfadabhängigkeit und des institutionellen Wandels im Historischen Institutionalismus erläutert. Der Beitrag fragt dann, warum in Sachsen Haupt- und Realschulzweige in einer Schulform integriert und damit ein zweigliedriges Schulsystem eingeführt wurde. Ein Fazit schließt den Beitrag ab.

Schulstrukturentscheidungen in den ostdeutschen Bundesländern und Berlin 1991

Mit der Wiedervereinigung 1990 kam Bewegung in die Schulstrukturdebatte. Die Bundesländer Sachsen, Sachsen-Anhalt und Thüringen übernahmen zwar die Logik eines gegliederten Schulwesens, jedoch nicht das westdeutsche dreigliedrige Modell, und führten ein zweigliedriges Sekundarschulsystem ein, bestehend aus Gymnasium sowie zusammengelegten Haupt- und Realschulen, die je nach Bundesland eine unterschiedliche Bezeichnung haben (Abbildung 1).[1] Brandenburg und Mecklenburg-Vorpommern bestritten zunächst dagegen andere Wege: Brandenburg führte als Schulformen das Gymnasium, die Realschule und die Gesamtschule ein und verzichtete auf die Einführung der Hauptschule. Mecklenburg-Vorpommern entschied sich für die Einführung der Hauptschule und für ein gegliedertes System westdeutscher Prägung. Bei der Zusammenführung der beiden Stadthälften Berlins wurde das Westberliner Schulsystem auf Ostberlin übertragen.

In dem Spannungsfeld zwischen Veränderungsdruck und Beharrungskräften lässt sich auch der Strukturwandel des Sekundarschulwesens in den ostdeutschen Bundesländern 1990/1991 und in Berlin verorten. So wurde bei laufendem Betrieb das Schulsystem der DDR abgeschafft, jedoch haben wir es dabei nicht mit einem Institutionentransfer von West nach Ost zu tun. Vielmehr wichen die in der Mehrheit der ostdeutschen Bundesländern implementierten Strukturreformen vom historischen Entwicklungspfad der Dreigliedrigkeit ab und nutzten die Akteure in den einzelnen Bundesländern die durch die Kulturhoheit eingeräumten Möglichkeiten, um eigenständige Reformmodelle zu entwickeln. Für die Analyse schulstruktureller Reformprozesse bedarf es dabei einer theoretischen Perspektive, die sowohl institutionelle Stabilität als auch dynamische Prozesse des Wandels zu fassen vermag.

---

1   Mit den Schulgesetzen 1991 wurden grundlegende Strukturentscheidungen getroffen, auch wenn diese noch z.T. vorläufig waren.

Rita Nikolai

Abbildung 1: Schulstrukturen in den ostdeutschen Bundesländern und Berlin, Schuljahr 1991/92.

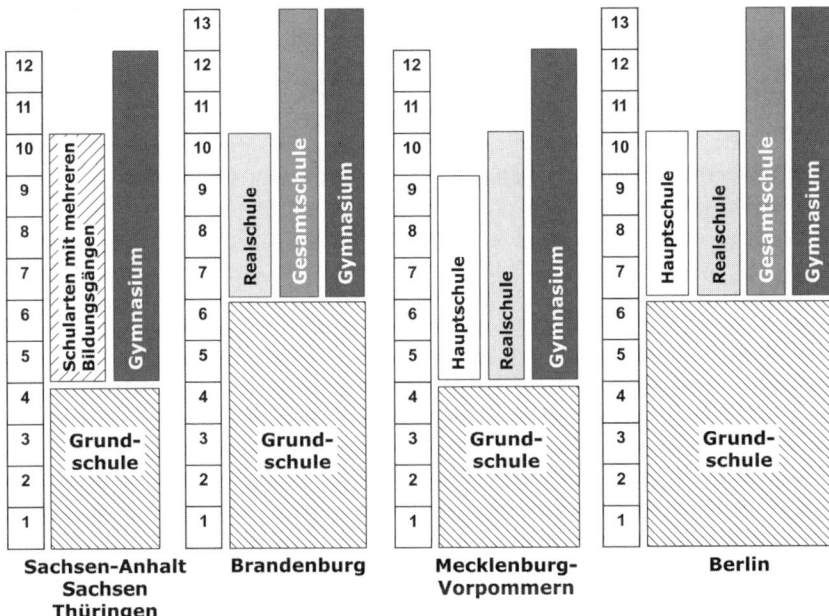

Sachsen-Anhalt   Brandenburg   Mecklenburg-   Berlin
Sachsen   Vorpommern
Thüringen

Quelle: Eigene Darstellung. Anmerkungen: In Sachsen heißt die integrierte Schulform Mittelschule (ab dem Schuljahr 2013/14 Oberschule), in Thüringen Regionalschule und in Sachsen-Anhalt Sekundarschule. Die Gesamtschule wurde in Sachsen-Anhalt zum Schuljahr 192/93 als weitere Regelschulform eingeführt, in Thüringen zum Schuljahr 1993/94. Auch Mecklenburg-Vorpommern führte 1990/91 die Gesamtschule ebenfalls ein, jedoch mit der Maßgabe, dass die anderen allgemeinbildenden Schulformen durch Gesamtschulgründungen nicht in ihrem Bestand gefährdet werden dürfen (Helbig/Nikolai 2015).

Stabilität und Wandel im Historischen Institutionalismus

Der Historische Institutionalismus ist eine Strömung neo-institutionalistischer Ansätze (neben der soziologischen und der Rational-Choice Variante und dem diskursiven Institutionalismus). Trotz der Vielfalt an Strömungen im Neo-Institutionalismus stehen im Zentrum des Erkenntnisinteresses die Entstehung, der Wandel und die Wirkung von Institutionen. Jedoch unterscheiden sich die neo-institutionalistische Ansätze darin, welche dieser Charakteristika jeweils betont werden. Eine weitere wesentliche Unterscheidung liegt in der Konzeptualisierung institutioneller Entwicklung. Der Historische Institutionalismus nimmt dabei eine mittlere Position ein und berücksichtigt bei der Entstehung und Entwicklung von Institutionen sowohl die Kontextfaktoren und als auch Interessen und Machtverhältnisse der beteiligten Akteure. In den letzten Jahren ist eine Vielzahl von Arbeiten entstanden, die in der Analyse und Entstehung institutioneller Strukturen im Bildungsbereich die historisch institutionalistische Perspektive aufgreifen. Dazu gehören Arbeiten zur Entstehung und zum Wandel von Berufsbildungssystemen, vor allem zu den dualen Berufsbildungssystemen (Busemeyer 2009; Busemeyer/Trampusch 2012; Ebner/Nikolai 2010; Thelen 2004). Auch zum Schulsystem gibt es erste Beiträge, etwa zur Umsetzung der UN-Behindertenrechtskonvention (UN-BRK) im Bundesländervergleich (Blanck/Edelstein/Powell 2013; Hartong/Nikolai i.E.), zur Schulpolitik in Sachsen und Hamburg (Edelstein/Nikolai 2013) oder Analysen zu Entwicklungen im US-amerikanischen Schulsystem (Mehta 2013; Meyer 2011).

Zentral im Historischen Institutionalismus ist das Konzept der Pfadabhängigkeit, welches die lang anhaltende Stabilität von Institutionen betont und diese als historische Hinterlassenschaften von Richtungsentscheidungen an kritischen Weggabelungen versteht („critical junctures") (Pierson 2004: 252). Während am Anfang einer institutionellen Entwicklung noch ein breites Spektrum an Möglichkeiten zur Verfügung steht, prägen ab dem Zeitpunkt einer kritischen Weichenstellung vergangene Entscheidungen die weitere Entwicklungen derart, dass Akteure „immer wieder und noch mehr auf die alten Muster zurückgreifen bzw. diese reproduzieren" (Schreyögg 2013: 22). Die zu einem Zeitpunkt getroffene Festlegung für eine Institution hat positive Rückkopplungsprozesse („increasing returns") zur Folge, so dass nachfolgende Entwicklungen auf dem eingeschlagenen Pfad verlaufen, diesen festigen und den Spielraum der Handlungsmöglichkeiten begrenzen. Pfadabweichungen oder Pfadwechsel sind aufgrund der Veränderungsresistenz einer einmal gefundenen Lösung im Sinne von „lock-in"-Effekten unwahrscheinlich (Pierson 2004). In einer stärker soziologischen Adaption des Pfadabhängigkeitskonzepts identifiziert James Mahoney (2004) vier Erklärungsansätze für pfadabhängige Entwicklungen: Funktionalistische, utilitaristische, machtbasierte und legitimationsbasierte Mechanismen. Die Übersetzung dieser Mechanismen am Beispiel der Schulstrukturentwicklung hat bereits in Beiträgen zur Umsetzung der UN-BRK-Resolution (Blanck/Edelstein/Powell 2013) im Bundesländervergleich und zur Schulpolitik in Hamburg und Sachsen (Edelstein/Nikolai 2013) eine Anwendung gefunden.[2]

---

2 Eine weitere Bestimmung der Reproduktionsmechanismen nimmt Benjamin Edelstein in seinem Dissertationsprojekt vor.

Rita Nikolai

Demnach werden Institutionen im Sekundarschulbereich aus folgenden Gründen reproduziert:

1. Durch die enge Kopplung der allgemeinen, beruflichen und hochschulischen Bildung haben Strukturveränderungen im Sekundarschulbereich immer auch Rückwirkungen auf die Berufs- und Hochschulbildung und können dementsprechend Interessengruppen dieser Bildungsbereiche mobilisieren, die für den Erhalt institutioneller Komponenten im schulischen Bereich eintreten (funktionale Mechanismen).

2. Die Stabilität von Institutionen wird durch Kosten-Nutzen-Abwägungen der Akteure begünstigt. Hierzu gehören eine gewachsene Gebäudeinfrastruktur, langfristig eingeübte Verwaltungsroutinen sowie eine über Jahrzehnte gewachsene pädagogische Praxis. Letzteres ist wiederrum eng verknüpft mit einer Lehrerausbildung, die der institutionellen Struktur des Schulwesens angepasst ist (utilitaristische Mechanismen).

3. Einflussreiche Interessengruppen unterstützen den Statuserhalt von Institutionen, wie etwa schulformenspezifische Lehrerverbände, Wirtschaftsverbände, Parteien und auch als gymnasiales Klientel das Bildungsbürgertum (machtbasierte Mechanismen).

4. Bildungsideologischen Überzeugungen und begabungstheoretische Annahmen beeinflussen die Interessen und Strategien schulpolitischer Akteure. Das gegliederte Schulsystem bezieht seine Legitimation aus in weiten Teilen der Gesellschaft, der pädagogischen Profession und schulpolitischen Akteuren verbreiteten Auffasung, dass in leistungshomogenen Gruppen grundsätzlich bessere Lernergebnisse erzielt werden als in heterogenen (legitimationsbasierte Mechanismen).

Institutionen sind solange durch Stabilität gekennzeichnet, wie ihre spezifischen „Reproduktionsmechanismen" ungestört wirken. Erodieren sie jedoch oder werden außer Kraft gesetzt, entstehen Spielräume für Wandel, die reformorientierte Akteure für gezielte Veränderungen nutzen können. Mahoney und Thelen (2010) haben dabei entscheidend das analytische Repertoire des Historischen Institutionalismus erweitert durch eine stärkere Akteurzentrierung. Schließlich sind es Akteure, die eine permanente Konstruktions- und Anpassungsleistung erbringen und über die Wahrnehmung von Handlungsoptionen entscheiden. Entscheidend ist in der Konzeption institutionellen Wandels die Rolle von Akteuren, den „change agents", also den Agenten institutionellen Wandels.

In Anlehnung an die vorgestellten Arbeiten zur Pfadabhängigkeit und zum institutionellem Wandel geht der Beitrag davon aus, dass sich die Vielfalt der Schulstrukturmodelle nach der Wiedervereinigung in den ostdeutschen Bundesländern und Berlin auf ein spezifisches Zusammenspiel von funktionalen, utilitaristischen, machtbasierten und legitimationsbasierten Mechanismen zurück lässt.

Kontinuität im Umbruch: Der schulstrukturelle Entscheidungsprozess in Sachsen 1990 und 1991

Warum wurden in Sachsen Haupt- und Realschulzweige in einer Schulform integriert und damit ein zweigliedriges Schulsystem eingeführt? Diese Frage soll nun im Folgenden beantwortet werden.

Der Definition von „critical junctures" nach handelt es sich bei den Reformprozessen in den ostdeutschen Bundesländern und in Berlin um keine kontingente Situation, denn nach den Vorgaben des Einheitsvertrag vom 31.8.1990 sollten sich die ostdeutschen Bundesländer in der Neugestaltung ihrer Schulsysteme auf Basis des Hamburger Abkommens von 1964/71 am westdeutschen Schulsystem orientieren. Die Verhandlungspartner der Gemeinsamen Bildungskommission beider deutscher Staaten einigten sich jedoch im September 1990 darauf, anstelle der darin geforderten einheitlichen Schulstruktur eine „gemeinsame und vergleichbare Grundstruktur" als Orientierungsbasis festzulegen. Diese Einigung kann als „grundlegende Richtungsentscheidung" (Anweiler 2007: 876) angesehen werden, die die institutionellen Vorgaben insoweit lockerte, als die Einführung einer neuen Schulform in den ostdeutschen Ländern möglich wurde. Mit dieser Richtungsentscheidung wurde auch eine an den ostdeutschen Entwicklungspfad anschlussfähige institutionelle Entscheidung ermöglicht. Zwar wurde mit diesem Kompromiss keine „critical juncture"-Situation geschaffen, da der Handlungsspielraum begrenzt war, jedoch mussten die ostdeutschen Bundesländer nicht zwingend den westdeutschen Entwicklungspfad aufnehmen.[3] Trotz der strukturellen Vorgaben eines differenzierten Regelschulsystems durch den Einheitsvertrag, waren die Handlungsspielräume der Akteure, die sich im Zuge des Transformationsprozesses durchsetzen konnten, hinreichend groß, wie die Schulstrukturentscheidung in Sachsen zeigt (aber auch in Brandenburg, Sachsen-Anhalt und Thüringen). Der Beitrag geht für Sachsen davon aus, dass es sich bei der Strukturreform von 1991 um einen Fall von „bounded change" (Pierson 2004) handelte, also um eine durch Pfadabhängigkeit geprägte Entwicklung und sich trotz aller institutionellen Veränderungen Kontinuitäten zum DDR-Schulsystem nachweisen lassen.

---

3   Dieser Kompromiss beeinflusste die Gestaltungsspielräume der schulpolitischen Akteure
     nach Köhler (2009) ebenso in Thüringen nachhaltig.

Rita Nikolai

Für das Verständnis der Entwicklungen nach der Wiedervereinigung sind die institutionellen Entwicklungen im DDR-Schulsystem essentiell, da Akteure ihre Interessen und Strategien innerhalb der etablierten institutionellen Logiken definierten. Das Schulsystem der DDR war zwar als Einheitsschulsystem konzipiert, wies jedoch auch zahlreiche regionale und interne Differenzierungen auf (Huschner 2001; Schreier 1996; Zymek 2010). Für alle ostdeutschen Bundesländern gilt dabei, dass die Einführung von gegliederten Schulsystemen in allen ostdeutschen Bundesländern nicht nur vor dem Hintergrund der Vorgaben des Einheitsvertrags zu verstehen ist, sondern auch auf bildungsideologische Überzeugungen der schulpolitischen Akteure zurückzuführen ist. So reproduzierte die Einführung von gegliederten Schulsystemen die Differenzierungsmaßnahmen aus dem DDR-Schulsystem (Stichworte: Spezialklassen und -schulen) (Huschner 2001; Schreier 1996). Zudem war ein gegliedertes Schulwesen anschlussfähig an die in der DDR-Gesellschaft zunehmenden kulturellen Leitvorstellungen von einer Angemessenheit schulischer Differenzierungsformen. Gerade zum Ende der DDR wurde bereits eine stärkere Leistungsdifferenzierung „halböffentlich" (Sandfuchs/Melzer 1996: 70) diskutiert, was sich nicht zuletzt in den Zuschriften an das Ministerium für Volksbildung in Vorbereitung des neunten Pädagogischen Kongresses im Juni 1989 zeigte, in denen Eltern und Lehrer eine stärkere Differenzierung im Schulsystem wünschten. Welches Strukturmodell eines gegliederten Schulsystems von den Akteuren in Sachsen gewählt wurde, lässt sich dabei ebenso auf ein jeweils spezifisches Zusammenspiel der skizzierten Mechanismen institutioneller Reproduktion zurückführen (siehe auch Edelstein/Nikolai 2013).

Im Verzicht auf die Hauptschule als eigenständige Schulform dominierte in Sachsen die gesellschaftliche Bildungsvorstellung über ein Mindestmaß an schulischer Bildung, wonach der mittlere Abschluss nach zehn Jahren nicht unterschritten werden sollte. So verfügten Ende der 1980er Jahre über 80% der Jugendlichen in der DDR über einen der Mittleren Reife äquivalenten Abschluss der zehnjährigen Polytechnischen Oberschule (POS) (Geißler 2011). Zudem gab es für die schulpolitischen Akteure auch zahlreiche Hinweise von Zuschriften an die Kultusministerien, Leserbriefe etc., dass Eltern eine Hauptschule für ihre Kinder kaum anwählen würden. Und das sollte sich auch in der weiteren Entwicklung bewahrheiten: zwar führte Sachsen innerhalb der nichtgymnasialen Schulform Haupt- und Realschulzweige ein, jedoch wurde der Hauptschulzweig in den 1990er und 2000er Jahren von Eltern kaum für ihre Kinder ausgewählt.

Ein dreigliedriges Schulsystem hätte auch nicht den Kosten-Nutzen-Präferenzen der Akteure in Sachsen entsprochen. Die gewachsene Gebäudeinfrastruktur des DDR-Schulsystems mit seinen ein- bis zweizügigen Gebäuden entsprach den räumlichen Bedürfnissen eines Einheitsschulsystems. Angesichts der vorhandenen Gebäudeinfrastruktur wären für den Aufbau eines dreigliedrigen Systems zum einem enorme, kurzfristig nicht realisierbare Investitionen im Schulneubau notwendig gewesen. Zum anderen entsprach ein dreigliedriges Schulsystem angesichts der relativ geringen Bevölkerungsdichte in den ländlichen Regionen nicht dem Interesse der Bevölkerung an einem wohnortnahen Schulangebot. Den Akteuren erschien in Sachsen die Einführung eines zweigliedrigen Schulsystems betriebswirtschaftlich somit effizienter als die Einführung eines dreigliedrigen Systems.

Mit einer zweigliedrigen Schulstruktur konnte ebenso auch die Zubringerfunktion für die Berufs- und Hochschulausbildung reproduziert werden. So gab es Anzeichen, dass die örtliche Wirtschaft die Hauptschule im Vergleich zum Abschluss der zehnjährigen POS als Qualifikation für die Berufsausbildung nicht akzeptiert hätte. Auch der Bedeutungsverlust der Hauptschule in Westdeutschland war sowohl bei Eltern, Lehrern, Vertreter der Parteien, Interessenverbänden als auch Mitarbeitern in der Schulverwaltung bekannt.

Schließlich ist die besondere Rolle von Agenten institutionellen Wandels zu berücksichtigen. In Sachsen setzte sich ein zweigliedriges Schulsystem durch, da eine mächtige Akteurskoalition dieses Modell unterstützte. Bei den Landtagswahlen am 14.10.1990 ging die CDU in Sachsen mit absoluter Mehrheit hervor. Anders als in den westdeutschen Bundesländern, in denen die CDU als Befürworterin einer dreigliedrigen Schulstruktur galt (Stern 2000), setzten sich im sächsischen Landesverband der CDU viele für eine neue Variante im Sekundarbereich ein. Im sächsischen Kultusministerium sprach sich Staatssekretär Wolfgang Nowak explizit für die Nichteinführung der Hauptschule aus. In Sachsen gab es somit eine breite und durchsetzungsfähige Koalition von Akteuren in Regierung und Schulverwaltung, die ein zweigliedriges Schulstrukturmodell als eine anschlussfähige Lösung an das DDR-Schulsystem präferierten. Befürworter einer dreigliedrigen westdeutschen Schulstruktur konnten sich im Entscheidungsprozess in Sachsen dagegen nicht durchsetzen.

Fazit

Die bisherigen Befunde zu Sachsen lassen sich folgendermaßen zusammenfassen: In den schulstrukturellen Reformprozessen in den ostdeutschen Bundesländern spielen Pfadabhängigkeiten eine wichtige Rolle. Das Jahr 1990/91 war kein radikaler Bruch, vielmehr sind Kontinuitäten zum DDR-Schulsystem unverkennbar. So lässt sich der Reformprozess in Sachsen mit einem spezifischen Zusammenspiel von sowohl stabilisierenden Mechanismen als auch Triebkräfte institutionellen Wandels erklären. Einer besondere Rolle kam im sächsischen Reformprozess Agenten institutionellen Wandels zu: So haben reformorientierte Akteure in Sachsen ihren Entscheidungsspiel-

Rita Nikolai

raum für institutionelle Innovationen nutzen können. Reformorientierte Akteure arbeiteten aktiv daran ihre Politik-Ideen im politischen Prozess durchzusetzen, indem sie die Öffentlichkeit mobilisierten und Durchsetzungskoalitionen mit gleichgesinnten Akteuren bildeten. Es bleibt zu überprüfen, mit welchen Mechanismen die Umgestaltung der Schulsysteme in Berlin,[4] Brandenburg, Mecklenburg-Vorpommern, Sachsen-Anhalt und Thüringen erklärt werden können.[5]

Für die Schulforschung bietet die theoretische Perspektive des Historischen Institutionalismus vielfältige Analysebereiche. Anknüpfend an den von Bernd Zymek kritisierten „Bedeutungsverlust des historischen Arguments" (Zymek 2013: 469), kann der Historische Institutionalismus als theoretische Perspektive einen wichtigen Beitrag für die Bildungsforschung leisten – nicht nur für die Berufsbildungsforschung oder Schulforschung, sondern auch für Analysen aus den Bereichen frühkindlicher Bildung, Hochschulforschung und Weiterbildung. Denn nach Paul Pierson gehen zentrale Erklärungsfaktoren verloren, wenn der zeitliche Kontext unberücksichtigt bleibt. Die Analyse institutioneller Entwicklung sollte nach Pierson nicht allein als Momentaufnahme („snap shot"), sondern sollte als ein fortlaufender Film („moving picture") betrachtet werden (Pierson 2004: 104).

Literatur

Anweiler, Oskar (2007): Bildungspolitik. In: Richter, Gerhard A. (Hrsg.): Geschichte der Sozialpolitik in Deutschland seit 1945. Band 11: Bundesrepublik Deutschland 1989-1994. Sozialpolitik im Zeichen der Vereinigung. Baden-Baden: Nomos, S. 863-900.
Blanck, Jonna M./Edelstein, Benjamin/Powell, Justin J. W. (2013): Persistente schulische Segregation oder Wandel zur inklusiven Bildung? Die UN-Behindertenrechtskonvention und Reformmechanismen in den deutschen Bundesländern. In: Rosenmund, Moritz/Leemann, Regula J./Imdorf, Christian/Gonon, Philipp (Hrsg.): Change and Reforms in Educational Systems and Organizations (Sonderheft der Schweizerischen Zeitschrift für Soziologie), Zürich: Schweizerische Gesellschaft für Soziologie/Seismo Verlag AG, S. 267-292.
Busemeyer, Marius R. (2009): Wandel trotz Reformstau. Die Politik der beruflichen Bildung seit 1970. Frankfurt/New York: Campus.

4   Eine erste Auswertung zum Strukturprozess in Berlin findet sich in Nikolai 2016.
5   Diese Frage wird derzeit von der Autorin in einem von der Deutschen Forschungsgemeinschaft finanzierten Projekt untersucht. Der Titel des Projekts lautet: „Institutioneller Wandel und Pfadabhängigkeiten. Determinanten schulstruktureller Reformprozesse in den ostdeutschen Bundesländern".

Institutioneller Wandel und Pfadabhängigkeit

Busemeyer, Marius R./Trampusch, Christine (2012): The Comparative Political Economy of Collective Skill Formation Systems. Oxford: Oxford University Press.

Ebner, Christian/Nikolai, Rita (2010): Duale oder schulische Berufsausbildung? Entwicklungen und Weichenstellungen in Deutschland, Österreich und der Schweiz. In: Schweizerische Zeitschrift für Politikwissenschaft 16, 4, S. 617-648.

Edelstein, Benjamin/Nikolai, Rita (2013): Strukturwandel im Sekundarbereich. Determinanten schulpolitischer Reformprozesse in Sachsen und Hamburg. In: Zeitschrift für Pädagogik 59, 4, S. 482-494.

Geißler, Rainer (2011): Bildungsexpansion und Wandel der Bildungschancen. Veränderungen im Zusammenhang von Bildungssystem und Sozialstruktur. In: Geißler, Rainer (Hrsg.): Die Sozialstruktur Deutschlands. Wiesbaden: VS-Verlag für Sozialforschung, S. 274-299.

Hartong, Sigrid/Nikolai, Rita (i.E): Schulstrukturreform in Bremen: Promotoren und Hindernisse auf dem Wege zu einem inklusiveren Schulsystem. In: Zeitschrift für Pädagogik 62, Beiheft 62, S. 105-123.

Helbig, Marcel/Nikolai, Rita (2015): Die Unvergleichbaren. Der Wandel der Schulsysteme in den deutschen Bundesländern seit 1949. Bad Heilbrunn: Verlag Julius Klinkhardt.

Huschner, Anke (2001): „Geregelter" Zugang zum Abitur in den 1970er Jahren? In: Zeitschrift fur Padagogik 47 (6), S. 819-824.

Köhler, Gabriele (2009): Diskurs und Systemtransformation. Der Einfluss diskursiver Verständigungsprozesse auf Schule und Bildung im Transformationsprozess der neuen Bundesländer. Göttingen: Cuvillier Verlag.

Mahoney, James (2004): Comparative-Historical Methodology. In: Annual Review of Sociology, 30 (August), S. 81-101.

Mahoney, James/Thelen, Kathleen A. (2010): A Gradual Theory of Institutional Change. In: Dies. (Hrsg.): Explaining Institutional Change: Ambiguity, Agency, and Power. Cambridge: Cambridge University Press, S. 1-37.

Mehta, Jal (2013): The Allure of Order. High Hopes, Dashed Expectations, and the Troubled Quest to Remake American Schooling. New York: Oxford University Press.

Meyer, Heinz-Dieter (2011): Path Dependence in German and American Public Education. In: Mitchell, Douglas E./Crowson Robert L./Shipps, Dorothy (Hrsg.): Shaping Education Policy: Power and Processes. New York: Routledge, S. 189-211.

Nikolai, Rita (2016): Institutioneller Wandel durch Politiknetzwerke? Zur Analyse von Politiknetzwerken aus neoinstitutionalistischer Perspektive am Beispiel der Berliner Schulstrukturentwicklung. In: Kolleck Nina/Kulin, Sabrina/Bormann, Inka/de Haan, Gerhard/Schwippert, Knut (Hrsg.): Traditionen, Zukünfte und Wandel in Bildungsnetzwerken. Münster: Waxmann, S. 17-36.

Pierson, Paul (2004): Politics in Time: History, Institutions, and Social Analysis. Princeton: Princeton University Press.

Sandfuchs, Uwe/Melzer, Wolfgang (Hrsg.) (1996): Schulreform in der Mitte der 1990er Jahre. Strukturwandel und Debatten um die Entwicklung des Schulsystems in Ost- und Westdeutschland. Leverkusen: Leske & Budrich.

Schreier, Gerhard (1996): Förderung und Auslese im Einheitsschulsystem. Debatten und Weichenstellungen in der SBZ/DDR 1946 bis 1989. Köln/Weimar/Wien: Böhlau.

Rita Nikolai

Schreyögg, Georg (2013): In der Sackgasse: Organisationale Pfadabhängigkeit und ihre Folgen. In: Organisationsentwicklung: Zeitschrift für Unternehmensentwicklung und change Management, 22, 1, S. 21-28.

Stern, Jutta (2000): Programme versus Pragmatik. Parteien und ihre Programme als Einfluß- und Gestaltungsgröße auf bildungspolitische Entscheidungsprozesse. Frankfurt a.M.: Peter Lang.

Thelen, Kathleen A. (2004): How Institutions Evolve: The Political Economy of Skills in Germany, Britain, the United States and Japan. New York: Cambridge University Press.

Zymek, Bernd (2013): Die Zukunft des zweigliedrigen Schulsystems in Deutschland – Was man von der historischen Schulentwicklung dazu sagen kann. In: Zeitschrift für Pädagogik, 59, 4, S. 469-481.

Zymek, Bernd (2010): Nur was anschlussfähig ist, setzt sich durch. Was man aus der deutschen Schulgeschichte des 20. Jahrhunderts (gerade auch der DDR und der ostdeutschen Bundesländer) lernen kann. In: Die Deutsche Schule: Zeitschrift für Erziehungswissenschaft und Bildungspolitik und pädagogische Praxis, 102, 3, S. 192-208.

Alles nur eine Frage der Zeit?!
Überlegungen zu einer temporaltheoretischen Charakterisierung von Bildung

Im folgenden Beitrag sind *temporaltheoretische*[1] *Überlegungen* zu einigen ausgewählten Zusammenhängen von Zeit und Bildung versammelt. Stark machen möchte ich dabei auch das Frage- und Ausrufezeichen im Titel als Hinweise für die typische Ambivalenz unserer Moderne zwischen der *Ubiquität* und impliziten Selbstverständlichkeit von Zeit – ihren Funktionen, die unsere Handlungen, ja unser Sein begleiten und wie selbstverständlich zu strukturieren scheinen und der Überraschung, mit welcher Wucht und *Nachdrücklichkeit* temporale Phänomene darin wirken und sich zugleich immer wieder zu verflüchtigen scheinen – versucht man, sich ihnen explizit zuzuwenden. Unsere Kommunikation weist vielfältige inkorporierte Selbstverhältnisse auf, die vermeintlich objektive Eigenheiten (z.B. zu schnell; zu wenig) oder Eigenlogiken (z.B. vergeht; zerrinnt; müßig) von Zeit ausdrücken. Die Zeit tritt uns im Sprechen über Bildung, in erziehungswissenschaftlichen Zeitmodi wie -phänomenen oder in Bildungsprozessen in „solider Faktizität" entgegen (Rosa 2005).

Den Ausgangspunkt meines Beitrags bildet die Annahme, dass Zeit und Bildung untrennbar miteinander verwoben sind (vgl. Schmidt-Lauff 2012).

---

1   Der Begriff der Temporalität umfasst – anders als der Zeitbegriff – mehr als einzelne Merkmale unseres Denkens und Handelns und unterliegt weniger stark epochalen Wendungen bzw. alltagsweltlichen Zuschreibungen. Temporalität umfängt sämtliche zeitbezogenen Phänomene und Modalitäten (ihres Seins und Wesens) und berücksichtigt damit auch ihre interpretativen Ausdeutungen: „Temporalität als semantische Kategorie zur Kommunikation über zeitmetrische und zeittopologische Eigenschaften von Ereignissen sowie über deren quantitativen und qualitativen Charakter in Verbindung mit der ihnen zugeordneten Zeitlichkeit" und Verzeitlichung (Jachnow 1995: 114). Temporalität, so Tenorth (2006: 60), ist die „zur Kategorie geronnene Zeit".

Alles nur eine Frage der Zeit?!

Bildung und Zeit stehen in einem spannungsreichen „konstitutiven Verhältnis zueinander" (vgl. Dörpinghaus/Uphoff 2012a), das weit über das triviale Verständnis der Chronologie (lineare Verläufe, Vorher-Nachher) oder der Chronometrie (möglichst effiziente zeitliche Ausrichtung (mentaler) Prozesse) hinausgeht. Bildung ist sowohl Ereignis *in* der Zeit als auch zugleich spezifische Gestaltgeberin *von* Zeit. Der Bildungsbegriff ist hierbei zunächst im Minimalkonsens (Tenorth 1997) als „Subjekt-Welt-Relation" verortet. Bildung fasst das Verhältnis Mensch und Welt als verknüpfende Aneignung im zeitlichen Zueinander. Die subjektive Aneignung von Welt ist zeitgleich immer auch ein Prozess der Selbstbildung, Identitätsentwicklung, Mitgestaltung.

Bildung in der Moderne zeigt sich vielfältig – Kontingenzen eröffnen Möglichkeitsräume *und* schaffen gerade auch dadurch erst Problemlagen bzw. Lernmomente (vgl. Pfeiffer 2007). Bildungsprozesse als „Lernprozesse höherer Ordnung" (Koller 2012: 15) stellen Prozesse der Be- und Verarbeitung „krisenhafter" Erfahrungen dar, die eine Bewältigung von Problemlagen und in Folge veränderte Selbst- und Weltentwürfe ermöglichen (ebd. 2012: 16f.). Bildung betont Übergänge ebenso wie die Bewältigung des Wandels und meint darin nicht nur rezeptive, sondern verändernd produktive Teilnahme an Gesellschaft und Kultur. In der Annahme multipler Optionen und wechselnder „Ereignisgegenwarten" (Kade/Nolda 2014: 589) werden diese Verhältnisse in Lebensverläufen zwischen Vergangenheit und Zukunft bzw. Zukünften[2] in der Gegenwart je relational und subjektiv (lernend) verknüpft.[3]

Temporaltheoretisch ist dies im Begriff der *Verzeitlichung* gefasst als a.) reflexiver Prozess der Bewusstwerdung zeitlicher Strukturen, wie auch b.) darin enthaltener Rekonstruktionen von Zeit (vgl. Schmidt-Lauff 2012: 18). Folge der Verzeitlichung ist *Zeitlichkeit* als ein (Sichtbar-Werden) des menschlichen ‚In-der-Zeit-Seins'. Jedes *Dasein* steht für Zeitlichkeit; jedes *Verhältnis* im Dasein (Zur-Welt-Sein oder In-der-Welt-Sein) stellt eine Verzeitlichung des Seins dar (Heidegger 1927/2001). Ein solches Verständnis über Zeit ist pädagogisch anschlussfähig, weil dieses zeitliche ‚Da' – nach Heidegger (ebd. 1927/2001: 234ff.) – das Sein in einer bestimmten Qualität des gegenübertretenden Erkennens – oder Vergegenwärtigens im Sinne eines „Dasein auf dem Grunde des Verstehens" ist (ebd. 1927/2001: 336). Meyer-Drawe betont das *leibliche Element der Verzeitlichung* und spricht von Ge-

---

2   Entsprechend wird der Gegenwartsbegriff mit aufgenommen, um die Tagungsthematik ‚Traditionen und Zukünfte' zu erweitern, da zeitdiagnostisch allein schon der Plural ‚Zukünfte' eine moderne Sicht nahelegt, in der es uns als selbstverständlich erscheint, in einer Vielfalt von Zeiten zu sprechen. Noch vor 200 Jahren, drückte Johann Gottfried Herder (1799) seine Überraschung aus: „es gibt also (man kann es eigentlich und kühn sagen) im Universum zu einer Zeit unzählbar viele Zeiten" (Herder 1799 in: Koselleck 1989: 10).

3   Zu dem Moment der Gegenwartsabhängigkeit in Bildungsbiografien vgl. Kade/Nolda (2014), zu dem temporalen Feld eines relationalen Zeitgefüges insgesamt vgl. Schäffter (2012).

Sabine Schmidt-Lauff

wohnheiten („Wissen des Leibes") als einer besonderen Form der „sinnlichen Gewissheit" des In-der-Welt-Seins (Meyer-Drawe 2005). Wirkungen von Verzeitlichung durch *Distinktion* (Wer keine Zeit hat ist bedeutungsvoll, wird gebraucht, gefragt, begehrt. Oder im ‚Warten-Lassen') ebenso wie als *Diskriminierung* („die Langsamen sind die sozial Zurückgelassenen"; Nowotny 1995: 34) sind auch pädagogisch bedeutungsvoll und weisen auf den „Symbolcharakter" von Zeit hin (Elias 1988).

Bildung im Wandel der Zeit: Temporaler Grundbezug der Geschichtlichkeit

Das jeweils herrschende Erziehungs-, Lern- und Bildungsverständnis, sich wandelnde Bildungskonzepte, Erziehungs- oder Lehrpläne sind an die „menschliche Geschichtszeit" gebunden (Dolch 1964: 364; Schmidt-Lauff 2012: 28ff.). Überhaupt drückt sich im Aufkommen des *Bildungsbegriffs* das *gesellschaftliche Begreifen von Zeit selbst* aus (Wendorff 1980): Im Übergang vom passiven Erleben der Zeit mit ungewissem Schicksal, zu einer aktiven Gestaltungssicht und moralischen Verpflichtung, entstehen mit der sogenannten ‚Neuzeit(!)' vielfältige erzieherische Schriften zum verantwortungsvollen Umgang mit der eigenen Lebenszeit. Mit der Ausbreitung des Schulsystems und der Schulpflicht im 19. Jahrhundert sind übergreifende Zeitinstitutionen geschaffen, die sich aus „vergangenheitsbestimmten Bindungen" (ebd. 1980: 341) lösen und die Gestaltung der Zukunft einfordern. Bis heute werden die soziale Gewöhnung an Zeit und das Erlernen von ‚Zeitkompetenz' über Schule, Lehrpläne, Curricula, Inhalte als zentrale Effekte von Erziehung und Bildung bestimmt. In der „Habitualisierung der Zeit" (Göhlich/Zirfas 2007: 108) sowie eines angemessenen (‚zeitgemäßen') Umgangs mit ihr, ist ein zukunftsorientiertes Handeln angestrebt. Auch der ‚Boom' des Konzepts Lebenslanges Lernen wird auf die Zukunftsorientierung unserer Gesellschaft zurückgeführt, die auf eine Bewältigung des Morgen durch Lernen abzielt.

Die *Theoriegeschichte von ‚Bildung'* lässt sich temporaltheoretisch lesen (vgl. Pongratz/Bünger 2008). Nach der früh-aufklärerischen Aufbruchsstimmung, die gekennzeichnet ist durch die emphatische Hoffnung auf ein *lineares* Fortschreiten und Lösen von Krisen bzw. gesellschaftlichen Umbrüchen in eine bessere Zukunft hinein, verdichtet man auf dem „Zenit bürgerlichen Bildungsdenkens" Bildung zu einer „überindividuellen Lebensform": Gerade, weil gesellschaftliche Umbrüche sich derart „beschleunigen", dass „zukünftige Entwicklungen der Vorstellungskraft entgleiten" werden Bildungsprozesse unter dem Druck gesellschaftlicher Modernisierungsschübe „notwendig universalisiert und formalisiert [...]. Man könnte auch sagen: Sie

Alles nur eine Frage der Zeit?!

werden offen für eine Vielzahl von noch unbestimmten *Zukunftsprojektionen*" (ebd. 2008: 112f.). Kritische Bildungsentwürfe des 20. Jahrhunderts hingegen entwerfen dann einen *vergangenheits*-bezogenen, immer *gegenwarts*-kritischen und fragmentarisch-offenen *Zukunfts*-Raum. In der gegenwärtigen subjektorientierten Betonung von Bildung (Schmidt-Lauff 2014a) wird der Bildungsbegriff aus dem klassisch-kulturgeschichtlichen Rahmen der Aufklärung – in dem die Freiheit des Menschen noch im Intelligiblen und damit zeitenthoben positioniert sei (vgl. Dörpinghaus/Uphoff 2012b) – gelöst. Bildung, temporaltheoretisch betrachtet, versperre „sich der Rationalitätsform der irreversiblen Linearität" (ebd. 2012b: 121) und müsse neu als „eine Freiheit des Menschen *in* der Zeit" verortet werden (kursiv i.O., ebd. 2012b: 114).

Über die Vielfalt der Beziehungen von Zeit und Bildung

Da Zeit sehr vielfältig in pädagogische Prozesse und erziehungswissenschaftliche Auslegungen mit einfließt (vgl. zur Übersicht Schmidt-Lauff 2012), verfolgt die kommende Darstellung keinesfalls einen Anspruch auf Vollständigkeit, sondern will lediglich Vorüberlegung sein und weitergehende Auseinandersetzungen anregen.

Eine politisierte Beziehung von Zeit zu Lernen ist in den wechselnden *zeitdiagnostischen Programmatiken des lebenslangen Lernens* der letzten Jahrzehnte zu finden. Sie reichen von Chancengerechtigkeit über wirtschaftliche Leistungsstärke bis hin zur andauernden Notwendigkeit eines biografiebezogenen Lernens in der Ausdehnung über die gesamte Lebensspanne (lifelong & lifewide). Daraus werden dann u.a. erziehungswissenschaftliche Überlegungen über eine *sequenzierende Rhythmisierung von Lernen* (Verläufe, Übergänge, Zeitfolgen u.a.) in Erziehung und Lernen abgeleitet (Wann sind welche lernend zu gestaltenden Entwicklungen günstig bzw. gibt es *den* ‚richtigen Augenblick'?). Zudem fließen Zeitaspekte in die Frage von *Zeitverbrauch und Zeitverhältnissen* z.B. im Lernen als Vorgriff auf Zukünftiges und ebenso zu realen Lernzeitansprüchen in unterschiedlichen Lebensphasen (z.B. Bildungsurlaub im Erwachsenenalter) wie in gesellschaftlichen Bildungs-(Zeit)-Kulturen mit ein. Denn es bestehen keinesfalls für alle Lebensphasen entsprechend vorgehaltene „Zeitinstitutionen" (Giddens 1997) für Bildung wie sie z.B. durch die Schule für Kindheit und Jugend gegeben sind.

Unter dem Stichwort „generational times" (Biesta et al. 2010: 317) wird die subjektive Perspektive auf Zeiterleben (‚representations of time') eines spezifisch generativen Bedeutungsraums in den Vordergrund gestellt und zugleich ein *kollektives Zeiterleben* (Transformations-, Wissens- oder Beschleunigungsgesellschaft) als gemeinsam verschränktes Erfahrungswissen mitgedacht. Hier kommt allen voran die pädagogische Biografieforschung nicht ohne temporale Axiome und Strukturierungen aus. Expliziert wird Zeit z.b. in der Frage einer *„diskontinuitätssensiblen"* (Hof et al. 2010: 330) *Gestaltung von Bildungsbiographien*, im Prinzip der ‚*Biographizität*‘ als zeitlich reflexive Ordnung und Sinngebung von Lernprozessen in Lebens(ver)läufen (vgl. Alheit/Dausien 2002; Schäffter 2014) und Überlegungen über die kontextualisierte Gegenwartsbezogenheit in Lerngestalten biografischer Erzählstrukturen (Kade/Nolda 2014).

Und es geht – ganz klassisch – um die *zeitliche Strukturierung inhaltlicher Logiken* (in Curricula; Schulplänen; Lernschritten), eine (vermeintliche) Synchronität von Lernprozessen sowie „oszillierende zeitliche Eigenlogiken im Unterrichtsgeschehen"[4] (Berdelmann 2010). Temporaltheoretisch spielt darin der Antagonismus aus *Datenzeit* (Verlaufszeit) und *Modalzeit* (Eigenzeit) bzw. das Grundproblem des Gegensatzes von subjektiver und objektiver Zeit eine Rolle. Die „Entstehung eines modernen Konzepts von Bildungszeit" und die Einführung von Schulordnungen, die Normierung von Lehren und Lernen, die Sequenzierung von Unterricht, letztlich die komplette „Zeit-Metrik des Schulalltags" im 16. und 17. Jahrhundert sei darauf zurückzuführen (Lüders 1995: 150).

Trotz dieser beziehungsreichen Vielfalt von Zeit und Bildung fehlt bislang in der Erziehungswissenschaft, anders als in anderen großen Disziplinen, ein theoretisch wie empirisch eigenständiger Strang einer ‚*Zeit-Pädagogik*‘. Zwar ist von Zeit als „fast vergessene Größe der Theorie der Pädagogik" (Oelkers 1980) längst nicht mehr auszugehen. Aber, wir sind auch noch weit entfernt von einer umfassenden „grundbegrifflich-dimensionalen" Klärung: „Betrachtet man die angeführten Muster in der Thematisierung des Zeitproblems […] dann zeigt sich rasch, dass eine erziehungswissenschaftlich ausgearbeitete Theorie der spezifischen Zeitprobleme der Erziehung nicht vorliegt" (Tenorth 2006: 60).

Zudem wird im Zuge der sogenannten zweiten empirischen Wende ein großer Bereich der öffentlichen Wahrnehmung von Zeit Im Kontext von Bildung und Lernen durch eine chronometrisch-instrumentelle Sichtweise dominiert. In diesen *empirischen Zeitzugängen* taucht Zeit lediglich als quantitativer Maßstab auf: So z.B. zur Beschreibung der Organisation und Strukturierung von Schule über „die Pflichtunterrichtszeit bzw. die vorgesehene Unterrichtszeit" (OECD 2013: 433ff.) innerhalb unterschiedlicher Unterrichtsfächer oder die „Arbeitszeit von Lehrkräften" (D4). Für die *Erwachsenenbildung* z.B. im Adult Education Survey (AES) in der nicht ganz unproblematischen Dichotomie ‚Arbeitszeit-Freizeit‘ als Element des Entscheidungspfads

---

4 Im Vordergrund steht herbei die didaktische Rhythmisierung von Unterricht. In der Kategorie der ‚Artikulation‘ bei Prange (2005) in der ‚Zeigestruktur der Erziehung‘ temporaltheoretisch gefasst und bei Berdelmann (2010) in der Lehr-/Lerninteraktion empirisch ausgedeutet.

zur Operationalisierung der Weiterbildungssegmente (betrieblich, individu-ell-berufsbezogen und individuell nicht-berufsbezogen; Bilger et al. 2013). Im letzten AES findet sich gar ein eigenes Kapitel „*Zeit für Weiterbildung*" das über ‚*Zeitspannen* von Weiterbildungsaktivitäten' (‚wieder etwas mehr Tage, aber immer noch weniger längerfristige Weiterbildungsdauer'; ebd. 2013: 48ff.) sowie über die aktuell durchschnittlich für *Lernzeit* aufgewende-ten *Stunden* je Weiterbildungssegment, das zeitliche Weiterbildungsvolumen und die individuelle Weiterbildungsintensität informiert. Trotz aller formalen Begrenztheit auf eine chronometrische Erfassung und Interpretation von Zeit sind die Ergebnisse spannend, weil beim genaueren Hinsehen scheinbar ein-deutige Tendenzen auf den Kopf gestellt werden. So zeigt eine temporal-differenzierende Sicht, dass das Lernen allgemeiner, politischer, kultureller u.a. Inhalte gegenüber dem oft stark betonten betrieblich initiierten berufli-chen Lernen in der subjektbezogenen Betrachtung z.B. von *tatsächlich real aufgewendeten Lernzeiten* gar nicht so marginalisiert ist (79 Stunden „nicht berufsbezogene Weiterbildung" gegenüber 59 Stunden „betriebliche Weiter-bildung" pro teilnehmender Person im Jahr 2012; ebd. 2013: 58).

Relationale Konstellationen von Zeit und Bildung zwischen Vergangenheit, Gegenwart und Zukunft

Zum einen wird für den modernen Bildungsbegriff angenommen, dass ihr Ziel („die Zukunft des zu bildenden Subjekts"; Oelkers 1980: 428) im weites-ten Sinne einer *Fortschritt*sgläubigkeit folgt: „‚Bildung' ergibt als Vorstel-lung nur Sinn, wenn darunter fortschreitende Verbesserung verstanden wird" (ebd. 1980: 428). Zum anderen hat sich diese Annahme nicht nur historisch-geisteswissenschaftlich als überaus problematisch erwiesen: Mit dem „Zerfall der Fortschrittsidee" (Faulstich 2012: 79), der immer größer werdenden Dif-ferenz zwischen Erfahrungshorizont (Wirklichkeit) und Erwartungshorizont und der ständig wachsenden Kontingenzerfahrungen der Moderne, werden auch wiederkehrende „Krisen der Bildungstheorie" provoziert (ebd. 2012: 79).

Bildung stellt sich aber gegen eine überhöhte, linear fortschreitende Zu-kunftsgläubigkeit und auch gegen das lebenslange Lernregime einer „ständi-gen Weiterbildung als Nichtfertigwerden", in dem das ‚Nichts-Abschließen-Können' zu einem effizienten Mittel von Machtausübung und (Selbst-)Kon-trolle wird: „Jeder Zeitpunkt ist mit Blick auf die Zukunft defizitär" (Dör-pinghaus/Uphoff 2012b: 144). Ein relationaler Blick auf das zeitliche Zuei-nander zeigt, dass die *Zukunftsbezogenheit* und der *Gegenwartsverlust* als

Sabine Schmidt-Lauff

temporale Prinzipien der Pädagogik zwar immer noch dominant gültig sind[5]. Der Imperativ ‚Nutze Deine (Lern)Zeit!', die Behauptung Zeit werde in der Pädagogik „für etwas eingesetzt" und „ihr Verbrauch bemisst sich daran, ob Ziele erreicht werden oder nicht" (Oelkers 2001: 216). Und auch der utilitaristisch optimierende Anspruch an die lernende Gestaltung der eigenen Lebenszeit als Credo der Wissensgesellschaft gehört dazu. Bildung „degeniert vom Zu-sich-selbst-Kommen [...] zur Brauchbarkeit" (Göhlich/Zirfas 2007: 108). Wo aber Erziehungsziele, Bildungserfolge und erst die Anwendung des Gelernten die Wertigkeit von Vorangegangenem (hier: Lernen) bestimmen, wird Lernen als *gegenwärtiges* Moment (Lernprozess) in einer bislang ungeahnten Weise marginalisiert (vgl. Schmidt-Lauff 2008). Seine Bedeutung kommt außerhalb der Handlungen bzw. des Prozesses selbst zum Tragen und liegt allein in der Zukunft[6].

Gelungener ist allerdings die Annahme eines relationalen Geschehens zwischen Vergangenheit, Gegenwart und Zukunft. Benner spricht von einem „Zwischenraum" und einer „Gleichzeitigkeit von Wissen und Nicht-Wissen, von Können und Nicht-Können", so dass Lernen einer *perpetuierenden Bewegung* „nach allen Richtungen" gleicht – nicht einem „Nachfolgeverhältnis von ‚schon' und ‚noch nicht'" (Benner 2005: 8). Daraus folgende Irritationen, Diskrepanzen oder Krisen schaffen Lernbewegungen „mit einer Benommenheit in einem Zwischenreich, auf einer Schwelle, die zwar einen Übergang markiert, aber keine Synthese von vorher und nachher ermöglicht" (ebd. 2005: 13). Gerade für das *lebensbegleitende Lernen* ist von Bedeutung, wie dieser „Zustand der Schwebe", in dem das Neue noch nicht verstanden und dem Alten nicht mehr vertraut wird, als „*Anfänge des Lernens*" (Meyer-Drawe 2005: 32) begriffen werden können. Es geht um die Vergegenwärtigung von Vergangenem und die Bewertung oder Erwartung der Zukunft im Jetzt des Lernanfangs. Solche Anfänge sind lebenslange, infinite (biografische) Suchbewegungen oder auch permanente Übergänge als wiederholt bestimmungsbedürftige Zielbewegungen (vgl. Schäffter 2014; Schmidt-Lauff 2014b: 21). Dies wird gegenwärtig auch von der Biografieforschung durch zeitdiagnostische Relationierungen als „Prozessualität sozialer Realitäten" in der „Figur der Subjektivität" neu reflektiert (vgl. dazu Kade/Nolda 2014: 589).

---

5   Vgl. zum Aspekt der Vergegenwärtigung als temporaltheoretische Kategorie Schmidt-Lauff (2014) und zum Aspekt der reflexiven Gegenwart Kade/Nolda (2014).

6   Die Ausrichtung gegenwärtiger pädagogischer Handlungen auf die *zukünftige* Dimension ist dabei gar nicht so neu. Bei Rousseau (1762) zeigt sie sich in der Maxime des Zeit-Verlierens als Lernen in der Kindheit (zum romantischen Gestus der auf pädagogische Gelassenheit ausgerichteten Betonung einer ‚natürlichen' Entwicklung des Kindes, die verlässliche zeitliche Strukturierung annimmt, kritisch: Göhlich/Zirfas 2007, 108). Bei Schleiermacher findet sich der Gedanke noch radikaler: „Jede pädagogische Einwirkung" sei festgeschrieben durch die „Aufopferung eines bestimmten Moments für einen zukünftigen" (Schleiermacher 1820/1849: 727).

Alles nur eine Frage der Zeit?!

Zeit wirkt in ihrem „Doppelcharakter" über Vergangenheit als *Wirklichkeit* und Zukunft (Zukünfte) als *Offenheit* sowohl kontingent als auch kontinuierlich (vgl. Pfeiffer 2007). Derzeit wird allerdings das Phänomen der Kontingenz in der Zukunftsbezogenheit überbetont und problematisiert. Das Vergangene und daraus entfaltete *Traditionen* kommen hingegen seltener in den Blick. In Giddens strukturationstheoretischer Gesellschaftskritik deutet er zunächst Traditionen trivial als Verbindung aus Wiederholungen (Stichwort: Rituale) und „formelhafter Wahrheiten" (Giddens 1996: 150ff.). Das gibt ihnen zugleich aber eine sowohl *moralisch* wie auch *emotional* bindende Kraft. Traditionen besitzen keinesfalls nur eine (rückwärtsgewendete) Funktion als „Orientierung an der Vergangenheit", sondern beziehen sich, genau *weil* „etablierte Handlungsweisen dazu benutzt werden, die zukünftige Zeit zu organisieren", auf die Zukunft (ebd. 1996: 123). Der Begriff der Tradition enthält „ein Element, das auf Dauerhaftigkeit schließen lässt" (ebd. 1996: 123) aber wirksamer ist: nämlich das der *Integrität* und *Kontinuität*. Traditionen setzen die Vergangenheit in ein Verhältnis zur Gegenwart. Dabei unterliegen sie einem fortwährenden Wandel und widerstehen zugleich den Wechselfällen der Zeit: „Sie entwickeln sich und reifen, oder sie werden schwach und ‚sterben'", und, sie schließen ein und aus: Traditionen führen zu „Abgrenzungen" zwischen denen die „dazugehören" und den „anderen", so dass sie ein „Medium" bilden, „in dem sich Identität" entwickelt (ebd. 1996: 150).

Identitätsarbeit erfolgt je gegenwärtig, über interpretative Paradigmen, zukünftige Erwartungen und Rekonstruktionen von bereits Erfahrenem (Schmidt-Lauff 2014b: 28). Vergangenheit und (vorentworfene) Zukunft dienen – aus jeweils unterschiedlichen Richtungen bezogen auf das Jetzt – dem Zweck der Interpretation, des Verstehens, ja, vielleicht der Kontrolle der Gegenwart. Und trotzdem, „die Gegenwarten verketten sich nicht linear, schon weil nie ein Transfer der gesamten Erfahrung einer Situation auf die nächste möglich ist" (Oelkers 2001: 225).

Ausgehend von der Eingangsidee, Bildung temporaltheoretisch zu fassen, bleibt am Ende die fast demütige Einsicht von der Vielfalt zeitlicher Dimensionen und temporaler Phänomene in der Pädagogik, deren Komplexität bislang nur erahnt werden kann. Da temporale Phänomene selbst zeitbezogene Erscheinungen sind und zugleich universeller als jede andere Erfahrung immer miterfahren werden, wird in Betrachtungen über sie zwangsläufig eine dynamische Unendlichkeit erzeugt. Dies ist ernüchternde Bilanz wie Herausforderung einer erziehungswissenschaftlichen Beschäftigung mit Zeit und macht zugleich den Reiz aus, den eine temporaltheoretische Grundlegung von Bildung und Lernen bieten könnte.

Sabine Schmidt-Lauff

Literatur

Alheit, Peter/Dausien, Bettina (2002): Bildungsprozesse über die Lebensspanne und lebenslanges Lernen. In: Tippelt, Rudolf (Hrsg.): Handbuch Weiterbildungsforschung. Opladen: Budrich, S. 565-588.

Benner, Dietrich (2005): Über pädagogisch relevante und erziehungswissenschaftlich fruchtbare Aspekte der Negativität menschlicher Erfahrung. In: Benner, Dietrich (Hrsg.): Erziehung – Bildung – Negativität 49, Beiheft, S. 7-23. Weinheim u.a.: Beltz.

Berdelmann, Katrin (2010): Operieren mit Zeit. Empirie und Theorie von Zeitstrukturen in Lehr-Lernprozessen. Paderborn: Ferdinand Schöningh.

Biesta, Gert/Field, John/Tedder, Michael (2010): A time for learning: Representations of time and the temporal dimensiond of learning through the lifecourse. In: Zeitschrift für Pädagogik 56, 3, S. 317-327. Weinheim u.a.: Beltz.

Bilger, Frauke/Gnahs, Dieter/Hartmann, Josef/Kuper, Harm (2013): Weiterbildungsverhalten in Deutschland. Resultate des Adult Education Survey 2012. Bielefeld: wbv.

Dolch, Jürgen (1964): Die Erziehung und die Zeit. In: Zeitschrift für Pädagogik 4, 3. S. 361-372. Weinheim u.a.: Beltz.

Dörpinghaus, Andreas/Uphoff, Ina K. (2012a): Zeit und Bildung. Über die Selbstaffektion der Erfahrung. In: Schmidt-Lauff, Sabine (Hrsg.): Zeit und Bildung. Annäherung an eine zeittheoretische Grundlegung. Münster: Waxmann, S. 61-70.

Dörpinghaus, Andreas/Uphoff, Ina K. (2012b): Die Abschaffung der Zeit: Wie Bildung verhindert wird. Darmstadt: WBG.

Elias, Norbert (1988): Über die Zeit. Baden-Baden: Suhrkamp.

Faulstich, Peter (2012): Lernen in der Kontinuität der Moderne. Vorüberlegungen zu einem bildungswissenschaftlichen kritisch-pragmatistischen Begriff der Zeit. In: Schmidt-Lauff, Sabine (Hrsg.): Zeit und Bildung. Annäherung an eine zeittheoretische Grundlegung. Münster: Waxmann, S. 71-90.

Giddens, Anthony (1996): Leben in einer posttraditionalen Gesellschaft. In: Beck, Ulrich/Giddens, Anthony/Lash, Scott (Hrsg.): Reflexive Modernisierung. Frankfurt a.M.: Suhrkamp, S. 113-194.

Giddens, Anthony (1997): Die Konstituierung der Gesellschaft: Grundzüge einer Theorie der Strukturierung. Frankfurt/New York: Campus Verlag.

Göhlich, Michael/Zirfas, Jörg (2007): Lernen. Ein pädagogischer Grundbegriff. Stuttgart: Kohlhammer.

Heidegger, Martin (1927/2001): Sein und Zeit (18. Aufl.). Tübingen: Max Niemeyer Verlag.

Hof, Christiane/Kade, Jochen/Fischer, Monika (2010): Serielle Bildungsbiographien – Auf dem Weg zu einem qualitativen Bildungspanel zum Lebenslangen Lernen. In: Zeitschrift für Pädagogik 56, 3, S. 328-339. Weinheim u.a.: Beltz.

Jachnow, Helmut (1995): Möglichkeiten der Klassifikation von Temporalitätsträgern. In: Jachnow, Helmut/Wingender, Monika (Hrsg.): Temporalität und Tempus. Wiesbaden: Harrasowitz, S. 112-128.

Kade, Jochen/Nolda, Sigrid (2014): 1984/2009 – Bildungsbiografische Gegenwarten im Wandel von Kontextkonstellationen. In: Zeitschrift für Pädagogik 60, 4, S. 588-605. Weinheim u.a.: Beltz.

Alles nur eine Frage der Zeit?!

Koller, Hans-Christoph (2012): Bildung anders denken – Einführung in die Theorie transformatorischer Bildungsprozesse. Stuttgart: Kohlhammer.

Koselleck, Reinhart (1989): Vergangene Zukunft. Zur Semantik geschichtlicher Zeiten. Frankfurt a.M.: Suhrkamp.

Lüders, Manfred (1995): Zeit, Subjektivität und Bildung. Weinheim: Deutscher Studienverlag.

Meyer-Drawe, Käte (2005): Anfänge des Lernens. In: Benner, Dietrich (Hrsg.): Erziehung – Bildung – Negativität 49, Beiheft, S. 24-37. Weinheim u.a.: Beltz.

Nowotny, Helga (1995): Eigenzeit. Frankfurt a.M.: Suhrkamp.

OECD (2013): Bildung auf einen Blick 2013. Bielefeld: wbv.

Oelkers, Jürgen (1980): Der Gebildete, der Narziß und die Zeit. In: Neue politische Literatur XXV, 4, S. 423-442.

Oelkers, Jürgen (2001): Einführung in die Theorie der Erziehung. Weinheim und Basel: Beltz.

Pongratz, Luwig A./Bünger, Carsten (2008): Bildung. In: Faulstich-Wieland, Hannelore/Faulstich, Peter (Hrsg.): Erziehungswissenschaft. Ein Grundkurs. Reinbek: Rowohlt Verlag, S. 110-129.

Pfeiffer, Ursula (2007): Kontinuität und Kontingenz. Zeitlichkeit als Horizont systematischer Überlegungen in der Erziehungswissenschaft. Bad Heilbrunn: Klinkhardt.

Rosa, Hartmut (2005): Beschleunigung – Die Veränderung der Zeitstrukturen in der Moderne. Frankfurt a.M.: Suhrkamp.

Schäffter, Ortfried (2012): Lernen in Übergangszeiten. Zur Zukunftsorientierung von Weiterbildung in der Transformationsgesellschaft. In: Schmidt-Lauff, Sabine (Hrsg.): Zeit und Bildung. Annäherung an eine zeittheoretische Grundlegung. Münster: Waxmann, S. 113-156.

Schäffter, Ortfried (2014): Navigieren durch vernetzte Bildungslandschaften. Zum impliziten Erwerb von Übergangskompetenz in Lernbiographien. In: Felden, Heide von/Schäffter, Ortfried/Schicke, Hildegard (Hrsg.): Denken in Übergängen. Wiesbaden: Springer VS, S. 37-60.

Schleiermacher, Friedrich (1820/1849): Erziehungslehre. Herausgegeben von Ernst Platz: ,Friedrich Schleiermacher's sämmtliche Werke'. Berlin: Reimer.

Schmidt-Lauff, Sabine (2008): Zeit für Bildung im Erwachsenenalter – Interdisziplinäre und empirische Zugänge. Münster u.a.: Waxmann.

Schmidt-Lauff, Sabine (2012): Grundüberlegungen zu Zeit und Bildung. In: Schmidt-Lauff, Sabine (Hrsg.): Zeit und Bildung. Annäherungen an eine zeittheoretische Grundlegung. Münster: Waxmann, S. 11-60.

Schmidt-Lauff, Sabine (2014a): Für eine Andersartigkeit der Selbst- und Welterschließung. In: Ebner von Eschenbach, Malte/Günther, Stephanie/Hauser, Anja (Hrsg.): Gesellschaftliches Subjekt. Erwachsenenpädagogische Perspektiven auf subjektwissenschaftliche Forschung. Festschrift für Prof. Joachim Ludwig. (im Erscheinen).

Schmidt-Lauff, Sabine (2014b): Zeit und Bildung. Eine temporaltheoretische Sicht auf Übergänge. In: Felden, Heide von/Schäffter, Ortfried/Schicke, Hildegard (Hrsg.): Denken in Übergängen. Wiesbaden: Springer VS, S. 19-36.

Tenorth, Heinz-Elmar (1997): ,Bildung' – Thematisierungsformen und Bedeutung in der Erziehungswissenschaft. In: Zeitschrift für Pädagogik 43, 4, S. 969-984.

Sabine Schmidt-Lauff

Tenorth, Heinz-Elmar (2006): Zeit als Thema der Erziehungswissenschaft. Dissens der Codierung, Desiderata der Thematisierung. In: Bellmann, Johannes/Ruhloff, Jörg (Hrsg.). Perspektiven Allgemeiner Pädagogik. Weinheim: Beltz, S. 57-74.

Wendorff, Rudolf (1980): Zeit und Kultur. Geschichte des Zeitbewußtseins in Europa. Opladen: Westdeutscher Verlag.

ANDREAS HOFFMANN-OCON, ANDREA DE VINCENTI, NORBERT GRUBE

Vom Pädagogischen zur Pädagogik?
Die Ausbildung von Zürcher Lehrpersonen zwischen Seminar und Universität im 19. und 20. Jahrhundert

Zu Beginn des 20. Jahrhunderts wurden im Kanton Zürich Umfänge und Inhalte des Faches Pädagogik in der Lehrpersonenbildung diskutiert. Die Debatte verlief in den Rahmungen zwischen Allgemeinbildung und Berufsbildung, Schule und Hochschule oder auf übergeordneter Ebene zwischen dem Erziehungssystem und Wissenschaftssystem. In moderater Anlehnung an systemtheoretische Überlegungen markierte das Erziehungssystem seine Differenz gegenüber anderen Gesellschaftssystemen durch Kommunikationen, die in der Absicht des Erziehens aktualisiert wurden (Luhmann 2002: 24), während die Kommunikationen im Wissenschaftssystem auf den Bezugspunkt der wissenschaftlichen Wahrheit zielten (Luhmann 1996: 36). Unser Beitrag untersucht daran anschließend die Konturierung des Faches Pädagogik mit seinem Stellenwert im Curriculum sowie die dem Fach jeweils zugewiesene Funktion für den Lehrberuf.

Das, was wir heute mit dem Fach Pädagogik bezeichnen, hat historisch in seiner Komplexität Veränderungen und damit eine beträchtliche Vielschichtigkeit erfahren. Dieser Beitrag konzentriert sich auf den berufsspezifisch-pädagogischen Lehrbereich mit Methodik, Pädagogik oder Psychologie. Im Folgenden werden seine Inhalte und Funktion im Rahmen der Lehrpersonenbildung und sein curricularer Stellenwert des so verstandenen Faches Pädagogik und der stark praxisbezogenen Methodik fokussiert. *Pädagogik* und *Psychologie* gewinnen erst zu Beginn des 20. Jahrhunderts in Auseinandersetzung mit den sich gleichzeitig etablierenden universitären Disziplinen an Bedeutung (Hopf 2004; Hofstetter/Schneuwly 2011), während die Lehrpersonenausbildung vorher eher in ortsspezifischen Ausbildungstraditionen verwurzelt und stark auf Methodik und Allgemeinbildung ausgerichtet war.

Vom Pädagogischen zur Pädagogik?

Praktische und theoretische *Methodik*, wie auch die Allgemeinbildung in den Schulfächern, blieben bis in das erste Drittel des 20. Jahrhunderts konstitutive Bestandteile der Lehrpersonenbildung. Eine weitere Konstituente war seit dem 19. Jahrhundert die Charakterbildung der Zöglinge. Zu prüfen ist in dem Zusammenhang, wie den Ausbildungsorten selbst Prägekraft zugeschrieben wurde, etwa für die Charakterbildung in einer überschaubaren, geleiteten Gemeinschaft oder aber auch für die pädagogische Ausbildung. Der jeweilige Ausbildungsort brachte, so unsere These, das Pädagogische hervor und verlieh ihm seine ortsspezifische Kontur. Davon ausgehend wird weiter gezeigt, wie sich eine von den Seminarorten zusehends abgelöste Debatte um die Ausrichtung des Faches Pädagogik in der Lehrpersonenbildung ab ca. 1920 in Zürich entfaltete. Es stellt sich daher die Frage, ob und wie eine selbständige Beschäftigung der Kandidaten und Kandidatinnen mit Pädagogik oder Psychologie als Disziplinen der zeitgenössischen Wissenschaft erfolgen sollte oder ob weiterhin die Sorge vorherrschte, die Wissenschaft überfordere die auszubildenden Lehrpersonen.

Stellenwert des Pädagogischen und Entwicklung des Fachs Pädagogik an Zürcher Seminarorten bis 1920

Vor dem Hintergrund vielfältiger Ausbildungsorte für Lehrpersonen fokussiert der Beitrag zunächst zwei Seminare: das 1832 gegründete staatliche Lehrerseminar in Küsnacht und das 1869 als christliche Gegengründung errichtete Evangelische Seminar in Unterstrass (Hardegger 2008). Trotz etlicher Unterschiede wiesen sie dennoch, gerade in der Entwicklung des Faches Pädagogik, viele Gemeinsamkeiten auf.

An beiden Orten wurden in der insgesamt eher unbedeutenden berufsspezifisch-pädagogischen Ausbildung das Fach Pädagogik und auch die Methodik zunächst von den Seminardirektoren selbst unterrichtet, was auf einen gewissen Stellenwert dieser Inhalte verweist (Grob 1883: 50f.). Die Direktoren vermochten dem Fach Pädagogik so beträchtliche Prägekraft zu verleihen und trugen zur Entwicklung ortsspezifischer Ausbildungskulturen bei, z.B. durch die Nutzung des vom ersten Seminardirektor Thomas Scherr (1847) veröffentlichten Handbuchs der Pädagogik für Volksschullehrer in Küsnacht oder durch die jahrelange Praktiken in Unterstrass zusammenfassende Polaritätsmethode (Rinderknecht/Zeller 1936). Zugleich waren die Direktoren durch ihre Aufgabenvielfalt und politischen Kontroversen phasenweise absorbiert. Daher tradierten besonders die jeweiligen Methodiklehrer und Übungsschulleiter das, was als pädagogisch relevant für das Schulehalten galt. Aufgrund von Lehrbuchproduktion und verwendung, etwa derjenigen Johann Rudolf Rüeggs (1870) in Küsnacht, oder jahrzehntelanger Tätigkeit des Methodiklehrers Heinrich Süsli in Unterstrass, bestimmten sie ein stark ortsspezifisch reproduziertes Verständnis von Pädagogik und auch dem Pädagogischen mit, was gerade in Unterstrass durch regelmäßige Rekrutierung der Lehrer aus Seminarabsolventen geschah.

Stärker als die Fächer Pädagogik und Methodik hatte das Pädagogische fächer- und alltagsübergreifend hohen Stellenwert, indem Lern- und Lebensformen im Seminar (Konvikt), fächerübergreifenden seminaristischen Praktiken, Gewohnheiten und Prämissen selbst zentrale Bedeutung für die nichtfachgebundene pädagogische Sozialisation zugesprochen wurde. In diesem Kontext besaß gerade der kontinuierliche Primat der Gemeinschaft im Lebens- und Seminarort, beide Seminare bezeichneten sich etwa als Anstaltsfamilie, dauerhaft hohe Relevanz für die Vermittlung des Pädagogischen (ELU 1909: 4/20; Hunziker 1871: 24f.). Vor dieser Maßgabe des Familialen und der Gemeinschaft erfolgte die – in Unterstrass stark christlich geprägte – Charakterbildung (Hunziker 1871: 9f.). Sie war an beiden Orten Tugendbildung, die sich wohl im Sinne einer Sozialisation am Ausbildungsort über die Dauer der Ausbildungszeit ergeben sollte und eher Ziel der gesamten Ausbildung als eines einzelnen Faches war. Ziel war hier die Aus-Bildung der Persönlichkeit der Lehrpersonen als in Wissen, Haltung und Tugend überlegene Autorität, die zugleich vermeintlich authentisch wirken, eine (teils kameradschaftliche, teils väterliche) Nähe zu ihren Schülern und Schülerinnen entwickeln und sie so besser führen könne (Pestalozzi 1923: 31; Rinderknecht/ Zeller 1936: 16-19). In diesem Zusammenhang kann man etwa die Feier des Geburtstags von Johann Heinrich Pestalozzi jeweils zum 12. Januar in Unterstrass verstehen. Dabei erteilte ein Seminarist mit „Perücke, Kniehosen, weiße[n] Strümpfe[n] und Schnallenschuhe[n] [...] eine Pestalozzische Musterlektion" und hielt „eine Ansprache [...] aus seinen ‚Reden an mein Haus‘" (ELU 1925: 21). Mit dieser Theatralisierung des kanonisierten Pädagogen Pestalozzi sollte wohl das eigene pädagogische Selbstverständnis transportiert und vermittelt werden.

Dem Fach Pädagogik stand man dagegen ambivalent gegenüber, hielt es für komplex und kaum geeignet, es in seiner fachlich-wissenschaftlichen Ausprägung an die Zöglinge heranzutragen. Mehr Herz anstatt Erkenntnis, lautete entsprechend eine Losung im Seminar Unterstrass. Sie fand in Küsnacht ihre Entsprechung in dem Lob für den ersten Direktor, stets den Weg zu den Herzen der Schüler und Schülerinnen gefunden zu haben. Vielwisserei, so die Annahme, gefährde den Bezug zum Kind, Pädagogik müsse nicht (nur) als Wissenschaft, sondern (auch) als Kunst betrieben werden (ELU 1915: 8f.; Pestalozzi 1923: 36; Grob 1883: 50). Die Pädagogiklehrer verfolgten dazu zwar die wissenschaftliche Entwicklung des Faches, trafen allerdings für ihre Zöglinge eine reduzierte Auswahl an „pädagogischen Wahrheiten" (Rüegg 1870: IIIf.), welche schließlich erst den zu „Männern" gewordenen Zöglingen in fortgeschrittenen Semestern mit bereits „gereifter Auffassungskraft" (Grob 1883: 49) vorgelegt werden sollten. Insgesamt kann von einer seminaristischen Ausbildungskultur gesprochen werden, der wissenschaftlich anmutende Lehrbuchproduktion und auch Reflexionen in Teilen nicht ganz fremd waren, die neben einer guten Allgemeinbildung in den Schulfächern jedoch vor allem Methodik und Charakterbildung favorisierte und Schulehalten eher als Kunst oder Handwerk auffasste. Diese Überzeugungen wurden zu Beginn des 20. Jahrhunderts wohl nicht zuletzt durch die sich stärker konturierenden Disziplinen der Pädagogik und der Psychologie herausgefordert. Gleichzeitig deutet sich eine wissenschaftliche Aufwertung des Faches auch in den Zürcher Seminaren an (ELU 1900; Erziehungsrat 1933: 578/583). Doch verband man sie mit einer Fortsetzung des Pädagogischen als fächerübergreifender Sozialisationsinstanz, zumal etwa Psychologie eher als eine Art Korrekturwissenschaft verstanden wurde, um die gleichsam als ursprünglich gewertete kunstvoll gestaltete Nähe der Lehrpersonen zu Schülern und Schülerinnen durch Seelen- oder Jugendkunde zurückzugewinnen.

Die Situierung des Faches Pädagogik in universitären Entwürfen für das Primarlehramt zu Beginn des 20. Jahrhunderts im Kanton Zürich

Neben den bereits erwähnten Seminaren Küsnacht und Unterstrass boten noch das Lehrerinnenseminar der städtischen Höheren Töchterschule und ab 1907 gar die Universität die Ausbildung für Primarlehrpersonen an. In diesem Klima wurden jene Stimmen verstärkt, die auf eine Verwissenschaftlichung der Inhalte drängten. Auch die Diskussion über das Fach Pädagogik in der Lehrpersonenbildung nahm (wieder) Fahrt auf. Blickt man von diesem signifikanten Datum auf die dynamische Phase der nächsten Jahrzehnte, so tritt hervor, was man ein Nebeneinander verschiedener Ausbildungsmodelle für das Primarlehramt nennen könnte.

Das Fach Pädagogik gehörte in dieser Phase zum Lehrplan der auf Mittelschulniveau operierenden Seminare in direkter Nachbarschaft zu den universitären Kursen, welche jedoch die Maturität voraussetzten. Während die Seminare weitgehend dem normativen Leitbild eines speziellen Gymnasiums für Lehrpersonenbildung (Hoffmann-Ocon/Metz 2011) folgten und es im Unscharfen blieb, ob das Fach Pädagogik Teil der Allgemein- oder Teil der Berufsbildung darstellen sollte, wurde die Pädagogik in den universitären Kursen einem funktional differenzierenden Auftrag zufolge als reine Berufsbildung verstanden. Trotz vielfältiger Ausbildungsorte war die theoretische Pädagogik in Zürich mit 10-11 Jahreswochenstunden überall schwächer dotiert als etwa in Genf oder an Orten in Deutschland (Brenner 1941: 63f.). Die curricularen Inhalte des Entwurfs für die universitäre Primarlehrpersonenbildung aus dem Jahr 1924 von Hans Stettbacher geben Aufschluss über das Selbstverständnis des Faches Pädagogik. Mit der darin geforderten Verlängerung des Studiengangs auf vier Semester sollten jedoch nicht „zahlreiche neue Gebiete angeschlossen" werden, da „eine Vertiefung des Studiums angestrebt sei" (Stettbacher 1924: 8). Der Studienbereich des facettenreichen Faches Pädagogik umfasste demnach im ersten Semester Psychologie, Geschichte der Pädagogik, Spezielle Didaktik und Lehrübungen, im zweiten Semester subdisziplinäre Elemente aus Allgemeiner Pädagogik, Allgemeiner Didaktik und Schulhygiene und im dritten Semester psychologische und pädagogische Übungen sowie Volksschulkunde (Schulrecht). Insbesondere für das vierte Semester sollten Studierende des obligatorischen Primarlehramts eine Vorlesung der Heilpädagogik besuchen. Neben deutlichen Vertiefungen der geschichtlichen Aspekte der Pädagogik fällt im Studienplan auf, wie stark die Experimental- und die Kindespsychologie vertreten waren (Stettbacher 1924: 12). Die Fundierung der Ausbildung von Primarlehrpersonen richtete sich curricular aber nicht nur in den Kursen zur Experimental- und Kindespsychologie auf die seit Ende des 19. Jahrhunderts sich Bahn brechende Tatsachenforschung, sondern auch die Veranstaltungen zur Allgemeinen Didaktik griffen die Frage nach den psychologischen Grundlagen des Arbeitsvorganges auf (Stettbacher 1924: 15f.). Im Vergleich zu der Situierung des Faches Pädagogik an den Seminarorten dominierte in diesem Entwurf die Eigenständigkeit der Pädagogik als Wissenschaft mit diversen Strömungen.

Die Reformüberlegungen zu Beginn der 1930er Jahre, vor allem durch den Pädagogen Willy Freytag repräsentiert, zeigen, dass sowohl die experimentelle Pädagogik als auch die Heilpädagogik noch nicht etablierte und gesicherte Bestandteile des Faches Pädagogik für den universitären Studiengang für die Primarschule bildeten. Freytag kritisierte vor allem ihre Konzentration auf die Sinnesempfindungen, während sich die Lehrperson philosophisch und eben nicht psychologisch mit der Erziehung des Geistes beschäftige (Freytag 1933: 6).

Was sich hinter der Kritik Freytags verbirgt, der in seinen Vorlesungen vor allem einen historischen Zugang zur Pädagogik pflegte (Freytag 1933: 3; Hofstetter/Schneuwly 2011: 60f.), ist weniger eine tradierte geisteswissenschaftliche Auffassung vom Fach Pädagogik als vielmehr die rigide Zu- und Zurückweisung von Wissensdomänen für das Berufsfeld Primarschule. Überraschenderweise bekam in dem Entwurf von Freytag die Psychologie als ein Element des Faches Pädagogik, ähnlich wie im Seminar Unterstrass, das zweifelhafte Etikett der „Korrekturwissenschaft", welche für die angehenden Regelschul-Lehrpersonen als entbehrlich galt.

Die Bedrohung des Pädagogischen durch die Wissenschaft? – Konturen und Funktionen der Pädagogik in den Entwürfen zum Pädagogischen Institut des Kantons Zürich

Der ab 1926 amtierende Direktor des kantonalen Lehrerseminars Küsnacht, Hans Schälchlin, Verfasser zentraler Entwürfe zum Fach Pädagogik am sogenannten Pädagogischen Institut, betonte auf der Schulsynode 1929, dass eine Verlängerung der Lehrpersonenbildung und ihre Vertiefung wissenschaftlich nicht mehr zu umgehen sei. „An andern Orten [...] sind bereits neue Wege versucht worden. Ob sie die richtigen sind, wird erst die Erfahrung an den neu ausgebildeten Lehrern in der Praxis beweisen" (Bericht Schulsynode 1929: 101). Damit verwies er auf den wahrgenommenen Anpassungsdruck in der Debatte um eine nachmaturitäre Lehrpersonenausbildung – ausgelöst durch die Zürcher Expansionspläne für einen universitären Studiengang sowie durch interkantonalen und internationalen Vergleich mit nachmaturitären Regelausbildungen in Genf, Basel-Stadt und mit den preußischen Pädagogischen Akademien.

Auch wenn die Studierenden mit dem Fach Pädagogik am geplanten Pädagogischen Institut „aktiv in das wissenschaftliche Denken eingeführt" werden sollten, könnte „Studienfreiheit nur in einem beschränkten Masse gewährt" werden (Schälchlin 1928: 2). Wissenschaftlichen Erkenntnissen im weiten Fach Pädagogik wurde somit eher lediglich der instrumentelle Wert beigemessen, besser für das Erreichen der berufsfeldnahen Ausbildungsziele zu sein als tradierte Regelapparate von Schulmännerklugheiten (Wilholt 2012: 146).

Als Gefahr für die „Ausbildung der Volkserzieher" wurde das unplanmäßige Studium angesichts einer kurzen Ausbildungszeit für diesen gesellschaftlich verantwortungsvollen Beruf betont. Auch sei für das Fach Pädagogik wichtig, dass die Studierenden den Lehrstoff in „kleinen Arbeitsgruppen" durcharbeiten könnten, um so das „Gemeinschaftsleben" und den „Zusammenschluss zwischen Dozent und Studierenden" zu fördern (Schälchlin 1928: 3). Selbst wenn der Trennung von Pädagogischer Mittelschule und Pädagogischem Institut eine deutliche Differenz von unterschiedlichen Vermittlungsphasen der allgemeinen Bildung und des berufsfeldorientierten Fachwissens im Professionalisierungsprozess der Lehrpersonen zugrunde lag (Lundgreen, 2011: 9; Hoffmann-Ocon/Metz 2011: 319), verweisen viele Äußerungen Schälchlins auf seminaristisch attribuierte Sozialformen, welche konstitutiv für das Fach Pädagogik und die Ausbildung seien. Phasenweise im Gegensatz zu den eigenen Entwürfen unterstrich Schälchlin in vielfältiger Weise die „erzieherische Aufgabe" innerhalb der Lehrpersonenbildung, die hohen „persönlichen Kontakt von Lehrpersonen mit den Kandidaten" impliziere (Weisungen zum Lehrplan 1928: 2). Die für ein Schulsystem charakteristische

Andreas Hoffmann-Ocon, Andrea De Vincenti, Norbert Grube

Asymmetrie zwischen Lehrenden und Beschulten sollte durch das Kontinuum der erzieherischen Aufgabe auch mittels des Fachs Pädagogik seine Fortsetzung am nachmaturitären Pädagogischen Institut finden. Wie sehr die Grenzen der Systeme von ihrem eigenen Konstrukteur selbst missachtet wurden, zeigte sich auch darin, dass das Schulfach „Einführung in pädagogische Probleme" zur Unterstützung der künftigen Berufstätigkeit und Berufswahl bereits auf Mittelschulstufe etabliert werden sollte. Dieses kann als Teil eines bildungspolitischen Abwehrkampfes gegen die Akademisierung gedeutet werden, die die Pädagogik als Element der Berufsausbildung dem Mittelschulkanon entreißen wollte und klare Markierungen zwischen Schul- und Hochschulsystem verlangte (Bericht Schulsynode 1929: 113). Letztlich empfahl Schälchlin eine semi-universitäre Symbiose aus den die Studierenden sozialisierenden Faktoren Ausbildungsort und Fach Pädagogik.

Funktion des Faches Pädagogik – Versuch eines Fazits

Die Konturierung und Funktionalisierung des Fachs Pädagogik im Rahmen der Ausbildung von Volksschullehrpersonen im Kanton Zürich ist in ihrer Vielschichtigkeit nur zu verstehen, wenn die latente Relevanz des Pädagogischen als fächerunabhängiger Sozialisationsfaktor berücksichtigt wird. Das Pädagogische blieb als Kontinuität und zusehends *hidden agenda* auch dann als unausgesprochenes Ziel der Ausbildung bestehen, als sich die Fächer Pädagogik und Psychologie im Curriculum der sich wandelnden Seminarorte ausprägten. Einer direkten Auseinandersetzung der Zöglinge mit der Pädagogik in ihrer fachlich-wissenschaftlichen Ausprägung standen die Seminare bis in die ersten Jahrzehnte des 20. Jahrhunderts allerdings skeptisch gegenüber. So könnte hinter der immer wieder gestellten Forderung nach Komplexitätsreduktion, Konzentration und Auswahl der richtigen und wahren Aussagen der Disziplin gerade die Furcht vor einem durch die direkte Auseinandersetzung der Zöglinge mit der Wissenschaft forcierten Verlust der eigenen Ausbildungskultur gestanden haben.

Ein breit ausgelegtes Fach Pädagogik sahen die Befürworter eines obligatorischen universitären Primarschul-Studiums, wie Stettbacher und Freytag, als entscheidendes inhaltliches Band zwischen den je nach Schultypen spezifizierten Ausbildungs- und Studiengängen des Lehramts an und verbanden mit ihm disziplinpolitische Bedeutungszuwächse (Hofstetter/Schneuwly 2011: 59). Jedoch bestand Dissens, ob z.B. die experimentelle Psychologie oder Heilpädagogik im Sinne einer synchronen Diversität der pädagogischen Subströmungen einen Wert für die gründliche Durchbildung auch der Primarlehrer darstellten. Durch den grundsätzlichen Entscheid in universitären Entwürfen jedoch, das Fach Pädagogik auch für angehende Lehrpersonen der

Vom Pädagogischen zur Pädagogik?

Volksschulen als ein vielstimmiges Unternehmen zu präsentieren, wird die ebenfalls in den Seminarorten zu verzeichnende Auseinandersetzung mit neuen wissenschaftlichen Strömungen zu einer permanenten Umwälzung der Fachtektonik.

Demgegenüber beförderte der Plan der Pädagogischen Mittelschule und eines Pädagogischen Instituts – trotz der Betonung unterschiedlicher wissenschaftlicher Zugänge im pädagogischen Curriculum – mit der Vorstellung von zwei Ausbildungsstätten neben der Universität den ortspezifischen Prägefaktor sowie die Indienstnahme des Fachs zur Erziehung der Kandidaten. Die jahrzehntelange Gebundenheit des Fachs Pädagogik an die Spezifika der Seminarorte sollte zwar nicht die oftmals durch einzelne Seminarlehrpersonen getragenen Verwissenschaftlichungsversuche verdecken. Doch zugleich wird die skizzierte Dominanz der Ausbildungsorte für Funktionszuweisungen des Fachs Pädagogik deutlich, indem Seminarmythen des gemeinschaftlichen Lernens in kleinen Gruppen reproduziert wurden.

Auch eine neue Relevantsetzung des Fachs Pädagogik in den 1920er und 30er Jahren darf nicht den Blick dafür verstellen, dass die Debatte zur Forcierung der Akademisierung der Lehrpersonenbildung verschiedene Argumentationsmuster, wie Priorisierung der Praxisanteile vor der Theorie und das Primat der Persönlichkeits-/Charakterbildung, mit spezifisch seminaristischen Funktionszuweisungen enthielt – ja sie geradezu verfestigte und somit eher dem Erziehungs- als dem Wissenschaftssystem zugeneigt blieb.

Quellen

Ungedruckte Quellen

Forschungsbibliothek Pestalozzianum
Bericht über die Verhandlungen der Zürcherischen Schulsynode von 1929. Pfäffikon: A. Peter [Die Neugestaltung der Lehrerbildung im Kanton Zürich, Referat gehalten an der 94. Versammlung der Schulsynode vom 30. September 1929 in Winterthur von Dr. Hans Schälchlin, Seminardirektor, Küsnacht; S. 100-127] [ZH HC I 12].
Freytag, Willy (1933): Eingabe [allgemein pädagogischer Teil der Ausbildung für die Primar-Lehramts-Kandidaten] an den Erziehungsrat des Kantons Zürich, Zu Handen Herr Regierungsrat Wettstein [ZH HF III 1].
Stettbacher, Hans (1924): Die Ausbildung der zürcherischen Primarlehrer an der Universität. Vorschläge, der tit. Erziehungsdirektion unterbreitet von H. Stettbacher [ZH HF III 1].
Weisungen zum Lehrplan einer Pädagogischen Mittelschule August 1928 [Vorlage des Lehrerkonventes des kant. Lehrerseminars] [ZH HF III 1].

Andreas Hoffmann-Ocon, Andrea De Vincenti, Norbert Grube

Gedruckte Quellen

Brenner, Wilhem (1941): Die Lehrerseminare der Schweiz. Ausbildung und Bildungsstätten der schweizerischen Primarlehrer. Frauenfeld und Leipzig: Verlag von Huber.

ELU: Evangelisches Lehrerseminar Zürich. [Jahres-] Berichte 1898-1925.

Grob, Caspar (1883): Das Lehrerseminar des Kantons Zürich in Küsnacht. Zur Feier des 50-jährigen Jubiläums der Anstalt in dankbarer Erinnerung gewidmet von ihrem ehemaligen Schüler. Zürich: Füssli.

Hug, Johann A. (1887): Über die berufliche Fortbildung des Lehrers, vorgetragen am 15. Mai 1887, an der Versammlung ehemaliger Zöglinge des evangelischen Seminars in Unterstrass-Zürich. Zürich: S. Höhr.

[Hunziker, Otto] (1871): Zur Seminarfrage. Separatabdruck aus der „Schweizerischen Zeitschrift für Gemeinnützigkeit" Heft 6, Zürich.

Pestalozzi, F. O. (1923): Die Liebe des Kindes zum Lehrer. Schlußrede nach dem Hausexamen des Seminars, 28. März 1923. In: Evangelisches Lehrerseminar Unterstrass, 47. Bericht 1922/23. Zürich, S. 26-44.

Rinderknecht, Hans J./Zeller, Konrad (1936): Kleine Methodik christlicher Unterweisung. Zürich: Zwingli-Verlag.

Rüegg, [Jo]H[ann] R[udolf] (1870): Die Pädagogik in übersichtlicher Darstellung. Ein Handbuch für Lehramtskandidaten, Volksschullehrer und Erzieher, 3. Aufl., Bern.

Scherr, Thomas [sic!] (1847): Leichtfassliches Handbuch der Pädagogik für Volksschullehrer, gebildete Eltern und Schulfreunde, Bd. 1: Beobachtungen über den Entwicklungsgang des Menschen, Mittheilungen aus der Geschichte der Erziehung und des Unterrichts, Inbegriff der Erziehungs- und Unterrichtslehre, 2. Aufl., Zürich 1847, S. VII.

Literatur

Bloch Pfister, Alexandra (2007): Priester der Volksbildung. Der Professionalisierungsprozess der Zürcher Volksschullehrkräfte zwischen 1770 und 1914. Zürich: Chronos.

Grob, Caspar (1883): Das Lehrerseminar des Kantons Zürich in Küsnacht. Zur Feier des 50-jährigen Jubiläums der Anstalt in dankbarer Erinnerung gewidmet von ihrem ehemaligen Schüler. Zürich:Verlag von Orell, Füssli & Co.

Erziehungsrat des Kantons Zürich (Hrsg.) (1933): Volksschule und Lehrerbildung 1832-1932. Festschrift zur Jahrhundertfeier. Zürich: Verlag der Erziehungsdirektion.

Hardegger, Urs (2008): „Bis dass sie wissen, dass sie nichts wissen". Gründung und Persistenz des Evangelischen Lehrerseminars Zürich. In: Göhlich, Michael/Hopf, Caroline/Tröhler, Daniel (Hrsg.): Persistenz und Verschwinden. Pädagogische Organisationen im historischen Kontext. Wiesbaden: VS-Verlag, S. 119-129.

Vom Pädagogischen zur Pädagogik?

Hopf, Caroline (2004): Die „experimentelle Pädagogik" im zeitgenössischen und historischen Urteil. In: Liedtke, Max/Matthes, Eva/Miller-Kipp, Gisela (Hrsg.): Erfolg oder Misserfolg? Urteile und Bilanzen in der Historiographie der Erziehung. Bad Heilbrunn: Klinkhardt, S. 273-292.

Hoffmann-Ocon, Andreas/Metz, Peter (2011): Orte der Ausbildung von Lehrerinnen und Lehrern – bildungshistorischer Kommentar aufschlussreicher Quellen. In: Beiträge zur Lehrerbildung, Heft 3, S. 312-324.

Hofstetter, Rita/Schneuwly, Bernard (2011): Zur Geschichte der Erziehungswissenschaften in der Schweiz. Vom Ende des 19. Jahrhunderts bis zur Mitte des 20. Jahrhunderts. Bern: hep.

Luhmann, Niklas (1996): Das Erziehungssystem und die Systeme seiner Umwelt. In: Luhmann, Niklas/Schorr, Karl-Eberhard (Hrsg.): Zwischen System und Umwelt. Fragen an die Pädagogik. Frankfurt a.M.: Suhrkamp, S. 14-50.

Luhmann, Niklas (2002): Das Erziehungssystem der Gesellschaft. [Herausgegeben von Dieter Lenzen]. Frankfurt a.M.: Suhrkamp.

Lundgreen, Peter (2011): Pädagogische Professionen. Ausbildung und Professionalität in historischer Perspektive. In: Zeitschrift für Pädagogik. 57. Beiheft, S. 9–39.

Wilholt, Torsten (2012): Die Freiheit der Forschung. Begründungen und Begrenzungen. Frankfurt a.M.: Suhrkamp.

Die Wessely-Affäre. Eine vergessene Kontroverse um die Pädagogik der Aufklärung

Einleitung

Ich freue mich über die Gelegenheit, zu diesem Kongress beizutragen, an diesem Ort, wo Moses Mendelssohn, Naphtali Herz Wessely, David Friedländer, Wilhelm von Humboldt, Friedrich Schleiermacher und andere, die im Folgenden in und zwischen den Zeilen eine Rolle spielen, vor nicht allzu langer Zeit gewirkt haben. Für eine Selbstvergewisserung des Faches zwischen Traditionen und Zukünften kann es aufschlussreich sein, bisweilen auch Vorgänge zu rekonstruieren, die in der Disziplingeschichte unvertraut geblieben sind. Dies gilt besonders für eine thematisch alles andere als entlegene Kontroverse über Aufklärung in Europa, nämlich die Wessely-Affäre.

Wir schreiben das Jahr 1780. Im Gefolge von Jean-Jacques Rousseau wurden pädagogische und bildungstheoretische Konzepte entwickelt, revolutionäre Konzepte, die den Zweck hatten, Änderungen der Gesellschaftsordnung und letztlich die Republik herbeizuführen. Es ging um die Erzeugung jener Subjektpositionen, die die moderne kapitalistische Gesellschaft hervorbringen sollten, Bourgeois und Citoyen: den Bürger, der frei über sein Eigentum verfügt, und den Menschen im emphatischen Sinne, der sich an der *volonté générale* beteiligt. Komplementär zur Bildung des Citoyen, der seine egoistischen Interessen zugunsten des Gemeinwohls hintanstellt, ging es mithin auch um die Interessen des Einzelnen als eines künftigen Erwerbsbürgers, um die Ausbildung seines individuellen Vermögens, seiner Anlagen, seiner Kräfte. Ebenfalls als Bestandteil der Bildung des Bürgers galt, jedenfalls nach Ansicht eines Großteils der Protagonisten, seine Religion. Dazu zwei Zitate.

Die Wessely-Affäre

Das erste stammt aus dem Werk *Ueber die bürgerliche Verbesserung der Juden* des Juristen, preußischen Diplomaten und politischen Schriftstellers Christian Wilhelm Dohm (1751-1820):

„Der Jude ist noch mehr Mensch als Jude, und wie wäre es möglich, daß er einen Staat nicht lieben sollte, in dem er ein freyes Eigenthum erwerben und desselben frey geniessen könnte, wo seine Abgaben nicht grösser als die andrer Bürger wären, und wo auch von ihm Ehre und Achtung erworben werden könnte" (Dohm 1781: 28).

Das zweite ist aus den *Anmerkungen* des Philosophen Christian Garve (1742-1798) zu seiner *Cicero*-Übersetzung:

„Jeder Mensch muß zuerst Mensch seyn: als solcher sich um die Vollkommenheiten bewerben, welche die menschliche Natur zieren; nach der Glückseligkeit streben, zu der sie Anlagen hat. Dann sey er Kaufmann, Gewerbsmann, Ackerbauer, Soldat oder Regent: alle diese Geschäfte werden weit sicherer in seiner Hand seyn, weit besser für ihn selbst, weit unschädlicher für andre getrieben werden, wenn er den nächsten Zweck, wozu sie eingeführt worden, mit dem letzten und höchsten, den ihm Gott und die Natur anweist, immer zu verbinden weiß" (Garve 1783: 140).

In beiden Passagen wird eine Beziehung zwischen Besonderem und Allgemeinem konstruiert: Das Besondere – sei es das künftige Amt oder Geschäft, sei es die Religion – wird erst durch die Bildung des Menschen zum Menschen anschlussfähig ans Allgemeine, an das Gemeinwesen, an die Sphäre des Citoyen. Darauf bereiten Wissenschaft und vernünftige Moral vor. Unter den Aufklärern der verschiedenen Schattierungen bestand jedoch keine Einigkeit in der Frage, ob Religion überhaupt mit der Republik kompatibel war oder nur bestimmte Religionen und Religionsauffassungen. In Folge dessen stellte sich ebenfalls die Frage, ob denn Religionserziehung zur Bildung des Citoyen gehört (und damit in die öffentliche Schule) oder ob dies eine Privatangelegenheit des Einzelnen und der Familien ist. Die Wessely-Affäre macht die Reichweite des Dilemmas und der Kontroverse exemplarisch deutlich, die sich nicht nur zwischen Verfechtern verschiedener Spielarten der Aufklärung entspann, sondern auch zwischen Traditionalisten und Modernisierern.

Die Wessely-Affäre

Für einen kurzen Zeitraum war die Wessely-Affäre im aspektreichen Geschehen der europäischen Aufklärung ein überregionales Medienereignis. Es begab sich in etwa Folgendes: Kurz nach seiner Inthronisierung 1780 erließ der Kaiser des Heiligen Römischen Reichs, Joseph II., Verordnungen, mit denen die Sondergesetze für die religiösen Minderheiten der Habsburgermonarchie aufgehoben und deren Rechte und Pflichten denen der katholischen Mehrheit angenähert wurden. Diese Toleranzedikte galten u.a. den jüdischen

Ingrid Lohmann

Bevölkerungen in Oberitalien (Triest), Böhmen (Prag) und Niederösterreich (Wien). Ziel war, alle Untertanen, unabhängig von ihrer Herkunft und Religionszugehörigkeit, an der Vermehrung des öffentlichen Wohlstands teilnehmen zu lassen und ihnen dazu rechtlich verbriefte Freiheit sowie erweiterte Möglichkeiten des Erwerbs zu gewähren. Der Kaiser verfügte, dass bei den Hauptsynagogen seines Herrschaftsgebiets Schulen „nach der Normallehrart" eingerichtet werden sollten, um in gerichtsrelevanten Angelegenheiten, von Testamenten bis zu Handelsverträgen, unter den Juden an die Stelle ihrer „Nationalsprache" die Landessprache treten zu lassen. Im Übrigen sollten jüdische Kinder die „bestehenden öffentlichen Schulen" besuchen (Josef II. 1781, zit. n. Wessely 2014: 671). Das war beste Modernisierungsprogrammatik im Sinne der europäischen Aufklärung und befeuerte auch die Debatten über den Einbezug der Juden in die *Erklärung der Menschen- und Bürgerrechte* in der französischen Nationalversammlung 1789/91.

Die Reaktionen auf Josephs Edikte waren höchst unterschiedlich. Christliche Kaufleute protestierten. Vorstände jüdischer Gemeinden sahen den Fortbestand der Religion gefährdet. Aufklärer wie Mendelssohn, Wessely und Friedländer sahen darin die verdiente Bestätigung des Reformprojekts, das sie 1778 mit der Berliner jüdischen Freischule auf den Weg gebracht hatten, ebenso für Mendelssohns Projekt der Übersetzung der fünf Bücher Moses, der Tora im engeren Sinne, aus dem Hebräischen ins Deutsche, an dem Wessely beteiligt war – beides Projekte eines Kulturtransfers mit weitreichenden religions- und erziehungspolitischen Implikationen.

Naphtali (Hartwig) Herz Wessely (1725-1805) stammte aus einer Händlerfamilie, war in Hamburg und Kopenhagen aufgewachsen, hatte ausgeprägte sprachwissenschaftliche und schriftstellerische Interessen, verdiente ähnlich wie Mendelssohn sein Brot in einer ungeliebten Tätigkeit, nämlich als Angestellter im Bankwesen, zuerst in Amsterdam, später in Berlin. Neben Mendelssohn war er einer der führenden Köpfe der Haskala, der „Aufklärung der Juden", die ihr Zentrum in Berlin hatte.

Wenige Tage nach Josephs Verordnung von Januar 1782 legte Wessely seine Schrift zur Erziehungsreform mit dem Titel *Divre Schalom we-emet*, Worte des Friedens und der Wahrheit, vor. Sie war an die Führer der jüdischen Gemeinden im Herrschaftsbereich Josephs gerichtet – daher wird sie auch als *Sendschreiben* bezeichnet (dieses war das erste von vieren, die Wessely im Zuge der Kontroverse abfasste) – und enthielt eine Neukonzeption des Verhältnisses von Religion, Sprache und Wissenschaft in Erziehung und Unterricht in aufklärerischem Sinne. Wesselys Motivation für die Thematik ging auf seine Leidenschaft für die Linguistik des Hebräischen zurück; bereits 1765/66 hatte er in Amsterdam dazu seine Schrift *Gan na'ul* (Verschlossener Garten) veröffentlicht, und seither setzte er sich für die Wiederbelebung des Hebräischen ein. Damit verbunden war ein pädagogisches Motiv: Nur dann, heißt es in seiner Erziehungsschrift, wenn der Sinn der Wendungen der verschlossenen Sprache verständlich wird, wird auch das Herz des lernenden Knaben erreicht. Für ihn stellte es sich so dar, dass die Repräsentanten der antiken und mittelalterlichen talmudischen Tradition die Tora in ihren Tiefen zu erschließen in der Lage gewesen waren, *weil* sie das Hebräische, die heilige, von Gott gegebene Sprache umfassend beherrschten. Das sah er bei zeitgenössischen Rabbinern und Talmudisten oft nicht gegeben.

Um das Sendschreiben entspann sich eine erbitterte Kontroverse. Im März 1782 hielt David Tewele, Rabbiner in der polnischen Stadt Lissa, eine Predigt, die Wessely als Ketzer markierte und dazu aufrief, ihn aus den jüdischen Gemeinden zu verbannen; am selben Tag hielt Ezechiel Landau, Oberrabbiner in Prag, eine Predigt, und im Juni 1782 folgte Rabbiner Horowitz in Frankfurt am Main. Es war eine abgestimmte Aktion. Ein Hauptstreitpunkt war die Frage der Gewichtung von Religion und Wissenschaft.

Unterdessen war die Gemeinde in Triest an Wessely verwiesen worden, als sie Rat und Hilfe suchte wegen der neuen Lehrbücher für Religion und Moral, die nach Josephs Anordnung einzuführen waren. Dieser Kontakt gab Wessely und seinen Berliner Freunden die Möglichkeit, in Oberitalien eine Gegenkampagne zu lancieren und von dort eine Anzahl zustimmender rabbinischer Gutachten zu seiner Reformvorstellung zu erhalten.

Mit dem Ausbruch der Kontroverse um Wesselys Erziehungsschrift gab es auf Seiten der Gegner wie der Unterstützer regen schriftlichen und mündlichen Austausch. Beide Parteien kämpften um Ausweitung ihres Einflusses, suchten Bündnispartner für ihre Stellungen zu gewinnen, setzten Dritte unter Druck. Beide Parteien waren gut vernetzt, und so zog die Affäre von Wilna bis Amsterdam und von London bis Paris und Venedig ihre Kreise. In Berlin agierten auf Seiten Wesselys der Oberlandesälteste der jüdischen Gemeinde, Daniel Itzig, zusammen mit Mendelssohn und Friedländer; sie drohten der Gemeindeleitung in Lissa an, Rabbiner Tewele bei der polnischen Obrigkeit zu denunzieren, wenn man Teweles Kampagne nicht unterband; Friedrich Nicolai sorgte in der *Allgemeinen deutschen Bibliothek* für Rezensionen des *Sendschreibens* u.a.m. – Auf Seiten der Gegner nutzte Ezechiel Landau seine Autorität, um Rabbiner überall in Aschkenas und Polen gegen Wessely aufzubringen. Der preußische Staatsminister von Zedlitz erhielt durch Mendelssohn Kenntnis von der Affäre und wandte sich mit den Worten an den Oberlandesältesten: „Haben Sie doch die Güte, mein lieber Herr Itzig, mich wissen zu lassen, was an der Sache ist", denn es wäre nicht gut, wenn man einen Mann, „der Aufklärung und guten Geschmack allgemein zu machen sucht", um „eines gut geschriebenen Buches willen aus der Stadt triebe" (Zedlitz 1782, zit. n. Wessely 2014: 578/594). Und so weiter. Ich breche die Schilderung der Kontroverse, die sich noch einige Jahre hinzog, hier ab, möchte aber die These zumindest andeuten, dass Wesselys *Sendschreiben*, nicht zuletzt auch vor dem Hintergrund der öffentlichen Aufmerksamkeit, die die Affäre verursachte, eine Art Blaupause wurde für die klassische moderne Bildungs-

Ingrid Lohmann

theorie etwa Humboldt'scher und Schleiermacher'scher Prägung (vgl. Lohmann 2014).

Zum Inhalt des Sendschreibens

Wessely führt eine aus traditionell religiöser Sicht skandalöse Sichtweise ein, indem er Menschheitsgeschichte zum Argument macht: Demnach sind Wissenschaft und Kultur, als Lehre des Menschen, historisch älter als die positiven Religionen, auch älter als die Tora als Lehre Gottes, denn sie waren immer schon Grundlage geordneter Gemeinwesen. Damit Menschen in der Lage sind, ein Gemeinwesen zu schaffen und zu erhalten, müssen sie in Wissenschaft und Kultur gebildet und erzogen werden, jeder nach seinem Vermögen. So sei es einst auch in Israel gewesen. In der Gegenwart aber müsse die Verbindung der jüdischen Religion zu Wissenschaft und Kultur erst wieder hergestellt werden.

Schuld an der Isolation Israels, fährt Wessely fort, trügen die christlichen Völker Europas, denn vor mehr als tausend Jahren hätten sie Wissenschaft und Kultur geschmäht, Hass und Vorurteil gegen die Juden genährt und sie aus fast allen Erwerbszweigen ausgeschlossen. Mit Josephs Toleranzpatent sei jedoch der schlechten Zeit ein Ende gesetzt: Die Juden seien jetzt frei, jeden Erwerbszweig zu ergreifen, Land zu besitzen, Ackerbau, Handwerke und Handel zu treiben. Und da sie nun für ihre Kinder Schulen einrichten müssten, in denen deutsche Sprache, Moral und Wissenschaft nach zeitgemäßen, vernünftigen Lehrbüchern zu unterrichten sind, könnten sie auch zu tüchtigen Menschen erzogen werden.

Um den Gemeindeleitungen nahezubringen, wie das vor sich gehen sollte, tut Wessely einen weiteren bis dahin unüblichen Schritt: Er rückt die Logik der Subjektbildung durch Aneignung ins Zentrum – und damit eine Sichtweise, die im Gefolge von John Locke das Individuum als künftigen Eigentümer seines Vermögens konzipiert. Dazu führt er Kriterien in seine Argumentation wie Stufenfolge, Altersgemäßheit, Fasslichkeit des Lernstoffs, Bildung von Einsicht, eben die Pädagogik der Aufklärung ein. Künftig werden in Israel, da ist Wessely zuversichtlich, Lehrer in der Lage sein, Sprachen und Wissenschaften so zu unterrichten, dass die unterschiedlichen Kräfte und Fähigkeiten der Knaben berücksichtigt (Mädchenerziehung wurde erst später näher in Betracht gezogen), der Stoff in gehörige Ordnung gebracht und die Schüler nach ihren Fortschritten in Klassen eingeteilt werden.

Ebenso bedenkt Wessely künftige soziale Differenzierungen innerhalb der jüdischen Gemeinden, indem er zwischen elementaren Bildungsgütern für alle und höherer Bildung für wenige mit künftigen Leitungsfunktionen unterscheidet: Während nicht alle Schüler für das Studium des Talmuds geeignet seien, sei das Studium von Tora und Morallehre für alle im späteren Leben von Nutzen, desgleichen die Kenntnis des Hebräischen, weil sie das Verständnis der Gebete, die Aneignung der Moral und von Wissen überhaupt fördere. Strukturelle Parallelen zur Bedeutung von Sprache, zur bildenden Funktion der Beschäftigung mit dem griechischen Altertum bei Humboldt sind unverkennbar (vgl. Humboldt 1793). Für die gemäß Josephs Anordnung einzuführenden Lehrbücher fordert Wessely, dass sie zweisprachig hebräisch-deutsch sind, um bei allen Schülern Einsicht in die Sprache und ihre Wurzeln und damit die Urteilskraft zu fördern, zum anderen als Vorbereitung zum späteren Talmudstudium für die künftige neue intellektuelle Elite der Rabbiner und Talmudgelehrten. Mendelssohns Toraübersetzung soll als Lehrbuch fungieren, um daran klares Deutsch zu lernen *und* die Pracht des Hebräischen zu erkennen und auf diese Weise den Sinn und die Tiefe der Bedeutung der Tora verstehen und schätzen zu lernen.

Die verbreitete Gewohnheit, Talmudstudenten aus polnischen rabbinischen Lehrhäusern, Jeschiwot, als Schul- und Hauslehrer zu beschäftigen, habe immensen Schaden angerichtet; das Wirken dieser Wanderlehrer, die Jiddisch, aber nicht Deutsch sprechen, ihre Lehrweise, ihre mangelhafte Kenntnis des Hebräischen, ihre Vernachlässigung der Tora zugunsten des Talmudunterrichts, ihre Unkenntnis der Wissenschaften, Sprache, Kultur und Sitten des Landes habe höchst negative Folgen: Sie machten die Juden verführbar durch abergläubisches Blendwerk, verächtlich in den Augen der übrigen Bewohner des Landes und entfremdeten ihnen die Religion.

Die beklagten Mängel gebe es, schließt Wessely, nur bei den Juden in den deutschen Ländern. In allen übrigen Ländern Europas, im Osmanischen Reich und in Arabien sprächen die Juden auch die Landessprache vorzüglich. Zudem erweise Israels eigene Vergangenheit, dass die Reformvorschläge keinerlei Verstoß gegen die Religion darstellten, wenn das jeweilige Gebiet von heiliger Sprache und Landessprache respektiert wird. Und da die Völker nicht nur Wissenschaft und Kultur, sondern auch Elemente der Gotteslehre gemeinsam hätten und der Eingottglauben verbreitet sei, könne zwischen Juden und Christen weitreichender Konsens bestehen, sei Dissens vermeidbar und gegenseitiger Religionshass unnötig, mit einem Wort: friedliches Zusammenleben möglich. Wessely rang mithin darum, dass ein reformiertes Judentum und aufgeklärte Juden als Gemeinwohl-kompatibel anerkannt wurden.

Religion und Wissenschaft bei Wessely

Basedow verwendete das Begriffspaar „weltliche Wissenschaften und Religion", Wessely spricht von „Menschenlehre und Gotteslehre". Mit zwei Passagen lässt sich zeigen, wie sich für Wessely die Rangfolge beider darstellt. Die eine:

„Nun siehe, um die Knaben der Kinder Israels nach der richtigen Ordnung zu erziehen, bedarf es der Einteilung in zwei Bereiche. Der eine Bereich besteht darin, ihm [dem Knaben] die Menschenlehre beizubringen. Das sind die Dinge, um derentwillen die, die sie besitzen, des Namens Mensch würdig werden. Denn wem es daran gebricht, dem steht dieser Titel beinahe nicht zu [...]. Der zweite Bereich besteht darin, ihm die Gotteslehre beizubringen. Das sind die Satzungen Gottes und seine Lehren, welche über die vernünftige Überlegung eines jeden Menschen erhaben sind" (1782, in: Wessely 2014: 114).

Die zweite Passage:

„Nun siehe, die Menschenlehre geht den höchsten Satzungen Gottes der Zeit nach voran. Denn es geziemt sich, dass der Mensch sich von seiner Kindheit an kröne mit Gottesfurcht, guten Sitten und Kenntnissen, um derentwillen er Mensch genannt zu werden verdient. Dann richte er sein Herz auch darauf, noch dazu die Satzungen Gottes und seine Lehren zu lernen und auch seine Gebote zu halten, welche über seine Überlegung erhaben sind, was die Lehre einer jüdischen Person ist. Das ist es, was unsere Weisen, ihr Angedenken sei gesegnet, sagen: ‚26 Generationen ging Kultur der Tora voran.'[1] Denn von Adam bis Mose vergingen 26 Generationen, in welchen man sich allein nach der Menschenlehre verhielt, nämlich den sieben Geboten und ihren Besonderheiten[2] [...] sowie den guten Sitten, der Mathematik und den Naturwissenschaften, welche alle in der Kultur eingeschlossen sind, weil sie dem Nutzen des Gemeinwesens dienen [...]. Wem es daher an der Menschenlehre gebricht, an dem kann man [...] kein Genügen haben", denn er ist, auch wenn er die Gesetze und Lehren Gottes gelernt hat, „den übrigen Menschen eine Last" (ebd.: 115f.).

In beiden Zitaten ist eine deistische Grundauffassung erkennbar. Wessely rekurriert auf die deistische Annahme einer ursprünglichen Religion, die als natürliche Religion oder allgemeine Vernunftreligion wieder hergestellt werden soll. Diese Auffassung wurde damals, von England ausgehend, überall in Europa heftig diskutiert und noch heftiger bestritten, wobei die Schärfe der Auseinandersetzung zeigt, wie tiefgreifend die Erschütterung der bisherigen kulturellen Ordnung der Dinge durch die Säkularisierungsprozesse war. In seiner zeitgenössischen deutschen Übersetzung von Wesselys *Sendschreiben* hatte Friedländer, der Seiden-Entrepreneur und Vorkämpfer für die rechtliche Gleichstellung der Juden in Preußen, jene Grundauffassung mit dem ebenso lapidaren wie (bis heute) umstrittenen Satz auf den Punkt gebracht: „Mensch seyn ist eine Stufe höher, als Israelite seyn" (Friedländer 1782, zit. n. Chevrat Chinuch Nearim 2001: 175).

---

1   Midrasch Wajikra rabba 9,3 (13a).
2   Die sieben nach rabbinischer Tradition schon Noach gegebenen und somit universell gültigen Gebote verbieten Gotteslästerung, Götzendienst, Unzucht, Mord, Raub sowie den Verzehr eines Gliedes eines lebenden Tieres, positiv gebieten sie eine geordnete Rechtsprechung; vgl. Babylonischer Talmud, Sanhedrin 56a.

Die Gegenposition – Jischmael Kohen

Im Rahmen der Wessely-Affäre vertrat Jischmael Kohen eine elaborierte Gegenposition. Kohen war Rabbiner in Modena und eine weithin anerkannte halachische Autorität. Sein Werk umfasst zahlreiche Rechtsgutachten, Predigten, Erzählungen, Gedichte, darunter zur mythischen Figur des Odysseus, später auf Anfrage der napoleonischen Regierung Expertisen für die französische Nationalversammlung. Seine Stellungnahme war einer der erwähnten Bescheide oberitalienischer Rabbiner, die im Zuge der Kontroverse zustande kamen.

Kohen jedoch macht grundsätzliche Einwände gegen Wesselys Position geltend: Erstens lehnt er die Parallelisierung des individuellen Aneignungsprozesses mit dem Entwicklungsgang der Menschheit (ebenfalls eine Entlehnung Wesselys aus dem englischen Deismus) als Begründung für die Ordnung des Lernens ab. Menschheitsentwicklung und individuelles Lernen seien keineswegs analog. Und daraus, dass es Kultur schon vor der Tora gab, folge keineswegs, dass auch bei der Erziehung der Knaben zuerst Unterricht in weltlichen Fächern gegeben werden müsse. Zweitens beweise der Umstand, dass zwischen dem Beginn der Kultur (Adam) und der Gabe der Tora Zeit verstrich (nämlich 26 Generationen), lediglich, dass genau so viel Zeit verstreichen musste, bis Israel für diese Gabe reif war. Im Übrigen sei Kultur als Gebot gegenseitigen anständigen Betragens in der Tora immer schon enthalten. Drittens besage der Satz, „Besser als ein Gelehrtenschüler, in dem kein Wissen ist, ist ein Aas" (mit dessen Auslegung Wessely den Lissaer Rabbiner Tewele besonders in Harnisch versetzt hatte), lediglich, dass sich aus einem Talmudstudenten, der in weltlichem Wissen ungelehrt ist, kein materieller Nutzen ziehen lässt. Sein geistiger Nutzen hingegen, sein Wert für die Bewahrung der Religion, sei damit keineswegs in Frage gestellt. Viertens gehörten zur Kultur der Menschengattung seit Anbeginn auch Handwerk und Handel, überhaupt Tätigkeiten zur Sicherung des Lebensunterhalts. Es könne aber nicht angehen, dass der Einzelne erst Tora lernen darf, wenn er Künste oder Handel erlernt hat, und kein Kind lerne ein Handwerk oder den Handel bereits im Alter von fünf oder sechs. Sehr wohl aber könne und müsse mit dem Toralernen begonnen werden, sobald der Knabe zu sprechen versteht. Fünftens schließlich ziehe nicht etwa die traditionelle Vorschrift für das Lernen (ab dem Alter von fünf Jahren Tora, ab zehn Mischna, ab 15 Talmud) eine Überforderung der Knaben nach sich, sondern Wesselys Unterrichtsplan: Es gebe höchstens ein, zwei Köpfe in einer Stadt, die in all' den Inhalten, die Wessely nenne, unterrichtet werden könnten. Für die weitaus meisten Schüler gelte jedoch, „dass wir nicht die Ordnung aufgeben dürfen, an die wir uns hier in Italien von alters her halten" (Kohen 1782/83, zit. n. Wessely 2014: 467). Die Stoßrichtung eines zweiten Sendschreibens Wesselys lässt Kohen

Ingrid Lohmann

gleichwohl gelten; insbesondere billigt er dessen Vorschlag für die Unterrichtsordnung der nach Josephs Anordnung zu reformierenden Schule der Gemeinde in Triest.

Fazit

Mein Fazit lautet, dass die Frage der Kompatibilität von Religion und Republik in der klassischen modernen Bildungstheorie, in der politischen Philosophie überhaupt, bis heute ungelöst geblieben ist. Allgemeines und Besonderes, Gesinnung und Fertigkeiten, Wissenschaft und Religion wurden machtförmig auf eine bestimmte Weise ins Verhältnis gesetzt; was problematisch war, wurde überspielt. Das ist das Dilemma, das sich schon in der Wessely-Affäre zeigt.

Religion und Wissenschaft – was gilt als „Hauptsache" und was als „Nebensache": Diese Frage stand im Zentrum der Kontroverse zwischen Traditionalisten und Modernisierern, nicht nur auf jüdischer, sondern auch auf christlicher Seite. Erinnert sei nur an Schleiermachers Diktum, wonach „der Mittelpunkt aller Gesinnung" (die auch er für unerlässlich hielt für die Republik) die „Religiosität" sei. Und da der Staat das Christentum „für die unter seinen Bürgern allgemein verbreitete und gültige Form der Religion" ansehe, sei im Unterricht der „öffentlichen Erziehungsanstalten" auf die paar jüdischen Zöglinge keine Rücksicht zu nehmen, indem man etwa „dem Religionsunterricht das Christliche" benehme „und ihn in das Gebiet einer sogenannten allgemeinen Religion hinüberspielen" lasse (Schleiermacher 1810: 169). Damit war von protestantischer Seite der Schlussstrich unter Deismus und allgemeine Vernunftreligion gezogen, wie zuvor schon von Mendelssohn (1783) fürs Judentum.

Quellen- und Literaturverzeichnis

Chevrat Chinuch Nearim (2001): Die jüdische Freischule in Berlin (1778-1825) im Umfeld preußischer Bildungspolitik und jüdischer Kultusreform. Eine Quellensammlung, hrsg. und eingeleitet von Ingrid Lohmann, Münster, New York, München, Berlin: Waxmann.
Dohm, Christian Wilhelm (1781): Ueber die bürgerliche Verbesserung der Juden, 2 Bde., Bd. 1, Berlin, Stettin: Nicolai.

Die Wessely-Affäre

Garve, Christian (1783): Philosophische Anmerkungen und Abhandlungen zu Cicero's Büchern von den Pflichten. Anmerkungen zu dem Dritten Buche. Neue verbesserte und mit einigen Anmerkungen und einer Abhandlung über die Verbindung der Moral mit der Politik vermehrte Ausgabe, Breslau: Korn 1788.

Humboldt, Wilhelm von (1793): Über das Studium des Altertums und des griechischen insbesondere, in: Ders., Schriften zur Anthropologie und Bildungslehre, hrsg. von Andreas Flitner und Klaus Giel, Frankfurt am Main, Berlin, Wien: Ullstein 1984, S. 12-27.

Lohmann, Ingrid (2014): Lehrplan und Allgemeinbildung in Preußen. Fallstudie zur Lehrplantheorie Friedrich Schleiermachers. (Redaktionell bearbeitete und digitalisierte Neufassung der Ausgabe von 1984) Frankfurt am Main: DIPF, http://nbn-resolving.de/urn:nbn:de:0111-opus-93323.

Mendelssohn, Moses (1783): Jerusalem oder über religiöse Macht und Judentum, hrsg. von Michael Albrecht, Hamburg: Meiner 2005.

Schleiermacher, Friedrich (1810): Allgemeiner Entwurf zum Religionsunterricht auf gelehrten Schulen, in: Ders., Texte zur Pädagogik, 2 Bde., hrsg. von Michael Winkler und Jens Brachmann, Bd. 1, Frankfurt am Main: Suhrkamp 2000, S. 168-170.

Wessely (2014) = Naphtali Herz Wessely, Worte des Friedens und der Wahrheit. Dokumente einer Kontroverse über Erziehung in der europäischen Spätaufklärung, hrsg., eingeleitet und kommentiert von Ingrid Lohmann. Aus dem Hebräischen übersetzt von Rainer Wenzel, Münster, New York: Waxmann.

III Traditionen und Zukünfte – Herausforderungen

INTERNATIONALISIERUNG

Chinese Teachers' Practical Knowledge and its Cultural Implications for the World Education

Introduction

China has undergone tremendous changes in the past 30 years, with all kinds of social modalities (preindustrial, modern, post-modern) coexisting, and different social groups (administration, education experts, parents, students) have different expectations for education. As a result, school teachers have been facing big challenges, the biggest of which is the dilemma between "education for student quality" (素质教育) and "education for exams" (应试教育). In 2001, the Chinese Ministry of Education (MOE) launched a national basic education curriculum reform, with its objective to change the predominant knowledge transmission model to a more constructivist approach with more student participation and self-initiated collaborative inquiry. Since then, 13 years have passed, but the dilemma mentioned above has not been subsided. Due to complicated cultural and structural constraints, many in-service teachers feel frustrated about the whole situation, while some of them rely on their own practical knowledge in dealing with the dilemma.

It is under this social-historical context that we have conducted research on Chinese teachers' practical knowledge in dealing with the dilemma. For this article, our research questions are: What practical knowledge have the Chinese teachers displayed in their management of the dilemma? How can their practical knowledge contribute to the global understanding of the teaching profession? To answer these questions, I will draw on the research findings from our past projects on Chinese teachers' practical knowledge from the Chinese sociocultural perspective in the past 6 years.

We consider this kind of study important due to lack of enough study in this area from the indigenous perspective of Chinese teachers and researchers. In our review of the existing literature on teacher professional development and learning, most of the constructs and theories are from Western scholars (Clandinin et al. 2010; Connelly/Clandinin, 1988; Darling-Hammond 2006; Day 1999; Freeman 2002; Grossman 1990; Hargreaves 1994; Korthagen 2004; Lampert 2009; Little 2001; Lortie 1975; Shulman 1987; Webster-Wright 2009, to name only a few).

Our research team is composed of researchers from three universities and teachers from six schools in Beijing. Data collection methods include observations of classroom teaching and learning as well as teacher professional development activities such as teaching research meetings and public lesson study. Interviews of individual teachers and focus groups are conducted usually immediately after the class. We have also collected artifacts including teaching aids, learning tools, teacher journals, student work, school regulations and policy documents. Data analysis methods include categorical coding and contextualization, writing memos and narratives, discussions and meetings, as well as dialogue with the existing literature.

So far, our study has found that since the national curriculum reform was launched in 2001, the biggest challenge that faces Chinese teachers is how to deal with the dilemma between "education for student quality" and "education for examinations". Their practical knowledge in dealing with this dilemma is mainly to view teaching and learning in a holistic way, to resort to practical reasoning in times of conflicts, and act in an unity of knowing and doing.

Holistic View on Teaching and Learning

In our study, quite a few teachers have expressed their view on teaching and learning in a holistic manner, which echoes the traditional Chinese cultural view of unity of the universe and the humankind (天人合一). Teaching for them is not an isolated enterprise, a job for making a living, a technique to pass down knowledge, or a skill to improve student learning. Rather, it is their way of being as teacher, their identity as human being, and their unique way of existence in the world. They are living a "subject matter life", which has integrated their understanding of themselves (their self identity, their personal life), their subject matter (knowledge), and their students' learning (the purpose of their teaching).

Thus, we hear a senior Chinese language teacher in a senior high school claim rather proudly: *"I am the Chinese language", "I was born a Chinese language teacher, because I have a good mouth. The same thing said by me*

Xiangming Chen

will attract more attention than by others", "I'm loving the Chinese language! It has become my life. It has changed my life."

This kind of total identification indicates that these teachers see themselves embody the subject matter that they are teaching. The knowledge they plan to transmit to their students is already ingrained in them. They are practicing what they intend to teach to their students by personal exemplification.

One striking feature of this kind of teachers' holistic view on teaching and learning is their use of imagery in describing their own teaching style. For example, "I'm a selling tricks (卖关子) teacher", and "I'm a non-action (无为) teacher".

The "selling tricks teachers" can be defined as having a good mastery of the knowledge of their subject matter, deep understanding of their students' learning, as well as a rich repertoire of teaching methods. They believe that they have possessed some magic "tricks" for student learning to happen. Seeking the best design and the highest efficiency, a kind of virtuoso performance (Pain 1990), these teachers' teaching is usually well structured with controlled time and pace. Their lesson plan is usually well-designed, with some prepared "tricks" in order to lead their students to a height that they have never reached before.

In their teaching, these teachers exhibit great passion, self-confidence and charismatic charm. They can create an atmosphere, a sort of air field (气场), which attracts all present. In order for their "tricks" to function, these teachers (like performers) will keep their audience (students) in suspense for some time, before pulling out their "tricks" in the right place, at the right time, and with the right rhythm. Their class is usually well-managed with good discipline on the part of the students, whose interest can be seized by the teachers instantly for a timely integration into their planned agenda.

One special "trick" of this kind of teachers is to know how to deal with students' difficulties in learning. In addition to the important points and difficult points, these teachers know how to "pinch the nerve points" (点穴) of their students, as in the Chinese traditional acupuncture. They see their students as a whole person with interrelated nerves connected by joints of their prior knowledge before they learn the new. They also visualize the knowledge of their subject matter as having its own structure like the nerve system of a human body. Once a student raises a question, the teacher knows instantly what has gone wrong (where the air has been blocked in the nerve system), by comparing the two systems. S/he will pinch the nerve point sharply so that the student's nerve system will go through with air, i.e. all other knowledge points would be through by connection (一通百通). In this case, the teacher is not only making connections between different parts of the contents, but also psychologizing the subject matter knowledge for their students (Dewey 1937). Just as Confucius (孔子) advocated more than 2500 years ago, these teachers are teaching according to their students' individual differences (因材施教) (Yang 2006).

In contrast, the "non-action" teachers see teaching and learning as a process of natural growth. They usually adopt a low-profile self image, positioning themselves in the background of the classroom, and letting their students play the major role in the foreground. Perceiving their own role as mainly facilitators for student learning, these teachers help create many learning fields by establishing student learning communities. Usually, they do not design their lesson plans in great detail, but improvise on the spot to catch the teachable moments here and now. Their class is relatively free with student discipline. So long as true learning is taking place, rules are not considered so important.

Aware of their own limited impact on their students, the "non-action" teachers attempt to keep a balance between non-action and action. In fact, the term "non-action" here does not mean that these teachers do not act at all, but act in such a way that it does not over-interrupt the natural growth of the students. Their typical class looks "loose outside and tight inside" (外松内紧), with a seemingly dispersed appearance but a focused substance (形散神不散). Having accumulated enough confidence in both their own competence and their students' potentials, these teachers know what is going on even though they do not overact physically.

To use the analogy of a bowl (碗壁之喻) from the Chinese ancient Taoist saint Lao Zi (老子) may be pertinent here. A bowl is made up a substantive wall outside and an empty space inside. The visible wall only provides a condition for the invisible space to function as a bowl. The empty space is as crucial as the wall for the bowl to be a bowl. Similarly, these teachers' nonaction is like the empty space provided to their students, while their action is like the wall of a bowl. It is in their adequate interplay between non-action and action that brings their students' learning to a fuller play.

An unusual native concept (image) "class eye" (课眼) from this kind of teachers has caught our eye, which we believe has further revealed their holistic view on teaching and learning. A "class eye" refers to the climax reached by the collated efforts of the teacher and the students. They jointly make the best use of student prior knowledge, the curriculum resources, the teacher's personal experiential knowledge, and, more importantly, the improvisation of both parties on the spot. Like the eye in a poem, the eye in a chess play, or the eye of a typhoon, the "class eye" symbolizes the climax of student learning in the air field.

The concept (image) "class eye", as part of the teachers' "personal persuasive discourse" (Bakhtin 1981), is very different from the "authoritative discourse" of the curriculum reform, advocated by academic experts, such as "taking initiatives, collaboration, and inquiry" (主动、合作、探究). The latter is capable of expressing the ideal student learning in the reform, but the expression is analytically mediocre. The "class eye" represents an ideal class in a poetically holistic manner with typical Chinese characteristics.

The two kinds of teachers, "selling tricks" and "non-action", are like fire and water to us. The former are burning with passion, devoting all their life to their mission of teaching. The latter are not overly interrupting their students' learning, and go with the flow like water. The analogy can also be extended to the Chinese Taoist belief of Yin and Yang (阴阳), which go hand in hand and keep changing into each other in a dynamic and didactic flow. In fact, in our study, we also see combinations of the two styles in the same teachers, who can adapt their teaching flexibly according to different learning contexts. When introducing new knowledge not included in textbooks, the teacher may appear rather dramatic, attempting to attract students' attention with all kinds of new "tricks". If their students are well-prepared beforehand, the teacher may stay at the back of the classroom, letting their students work on their own.

The above examples indicate that many teachers view teaching and learning as a holistic and purposeful enterprise. Although they have to deal with various kinds of exams, they do not give up their professional integrity in their standards and efforts for student learning. Exams is only part of the system that has to be accepted, while the mission to educate students as healthy all-rounded persons helps the teachers to see teaching as a holistic endeavor.

Practical Reasoning about Teaching and Learning

Closely related to their holistic view on teaching and learning, the teachers in our study have also exhibited a kind of practical reasoning (实践推理) in dealing with the dilemma of the reform. Although practical issues like students' exam scores bother them a lot, they will weigh the pros and cons, and take an adequate and balanced standpoint. Similar to what Schwab (1969) explained, these teachers are practicing a kind of "art of deliberation" and "art of eclectics" in this most complicated and value-laden profession in times of drastic social change.

One popular saying among the teachers is "to dance with shackles", which vividly portrays their efforts in trying to keep a balance among different tensions in the reform. As teachers, they have to "dance" (perform their duties), but with "shackles" on their body, their dance is no doubt heavy and restricted. The "shackled dances" (strategies) of the teachers in our research mainly include self-reliance and reshaping the reform discourse with their own.

"Self-reliance" refers to the strategy of ignoring what has been advocated by academic experts in the reform, and go ahead with their own personal experiments. As one English language teacher said in an interview, *"What in heaven, how on earth; experts and teachers have different mindsets"* (天上 what, 地上 how, 专家、教师各一套). According to her, experts are more concerned with theories and principles as to what to teach in the reform, while school teachers are keener on practical issues such as how to teach the new curriculum to students. The ideas of experts are too abstract and impractical for school teachers, who, situated in complex and uncertain circumstances, have to rely on their own practical wisdom.

Some teachers have openly rejected such "fancy jargon" as "constructivism" and "multiple intelligence", borrowed from the West by progressive experts as the theoretical guidelines for the reform. They consider these concepts too "Western" to fit the Chinese soil. Without such slogans, some of them had already experimented with a variety of innovations, before the national curriculum reform was launched in 2001. They formed their own style of reform, which may be in line with the national one, or somewhat different according to their local contexts. One senior teacher, for example, developed a special teaching approach, which he called *Green Chinese Language*, different from *Grey Chinese Language*. It aimed to fight a win-win battle, to enable his students to obtain high scores in the exams as well as enjoying learning the Chinese language.

Another strategy of the teachers is to reshape the reform discourse with their own developed in their local school context. Teachers of each subject matter in Chinese schools have already established their own unique way of talking about (and conducting) their teaching, which captures the essence of their understanding and practice of teaching. In times of confusion, they usually go back to their own discourse for quick solution.

In a primary school, for example, a group of Chinese language teachers implemented a reform practice called "thematic teaching" (Chen/Yang 2013). After observing a demonstration class in a district teaching research activity, a few reform-minded teachers began to adapt it in their own school. However, due to the implicitness of the reform practice and their own needs for new teaching resources, these teachers only took into consideration certain features of the new model, such as using extended textbooks and novels in their teaching. Even so, other teachers in the school still challenged the new model with following statements *"taking the text as the basis", "looking for the roots not branches", "classic texts are all big meals, which need to be eaten one mouthful a time"*. Finally, the reform-minded teachers "re-contextualized" the thematic teaching by changing some reform requirements in order to incorporate the native understanding of the teacher group. In a way, the teachers twisted the ideas of the thematic teaching by making use of the features which could serve their own purposes, ignoring those which could not be realized in their school.

Above examples have illustrated how these Chinese teachers approach the reform with practical reasoning, making creative connections between the old and the new. What they are doing resonates with a Chinese old saying (originated from Confucius), "to know the new by reviewing the old" (温故而知新). It is a Chinese cultural believe that one should not break the old before establishing the new (先破后立), but breaking the old and establishing the new simultaneously (边破边立). Teaching is such an uncertain and unpredictable enterprise that requires teachers to be constantly on their toes to find the most adequate and appropriate depending on their local, social and political contexts.

Unity of Knowing and Action in Teaching

Our observations of how the teachers act in their classroom reveal a remarkable unity between knowing and action (知行合一). For these teachers, theory and practice, head and heart, and mind and body are not divorced from each other, but integrated as one. They do not learn theories about the reform before applying them in their practice. Good teaching for them demands embodied knowing in action, and good learning for their students comes mainly by way of their teachers' personal modeling.

In our study, many teachers have demonstrated great passion in their teaching, by way of body language like gestures and facial expressions, and following an action formula. They have exhibited very naturally a kind of "thoughtful thoughtlessness" (van Manne 2001), as if they were not thinking about what they are doing. In fact, this seeming thoughtlessness came from their deep thoughtful concern for and wholehearted attention to their students.

Take one Chinese language teacher, for example. Whenever he is in the classroom his voice will rise automatically three times higher than his usual tone. He has named this way of teaching as *"shouting the lesson"*. His facial expressions are extremely rich, his hands are waving, and he walks up and down like dancing in the classroom. When interacting with his students, he stays very close to them, learning his body towards them, and looking into their eyes directly as if wanting to grasp every word from their mouth.

In our interview with him, the teacher described his passion as already *"ingrained in my very bones"*. He cannot control it because it is like fire burning inside him. *"I'm like on fire whenever I start teaching in the classroom [...] This passion is already deep seated in my bones [...] Like an actor, who has high spirit (来神儿) once he is on stage, I also have high spirit once I'm in the classroom."*

These teachers' embodied knowing in action has played the role of teaching by modeling to their students. As role models, these teachers have displayed their subject matter knowledge in front of their students, rather than telling them the rules and principles about the knowledge and exams. "Embodied teaching is more important than teaching by word (身教重于言教)", as the old Chinese saying goes. These teachers believe that learning cannot be taught directly but influenced indirectly.

Thanks to these teachers' self-embodied modeling of their subject matter knowledge as well as their wholehearted devotion, their students' motivation and enthusiasm for the learning of the subject matter have increased tremendously in the process of our study. *"Before I took his class, the atmosphere of our Chinese language class was rather boring, as we were asked to analyze classical texts paragraph by paragraph. Now, he has made us see the charm of the Chinese language, and the monotonous class has become so amazingly shining with passion. My feeling towards the Chinese language has now changed completely."*

Our observation of the students' performance in class as well as our analysis of their homework and school reports have also shown that they have undergone remarkable positive change under their teachers' embodied guidance. They have made great progress not only in knowledge acquisition, emotional development and behavioral improvement, but also remain on top of various exams. We believe that this is mainly through a mutual indwelling experience that the students have acquired some of their teachers' dispositions. In any case, education is like a tree shaking another tree, a cloud propelling another cloud, and a soul awakening another soul. The true face of a person will reveal itself only in the eye of those who love him/her (Yaspers 1991: 92).

This finding can find its roots in the Chinese cultural tradition, as manifested in such sayings by the ancient scholar Wang Yangming (王阳明), *knowing and action are not divorced from each other (知行相依不离), knowing is the beginning of action, and action is the fulfillment of knowing (知是行之始，行是知之成)*. In fact, the meaning of "action" in ancient Chinese scholars' mind includes both conscious activity (意动) and purposeful practice (笃行). Thus, "knowing how" and "knowing that" are not only two sides of the same coin, but the former logically precedes the latter (Chen et al. 2011: 55).

Inter-relatedness of the Three Features

The above three features of the Chinese teachers' practical knowledge in dealing with the dilemma of the reform are closely interrelated in reality. They are facets of a whole of these teachers' personal philosophy on teaching and learning. The teachers' holistic view on teaching and learning serves as an overarching world view that guides their practical reasoning about the dilemma in the reform as well as their specific unity of knowing and action in their daily work.

In a way, these teachers' practical reasoning in coping with the dilemma also reflects their holistic view on teaching and learning. They have to take the larger sociocultural picture into consideration in order to find the most adequate and proper strategy for the moment. Unlike the atomized world view such as the Christian view or the scientific view (Hoban 2002), practical reasoning sees everything as interrelated, and nothing is in isolation from or independent of each other. Here, the teachers have employed a complexity view on educational change, a kind of system thinking or system sensing (Sange 2013). When they use similes as "*taking the set texts as big meals*", they see their students as holistic persons who need nutrition in order to keep fit in their growth. When they use metaphors like "*roots and branches*", they have the image of a tree for the knowledge in their subject matter, as well as the knowledge tree in their students' mind, for which they have the responsibility to help grow.

The teachers' exhibited unity of knowing and action in teaching can also be regarded as an epitome of their holistic view on teaching in a more micro level. It materializes their world view in their actual classroom activities. Knowing and action are not separate entities divorced from each other, but a unified whole, embodied and enacted in their actions in curriculum design, daily teaching, and interactions with their students and colleagues.

In fact, in the eye of ancient Chinese scholars, unity of knowing and action is not only a matter of epistemology or methodology, but that of the ontology. The ontology of knowing and action is the same (知行本体合一) as moral consciousness (良知), which guides both knowing and action of human beings. In the Chinese language, the meaning of "knowing" (知) includes not only perception and knowledge, but also moral consciousness (Chen et al. 2011: 55).

Implication for the World Education

In the above attempt to portray an indigenous picture of the Chinese teachers in action, I have deliberately used many of their native concepts. By doing so, I hope to acknowledge their discourse as social practice (Fairclough 2003), which symbolizes their unique mindset and knowledge type. This is especially significant not only for China but also for the global understanding of education, because different discourses coexist, that of the experts always overrides that of school teachers, and that of the West overrides the indigenous Chinese.

The above analysis has already shown that school teachers and academic scholars have very different kinds of knowledge. One is like the knowledge in a workshop, which is practically packaged for problem solving, and the other is like that in a museum, which is categorized nicely for display (Ryle 1949/2005, cited from Jiang 2008: 67). By demonstrating teachers' own discourse as representations of their own knowledge, I hope to acknowledge this kind of knowledge as equally valuable as the academic one.

If we trace the history of international teacher education and research in the past 30 years, we will see a gradual shift of focus from the outside to the inside, from the generic to the particular, and from the global to the local of teachers' practice. In the 1980s, the focus of teacher education and research witnessed a change from teacher behavior and competence to teacher thinking and knowledge. Since the 1990s, more importance has been attached to teachers' situated social learning and professional identity development (Little 2001). The dominant model of teacher learning has also been changed from "acquisition" to "participation" to "expansive learning", with the object of knowledge co-constructed by different participants (Engestrom 2001). Transformative learning (Mezirow 1990) in communities of practice (Lave and Wenger 2004; Wenger 1998) is considered conducive not only to teachers' re-contextualization of expert knowledge, but also their own knowledge production.

The findings of our study have illustrated this shift of focus in teacher education and research. By paying attention to Chinese teachers' own mindset represented by their discourse, imagery and embodied actions, we attempt to claim that school teachers are also intellectuals (Girous/Simon 1988), who can create knowledge useful for their own work.

Our study also reveals the heritage of Chinese culture, which can be of value for the world education. The Confucian idea of "unity of learning, thinking and doing" reveals a holistic, practical and action-oriented view on teaching and learning. According to this view, knowledge can be questioned and reconstructed, and learning is personal reflection on the cultural tradition and a process of social interaction. By introducing some Chinese teachers' endeavor in the dilemma of the reform, I hope that their practical knowledge, situated in their cultural tradition and current social structure, can contribute to the co-construction of a global perspective on education for the betterment of the mankind.

Acknowledgment

This paper is part of the findings from a research project entitled "Teachers' Practical Knowledge in Chinese Socio-cultural Context" sponsored by Bei-

Xiangming Chen

jing Education Science Planning 2011 (AIA1115). It has also drawn on Li Lichun's dissertation research. Special thanks to her and all the other team members, especially the school teachers who have participated in this project.

References

Bakhtin, Michael M. (1981): The Dialogic Imagination: Four Essays by M. M. Bakhtin (Michael Holquist ed., trans. by Caryl Emerson and Michael Holquist). Austin, Texas: University of Texas Press.

Chen, Xiangming et al. (2011): Bridging Praxis and Theory: Research on Teachers' Practical Knowledge. Beijing: Education Science Press.

Chen, Xiangming/Yang, Fan (2013): Chinese Teachers' Reconstruction of the Curriculum Reform through Lesson Study, International Journal of Lesson and Learning Studies, Volume 2, Number 3, S. 218-236.

Clandinin, Jean D. et al. (2010): Negotiating Narrative Inquiries: Living in a Tension-Filled Mindset. The Journal of Educational Research, 103, S. 81-90.

Connelly, Michael F./Clandinin, Jean D. (1988): Teachers as Curriculum Planners: Narratives of Experience. New York: Teachers College.

Darling-Hammond, Linda (2006): Powerful Teacher Education: Lessons from Exemplary Programs. John Wiley & Sons, Inc.

Day, Chris (1999): Developing Teachers: The Challenges of Lifelong Learning. London: Falmer Press.

Dewey, John (1937): Democracy and Education. New York: The Macmillan Company.

Engeström, Yrjö. (2001): Expansive Learning at Work: Toward an Activity Theoretical Reconstruction. Journal of Education and Work, 14, 1, S. 133-157.

Fairclough, Norman (2003): Analyzing Discourse: Textual analysis for social research. London and New York: Routledge Taylor & Francis Group.

Freeman, Donald (2002): The Hidden Side of the Work: Teacher Knowledge and Learning to Teach. Language Teaching, 35, 1, S. 1-13.

Giroux, Henry A./Simon, Roger I. (1988): Teachers as Intellectuals. Westport, CT: Greenwood Publishing Group Inc.

Grossman, Pamela L. (1990): The Making of a Teacher. New York: Teachers College Press.

Hargreaves, Andy (1994): Changing Teachers, Changing Times: Teachers' Work and Culture in the Postmodern Age. New York: Teachers College Press.

Hoban, Garry F. (2002): Teacher Learning for Educational Change: A System Thinking Approach. Buckingham, Philadelphia: Open University Press.

Jiang, M. L. (2008): Research on Teachers' Practical Knowledge. Shanghai: East-China Normal University Press.

Korthagen, Fred A. J. (2004): In Search of the Essence of a Good Teacher: Towards a More Holistic Approach in Teacher Education. Teaching and Teacher Education, 20, S. 77-97.

Lampert, Magdalene (2009): Learning Teaching in, from and for Practice: What Do We Mean? Journal of Teacher Education. Thousand Island: Sage Publications.

Lave, Jean/Wenger, Etienne (2004): W. J. Situated Learning: Legitimate Peripheral Participation. Shanghai: East China Normal University Press.

Little, Judith W. (2001): Professional Development in Pursuit of School Reform. In: Lyberman, Ann/Miller, Lynne (Eds.): Teachers Caught in the Action. New York and London: Teachers College Press, S. 23-44.

Lortie, Dan C. (1975): Schoolteacher: A Sociological Study. Chicago and London: The University of Chicago Press.

Mezirow, Jack (1990): Fostering Critical Reflection in Adulthood: a Guide to Transformative and Emancipatory Learning. San Francisco: Jossey-Bass.

Pain, Lynn W. (1990): The Teacher as Virtuoso: A Chinese Model for Teaching. Teachers College Record, 92, 1, S. 49-81.

Ryle, Gilbert (1949/2005): The Concept of Mind. Beijing: Commercial Book Press.

Sange, P. (2013): Quoted from his public talk in an informal gathering on System Thinking in Beijing, Oct. 13th, 2013.

Schwab, Joseph J. (1969): The Practical: a Language for Curriculum. School Review.

Shulman, Lee S. (1987): Knowledge and Teaching: Foundations of the New Reform. Harvard Education Review, 57, 1, S. 1-21.

van Manen, Max (2001): The Tact of Teaching: Meaning of Pedagogical Thoughtfulness. Beijing: Education Science Press.

Webster-Wright Ann (2009): Reframing Professional Development through Understanding Authentic Professional Learning. Review of Educational Research, 79, 2, S. 702-739.

Wenger, Etienne (1998): Communities of Practice. Cambridge: Cambridge University Press.

Yang, B. J. (2006): Interpretation and Annotation of the Analects of Confucius. Beijing: Chinese Book Press.

Yaspers, K. (1991): What Is Education. Beijing: San Lian Books.

From the Precolonial to the Postcolonial: Technologies and Philosophies of Education in India

Prologue: the questions we can choose to ask

In 1990, exactly 24 years ago, a group of individuals and myself, but as often happens, mostly two active people, my colleague and husband Som Majumdar and I, took the bold decision of starting our own school in the city of Varanasi, in North India. He was an economics Ph.D., and a musician. I was a Ph.D. in History and Anthropology and a writer. We had both done research projects on schools and education in India. Our organisation also had a research unit called *The Centre for Postcolonial Education*. The story of our school for twenty five years reflects the larger story of education in India. It is the story of how to create postcolonial education in India that learns from a continuity with the precolonial without becoming imprisoned in it. This story bristles with important questions for us, for India, and for the rest of the world. I address it below, divided into its component parts.

The Discourse of the Child in India

The first obstacle to a modern education is the absence of a modern discourse of childhood and children in India. Scholars make the point that there is a culture of *community-mindedness* or non-individualism; and that there is hierarchy and class difference. In my own research, I have found that there is a double discourse of childhood and children that is shared and is not class-specific.

Here is the double discourse. One, education is empowering. Everyone wants it and everyone can theoretically have it. However, those who have it would like to monopolise it because of its power. It can open all gates, change lives, move someone from the bottom to the top—even raise the dead to life. The power of education is such an old idea that Hindu mythology is full of it. In many stories we are told how knowledge is magical and empowering. It is like any other instrument of power. Those who have it would self-evidently be reluctant to share it with others. Second, there are two ways to get at difficult, elusive knowledge. One is through hard work and persistence. A very consistent discourse in India is of the pursuit of knowledge as being *tapas* or an excruciatingly hard disciplining of the self. The other way to gain knowledge is through trickery. That is, the notion of equality has always been problematic, and when learning can produce the power that may generate equality, then learning is problematic.

There are grounds for accepting that inequality is a normative discourse in India that people are imagined and expected to be unequal to each other. If knowledge is power and education is empowering, there are also no essences. People are not unalterably fixed. The power is accessible to those who can practice discipline, violence, or trickery. Of course some people are more capable of practicing them. But this idea of the empowering nature of education and of the child as potentially empowered, is all around us in everyday life in India.

Now there is a second idea that partly conflicts with this first one. That is of an essence of the child, where the child is *predisposed* to study or not study, to learn or not, and therefore to be able or unable to grow, evolve and become something else that he wants to be. We have data on this from the behavior of educators, from the talk of parents, from government discourse and policy. It was a familiar colonial discourse that characterized different kinds of people in India as differently predisposed. Today, educators talk within this colonial discourse. Most of all in Municipal schools there is a division between the educated, the forward and progressive, and the backward children who *cannot learn*.

This does not mean that this is *Indian culture*, as some scholars would have it, and that we must respect it. It is a failure of pedagogy and not of culture, because the culture also includes within it a discourse that all children can learn. The teachers of the Municipal School can easily recount several mythological stories in which education equals power, and education is open to anyone, god, human or demon. Any conversation with them reveals that they are proponents of the double discourse: yes, education is empowering and any child can be empowered through education. Yes, some children can never learn, because of their families and backgrounds.

Therefore, in running our own school, I am perfectly confident of working within existing culture when I address the discourse that I find useful—all children can learn, and knowledge is power—and leave aside the one that is a crutch for passivity—that some children can never learn because of the very essence of their being. Indeed I can show this latter argument to be a weak and discriminating one because of yet another aspect of modern Indian culture, which is articulated in the Constitution of India. I can make the point that we stand with B.R Ambedkar who wrote the Constitution of India and talked about what he called *Constitutional morality*, that is the act of faith in believing in its propositions and then working to see them be put into practice. It is also a matter of cultural ethics, which also has a long history in India, a philosophic view that sees the whole citizen body as one, indeed the whole universe as one, to swim or sink together.

Here I can mention one small move made by us. The school we set up in 1990 was for the poor, the underprivileged, the neighbourhood children. But we did not define it as that. We projected it, rather, as a school pursuing excellence. Our own daughters, who could have gone to school anywhere in the world, were its students from the start, together with the rickshawallas, the vegetable sellers, the taxi drivers, the weavers and the maharajas (yes, there was an ex-king in the city.) That is, the assumption was of all children being the same, as equally amenable to learning, of being able to be taught the same way in the same surroundings. What was good for one was good for all. This is never seen in India. Schools in India are so divided between schools for the rich and the poor that even the most idealistic people who set up schools do so specifically for the slum children and the poor. Their own children study elsewhere, in *good* schools. Thus they perpetuate the essentialist division between those who can and those who cannot.

The Culture of the School

The second big obstacle in having child-centred, progressive education in India is the absence of adequate technology in Indian schools. This problem is visible best in the small private schools that proclaim themselves to be *English-medium* and have deliberately cute English names such as Little Flower House, Kiddie Convent and Sunbeam. The main problems of these are that they simply do not have working strategies for arranging their spaces, for language use, for teaching the different subjects, for examining, and for their hidden curricula.

History is important here. The British colonial state launched its massive experiment in the 1850s, to have higher education through the medium of English, implying that colleges and in turn, high schools, then middle and primary schools, all had to teach English in a way sufficient for fluency at the higher level. In doing this the state did not acknowledge that a technology was needed. By *technology* I do not mean merely the usual building or resources, but the actual technology of teaching, that is, the pedagogical methods. Just sticking to the case of English language learning, *no pedagogical systems were devised in the last 150 years for the teaching of English to children of non-English speaking families in India.*

Two techniques did exist. One was simple immersion. If the teacher spoke in English all the time, students would forcibly learn it. The second was rote learning. Whole passages and chapters and books could be memorized and regurgitated and thus exams passed and work conducted. The difficulty with these techniques is obvious. In the immersion technique you need a huge army of teachers whose mother tongue is English. Then they can effortlessly transmit the language through their continuous speech. But India never had such an army and the colonial state did not plan it. In the second case of learning by rote, certain things are achieved but not that fluency or flexibility with the language which makes it a matter of both pleasure and creativity, apart from just work. The advantages of rote-learning of the Vedas or the Qur'an are lost while the advantages of learning by comprehension are not gained either.

In the small English-medium private school, we can see how children are set down in straight authoritarian rows facing the teacher, modelled on the worst kind of colonial, Victorian education. They are dependant on their text books and copy books. The teacher reads out, dictates, or writes on the board. Children copy. At home they copy more and they learn by heart. In periodic tests they reproduce what they have copied and learnt. I know this system exceedingly well because I studied in it for ten years of school. Today I have observed it in all two hundred plus schools that I have visited.

When we set up our own school, one of the first discoveries we made was this: that there was no system for us to adopt for teaching English and the other subjects. The best of the trained teachers, from the furthest reaches of India, the fabled Kerala with its cent per cent education, still could only dictate and lecture and examine. We had to undertake from scratch the massive project of creating a curriculum for each subject for each class, at least in the primary classes. What other schools did was to use the textbook as the curriculum. There was no idea in any school of planning or devising lessons. There was no sense of interactive work in the classroom. There was never any discussion among educators of how children learnt. They did not worry about alternative teaching approaches, or resources for the mind or imagination. We had to train teachers, no matter how qualified-on-paper they came to us, to worry about and do these elementary things.

Is this shortfall only due to the colonial state's irresponsibility in introducing an educational system without the necessary backup to making it successful? Yes, mostly. It is also partly due to the nationalist refusal to admit that educational technology was an important issue.

Apart from the missionary institutions that were started at the very beginning, and the state ones that followed in the 1850s, nationalist schools started springing up soon afterwards. As I mentioned in the beginning, the leaders of India wanted to share the educational advantages they enjoyed, and in some cases to turn the direction of colonial education towards more nationalistic content. They set up schools but without considering what a *school* meant. They Indianised it by adding to the curriculum Indian music and dance and the Sanskrit language, without worrying if these were going to impress or make an impact upon the students.

The reason for this blindness was mostly that the nationalist movement was preoccupied with fighting for independence. It had to devise strategies for the better unification of Indians under one umbrella with the required symbolic and political strategies to oppose colonial rule. In the long nineteenth century and the first half of the twentieth century, creative individuals in the West such as Friedrich Froebel, Maria Montessori, and John Dewey among many others, experimented, observed, analysed, and created philosophies and laboratories of education. In India, there was only single-minded pursuit of the goal of independence. Not a single philosopher or worker of education appeared. It was simply not possible within the colonial state. Among the best names that we have in Indian education are Rabindranath Tagore, Mohandas Gandhi, Anul Kalam Azad, Aurobindo Ghosh. But these are the names of a poet, a political leader, a religious political leader, and a mystic philosopher. They did not spend their years observing children and writing about them and how they learn.

So, after Independence, while there has been search for an appropriate philosophy, the problem has ballooned into such a large one that only piecemeal, day-to-day reform is possible, and the full, big problem is not sighted. *We do not still have a philosophy of education in India. We do not still have a technology. We do not worry about it.* The children who suffer in the thousands of private schools in India and complete their twelve year schooling at great expense and labour are consistently shortchanged by the system. They do not know languages well enough to either succeed in interviews or get pleasure from their use. They do not know science or social studies or maths as subject areas with methods and techniques—and they do not know enough facts to pass tests. The limits on their social mobility and their pursuit of their dreams is very severely set by the poor quality of their education. The fault, I am arguing, lies in the non-recognition of the need in India to devise curricula and teaching methods.

The Problem of Curricula

What I have said might seem like too broad a proposition—reform curricula? Introduce teaching methods? Let us look at each in turn.

Again historically speaking, the curricula was introduced by the colonial state in the 1850s, modelled directly on the content of education in Britain at the time. Several committees and reforms have of course taken place in these 150 plus years. But several committees and reforms later, we still have in India the same kind of curricula. The fundamental problem remains unchanged, which I call *the family-school distance*. For purposes of school teaching, it is as if the family did not exist. The historical roots go back to the colonial attitude of treating the Indian family as inferior, as less than civilized, and in need of reform and correction. The child in a colonial or missionary school was supposed to bear the burden of the faulty legacy of his home, community and culture. He had to be reformed and made into a new person. Not only was the language of his family to be replaced but every idea and belief, as well as his body language and sense of identity.

This had and continues to have, two repercussions. One is that no one can actually believe about themselves that they are inferior. At some point protest rises from the unconscious to the conscious, and takes various forms, from cold indifference to the oppressors, to violent resistance. This makes the work of teaching very hard, when the teachers and school are ranged on the opposite side of the students and their families. How can a successful classroom or school be comprised of adversaries?

The second problem is that the curriculum taught is very thin, distant, and meaningless. Key concepts, such as family, community, environment, emotions, relationships are not treated in the curriculum in the ways that children experience them in real life. They are dealt with in a way that is neither comforting because of familiarity nor stimulating because of its fantastical suggestions. The Indian student does not study from the very beginning about his own society in a meaningful way. Nor does she have a store of fantastical stories and characters to enrich her imaginative life with.

This when, we will all agree, India is bursting with narratives and stories, with the fantastical as well as the realistic, with images and characters, with language play and absurdity. None of this gets into the classroom. The distance between the school and the family is not only one of the school treating the family as inferior and ignorant. The distance also helps increase the poverty of what is taught. If the family's stories, images and symbols could only be included in the curriculum, children's lives would be infinitely richer, teachers would be happier teaching, and the desire to learn and teach would increase manifold.

Nita Kumar

A third problem that deserves mention in brief is that the curricula of elite schools teaches the very leaders of the country to be global citizens who are out of tune with their own society and people. Everything in elite schools— such as in the interesting study of the topmost elite *public* school in the country, Doon School, shows us—promotes the identity of students as a class that is essentially different and distance from the masses of India. These masses are characterized by ignorance, superstition, laziness, backwardness and a stubborn refusal to change. This is the same colonial attitude that we have witnessed above, but here we note that it is produced systematically as part of the curriculum and the *hidden curriculum* of elite private schools.

The Problem of Teachers

If we know one thing about precolonial education, it is this: it was a teacher-centred system. The Indian teacher, guru or ustad was second not even to god, but above god. One of many common saying is

Guru Gobind dono khare, kake lago paye?
Balihari guru apki, Gobind diyo dikhaye.
(the teacher and my god are both standing in front of me; whom should I revere more?
It is the teacher I must revere, because he is the one who show me what is god.)

The system was so teacher-centred as to be almost beyond our imagining. Where the teacher chose to sit was the classroom. What the teacher had in mind to teach was the textbook and the curriculum. When he decided the time was ripe was when the final test of the student took place. He chose his students as he liked. He separated them into classes of his choice. He gave each individual attention and moved them forward according to his assessment of their individual abilities and pace.

Of course, this teacher-centred education has the problem of authoritarianism. But the best teachers were aware that their fame depended on the quality of their students and their old age was going to be serviced by dedicated students. So they were harsh, but caring. The point here is that the teacher had power. Power did not lie in a faceless system, or a centre of control somewhere else, or a book, or a syllabus of study outside the teacher, or a governing body or set of rules, or the indirect pressure of tuition fees paid by students and salaries received by teachers.

Today, teachers must have training in courses of study such as Bachelor and Master of Education. My observation shows that the courses are comprehensive and impressive. The professors are skilled and also impressive. Yet, teachers in India are regarded consensually as one of the biggest weak links in the system. What goes wrong? Even when the building is beautiful, the students and their families cooperative, the resources plentiful—the teachers are not satisfactory. Recently, there have been government reforms that have changed education into a very progressive mold. Teachers cannot handle it and are trying to subvert the reforms by practicing their old methods of dictation, rote-learning and examination.

If we see teachers briefly as students, as those who have gone through the same systems they now perpetuate, and in the Bachelor of Education course to be also taught by dictation and copying, to complete it through rote-learning and a book-based examination—then we realize how they are merely cogs in a wheel. They cannot do what they have never learnt or experienced. They cannot imagine what they have never had contact with. They are working within certain paradigms, and how a paradigm shift takes place is still under discussion in the highest circles.

Solutions

Because I have been part of the running of a school for twenty four years, I have the confidence to speak of solutions.

For the problem of not recognizing the individualism of children, I have suggested that because there is a double discourse of the child, we have to confidently push forward that part of the Indian cultural discourse that sees every child as being able to learn, and education as being empowering. We have to quietly submerge the other part of the discourse that claims that some children, because of their families or their personalities, cannot learn. The point is not to critique colonialism for having produced or furthered this attitude, which *it did*. The point is to use the discursive space that is available, creatively and confidently.

Together with this goes the solution to the second problem—providing the technology of teaching. Once we have produced the confidence in teachers that *all* children can learn, it has to be supported and rendered practical by having them master thousands of ways to make their classroom child-centred. Here again, Indian discourse helps. In the stories from the Upanishads that predate Socrates, there are Socratic methods of teaching that are more advanced, if we like, than the ways now taught to liberal arts educators, but are lost in history. There are projects for students that include going out into the community, in touching and feeling, in questioning and discovering through one's own devices. There are always-new classroom activities developed through exchange between teachers and students. There are, in short, in pre-colonial India methods of learning that are individualized, community-centred, progressive and post-colonial by today's standards. At the same time, we can adopt as we already do in our style of being open to the world,

Nita Kumar

all the best in the techniques of the West. The point, again, is not to be a prisoner of colonial modernity or any other modernity even by being trapped merely in a criticism of it. The point is to use it effectively by including and transcending it. To be practically post-colonial is to be not afraid of colonialism, and to be not afraid of pre-colonialism even if much of the knowledge of the pre-colonial was generated only through colonialism. Our knowledge of the Upanishads and of Ancient India was certainly developed through the labours of European Orientalists such as Sir William Jones and Max Mueller. But we do not have to forswear it just because many Indians went astray following European orientalism and Indian nationalism.

The third problem, that of a very poor curricula can only be tackled by a much closer relationship of the school and of educators to the family and community. It consists of creating more stories, arts-based materials, studies of life around us in India—and all this from direct research, observation, and creativity. We do this on a small scale and that is not a way. It needs a state-level, if not national-level movement, fueled by all those who fancy themselves as intellectual and artistic.

Finally, there is the problem of teachers. I think the problem would vanish very simply once their course of study was made interactive and practical. Their own teachers only know the mechanical method. This is what the student teachers learn. Then they in turn practice it. How does one break the cycle?

In our own school we have developed three methods of breaking this cycle of, what I call, colonialism, when you colonise yourself, thinking yourself to be under the domination of another (when you actually do not have to be). These are the three methods. One method is intellectual: to actually give teachers more of an understanding of history and society, with which comes an understanding of the politics of class and gender. The second method is managerial: to give them the systems that do not exist in an average school; systems such as files and calendars, clocks and shelves, books and papers, planning notebooks and lots and lots of plans. They are and they feel important and respected, and they blossom. The third method is performative. All teachers in India must learn the arts. They must use their bodies in theatre and dance. That is the way to break old habits and ways of thinking and recognize the necessity and the desirability of being a different person. This is the most powerful way *to change*.

An *Indian education* does not have an Indian *essence*. There is nothing we can pin down to be *Indian*. An *Indian education* is necessarily postcolonial. It consists of de-colonising the self to remove the legacy of historical colonialism and to shed the burden of psychological colonialism, to ensure that within the country, one class does not dominate or *colonise* another. And that we build up our technologies and philosophies to get over the backwardness inherited from the colonial period.

145

Die Arbeit der UNESCO
zwischen Universalität und Diversität

Einführung

Erziehung, Bildung und Sozialisation haben nicht mehr nur das Ziel, eine nationale Identität zu erzeugen. In Europa haben sie auch die Aufgabe, einen Beitrag zu einer europäischen interkulturellen Identität zu leisten (Wulf/Merkel 2002; Wulf 2006). Um den Anforderungen in einer globalisierten Welt gerecht zu werden, bedarf es darüber hinaus auch einer *Global Citizenship Education*, in der die großen Probleme der Weltgesellschaft zum Thema werden (Wintersteiner/Grobbauer/Diendorfer/Reitmair-Juárez 2014). Die Arbeit an diesen Fragen bedarf der Verbindung von universellen, regionalen und lokalen Perspektiven und einer ihre Grundlagen untersuchenden anthropologischen Forschung (Wulf 2013).

Diesen Aufgaben stellt sich die *United Nations Educational Scientific and Cultural Organization* (UNESCO). Gegründet wurde sie vor 70 Jahren nach dem Zusammenbruch der bisherigen Weltordnung im Zweiten Weltkrieg auf der Grundlage folgender am Anfang ihrer Verfassung formulierten Einsicht: „Da Kriege im Geist der Menschen entstehen, muss auch der Frieden im Geist der Menschen verankert werden." Als Teilorganisation des UN-Systems mit 193 Mitgliedsstaaten obliegt es ihr, einen Beitrag zu Frieden, menschlicher Entwicklung und interkulturellem Dialog in der globalisierten Welt in den Bereichen Erziehung und Bildung, Wissenschaft, Kultur, Kommunikation und Information zu leisten. Ziel ist die Schaffung von Frieden, die Verminderung von Armut und die Entwicklung von Nachhaltigkeit. Der Einsatz für *Frieden* bedeutet nicht nur einen Beitrag zur Verringerung manifester Gewalt, sondern auch das Engagement für die Herstellung sozialer Gerechtigkeit, die Verwirklichung der Menschenrechte und die Entwicklung einer Kultur des Friedens.

Seit den siebziger Jahren des 20. Jahrhunderts werden diese Zusammenhänge und ihre gesellschaftlichen Bedingungen in der Friedensforschung und in der Friedenserziehung ausdrücklich untersucht (Senghaas 1971; Wulf 1973/1974). Auf die Gegenwart bezogen bestimmt die Generaldirektorin Irina Bokova die Aufgaben einer solchen Kultur des Friedens so:

UNESCO has all the qualifications to bring an intellectual and humanist response to globalization and to the economic crisis: we know that culture and art, the sciences, education, communication and knowledge are the real values that form the essence of humanity.

Die Aufgaben der UNESCO bestehen darin, normative Standards zu setzen, als *clearing house* zu dienen, Kapazitäten und professionelle Kompetenzen zu entwickeln und die internationale und interkulturelle Kooperation in der Weltgesellschaft zu fördern. Zu ihren Partner in der Welt gehören u.a. Regierungen, Interregierungsorganisationen, Nationalkommissionen, NGOs, Berufsverbände, wissenschaftliche Institutionen, Experten, private Firmen, 8500 UNESCO-Schulen, 3500 UNESCO-Clubs und Assoziationen, 700 UNESCO-Lehrstühle. Das Arbeitsfeld der UNESCO ist weitgespannt. Es ist nicht auf die Entwicklung normativer Vorstellungen für die Weltgesellschaft begrenzt. Vielmehr besteht die Aufgabe darin, in ihren vier wichtigen Wirkungsbereichen durch Forschung, Kommunikation und Bildung von Kapazitäten zur Verbesserung der Lebensbedingungen beizutragen. Im Rahmen einer kurzen Beschreibung der wichtigsten Aufgabenfelder sollen zunächst die Bereiche *Kommunikation* und *Wissenschaft* und dann etwas ausführlicher die Bereiche *Kultur* sowie *Erziehung und Bildung* behandelt werden.

Kommunikation

Hier geht es um die Förderung des freien Flusses von Ideen und den universellen Zugang zu Informationen. Ziel ist die Förderung von Pluralismus und kultureller Diversität in den Medien und Informationsnetzwerken sowie der Zugang zu den Informations- und Kommunikationstechnologien. Für die Finanzierung dieses Bereiches (2016-2017) stehen ca. 34 Mill. $ zur Verfügung.

Christoph Wulf

Wissenschaft

Naturwissenschaften

Hier zielt die Arbeit seit langem auf die Verbesserung des Umgangs mit der Umwelt, auf Nachhaltigkeit und auf die Bildung entsprechender Kapazitäten. Die Sicherung sauberen Trinkwassers, der Schutz der Ozeane vor Verschmutzung und der Klimawandel sind zentrale Themen. In den letzten Jahren ist Nachhaltigkeit zu einem Schwerpunkt geworden, auf den im Zusammenhang mit der Bildung für Nachhaltigkeit im Weiteren noch näher einzugehen ist. Wichtig sind die vier großen Programme, deren Titel bereits die Aufgabenschwerpunkte angeben:

- Man and the Biosphere Programme (MAB)
- International Hydrological Programme (IHP)
- Intergovernmental Oceanographic Commission (IOC)
- Disaster Prevention and Preparedness

Für die Finanzierung dieses Bereiches (2016-2017) stehen ca. 48 Mill. $ zur Verfügung.

Sozial- und Humanwissenschaften

In diesem Bereich sind die Menschenrechte das zentrale Thema. Hier geht es um Forschung und Kapazitätsentwicklung. Thema sind ebenfalls ethische Fragen in Religion, Kultur, Recht und Politik. Untersucht werden die großen sozialen Veränderungen der Gegenwart, die z.B. durch die fortschreitende Urbanisierung und Migration bedingt werden. In diesem Bereich spielen die Philosophie und der Kampf gegen Rassismus eine wichtige Rolle. Für die Finanzierung dieses Arbeitsfeldes (2016-2017) stehen ca. 24 Mill. $ zur Verfügung.

Kultur

Dieser Bereich umfasst zahlreiche unterschiedliche Programme, für deren Finanzierung (2016-2017) ca. 45 Mill. $ zur Verfügung stehen. Das bekannteste Programm des Kulturbereichs ist das Welterbeprogramm, in dessen Rahmen seit 1972 mehr als 1000 Welterbestätten in der ganzen Welt ausgezeichnet wurden, die letzten bei der 39. Sitzung des Welterbe-Komitees im Juli 2015. Auf dieser Sitzung wurde neben dem arabisch-normannischen Palermo

Die Arbeit der UNESCO zwischen Universalität und Diversität

und den Kathedralen von Cefalù und Monreale und 22 weiterer Stätten auch die Hamburger Speicherstadt und das Kontorhausviertel ins UNESCO Welterbe aufgenommen.

In Bereich *Kultur* wurden zwei wichtige Konventionen verabschiedet, die auch die Bundesrepublik Deutschland unterzeichnet hat. Einmal handelt es sich um die 2005 verabschiedete *Konvention über den Schutz und die Förderung der Vielfalt kultureller Austauschformen*. Hier hat die Deutsche UNESCO-Kommission ein Weißbuch *Kulturelle Vielfalt gestalten* herausgegeben, in dem die Ziele dieser Konvention verdeutlicht werden. Zu diesen Zielen gehören:

- Das kulturelle Selbstbestimmungsrecht als Menschenrecht
- Die Anerkennung von Kulturgütern und Dienstleistungen in diesem Bereich als Handelswaren und Träger von Identitäten und ihre Förderung (Artikel 1)
- Das Recht eines jeden Staates auf eigenständige Kulturpolitik und innerstaatliche Anerkennung der Vielfalt kultureller Ausdrucksformen (Artikel 6)
- Die Anerkennung der „grundlegenden Rolle der Zivilgesellschaft beim Schutz und bei der Förderung der Vielfalt kultureller Ausdrucksformen" (Artikel 11)
- Internationale Kooperation zwischen allen Ländern und eine Vorzugsbehandlung von Entwicklungsländern im Kulturaustausch (Artikel 16)
- Integration von Kultur in nachhaltige Entwicklung
- Informationsaustausch und Berücksichtigung der Ziele kultureller Vielfalt auch beim Abschluss anderer internationaler Abkommen (Artikel 19, 20 und 21)

(Deutsche UNESCO-Kommission 2009: 2; UNESCO World Report 2009; UNESCO 2005).

Zwei Jahre vor dieser *magna charta* der internationalen Kulturpolitik wurde im Jahre 2003 die *Konvention zur Erhaltung des immateriellen Kulturerbes* (IKE) verabschiedet, der die Bundesrepublik Deutschland 2013 beitrat. Mittlerweile haben mehr als 160 Staaten diese Konventionen unterzeichnet. Auf den drei Listen des immateriellen Kulturerbes stehen insgesamt 364 kulturelle Ausdrucksformen. Die erste umfangreiche *Repräsentative Liste des immateriellen Kulturerbes der Menschheit* wird ergänzt durch eine zweite, wesentlich kürzere *Liste des dringend erhaltungsbedürftigen immateriellen Kulturerbes* und ein *Register guter Praxisbeispiele zur Erhaltung des immateriellen Kulturerbes*. Im Frühling 2015 konnte Deutschland erstmals einen Vorschlag für diese Liste machen. In der Zwischenzeit umfasst das bundesdeutsche Verzeichnis, für das eine Expertenkommission nach der Vorauswahl der Bundesländer eine Auswahl trifft, 27 Eintragungen in den fünf Bereichen des immateriellen kulturellen Erbes. Bei diesen handelt es sich um

Christoph Wulf

„Bräuche, Darstellungen, Ausdrucksformen, Wissen und Fertigkeiten – sowie die dazu gehörigen Instrumente, Objekte, Artefakte und kulturellen Räume – [...], die Gemeinschaften, Gruppen und gegebenenfalls Einzelpersonen als Bestandteil ihres Kulturerbes ansehen" (UNESCO 2003, Artikel 2, Abs. 1, offizielle Übers.). In Deutschland wurden in Übereinstimmung mit den Intentionen der Konvention sehr unterschiedliche Praktiken lebendiger Kultur in das Verzeichnis aufgenommen. Zu diesen gehören u.a.: Deutsche Brotkultur, Genossenschaftsidee, Chormusik in deutschen Amateurchören, Moderner Tanz, Orgelbau und Orgelmusik, Falknerei, Deutsche Theater- und Orchesterlandschaft, Bräuche und Feste der Lausitzer Sorben, Passionsspiele Oberammergau, Lindenkirchweih Limmersdorf, Rheinischer Karneval, Schwäbisch-Alemannische Fasnacht.

Diese Konvention zielt nicht nur auf den Schutz und die Erhaltung immateriellen Kulturerbes, sondern auch auf die Förderung des Bewusstseins der Bedeutung des immateriellen Kulturerbes. Aufgrund des Nationalsozialismus und des politischen Missbrauchs vieler kultureller Praktiken soll diese Konvention Menschen dabei unterstützen, ein unverkrampftes Verhältnis zu traditionellen kulturellen Praktiken zu entwickeln und diese als Teil einer lebendigen Kultur wertzuschätzen.

Erziehung und Bildung

Bildung nimmt den größten Teil des Haushalts ein, in dem es nach der Einstellung der Zahlung des Mitgliedsbeitrags durch die USA infolge der Aufnahme Palästinas zu erheblichen Schwierigkeiten gekommen ist. Für die Finanzierung dieses Bereiches (2016-2017) stehen nach dem bisherigen Haushaltsentwurf ca. 83 Mill. $ zur Verfügung. Seit ihren Anfängen geht die UNESCO davon aus, dass die Bildung der jungen Generation eine zentrale Voraussetzung für die Verringerung von Armut und die Realisierung von Demokratie und Menschenrechten ist.

Im letzten Jahrzehnt sind in Deutschland vor allem zwei Entwicklungen durch das UN-System bzw. die UNESCO angestoßen worden, die tiefgreifende Auswirkungen auf den Bildungsbereich haben. Die eine zielte auf die Verbesserung der Bedingungen behinderter Menschen und eine entsprechende Anpassung des Bildungswesens. Die andere richtete sich auf die Entwicklung von *Bildung für Nachhaltigkeit*. Mit der Unterzeichnung der UN-Behindertenrechtskonvention (UN-BRK) wurden keine Sonderrechte geschaffen, sondern die universellen Menschenrechte aus der Perspektive der Menschen mit Behinderungen spezifiziert. Die Teilhabe behinderter Menschen am gesellschaftlichen Leben ist ein Menschenrecht. Menschen mit Behinderung gehören von Anfang an mitten in die Gesellschaft. Ziel der Konvention ist die Verbesserung der Lebensbedingungen behinderter Menschen durch die Verbesserung von Barrierefreiheit, persönlicher Mobilität, Gesundheit, Bildung, Beschäftigung, Rehabilitation, Teilhabe am politischen Leben, Gleichberechtigung und Nichtdiskriminierung. Nach der Unterzeichnung der UN-Behindertenrechtskonvention durch die Bundesregierung begann der Umbau des deutschen Bildungssystems zu einem inklusiven Bildungswesen. In den letzten Jahren sind die Bemühungen für den Umbau des Bildungswesens zu einem inklusiven Bildungswesen intensiviert worden; unterstützt wurden sie von der Deutschen UNESCO-Kommission durch die Einrichtung einer Expertengruppe, die Initiierung verschiedener Studien, durch Tagungen und durch die Mitwirkung bei der Verleihung des Jakob Muth-Preises (Deutsche UNESCO-Kommission 2014; Wulf/Roßbach 2014).

Nicht weniger wirksam waren die Bemühungen der UNESCO und der Deutschen UNESCO-Kommission bei der Entwicklung der *Bildung für Nachhaltigkeit*. In der von 2005 bis 2014 reichenden UN-Dekade *Bildung für nachhaltige Entwicklung* wurden eingerichtet ein *Nationalkomitee*, ein *Runder Tisch* für das regelmäßige Treffen der in diesem Bereich arbeitenden Gruppen, die Vergabe von Auszeichnungen an mehr als 1500 Projekte und Kommunen sowie ein Portal zur Verbreitung und Vernetzung wichtiger Informationen. In der Folge wurde *Bildung für Nachhaltigkeit* in die Rahmenrichtlinien aller Bundesländer aufgenommen (UNESCO 2014). Im Kontext der UNESCO wird ihre Zielrichtung so bestimmt: „The vision of education for sustainable development is a world where everyone has the opportunity to benefit from quality education and learn the values, behaviour and lifestyles required for a sustainable future and for positive societal transformation" (UN Decade for Sustainable Development). *Nachhaltigkeit* wird in den nächsten Jahren die normative Ausrichtung von Bildung in der Weltgesellschaft bestimmen.

Im Weiteren soll nun zunächst das allmählich zu Ende gehende, doch zugleich die Basis für die weitere Entwicklung bildende größte Bildungs-Programm der UNESCO, *Education for All*, beschrieben werden, mit dem die auf Erziehung und Bildung bezogenen *Milleniumsziele* zwischen 2001 und 2015 erreicht werden sollten. Anschließend wird dargelegt, wie Erziehung und Bildung in der Weltgesellschaft im Zusammenhang mit den *Sustainable Development Goals* (SDGs) zwischen 2015 und 2030 weiter entwickelt werden soll.

Der 2014 erschienene UNESCO-Weltbildungsbericht zieht Bilanz des Programms *Education for All* und kommt dabei zu dem Ergebnis, dass zwar viel, doch längst nicht alles erreicht wurde, was sich die Weltgesellschaft als Ziel gesetzt hatte (Education for All 2014; siehe auch: Education for All 2007, 2008, 2012). Nach dem Weltbildungsbericht von 2014 hat nur ein Drittel der Weltgemeinschaft die sechs Bildungsziele erreicht, zu denen man sich im Jahr 2000 selbst verpflichtet hatte. Lediglich in der Hälfte der Länder erhalten alle Kinder eine Grundschulbildung. 1999 gingen insgesamt 204 Millionen Kinder und Jugendliche weltweit nicht zur Schule, 2015 sind es immer noch 58 Millionen Kinder und 63 Millionen Jugendliche, die keinen Zugang zu Grund- und Sekundarschulen haben. Nur einem Viertel der Länder ist es gelungen, die Analphabeten-Rate unter Erwachsenen um 50 Prozent zu senken. Nach wie vor sind fast zwei Drittel der 781 Millionen Analphabeten Frauen. So kann in Subsahara-Afrika jede zweite Frau nicht lesen und schreiben. Zwar verbesserte sich die Schüler-Lehrer-Relation zwischen 1990 und 2012 in 121 von 146 erfassten Ländern, doch werden immer noch vier Millionen zusätzliche Lehrer benötigt, um alle Kinder zu beschulen. Seit 2000 haben viele Regierungen ihre Bildungsausgaben wesentlich erhöht, davon 38 Länder um mindestens ein Prozent ihres Bruttonationaleinkommens. Dennoch bleibt die mangelnde Finanzierung das größte Hindernis bei der Realisierung der Bildungsziele. Gemeinsam mit den Regierungen muss die internationale Gemeinschaft Möglichkeiten finden, die jährliche Finanzlücke von 22 Milliarden US-Dollar zu schließen.

Eine neue Phase der Entwicklung begann mit dem *Weltbildungsforum in Incheon* in Korea im Mai 2015, auf dem eine Deklaration verabschiedet wurde, in der die gewünschte Entwicklung der Bildung in der Weltgesellschaft zwischen 2015 und 2030 skizziert wurde. An diesem von der UNESCO federführend durchgeführten Weltbildungsforum nahmen annähernd 1500 Delegierte aus ca. 130 Ländern teil. Zu den Teilnehmern gehörten auch der Generalsekretär der UN Ban Ki-moon, die Generaldirektorin der UNESCO Irina Bokova, die Ministerpräsidentin Koreas, der Vorsitzende der Weltbank sowie der Direktor von UNICEF. Vertreten waren darüber hinaus UNDP, UNFPA, UN-Women, UNHCR und viele NGOs aus allen Teilen der Welt. Neben der Verabschiedung der Deklaration wurde ein Aktionsplan zu ihrer Realisierung erörtert. Die Verabschiedung der 17 *Sustainable Development Goals* und ihrer zahlreichen Unterziele, von denen das Ziel Nr.4 auf Erziehung und Bildung bezogen ist, soll auf der 68. UN-Generalversammlung im September 2015 in New York erfolgen. Dann soll im Zusammenhang mit der UNESCO-Generalversammlung die endgültige Fassung des Aktionsplans verabschiedet werden, für dessen Realisierung bis dahin nach Möglichkeit die Finanzierung geklärt werden soll.

Unter Bezug auf die von der *Open Working Group* in New York entwickelten *Sustainable Development Goals* wurde für die Zeit bis 2030 eine neue Vision für das Bildungswesen entwickelt, die im Unterschied zu dem Programm *Education for All* nicht nur für die Entwicklungsländer, sondern für alle Länder der Weltgesellschaft gelten soll. Ziel ist von nun an, „Ensure inclusive and equitable quality education and promote life-long learning opportunities for all." Dieses Programm basiert auf einer „humanistischen Vision von Erziehung und Entwicklung", die auf den Menschenrechten und der Menschenwürde, auf sozialer Gerechtigkeit, Sicherung, kultureller Vielfalt und gemeinsamer Verantwortung und Rechenschaft beruht. Erziehung und Bildung wird als *public good* und fundamentales Menschenrecht begriffen, dessen Realisierung notwendig ist, um Frieden, menschliche Verwirklichung und nachhaltige Entwicklung zu ermöglichen (UNESCO 2015).

Die Entwicklung eines 12-jährigen öffentlichen Schulsystems wird empfohlen. Die Schulpflicht mit einem kostenfreien und guten Unterricht soll 9 Jahre umfassen und wenigstens die Primarstufe und die Sekundarstufe I einschließen. Außerdem wird die Einrichtung einer wenigstens einjährigen kostenfreien obligatorischen Vorschulerziehung empfohlen. Erziehung und Bildung sollen inklusiv und gleichberechtigt sein. *Inklusiv* bezeichnet hier nicht nur die Einbeziehung von Kindern mit Behinderungen (Wulf/Roßbach 2014), sondern ist viel weiter gefasst und richtet sich gegen alle Formen der Exklusion und Marginalisierung. Gleichberechtigung im Zugang und in der Behandlung im Bildungswesen sind die notwendigen Konsequenzen. Besonders für Mädchen und Frauen ist hier in vielen Regionen der Welt noch viel zu tun.

Um das Wissen und die Kreativität der Kinder und Jugendlichen zu fördern, soll die Qualität von Erziehung und Bildung verbessert werden. Die *Ziele für nachhaltige Entwicklung* und *global citizenship education* sollen stärker angegangen werden. Durch eine verbesserte Lehrerausbildung soll die Qualität der Erziehung verbessert werden. Schließlich gilt es die Förderung von Erziehung und Bildung nicht nur auf das Schulwesen zu begrenzen. Berufsbildung und lebenslanges Lernen sollen entwickelt und informale und non-formale Bildung gefördert werden. 4-6 Prozent des Bruttoinlandprodukts oder 15-20 Prozent aller öffentlichen Ausgaben sollen für Bildung verwendet werden. Um diese Ziele zu verwirklichen, bedarf es jährlich weiterer 25 Milliarden Dollar.

Diese Vision einer *inklusiven gleichberechtigten hochwertigen lebenslangen Erziehung und Bildung* bildet einen Referenzrahmen für Bildung in der Weltgesellschaft, auf den sich die Staatengemeinschaft in Incheon geeinigt hat. Im Vergleich zu früheren Zeiten, in denen die weltanschaulichen und politischen Unterschiede so tiefgreifend waren, kann man in dieser Entwicklung durchaus einen Fortschritt sehen. Das gilt auch dann, wenn man aufgrund der Erfahrung mit den Milleniumszielen weiß, wie schwer sich Fortschritte bei so weitgespannten Zielen erreichen lassen, so dass nicht davon ausgegangen werden kann, dass sich die Ziele der *Incheon Declaration* in den nächsten Jahren realisieren lassen. Weitere Einwände liegen nahe: Ist nicht diese Vision eine *große Erzählung* im Sinne François Lyotards (1979), deren Funktion es ist, darüber hinwegzutäuschen, dass die mit ihr bezeichneten Sachverhalte prinzipiell nicht realisierbar sind? Zwar bietet eine solche Vision bereits ein gewisses Maß an *Befriedigung*. Denn sie suggeriert, man habe mit ihrer Entwicklung bereits etwas verbessert, wisse man doch nun, was zu tun sei. Diese Kritik ist nicht von der Hand zu weisen. Sie gewinnt noch an Plausibilität, wenn man die konkreten Aufgaben des Aktionsprogramms analysiert und sich der kaum überwindbaren Unterschiede in den Aufgaben und Perspektiven bewusst wird. Der universelle Charakter der Deklaration verdeckt diese Schwierigkeiten, die bei der konkreten Arbeit an der Verwirklichung der einzelnen Sachverhalte weiter an Gewicht gewinnen. Die Entwicklung einer Vision und eines Aktionsprogramms sind eine Sache, deren Realisierung eine andere, die neue z.T. unerwartete Schwierigkeiten mit sich bringt.

Ausblick

Wie wir gesehen haben, vollzieht sich die Arbeit der UNESCO in der Spannung zwischen Universalität und kultureller Diversität. Das gilt für die Forschungen und für die Praktiken im Bereich von Kultur, Erziehung und Kommunikation in gleicher Weise. Angesichts der in der globalisierten Welt entstehenden neuen Komplexität sind in vielen Fällen interdisziplinäre bzw. transdisziplinäre und interkulturelle bzw. transkulturelle Forschungen erforderlich. In vielen Arbeitsfeldern der UNESCO tauchen bei diesen Formen der interdisziplinären und interkulturellen Forschungsorganisation ergeben sich neue Probleme, bei deren Behandlung innovative Formen des Wissens entstehen. Bereits bei der Konzeptualisierung der Probleme, die untersucht werden sollen, zeigen sich häufig tiefgreifende kulturelle Unterschiede. Diese führen dazu, dass Forschungsfragen und Forschungsgengenstände erst in einem gemeinsamen, nicht immer konfliktfreien Dialog entwickelt werden müssen. In den Bereichen, in denen divergierende kulturelle Werte zu einer unterschiedlichen Wahrnehmung der Phänomene führen, sind die zu bewältigenden Schwierigkeiten besonders groß. Diese divergierenden Werte sind häufig in unterschiedlichen Vorstellungen vom Menschen bzw. Menschenbildern begründet. Diese können bewusst sein oder implizit sein. In jedem Fall spielt die Erforschung der anthropologischen Grundlagen bei den interdisziplinären und interkulturellen Forschungen in der UNESCO eine zentrale Rolle (Wulf 2013).

Literatur

Deutsche UNESCO-Kommission (2009): Kulturelle Vielfalt gestalten. Bonn: DUK.

Deutsche UNESCO-Kommission in Kooperation mit der Aktion Mensch (2014): Inklusion: Leitlinien für die Bildungspolitik. Bonn: DUK.

Education for All (2006): Global Monitoring Report 2007: Strong foundations. Paris: UNESCO.

Education for All (2007): Global Monitoring Report 2008: Education for All by 2015. Will we make it? Paris: UNESCO.

Education for All (2014): Global Monitoring Report 2013/4. Teaching and Learning: Achieving quality for all. Paris: UNESCO.

Lyotard, Jean-François (1979): La Condition postmoderne. Rapport sur le savoir. Paris: Editions de Minuit.

Senghaas, Dieter (Hrsg.) (1971): Kritische Friedensforschung. Frankfurt/M.: Suhrkamp.

UN (2014): Decade of Education for Sustainable Development 2005-2014 DESD. http://www.desd.org/index.html [Zugriff: 13.07.2015].

UNESCO (2003): Convention for the Safeguarding of the Intangible Cultural Heritage. Paris: UNESCO.

UNESCO (2005): Convention on the Protection and Promotion of the Diversity of Cultural Expressions. Paris: UNESCO.

UNESCO (2009): World Report. Investing in Cultural Diversity and Intercultural Dialog. Paris: UNESCO.

UNESCO (2014): Roadmap for Implementing the Global Action Programm on Education for Sustainable Development. Paris: UNESCO.

UNESCO (2015): Rethinking Education. Paris: UNESCO.

Wintersteiner, Werner/Grobbauer, Heidi/Diendorfer, Gertraud/Reitmair-Juárez, Susanne (2014): Global Citizenship Education. Politische Bildung für die Weltgesellschaft. Wien: Österreichische UNESCO-Kommission.

Wulf, Christoph (Hrsg.) (1973): Kritische Friedensforschung. Frankfurt/M.: Suhrkamp.

Wulf, Christoph (Hrsg.) (1974): Handbook Peace Education. Oslo, Frankfurt/M.: International Peace Research Association.

Wulf, Christoph (2006): Anthropologie kultureller Vielfalt. Bielefeld: transcript.

Wulf, Christoph (2013): Anthropology. A Continental Perspective. Chicago: University of Chicago Press.

Wulf, Christoph (2015): Bilder des Menschen. Imaginäre und performative Grundlagen der Kultur. Bielefeld: transcript.

Wulf, Christoph/Merkel, Christine (Hrsg.) (2002): Globalisierung als Herausforderung der Erziehung. Münster u.a.: Waxmann.

Wulf, Christoph/Roßbach, Hans-Günther (Hrsg.) (2014): Schwerpunkt: Inklusive Schulbildung. In: Zeitschrift für Erziehungswissenschaft 17, 4.

III Traditionen und Zukünfte – Herausforderungen

INKLUSION

Reziproke Beziehungen zwischen Fähigkeitsselbstkonzept und Leistung im Bereich Lesen bei Grundschulkindern mit Lernbeeinträchtigungen in inklusiven und exklusiven Förderarrangements – Ergebnisse der BiLieF-Studie[1]

Einleitung

Mit der Ratifizierung der UN-Behindertenrechtskonvention im Jahr 2009 hat sich Deutschland dazu verpflichtet, ein inklusives Schulsystem zu realisieren. Im Fokus der Debatte um inklusive Schulen stehen dabei Schüler_innen mit sonderpädagogischem Förderbedarf im Förderschwerpunkt Lernen (SFB-L), welche mit etwa 35% die größte Gruppe der Kinder mit sonderpädagogischem Förderbedarf stellen (vgl. Bertelsmann Stiftung 2014). Von diesen Kindern wurden im Schuljahr 2012/13 rund 28,1% inklusiv, d.h. an allgemeinbildenden Schulen und 71,9% exklusiv, d.h. an Förderschulen unterrichtet (vgl. ebd.). Bis dato liegen zahlreiche Befunde vor, die auf Leistungsvorteile von inklusiv gegenüber exklusiv beschulten Kindern hinweisen (zuletzt z.B. Kocaj et al. 2014; Wild et al. 2015). Ob solche Unterschiede jedoch einer unterschiedlichen Leistungsentwicklung in den verschiedenen Förderset-

1 Das diesem Artikel zugrunde liegende Vorhaben "Bielefelder Längsschnittstudie zum Lernen in inklusiven und exklusiven Förderarrangements" (BiLieF) wird mit Mitteln des Bundesministeriums für Bildung und Forschung unter dem Förderkennzeichen 01JC1101 in der Förderlinie "Chancengleichheit und Teilhabe" gefördert. Die Verantwortung für den Inhalt dieser Veröffentlichung liegt bei den Autor/-innen.

tings oder vielmehr einem Selektionseffekt aufgrund gängiger Zuweisungspraktiken geschuldet sind, ist bislang nicht zufriedenstellend geklärt. Um hierüber Aufschluss zu erhalten, sind insbesondere Längsschnittstudien erforderlich, in denen die Leistungsentwicklung in unterschiedlichen Fördersettings adressiert und idealerweise auch potentielle Einflussfaktoren auf schulische Leistung(sentwicklung) berücksichtigt werden. Ein solches Studiendesign wurde im Rahmen des BiLieF-Projektes („Bielefelder Längsschnittstudie zum Lernen in inklusiven und exklusiven Förderarrangements") realisiert. Neben der Leistungsentwicklung im Bereich Schriftsprache wurden in BiLieF die Entwicklung affektiv-motivationaler Merkmale und selbstbezogener Einstellungen sowie deren Interaktion mit der schulischen Leistung in den Blick genommen. Damit adressiert BiLieF gleich mehrere Desiderate der aktuellen Inklusionsforschung (vgl. zusf. Möller 2013).

Im vorliegenden Beitrag steht mit dem akademischen Fähigkeitsselbstkonzept ein motivationales Konstrukt im Mittelpunkt, welches erwiesenermaßen einen Effekt auf die Leistung von Schüler_innen zeigt (vgl. Valentine et al. 2004). Durch den engen Zusammenhang des Fähigkeitsselbstkonzeptes mit der sozialen Bezugsgruppe der Schüler_innen wirken auch schulpolitischen Entscheidungen darauf ein. So konnten Chmielewski et al. (2013) zeigen, dass Schüler_innen in stratifizierten Schulsystemen bei gleicher Leistung aufgrund der durchschnittlich hohen Leistung der Bezugsgruppe an höheren Schulen (z.B. den deutschen Gymnasien) vergleichsweise niedrige Fähigkeitsselbstkonzepte aufwiesen. Entsprechend wären für das Fähigkeitsselbstkonzept von Schüler_innen mit SFB-L in inklusiven versus exklusiven Fördersettings differentielle Effekte der Bezugsgruppe zu erwarten. Gleichwohl wird das Fähigkeitsselbstkonzept auch von der individuellen Leistung der Schüler_innen beeinflusst. Besonderes Interesse gilt daher der reziproken Beziehung zwischen der Leistung und dem Fähigkeitsselbstkonzept (hier: im Bereich Lesen) von Schüler_innen mit SFB-L in der dritten und vierten Klasse. Mit der Leseleistung wird zudem eine Domäne fokussiert, für die eine positive Entwicklung insbesondere in den ersten Grundschuljahren ein zentrales Bildungsziel darstellt (vgl. Stanat 2003).

Das akademische Fähigkeitsselbstkonzept

In der pädagogischen Psychologie werden mit dem Fähigkeitsselbstkonzept (FSK) „Vorstellungen, Einschätzungen und Bewertungen, die die eigenen Person betreffen" (Möller/Trautwein 2009: 180), im Hinblick auf die eigenen Fähigkeiten adressiert. Das Fähigkeitsselbstkonzept ist ein multidimensionales Konstrukt, welches im Schulkontext fachspezifisch ausgebildet wird (vgl.

Phillip Neumann, Julia Gorges, Birgit Lütje-Klose, Elke Wild

ebd.). Kinder verfügen bereits im Alter von 5 Jahren über differenzierte fachspezifische FSKe (vgl. Marsh 2006).

Der Einfluss des FSKs auf die Leistung (*self-enhancement*) wird mit der Annahme begründet, dass sich ein günstiges Fähigkeitsselbstkonzept im Sinne einer self-fulfilling-prophecy positiv auf weitere lernrelevante Merkmale (z.B. Motivation oder Anstrengungsbereitschaft) und darüber vermittelt auf die Leistung der Schüler_innen auswirkt (vgl. Hellmich/Günther 2011). Zugleich wird das Fähigkeitsselbstkonzept jedoch von der individuellen Leistung – insbesondere von Leistungsrückmeldung und der Interpretation der eigenen Leistung im Verhältnis zu der Leistung der sozialen Bezugsgruppe (sozialer Vergleich) – beeinflusst (*skill-development*; vgl. Möller/Trautwein 2009).

Die Rolle der sozialen Bezugsgruppe für die Herausbildung von FSKen wurde umfassend untersucht. Die Befundlage zeigt dabei einen stabilen Effekt der mittleren Leistung der Bezugsgruppe – in der Regel der anderen Schüler_innen einer Klasse – auf die Einschätzung des individuellen FSK im Sinne eines Big-Fish-Little-Pond-Effektes. Eine leistungsstarke Bezugsgruppe führt demnach dazu, dass das eigene FSK – auch bei guten Leistungen – eher geringer eingeschätzt wird (vgl. zusf. Marsh 2006; Möller/Trautwein 2009). Soziale Vergleiche haben schon zu Beginn der Schulzeit einen Einfluss auf die Entwicklung der Schüler_innen: So konnten Lipowsky et al. (2011) einen Einfluss des Leistungsniveaus auf das Fähigkeitsselbstkonzept von Schüler_innen bereits in der ersten und zweiten Klasse beobachten.

Die Ergebnisse längsschnittlicher empirischer Studien zum Einfluss der Leistung auf das Selbstkonzept und vice versa lassen sich dahingehend interpretieren, dass *rekursive Prozesse* vorliegen (vgl. Marsh 2006; Hellmich/Günther 2011; Möller/Trautwein 2009). So konnten Van Aken et al. (1997) in einer Längsschnittstudie über 3 Messzeitpunkte (2., 3. und 4. Klasse) die wechselseitige Beeinflussung von Leistung und Selbstkonzept für den Bereich Rechtschreiben bestätigen (vgl. ebd.: 344f.; vgl. auch Marsh et al. 2005; Valentine et al. 2004).

Ausgehend vom Bezugsgruppeneffekt und dem Zusammenhang zwischen Leistung und Fähigkeitsselbstkonzept ist davon auszugehen, dass Schüler_innen mit SFB-L in inklusiven Settings aufgrund der schwächeren Leistung im Vergleich zur Bezugsgruppe der Regelschüler_innen ein niedrigeres Fähigkeitsselbstkonzept aufweisen als Schüler_innen an Förderschulen. Dies zeigt sich auch in vorliegenden empirischen Studien zum FSK von Schüler_innen mit einem sonderpädagogischem Förderbedarf in integrativen Settings (vgl. Bear et al. 2002; Bless/Mohr 2007; Sauer et al. 2007). Gleichwohl ist auch zu erwarten, dass die bessere Leistung der inklusiv beschulten Schüler_innen zur Herausbildung eines positiveren FSK führt.

Vorliegende Studien vergleichen zumeist entweder die FSKe oder die Leistung der Schüler_innen verschiedener Fördersettings, während eine Betrachtung erwartbarer Wechselwirkungen zwischen FSK und Leistung ausbleibt. Es fehlen damit belastbare längsschnittliche Ergebnisse zur Entwicklung des Fähigkeitsselbstkonzepts im Zusammenhang mit der Leistung von Schüler_innen in inklusiven und exklusiven Schulsettings. Dieses Desiderat wird hier adressiert.

Fragestellung des vorliegenden Beitrags

Mit dem vorliegenden Beitrag sollen über die Betrachtung von Gruppenunterschieden beim FSK und der Leistung (inklusives versus exklusiven Fördersetting) im Bereich Lesen hinaus mögliche Wechselwirkungen – d.h. Einflüsse des FSK auf die Leistung und vice versa – untersucht werden.

Dabei wird erwartet, dass es sowohl von FSK als auch von der Leistung ausgehende Effekte auf das jeweils andere Konstrukt gibt. Forschungsleitende Fragestellungen sind: (1) Welche längsschnittlichen Zusammenhänge gibt es zwischen der Leistung und dem FSK unter Kontrolle der kognitiven Grundkompetenz? und (2) Unterscheidet sich der Zusammenhang je nach Fördersetting (Förderschule/Grundschule)? Datenbasis der folgenden Analysen ist der erste und zweite Messzeitpunkt der BiLieF-Studie, in der das FSK im Bereich Lesen sowie die Leseleistung Mitte der 3. Klasse (t1) und Anfang der 4. Klasse (t2) erfasst wurden.

Methode

Stichprobe und Ablauf

Die Stichprobe umfasst insgesamt $N = 359$ Schüler_innen (41,2% weiblich). Davon besuchten $n = 174$ eine Förderschule und $n = 185$ eine Grundschule[2]. Das Durchschnittsalter betrug zu t1 $M = 8.73$ ($SD = .67$) Jahre und zu t2 $M = 9.78$ ($SD = .65$) Jahre. Die Skalen zum FSK wurden in Einzelbefragungen der Kinder erfasst (vgl. Schwinger et al. 2015). Die Messung der Leseleistung und der kognitiven Grundkompetenz erfolgte teilweise in Kleingruppen.

---

[2]   Ausgeschlossen wurden Schüler_innen, für die nur Daten eines Messzeitpunkts vorlagen, sowie Schüler_innen, welche zwischen T1 und T2 die Schulform gewechselt haben.

Instrumente

Zur Erfassung der Leseleistung wurde das Testverfahren ELFE 1-6 (Lenhard/Schneider 2006) verwendet. Die berichteten Werte sind T-Werte auf Basis der Normstichprobe Mitte dritte Klasse. Zur Messung des Fähigkeitsselbstkonzepts im Bereich Lesen wurden drei Items von Schöne et al. (2002) adaptiert (vgl. Schwinger et al., 2015) und Antworten auf eine 4-stufigen Likert-Skala erfasst (t1: $\alpha = .87$; t2: $\alpha = .89$). Die kognitive Grundkompetenz wurde zum ersten Erhebungszeitpunkt durch zwei Untertests aus dem sprachfreien Grundintelligenztest CFT 1 (Cattell/Weiß/Osterland 1997) gemessen. Berichtet werden t-Werte auf Basis der Normstichprobe dritte Klasse. Tabelle 1 gibt einen Überblick der deskriptiven Statistiken und der bivariaten Korrelationen aller Variablen.

Tabelle 1: Deskriptive Statistiken und Korrelationen für die Gesamtstichprobe

	M (SD)	(1)	(2)	(3)	(4)
(1) Kognitive Grundkompetenz	44.02 (12.62)	--			
(2) Leseleistung t1	29.52 (9.32)	.29	--		
(3) Leseleistung t2	35.61 (11.40)	.25	.85	--	
(4) FSK t1	3.18 (.90)	-.09	.34	.35	--
(5) FSK t2	3.18 (.89)	-.77	.26	.43	.54

Anmerkung: FSK = Fähigkeitsselbstkonzept im Bereich Lesen; fett gedruckte Koeffizienten sind signifikant ($p < .01$)

Analysen

Unterschiede in der Ausprägung der Variablen je nach Fördersetting sowie über die Zeit wurden unter Kontrolle der kognitiven Grundkompetenz mit multivariaten Varianzanalysen in SPSS geprüft. Zur Analyse der längsschnittlichen Beziehung von FSK und Leistung wurde ein Pfadmodell in AMOS 22 (Arbuckle 2013) spezifiziert (vgl. Abb. 1). Dabei wurde die kognitive Grundkompetenz als Kovariate der Leistung berücksichtigt. Zur Überprüfung der Modellanpassung an die Daten wurden der CFI (Akzeptabler Fit > .90, guter Fit > .95) und der RMSEA (akzeptabler Fit < .08, guter Fit < .05) beurteilt (vgl. Hu/Bentler 1999).

Ergebnisse

Gruppenunterschiede

Sowohl Schüler_innen mit SFB-L in Förderschulen ($t(140) = -9.23$, $p < .001$) als auch solche in Grundschulen ($t(169) = -17.13$, $p < .001$) verbessern sich signifikant in ihrer Leistung zwischen t1 und t2. Zwischen dem FSK zum ersten und zweiten Messzeitpunkt findet sich kein signifikanter Unterschied. Unter Berücksichtigung der kognitiven Grundkompetenz als Kontrollvariable unterschieden sich die Fördersettings signifikant bei der Leseleistung zu t1 ($F(1, 300) = 51.68$, $p < .001$, $\eta^2 = .15$) und zu t2 ($F(1, 300) = 62.29$, $p < .001$, $\eta^2 = .17$) sowie beim FSK zu t1 ($F(1, 300) = 6.24$, $p < .05$, $\eta^2 = .02$). Zu t2 finden sich keine signifikanten Unterschiede im Hinblick auf das FSK. Leistung und FSK je Fördersetting sind in Tabelle 2 dargestellt.

Tabelle 2: Mittlere Leseleistung und FSK im Bereich Lesen nach Fördersetting

	Förderschule	Grundschule
Leseleistung t1	25.33 (6.91)	33.23 (9.32)
Leseleistung t2	30.23 (9.54)	40.83 (10.53)
FSK t1	3.07 (.97)	3.27 (.83)
FSK t2	3.17 (.95)	3.21 (.80)

Anmerkung: FSK = Fähigkeitsselbstkonzept im Bereich Lesen, angegeben sind M (SD)

Wechselwirkungen zwischen Fähigkeitsselbstkonzept und Leistung

Das spezifizierte Modell zeigt für die Gesamtstichprobe eine gute Anpassung an die Daten; $\chi^2(2) = 3.860$, $p = .145$, CFI = .997, RMSEA = .051. Wie erwartet werden Leistung und FSK zu t2 am stärksten von Leistung und FSK zu t1 vorhergesagt. Erwartungskonform zeigen sich jedoch auch Wechselwirkungen zwischen dem Fähigkeitsselbstkonzept und der Leistung (vgl. Pfadkoeffizienten in Abb. 1). Um Unterschiede in Abhängigkeit vom Fördersetting zu identifizieren, wurde das Pfadmodell auch als Mehrgruppenmodell geprüft, d.h. das Modell für Schüler_innen in inklusiven versus exklusiven – Settings verglichen. Hier zeigen sich zwar keine signifikanten Unterschiede im Hinblick auf die Pfadgewichte, jedoch werden die Kreuzeffekte nur für Kinder in exklusiven Settings signifikant. Dies bedeutet, dass die Leistung zu t1 nur bei Kindern in exklusiven Fördersettings einen Effekt auf das Selbstkonzept zu t2 hat und auch nur bei diesen Kindern die Leistung zu t2 von ihrem Selbstkonzept zu t1 abhängt. Überraschenderweise profitieren die Kinder in inklusiven Settings also im Hinblick auf die Entwicklung eines positiven

Phillip Neumann, Julia Gorges, Birgit Lütje-Klose, Elke Wild

FSK nicht von ihren – im Vergleich zu exklusiv beschulten Kindern besseren – Leistungen.

Abbildung 1: Reziproke Effekte von FSK und Leistung im Bereich Lesen

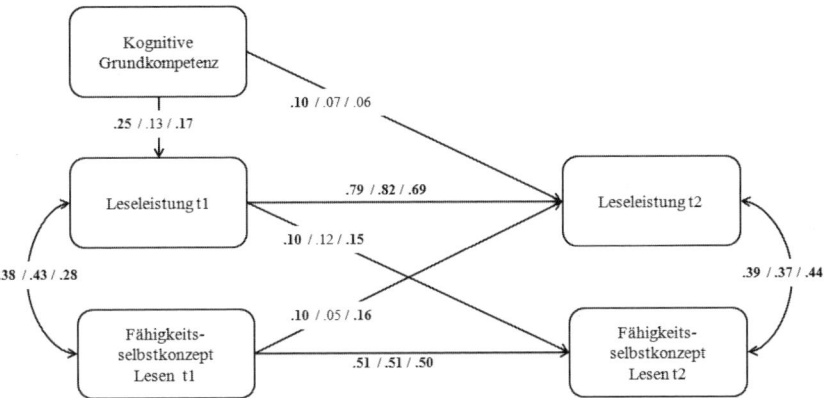

Anmerkung. Standardisierte Pfadgewichte und Korrelationen der Gesamtstichprobe/ Grundschule/Förderschule, fett gedruckte Werte sind signifikant (p < .05).

Diskussion

In der Diskussion um schulische Inklusion ist das Fähigkeitsselbstkonzept aufgrund seiner starken Prägung durch die Bezugsgruppe von besonderer Relevanz. Da Schüler_innen mit SFB-L in integrativen Klassen verstärkt sozialen Aufwärtsvergleichen ausgesetzt sind, sollte sich eine inklusive Beschulung negativ auf das FSK auswirken. Das FSK ist jedoch nicht nur von Bezugsgruppeneffekten, sondern auch von der eigenen Leistung beeinflusst. Dementsprechend ist anzunehmen, dass inklusiv beschulte Schüler_innen durch ihre im Vergleich zu exklusiv beschulten Schüler_innen höhere Leistung ein besseres FSK ausbilden. Mit dem vorliegenden Beitrag wurden Unterschiede im Hinblick auf das FSK im Bereich Lesen sowie auf die Leseleistung von inklusiv versus exklusiv beschulten Kindern mit SFB-L in der dritten und vierten Klasse geprüft. Darüber hinaus wurden die Entwicklung des FSK und der Leistung sowie deren Wechselwirkungen längsschnittlich untersucht. Die Ergebnisse zeigen erwartbare Leistungsvorteile der inklusiv beschulten Schüler_innen. Sowohl die Leseleistung als auch das FSK verbessert sich in den jeweiligen Fördersettings signifikant über die Zeit. Kinder in inklusiven Fördersettings zeigen zu beiden Messzeitpunkten eine bessere Leistung. Für das FSK findet sich entgegen der Erwartungen nur in der dritten Klasse eine signifikant höhere Ausprägung der Kinder in inklusiven Settings. Reziproke Effekte zwischen Leistung und FSK zeigen sich hingegen nur für exklusiv beschulte Schüler_innen.

Im Hinblick auf Kinder in exklusiven Fördersettings bestätigen die Befunde zunächst die theoretischen Annahmen zur wechselseitigen Beeinflussung von Leistung und FSK, d.h. höhere FSK in der dritten Klasse führen zu besseren Leistungen in der vierten Klasse, während bessere Leistungen in der dritten Klasse zu einem höheren FSK in der vierten Klasse führen. Überraschend erscheint hingegen die niedrigere Ausprägung des FSK von Kindern in exklusiven Setting im Vergleich zu inklusiv beschulten Kindern. Da in der vorliegenden Studie die mittlere Klassenleistung jedoch nicht berücksichtig werden konnte, können aufgrund der vorliegenden Ergebnisse keine Aussagen über mögliche Ursachen getroffen werden.

Im Hinblick auf Kinder in inklusiven Settings überrascht insbesondere der ausbleibende Effekt des FSKes der dritten Klasse auf die Leistung der vierten Klasse. Während der Effekt der Leistung zu t1 auf das FSK zu t2 zwar nicht signifikant wurde, zeigt der Pfadkoeffizient eine ähnlich hohe Ausprägung wie bei Kindern in exklusiven Settings. Demgegenüber scheint die Entkopplung von FSK und Leistung darauf hinzuweisen, dass die üblichen Mechanismen, durch die ein Effekt des FSK auf die Leistung zustande kommt, bei inklusiv beschulten Kinder mit SFB-L nicht zu greifen. Dies könnte z.B. daran liegen, dass diese Kinder – anders als ihre Mitschüler_innen – keine Noten für ihre schulischen Leistungen erhalten. Damit entfällt eine wesentliche Grundlage für soziale Vergleiche mit der Bezugsgruppe. Ähnlich könnte sich ein stark individualisierter Unterricht auswirken, bei dem die Kinder mangels vergleichbarer Aufgaben auch unabhängig von Noten keine Bezüge zwischen ihrer Leistung und der Leistung der anderen herstellen können. Angesichts der – auch im Vergleich zu exklusiv beschulten Kindern – insgesamt hohen FSKe und Leistung scheint dies der Lernmotivation und -leistung jedoch nicht abträglich zu sein.

Im vorliegenden Beitrag konnte ein zentraler Bestandteil des klassischen Bezugsgruppeneffektes, nämlich die mittlere Leistung der Bezugsgruppe, nicht berücksichtigt werden. In zukünftigen Studien sollte daher vor allem die Frage adressiert werden, welchen Einfluss die mittlere Leistung der Bezugsgruppe auf das FSK von Schüler_innen mit SFB-L hat und welche (alternativen) Informationen diese Schüler_innen nutzen (können), um zu einer Einschätzung ihrer eigenen Fähigkeiten zu kommen. Erst auf dieser Grundlage würden dann auch Rückschlüsse über die Wirkung der unterschiedlichen Fördersettings möglich.

Phillip Neumann, Julia Gorges, Birgit Lütje-Klose, Elke Wild

Literatur

Arbuckle, James L. (2013): Amos 22 user's guide. Crawfordville, FL: Amos Development Corp.

Aken, Marcel van/Helmke, Andreas/Schneider, Wolfgang (1997): Selbstkonzept und Leistung – Dynamik ihres Zusammenspiels: Ergebnisse aus dem SCHOLASTIK-Projekt. In: Weinert, Franz/Helmke, Andreas (Hrsg.): Entwicklung im Grundschulalter. Weinheim: Beltz, S. 341-350.

Bear, George/Minke, Kathleen/Manning, Maureen (2002): Self-Concept of Students with Learning Disabilities: A Meta-Analysis. In: School Psychology Review 31, 3, S. 405-427.

Bertelsmann Stiftung (2014): Update Inklusion – Datenreport zu den aktuellen Entwicklungen. Gütersloh: Verlag Bertelsmann Stiftung.

Bless, Gerard/Mohr, Kathrin (2007): Die Effekte von Sonderunterricht und gemeinsamem Unterricht auf die Entwicklung von Kindern mit Lernbehinderungen. In: Walter, Jürgen/Wember, Franz B. (Hrsg.): Sonderpädagogik des Lernens. Göttingen: Hogrefe Verlag, S. 357- 383.

Cattell, Raymond. B./Weiß, Rudolf H./Osterland, Jürgen (1997). Grundintelligenztest-CFT. Skala 1. Göttingen: Hogrefe Verlag.

Chmielewski, Anna K./Dumont, Hanna/Trautwein, Ulrich (2013): Tracking effects depend on tracking type: An international comparison of academic self-concept. In: American Educational Research Journal 50, S. 925-957.

Hellmich, Frank/Günther, Faber (2011): Entwicklung von Selbstkonzepten bei Kindern im Grundschulalter – ein Überblick. In: Hellmich, Frank (Hrsg.): Selbstkonzepte im Grundschulalter. Modelle – empirische Ergebnisse – pädagogische Konsequenzen. Stuttgart: Verlag W. Kohlhammer, S. 19-46.

Hu, Li-Tze/Bentler, Peter. M. (1999): Cutoff criteria for fit indexes in covariance structure analysis: Conventional criteria versus new alternatives. In: Structural Equation Modeling: A Multidisciplinary Journal 6, 1, S. 1-55.

Kocaj, Aleksander/Kuhl, Poldi/Kroth, Anna J./Pant, Hans A./Stanat, Petra (2014): Wo lernen Kinder mit sonderpädagogischem Förderbedarf besser? Ein Vergleich schulischer Kompetenzen zwischen Regel- und Förderschulen in der Primarstufe. In: Kölner Zeitschrift für Soziologie und Sozialpsychologie 66, S. 165-191.

Lenhard, Wolfgang/Schneider, Wolfgang (2006): Leseverständnistest für Erst- bis Sechstklässler (ELFE 1-6). Göttingen: Hogrefe Verlag.

Lipowsky, Frank/Kastens, Claudia/Lotz, Miriam/Faust, Gabriele (2011): Aufgabenbezogene Differenzierung und Entwicklung des verbalen Selbstkonzepts im Anfangsunterricht. In: Zeitschrift für Pädagogik 57, 6, S. 868-884.

Marsh, Herb W. (2006): Self-concept theory, measurement and research into practice: The role of self-concept in educational psychology. London: British Psychological Society.

Marsh, Herb W./Trautwein, Ulrich/Lüdtke, Oliver/Köller, Olaf/Baumert, Jürgen (2005): Academic self-concept, interest, grades, and standardized test scores: Reciprocal effects models of causal ordering. In: Child Development 76, 2, S. 397-416.

Möller, Jens (2013): Effekte inklusiver Beschulung aus empirischer Sicht. In: Schulmanagement-Handbuch 32, 146, 15-37.

Möller, Jens/Trautwein, Ulrich (2009): Selbstkonzept. In: Wild, Elke/Möller, Jens (Hrsg.): Pädagogische Psychologie. Berlin, Heidelberg: Springer-Verlag, S. 179-203.

Sauer, Stephan/Ide, Sarah/Borchert, Johann (2007): Zum Selbstkonzept von Schülerinnen und Schülern an Förderschulen und in integrativer Beschulung: Eine Vergleichsuntersuchung. In: Heilpädagogische Forschung 33, 3, S. 135-141.

Schöne, Claudia/Dickhäuser, Oliver/Spinath, Birgit/Stiensmeier-Pelster, Joachim (2002): Skalen zur Erfassung des schulischen Selbstkonzepts (SESSKO). Göttingen: Hogrefe Verlag.

Schwinger, Malte/Wild, Elke/Lütje-Klose, Birgit/Grunschel, Carola/Stranghöner, Daniela/Yotyodying, Sittipan/Baumanns, Rebecca/Gorges, Julia/Serke, Björn/ Pazen, Claudia/Neumann, Phillip/Stelling, Silke (2015): Wie können motivationale und affektive Merkmale bei Kindern mit sonderpädagogischem Förderbedarf valide erfasst werden? Erste Befunde der Bielefelder Längsschnittstudie Bi-LieF. In: P. Kuhl, P./ Stanat, P./B. Lütje-Klose, B./ C. Gresch, C./ H. A. PPant, H.A. & M. Prenzel, M. (Hrsg.), Inklusion von Schülerinnen und Schülern mit sonderpädagogischem Förderbedarf in Schulleistungserhebungen. Wiesbaden: Springer VS. S. 273-300.

Stanat, Petra (2003): PISA 2000: Lesekompetenz als Schlüssel zu Bildungs- und Beteiligungschancen. In: E. Hammes-Di, Bernardo/Oberhuemer, Pamela (Hrsg.): Startchance Sprache: Sprache als Schlüssel zu Bildung und Chancengleichheit. pfv-Jahrbuch, Band 8. Baltmannsweiler: Schneider-Verlag Hohengehren, S. 8-19.

Valentine, Jeffrey/DuBois, David/Cooper, Harris (2004): The Relation Between Self-Beliefs and Academic Achievement: A Meta-Analyses Review. In: Educational Psychologist 39, 2, S. 111-133.

Wild, Elke/Schwinger, Malte/Lütje-Klose, Birgit/Yotyodying, Sittipan/Gorges, Julia/Stranghöner, Daniela/Neumann, Phillip/Serke, Björn & Kurnitzki, S. (2015): Schülerinnen und Schüler mit dem Förderschwerpunkt Lernen in inklusiven und exklusiven Förderarrangements: Erste Befunde des BiLieF-Projektes zu Leistung, sozialer Integration, Motivation und Wohlbefinden. Unterrichtswissenschaft, 43(1), S. 7-21.

Überaus fähig und noch mehr?! Zur Wirkungsweise von Ableism bei der Subjektivierung von Lehrkräften

Einleitung

Wie sind Kollegien als soziale Räume für Bildung zusammengesetzt? Sind sie traditionell oder eher zukünftig ausgerichtet? Inwieweit greifen sie die Charakteristika zum Recht auf Bildung der Behindertenrechtskonvention, die seit dem 26.03.2009 deutsches Recht ist, auf (vgl. Art. 24 UN BRK)?

„Um zur Verwirklichung dieses Rechts beizutragen, treffen die Vertragsstaaten geeignete Maßnahmen zur Einstellung von Lehrkräften, einschließlich solcher mit Behinderungen, die in Gebärdensprache oder Brailleschrift ausgebildet sind, ..." (Art. 24 Abs. 4 UN BRK). Hiermit ist eine Bedingung für eine zukünftige Ausrichtung des deutschen Schulwesens als sozialem Raum der Bildung benannt. Es ist jedoch unklar, ob nicht nur die Schüler_innenschaft, sondern auch die Lehrer_innenschaft als inklusiv zu bezeichnen ist und somit der Vielfalt von Lehrkräften Rechnung getragen wird.

Im Folgenden werden bildungspolitische Diskurse staatlicher bzw. öffentlicher Akteure untersucht, die sich besonders in Regelungen zu Ausbildungs-, Einstellungs- und Beurteilungspolitiken von Lehrkräften manifestieren. Hierbei wird fokussiert, wie die klassischen Differenzkategorien der Cultural Studies (Race, Class und Gender) sowie Dis_ability bzw. Nicht_Behinderung, Alter, sexuelle Orientierung und Religion/Weltanschauung thematisiert werden (vgl. AGG 2006). Wie wird mit Differenz in den Regelungen umgegangen: Werden Kategorien besonders betont oder gerade nicht erwähnt? Damit wird diskursanalytisch nach Keller untersucht, welche Auslassungen und Hervorhebungen in den bildungspolitischen Diskursen, Regelungen und Praktiken der staatlichen Akteure bestehen (Keller 2004). Wie werden die

Vorstellungen von fähigen Lehrer_innen bildungspolitisch konstruiert? Welche Schlussfolgerungen sich hieraus ziehen lassen, wird theoretisch unter Rückgriff auf das Konzept des Ableism sowie auf die Disability Studies analysiert. Welche Fähigkeiten und Kompetenzen werden von Lehrer_innen gefordert? Um die Subjektivierung von Lehrkräften durch die Einstellungs- und Ausbildungsanforderungen zu untersuchen, wird auf die Erforschung der Selbsttechnologien von Michel Foucault und die an ihn anschließende Gouvernementalitätsforschung zurückgegriffen. Die hier dargestellte Analyse ergibt, dass Differenz von Lehrer_innen und Lehramtsanwärter_innen unterschiedlich erwünscht ist. Alle begegnen jedoch ableistischen gesellschaftlichen Mechanismen und sind aufgefordert, sich selbst gemäß den berufsbezogenen Anforderungen zu verhalten und produktiv zu führen. Hieraus ergeben sich einige Implikationen für die weitere Forschung.

Theoretische und methodische Herangehensweise

Diskursanalytische Forschungsweise

In der Diskursforschung werden Texte als materiale Manifestationen gesellschaftlicher Wissensordnungen und damit als wichtige Grundlage einer wissenssoziologischen Rekonstruktion der Produktion, Stabilisierung und Veränderung kollektiver Wissensbestände aufgefasst (vgl. Keller 2004: 74). Die Diskursforschung interessiert sich für Aussagen, Praktiken und Dispositive als Manifestationen der strukturierten Prozessierung umstrittener gesellschaftlicher Wissensvorräte. Diskurse stehen in einem interdiskursiven Kontext mit historisch diachronen und synchronen Diskursformationen, die sukzessive aus einzelnen Aussagezusammenhängen rekonstruiert werden. Diskursanalysen greifen zu Informations- und Interpretationszwecken auf unterschiedliche Formen des Kontextwissens und zugänglicher Materialien über das Forschungsfeld zurück, um ihre Fragestellung zu bearbeiten.

Der Gegenstand der Analyse[1] setzt sich zusammen aus den Regelungen, Bedingungen und Aussagen der Bildungsministerien bzw. -behörden etc., die im Frühjahr 2014 gültig waren. Hierbei habe ich mich auf zugängliche Webseiten gestützt. Ausgewählt wurden Webseiten der Bildungsministerien und -behörden, des Bundesamts für Migration und Flüchtlinge (BaMF), des Bundesministeriums für Arbeit und Soziales (BMAS) und exemplarisch von Universitäten als Ausbildungsinstitutionen öffentlichen Rechts. Die Materialien wurden nach dem Prinzip der maximalen und minimalen Kontrastierung ausgewählt (vgl. Keller 2004: 88f.). Der Aussagezusammenhang wird durch

---

[1] Vgl. zur ausführlichen Analyse Hirschberg 2015.

Marianne Hirschberg

verschiedene Leitfragen rekonstruiert, u.a. wird danach gefragt in welchen Kategorien und/oder Argumenten das Thema in Texten behandelt wird, was Kernbestandteile der Aussage sind, welche Aussage- oder Begriffswiederholungen es gibt (vgl. Keller 2004: 98). So wird die Untersuchung, wie Lehrkräfte bildungspolitisch in den Diskursen, Regelungen und Praktiken der Akteure konstruiert werden, durch die Frage geleitet, *welche Differenzkategorien wie thematisiert werden*. Besonders beachtet wird, welche Hervorhebungen und Auslassungen hierbei vorgenommen werden. Diese verweisen auf implizite, mit ihnen einhergehende Bewertungen und sind charakteristisch dafür, wie Vorstellungen über Lehrer_innen in den ausgewählten Materialien (re)-produziert werden.

Der genannte Zeitpunkt wurde ausgewählt, um die Einstellungs-, Ausbildungs- sowie Beurteilungsbedingungen fünf Jahre nach dem rechtlichen Inkrafttreten der Konvention über die Rechte von Menschen mit Behinderungen (UN BRK) in Deutschland (26.03.2009) zu untersuchen. Der Fokus liegt auf der Frage nach Bedingungen für ein inklusives Kollegium (vgl. Art 24 Abs. 4 UN BRK). In Verbindung mit Art. 24 gelten allgemeine Menschenrechtsgrundsätze, wie beispielsweise der Grundsatz, jegliche Differenz anzuerkennen und zu würdigen (vgl. Art. 3 d UN BRK). Dieser Grundsatz bezieht sich auch auf die Lehrenden bzw. das pädagogische Personal in einem inklusiven Bildungssystem. Ein inklusives Bildungssystem sollte somit auf allen Ebenen jegliche Differenz abbilden, sowohl einer heterogenen Schüler_innenschaft, als auch eines vielfältigen Kollegiums.

Perspektive der Disability Studies

Die Disability Studies sind aus den emanzipatorischen Behindertenbewegungen entstanden, die sich in vielen Ländern seit Ende der 1960er Jahre gegen Benachteiligung und Bevormundung behinderter Menschen eingesetzt haben. Zu diesen gehört auch die britische Union of the Physically Impaired Against Segregation (UPIAS), die zwischen individueller und gesellschaftlicher Ebene von Behinderung: impairment (Beeinträchtigung) und disability (Behinderung) unterschieden hat: „Impairment: lacking part or all of a limb, or having a defective limb, organ or mechanism of the body; and Disability: disadvantage or restriction of activity caused by a contemporary social organization which takes no or little account of people who have [...] impairments and thus excludes them from the mainstream of social activities." (UPIAS 1976). Diese Definition hat große Bedeutung in den Disability Studies, sie wurde diskutiert und weiterentwickelt, sodass nicht nur körperliche Beeinträchtigungen, sondern jegliche und auch kognitive Beeinträchtigungen unter dem Oberbegriff impairment gefasst werden (vgl. Oliver 1998: 1447). Behinderungen sind untrennbar mit den sozialen Lebensbedingungen beeinträchtigter Menschen verbunden. Dadurch, dass sie aus der Gesellschaft ausgeschlossen werden und so Isolation und Exklusion erfahren, wird ihre gesellschaftliche Partizipation verhindert (vgl. Morris 1991; Hughes/Paterson 1997; Thomas 2004).

Ableism als Analyseperspektive

In den Disability Studies werden die Konsequenzen der Nicht-Erfüllung gesellschaftlicher Fähigkeitserwartungen unter dem Begriff „Ableism" diskutiert. Ableism manifestiert sich diskursiv-symbolisch in der idealisierten Vorstellung von der Produktivität eines Menschen und von Körperbildern, denen Menschen nur selten und wenn, nur kurzfristig in ihrer Lebensspanne entsprechen (können) (vgl. Maskos 2015). Dabei bezeichnet er die soziokulturelle Produktion von Normen und Normalitäten, die den leistungsfähigen (nicht beeinträchtigten) Körper als unhinterfragte, selbstverständliche, privilegierte Existenzweise voraussetzen (vgl. Campbell 2009; Maskos 2015). Vergleichbar mit Rassismus, Sexismus oder Ageism ist Ableism eng mit der Logik des Wirtschaftssystems verwoben (vgl., Maskos 2015). Darüber hinaus ist Ableism in Rechtsverordnungen, aber auch in Kommunikationsformen, Architektur und Design sowie in Segregationspraktiken und -institutionen wirkmächtig. (vgl. Maskos 2015)

Die Wirkungsweise von Ableism lässt sich dadurch erklären, dass ableistische Sichtweisen gesellschaftlich, sozial und kulturell (häufig unbewusst) tief verankert sind. Ableistische Perspektiven werden meist als selbstverständlich angesehen, in sie sind als „normal" erachtete Hierarchisierungen eingelassen. Diese konstruierten Normalitäten werden entweder nicht hinterfragt oder über Mehrheitsverhältnisse gerechtfertigt (vgl. Link 1997; Schildmann 2001; Hirschberg 2009: 139ff.; Sierck 2013).

Ableism prägt nicht nur die Konstruktion von Behinderung, sondern von jeglichen Körperkonstruktionen, also auch die von Nichtbehinderung. Damit ist auch die Gestaltung eines inklusiven Bildungssystems durch ableistische Züge geprägt, was Implikationen für die Umsetzung der Anforderungen hat, die sich aus der UN-Behindertenrechtskonvention für ein inklusives Bildungssystem ergeben (vgl. Art. 24 UN BRK). Auch die Regelungen der Einstellungs-, Ausbildungs- und Beurteilungspolitiken sind ableistisch geprägt, wie im Folgenden ausgeführt wird.

Selbst- und Fremdführungstechnologie – Gouvernementalität

Mit Gouvernementalitätsforschung lässt sich theoretisch an die Untersuchung von Ableism anschließen – wie sich durch die folgenden Ausführungen verdeutlicht. Gouvernementalitätsstudien greifen Foucaults Begriff der Regie-

Marianne Hirschberg

rung auf und analysieren Methoden der Lenkung oder Führung von Menschen. Hierbei geht es nicht um die Regierung als Staatsmacht, sondern darum, Regierung als „Führung von Führungen" zu verstehen (Foucault 1987: 255). Nach Foucault lässt sich über den Begriff der Führung das Spezifische von Machtverhältnissen fassen. So sei Führung sowohl „die Tätigkeit des ‚Anführens' anderer (vermöge mehr oder weniger strikter Zwangsmaßnahmen)" als auch „die Weise des Sich-Verhaltens in einem mehr oder weniger offenen Feld von Möglichkeiten" (ebd.). Regierungstechniken funktionieren somit als Verbindung von Selbst- und Fremdführungen (vgl. Lemke et al. 2000: 29ff.; Hirschberg 2009: 134ff.). In Gouvernementalitätsanalysen gilt es herauszuarbeiten, „wie sich bestimmte Annahmen darüber, was als wahr bzw. vernünftig anzuerkennen ist, mit spezifischen Problemdiagnosen verbinden, denen wiederum spezifische Strategien zu ihrer Bewältigung korrespondieren, an die dann bestimmte Techniken und Verfahren anschließen, die ihrerseits neue Objekte und Subjekte des Regierens hervorbringen" (ebd.). Mechanismen der Fremd- und Selbsttechniken bilden „Ensembles aus Verstehensformen, Zurichtungsstrategien und Selbsttechnologien, die aus Menschen Subjekte und mit denen sie sich selbst zu Subjekten machen" (Bröckling 2007: 31). Regierungstechniken bilden sich aus dem Regiertwerden und den Methoden, sich selbst zu regieren, wozu auch die Internalisierung der Regierungstechniken gehört, die zur Subjektformung beiträgt. Die Subjektivierung geschieht in einem strategischen Feld, „in dem der Einzelne sich gezielten und planvollen Zurichtungsanstrengungen ausgesetzt sieht und sich zugleich gezielt und planvoll selbst zurichtet" (ebd.: 32). Alle Handlungsweisen des Subjekts finden innerhalb des Feldes statt, in dem die Regierungstechniken (in Form von Selbst- und Fremdführung) greifen. Ein Außerhalb gibt es somit nicht, auch Widerstandsformen gegen Maßnahmen, Praktiken oder Anordnungen gehören zu den Freiheitsmöglichkeiten des Subjekts. Das Subjekt ist somit aufgefordert, sich selbst im Verhältnis zu Spielregeln oder Anordnungen zu regieren, seine Handlungs- und Lebensmöglichkeiten zu nutzen oder auch zu erweitern bzw. zu optimieren und hierbei grundsätzlich ökonomisch mit seinen Kräften zu haushalten (vgl. Foucault 1990: 51). Bröckling formuliert zugespitzt, dass das ökonomische Handeln des Subjekts als unternehmerisch zu bezeichnen ist: „Herrschaft verschwindet im Postulat der Selbstbeherrschung" im Rahmen der vielfältigen Weisen, sich selbst optimal zu führen (ebd. 2007: 247).

Analyse von Einstellungspolitiken für Lehrkräfte

Historisch gilt das Lehramt als Aufstiegsmöglichkeit für Personen schwachen sozio-ökonomischen Status' und besonders das Grundschullehramt bot eine

Möglichkeit für Frauen, eine gesicherte berufliche Position zu erlangen. Hinsichtlich Gender gibt es traditionell eine strukturell ungleiche Verteilung nach Schultypen: Während heutzutage annähernd gleich viele Frauen und Männer an Gymnasien lehren, unterrichten Frauen wesentlich häufiger als Männer an Grundschulen (vgl. Aktionsrat Bildung 2009: 18; Cornelißen 2005). Aufgrund dieser Situation wurde an der Universität Bremen die Kampagne „Rent a teacherman" entwickelt, um Männer an Grundschulen zu vermitteln (vgl. Fantini 2012/2013). Auffällig ist, dass „die Bewerbung von Frauen" an allen Schulformen teilweise als „ausdrücklich erwünscht" bezeichnet wird (BSen 2014: 2). Möglicherweise greift diese Hervorhebung eine generelle rechtliche Verordnung für Stellenausschreibungen im öffentlichen Dienst auf, Frauen als im Erwerbsleben traditionell benachteiligtes Geschlecht explizit in der Stellenausschreibung um Bewerbung aufzufordern (vgl. GG Art. 3 Abs. 2).

Unterschiedliche Aussagen finden sich zur Kategorie Migrationshintergrund: Diese wird entweder nicht thematisiert oder von unterschiedlichen Akteuren in ähnlicher Weise hervorgehoben wie Gender. So enthält die Stellenausschreibung für Lehrkräfte im Berliner Schuldienst die konkrete Aufforderung: „Die Bewerbung von Menschen mit Migrationshintergrund, die die Voraussetzungen der Stellenausschreibung erfüllen, ist ausdrücklich erwünscht" (BSen 2014: 2). Diese Aussage wird flankiert durch einen Aufruf (vom 18.01.2011) des Bundesamts für Migration und Flüchtlinge „Migranten für den Lehrerberuf gewinnen" (BaMF o.J.). Das Amt begründet seinen Appell damit, dass „in vielen deutschen Klassenzimmern […] heute mehr Schüler mit ausländischen Wurzeln als „Einheimische" [vorzufinden sind und] vielfältige Einflüsse anderer Kulturen zunehmend das Schulleben hierzulande [prägen]" (ebd.). Bei genauer Lektüre der Einstellungsrichtlinien fällt auf, dass die Bewerbungen von Menschen mit Migrationshintergrund ausdrücklich erwünscht sind, sofern sie die Voraussetzungen der Stellenausschreibung erfüllen (BSen 2014: 2). Dieser Zusatz der Voraussetzungserfüllung fehlt bei der ebenfalls als ausdrücklich als gewünscht dargelegten Bewerbung von Frauen (s.o.). Es entsteht der Eindruck, dass Frauen und Menschen mit Migrationshintergrund unterschiedliche Bedingungen für die Stelle erfüllen müssen. Des Weiteren ist die Frage zu stellen, welche Voraussetzungen für die Bewerbung von *Frauen mit Migrationshintergrund* gelten – die Berücksichtigung von Intersektionalität spiegelt sich in der Ausschreibung nicht wider.

Konstruktionen behinderter Lehrkräfte

Die Kategorie „Nicht_Behinderung" wird in den Materialien in vergleichbarer Weise verwendet wie „kein Migrationshintergrund": Nichtbehinderung wird nicht thematisiert, und somit vorausgesetzt bzw. als selbstverständlich konstruiert, es handelt sich daher um eine unmarkierte Kategorie. Hingegen

Marianne Hirschberg

enthalten die staatlichen Regelungen und Texte zu Behinderung unterschiedliche Aussagen.

Nahezu durchgängig wird Schwerbehinderung als rechtlich anerkannte Kategorie des Sozialgesetzbuchs IX genannt (vgl. BSen 2014; HSBVL 2008; SMK 2003). Das niedersächsische Kultusministerium erklärt in seinem Merkblatt zur Einstellung von Lehrkräften: „Schwerbehinderte Lehrkräfte werden bei sonst gleicher Eignung bevorzugt eingestellt" (2014: 7). Diese Ausführung unterscheidet sich durch die Einschränkung des „sonst" minimal von der Stellenausschreibung der Berliner Senatsverwaltung zur Einstellung von Lehrkräften in den Berliner Schuldienst vom 31. März 2014, die darlegt, dass „Schwerbehinderte im Sinne des § 2 SGB IX bei gleicher Eignung bevorzugt eingestellt" werden (BSen 2014: 2; vgl. auch SMK 2003: 299). Die Einschränkung der gleichen Eignung durch das Adverb „sonst" macht deutlich, dass die Schwerbehinderung als Einschränkung im Vergleich zu nichtschwerbehinderten Lehrkräften betrachtet wird. Schwerbehinderung wird als Kriterium eines Eignungsnachteils beurteilt, das nur aufgrund der rechtlichen Bevorzugungsregelung schwerbehinderter Lehrkräfte bei der Bewerbung nicht als Nachteil bewertet wird. Die Ergänzung der Regelung für schwerbehinderte Lehrkräfte in den niedersächsischen Ausführungen verdeutlicht eine negative Bewertung von Behinderung, die in den Berliner oder Sächsischen Formulierung nicht so klar ausgedrückt ist. In beiden Formulierungsvarianten wird Behinderung individualisiert betrachtet und mit einer Beeinträchtigung gleichgesetzt, gesellschaftliche Ursachen wie Barrieren und andere Benachteiligungen werden nicht als entscheidende Ursache einer Behinderung erwähnt (vgl. UPIAS 1976). Es handelt sich eindeutig um eine individuumsbezogene defizitorientierte Perspektive auf Behinderung.

Abgesehen von dem rechtlichen Verweis auf die Bevorzugung schwerbehinderter Bewerber_innen bei gleicher Eignung werden Arbeitssituationen behinderter Lehrkräfte konkret geschildert. Allerdings wird auch dargelegt, dass inklusive Bildung auch die Einstellung behinderter Lehrkräfte erfordert. So bezeichnet das bayrische Kultusministerium auf seiner Webseite „Unter besonderem Schutz" Inklusion im Bildungsbereich als ein Hauptanliegen und erklärt: „Inklusion ist eines der wichtigsten Themen der bayerischen Bildungspolitik – Inklusion in der Schule bedeutet aber nicht nur, dass behinderte und nichtbehinderte Schüler gemeinsam lernen. Auch behinderte Lehrerinnen und Lehrer gehören in die Mitte des Arbeitslebens" (BSMBK o.J.). Im Anschluss an dieses Statement wird auf das Benachteiligungsverbot behinderter Menschen im Arbeitsleben Bezug genommen und damit die existierende gesellschaftliche Benachteiligung behinderter Menschen klar benannt. Hierbei verweist das Kultusministerium nicht nur auf die bundesdeutsche (GG Art. 3 Abs. 3) und die bayrische Verfassung (Art. 118a Satz 1), sondern auch auf die ausführliche Rechtsnorm der Behindertenrechtskonvention zum Recht auf Arbeit behinderter Menschen (Art. 27 UN BRK). Das Kultusministerium begründet so die „besondere[.] Verantwortung" des „Freistaat Bayern als Dienstherr und Arbeitgeber", „ den Inklusionsgedanken für seine Beschäftigten mit Behinderung zu verwirklichen" (BSMBK o.J.).

Wie Benachteiligungen und Barrieren beeinträchtigte Lehrkräfte behindern, wird in einem Interview mit einer behinderten Lehrerin veranschaulicht. Dieses Interview „Weg frei für Lehrkräfte mit Behinderung" wird wie folgt eingeleitet: Ein Gespräch mit Alexandra Pfahler, „die mit einer progressiven Muskelschwäche erfolgreich eine Lehrtätigkeit ausübt" (BSMBK o.J.). Es fällt auf, dass diese Hinführung zum Interview die hohe Leistung der Lehrerin in den Mittelpunkt stellt, mit ihrer Beeinträchtigung erfolgreich zu unterrichten. Behinderung wird hier auf die Beeinträchtigung reduziert, der nach dem Hinweis auf die UN BRK erwarteten Darstellung gesellschaftlicher Benachteiligung wird in diesem Antext nicht entsprochen. Hingegen enthält das Interview Schilderungen der Beeinträchtigungen wie auch der Barrieren, welche die biographischen Erfahrungen der behinderten Lehrerin in Studium und Berufstätigkeit prägen. Im Interview erklärt sie, sie hätte an der Universität einen Behindertenbeauftragten mit mehr Befugnissen erwartet sowie die Möglichkeit zum Erfahrungsaustausch und weniger physische Barrieren. Während ihr Klassenzimmer mit auf ihre Bedarfe ausgerichteten Materialien und Hilfsmitteln ausgestattet wurde, begegnete sie Einstellungs-Barrieren in Form der Vorurteile mancher Eltern gegenüber ihrer Beeinträchtigung.

Während die gelungene Praxis zur Gestaltung eines barrierefreien schulischen Arbeitsplatzes den Fokus auf die Entfernung der Barrieren legt, wird die individuelle, defizitorientierte Perspektive durch die Betonung der Beeinträchtigung, des Hilfebedürfnisses und auch der rechtlichen Bevorzugung schwerbehinderter Lehrkräfte im Einstellungsverfahren hervorgehoben.

Ableistische Einstellungspolitiken

Die Einstellungspolitiken, die sich in den untersuchten Einstellungsregelungen zeigen, produzieren Lehrkraft-Subjekte in ableistischer Weise: Die vorherrschende Konstruktion von Behinderung ist der „Vorrang Schwerbehinderter bei gleicher Qualifikation", die in den Einstellungsmerkblättern und Informationsmaterialien der Bundesländer zu finden ist. Gemäß der Unterscheidung des Sozialen Modells zwischen Beeinträchtigung und Behinderung wird in den Einstellungsregelungen der Fokus auf die individuelle Beeinträchtigung und nicht auf die gesellschaftlich produzierte Behinderung gelegt. Die Formulierung des niedersächsischen Kultusministeriums, dass schwerbehinderte Menschen bei *sonst* gleicher Qualifikation bevorzugt eingestellt" werden (NdsKM 2014: 7) verdeutlicht die dieser Rechtsverordnung zugrunde liegende ableistische Perspektive (auch die andere, üblichere Formulierung

Marianne Hirschberg

hinsichtlich der rechtlichen Bevorzugung bei gleicher Qualifikation beruht auf der gleichen Sichtweise, Behinderung als Nachteil zu konstruieren). Das Adverb „sonst" verstärkt noch einmal, dass eine Schwerbehinderung nicht als Ausdruck menschlicher Vielfalt, sondern als Nachteil beurteilt wird.

Ableism ist auch in der diskursiven Konstruktion der besonders großen Fähigkeit, erfolgreich mit der Beeinträchtigung der Muskelschwäche zu lehren, wirkmächtig. Das auf der Webseite des bayrischen Kultusministeriums vorgestellte Interview mit der behinderten Lehrerin Alexandra Pfahler fokussiert weniger, wie welche Barrieren ihr Studium und ihre Berufstätigkeit als Lehrerin behindern und abgebaut werden sollten, sondern hebt durch die einleitende Erläuterung des Interviews ihre Kompetenz, ihre überaus große Fähigkeit der Lehrtätigkeit mit progressiver Muskelschwäche hervor. Dies zeigt noch einmal eine andere Variante der ableistischen Spielart, die Stilisierung als „Heldin", mit einer Behinderung erfolgreich als Lehrerin zu arbeiten (vgl. Maskos 2015).

Kurz gefasst lassen die untersuchten Dokumente darauf schließen, dass zwar männliche Lehrkräfte und Lehrkräfte mit Migrationshintergrund selten in Schulen vertreten sind, jedoch beide Kategorien, die Genderperformanz „Mann" und Migrationshintergrund, nicht negativ konnotiert werden. Behinderung hingegen wird auf Beeinträchtigung reduziert und nicht als gesellschaftliches Konstrukt geschweige denn als wertgeschätzter Ausdruck menschlicher Vielfalt konstruiert.

Sich als Lehrer_innen besonders kompetent erweisen –
Gouvernementalitätsanalyse

Zur Ergänzung der bisherigen Analyse werden nun neben den auf Bewerbung und Zulassung ausgerichteten Einstellungsregelungen auch die Anforderungs- und Beurteilungsregelungen herangezogen. Diese flankieren die Einstellungsregelungen dadurch, dass sie stärker auf das individuelle Verhalten und die Befähigungen der Lehrkräfte fokussieren. Wie Lehrkräfte aufgefordert sind, sich selbst zu führen und mit dieser Perspektive ihre Befähigungen, Behinderungen und Angewiesenheiten selbst zu managen und sich als kompetent zu vermitteln, zeigt sich besonders in den Anforderungen und Aufgabenprofilen für Lehrkräfte (vg. NdsKM 2014: 7, 11 und HHSB 2009: 2). Es fällt auf, dass einige Befähigungen Lehrkräften zugeschrieben werden, andere hingegen nicht thematisiert sind und als Leerstelle markiert werden können.

Neben der generellen Erfordernis, die geeigneten „persönlichen Voraussetzungen" zu bieten, um „gemäß den Richtlinien über die Vergütung der Lehrkräfte" eingruppiert zu werden (BSen 2014: 2), gibt es in allen Bundesländern allgemeine Anforderungen an Lehrkräfte. Erwartet werden „Aufge-

schlossenheit gegenüber fachlichen und didaktisch-methodischen Entwicklungen, Bereitschaft zur fachlichen und pädagogischen Fort- und Weiterbildung, Kommunikations- und Kooperationsfähigkeit, erzieherische, soziale
und pädagogische Kompetenz" (BSen 2014: 2). Anders formuliert und noch
durch einen entscheidenden Faktor ergänzt, fordert die Hamburger Schulbehörde in ihrer „Musterbeschreibung Aufgabenbeschreibung und Anforderungsprofil für Lehrkräfte" u.a. neben Empathie, Motivation, der Bereit-
schaft/Fähigkeit zu Innovation und Flexibilität, Team-, Kooperations- und
Konfliktfähigkeit, auch noch „Selbstmanagement und Organisationsfähig-
keit" (HHSB 2009: 2). Hierzu gehört es, „sich bezüglich der Fach- und Methodenkompetenzen Entwicklungsziele für eine Professionalisierung der eigenen Arbeit setzen und die Zielerreichung überprüfen" zu können. Zu den
äußeren zu erfüllenden Einstellungsregelungen und Beurteilungen kommt
hier also die Anforderung hinzu, sich selbst zu führen: Ein Zusammenspiel
aus Fremdführung und Selbstführungstechniken. Sich eigene Ziele zu setzen
und diese selbst zu überprüfen, bedeutet die eigene Entwicklungsfähigkeit in
Teilschritte zu unterteilen und die Einhaltung der eigenen Planung selbst zu
beurteilen. Eine Lehrer_in wird so zu Prüfling und Prüfer_in in einer Person.
    Auch die Kompetenz, „verantwortungsvoll mit den eigenen gesundheitli-
chen Ressourcen umgehen, Grenzen ziehen und sich – wenn nötig – rechtzei-
tig Hilfe suchen", weist auf die gouvernementalistische Anforderung der
Selbstoptimierung hin (vgl. Lemke et al. 2000). Wie in der Musterbeschreibung der Hamburger Schulbehörde dargelegt, gehört es zum Anforderungsprofil von Lehrer_innen, sich selbst als zu optimierendes Produkt der eigenen
(und der fremden) Führung zu begreifen, sich gegenüber sich selbst, der eigenen jeweils immer wieder zu verbessernden Leistungsfähigkeit unternehmerisch zu verhalten, Kompetenzen zu erhalten, sich neue anzueignen und
ggf. selbst fürsorglich für sich zu sorgen und sich in helfende Hände zu bege-
ben. Eigenverantwortung wird so zu einer neoliberalen Spielart, nicht nur für
sich selbst sorgen zu dürfen, sondern auch zu müssen – alles vor dem Hintergrund, sein eigenes Profil gemäß der (möglicherweise verinnerlichten) Anforderungen zu entwickeln: Selbstregierung in Verbindung mit Fremdregie-
rungstechniken, wobei es sich bei Lehrer_innen um eine Profession handelt,
die staatlich geleitet und geprüft wird. Als Berufsgruppe unterliegen Lehrkräfte (sozial)-staatlichen Erwartungen, die zur Erfüllung der eigenen und
professionstypischen Anforderungen beitragen. Die Fähigkeiten und Kompetenzen sind Attribute, die Lehrer_innen bieten und ggf. noch optimieren sollen, um eine überaus gute Lehrkraft zu verkörpern bzw. als diese beurteilt
und eingestellt oder erneut während der Tätigkeit bewertet zu werden (vgl.
hierzu Bröckling 2007).
    Im Kontext der herrschenden Gesellschaftsordnung wird „von bürgerli-
chen Individuen […] Autonomie, Selbstkontrolle und Souveränität erwartet.
Nur mit dieser Souveränität" sei es Individuen und so auch Lehrer_innen

möglich, „in der Konkurrenz um Jobs, Lohn und Anerkennung" mitzuspielen (Maskos 2010: 3). Diese Souveränität zu erhalten und zu verinnerlichen, ist Teil der Gouvernementalität, der Fremd- und Selbststeuerung, die sich den von der Profession erwarteten Wissensformen und Rationalisierungsweisen als vernünftig erweisen (vgl. Bröckling/Krasmann 2010). Die Subjektformung der Lehrer_innen geschieht in dem strategischen Feld einer Profession, die derzeit noch dem öffentlichen Dienst angehört und – wenn auch in sich verändernder Form – die Sicherheit eines verbeamteten oder traditionell auf Lebenszeit angestellten Arbeitsplatzes bietet. Auch dieser Faktor bildet eine der Bedingungen, innerhalb derer Lehrkräfte als Subjekte ihre Handlungs- und Selbstführungsstrategien entwickeln und ausführen, überaus fähige Lehrer_innen zu sein, zu werden und als solche anerkannt zu werden.

Resumée

Der Zugang zum Lehramtsberuf scheint traditionell weißen, bildungsbürgerlichen, nichtbehinderten Menschen ohne Migrationshintergrund vorbehalten gewesen zu sein, jedoch hat ein Veränderungsprozess begonnen. Vielfalt als Kriterium für Bildung als sozialem Raum wird insoweit in Ausschreibungen, Kampagnen, Informationsmaterialien etc. stärker beachtet als dies vor dem 21. Jahrhundert der Fall war. So startete das Bundesamt für Migration und Flüchtlinge die Kampagne, „Migranten für den Lehrerberuf gewinnen". Besonders für Grundschulen werden Männer umworben. Hinsichtlich beider Kategorien, Gender und Migrationshintergrund, werden jedoch die in Schulen überwiegend vertretenen Kategorien, die Genderperformanz Frausein und Weißsein, nicht thematisiert. Sie sind vielmehr als Leerstellen markiert. Dies trifft ebenfalls auf die Kategorie Nichtbehinderung zu, der aufgrund ihrer fehlenden Diskussion und der Beurteilung von Behinderung als Nachteil eine vorherrschende, als selbstverständlich angesehene Bedeutung zugeschrieben wird. Intersektionalität bleibt vollständig unerwähnt, Auswirkungen der Überkreuzung von Gender, vorhandenem oder fehlenden Migrationshintergrund und/oder Nicht_Behinderung werden nicht expliziert.

Auch wenn die Debatte um inklusive Bildung vermittelt, dass hauptsächlich behinderte und nichtbehinderte Schüler_innen gemeinsam lernen sollen, und behinderte und chronisch erkrankte Lehrkräfte nicht zu existieren scheinen, ist dies nach Analyse der Regelungen zu Einstellung und Bewerbung von Lehrkräften zu widerlegen. Allerdings wird Behinderung durchgängig als Schwerbehinderung bzw. als individuelle Beeinträchtigung konstruiert und nicht als gesellschaftliche Benachteiligung aufgrund von Stereotypen oder Barrieren beurteilt. Damit ist im Diskurs um inklusive Bildung, auch im

Überaus fähig und noch mehr?!

Kontext von Professionalisierung, immer noch eine defizitäre ableistische Konstruktion von Behinderung vorherrschend. Ein inklusives Kollegium als sozialer Raum für Bildung ist – unter Beachtung aller Differenzkategorien – nicht für alle Lehrer_innen realisiert, da nicht alle bisher im Lehramt gering vertretenen Personengruppen umworben werden, jedoch können sich natürlich alle eigenständig bewerben. Zudem sind alle Lehrer_innen der ableistischen Beurteilung und der gouvernementalistischen Aufforderung, sich selbst als Lehrkraft produktiv zu führen, ausgesetzt. Dementsprechend kann als Fazit festgestellt werden, dass Lehrkräfte nicht nur kompetent, sondern überaus fähig sein müssen. Zudem müssen sie – im Sinne von Ableism und Gouvernementalität – auch ihre potentiellen Schwächen souverän managen.

Literatur

Aktionsrat Bildung (2009): Geschlechterdifferenzen im Bildungssystem – Die Bundesländer im Vergleich. Fakten und Daten zum Bildungsreport 2009, http://www.aktionsrat-bildung.de/fileadmin/Dokumente/Geschlechterdifferenzen_im_Bildungssystem__Jahresgutachten_2009.pdf, 24.03.2015.

BGBl. (2006): Allgemeines Gleichbehandlungsgesetz vom 14. August 2006 (BGBl. I S. 1897), das zuletzt durch Artikel 8 des Gesetzes vom 3. April 2013 (BGBl. I S. 610) geändert worden ist.

Bayrisches Staatsministerium für Bildung und Kultus, Wissenschaft und Kunst (BSMBK) (o.J.): Unter besonderem Schutz, Webseite ohne Datum, http://www.km.bayern.de/lehrer/dienst-und-beschaeftigungsverhaeltnis/schwerbehinderte-lehrkraefte.html, 28.03.2015.

Berliner Senatsverwaltung für Bildung, Jugend und Wissenschaft (BSen) (2014): Stellenausschreibung. Einstellung von Lehrkräften in den Berliner Schuldienst, http://www.vbe-berlin.de/files/ausschreibung_nachsteuerung.pdf, 30.03.2015

Bröckling, Ulrich (2007): Das unternehmerische Selbst. Soziologie einer Subjektivierungsform, Frankfurt/Main: Suhrkamp.

Bröckling, Ulrich/Krasmann, Susanne (2010): Ni méthode, ni approche. Zur Forschungsperspektive der Gouvernementalitätsstudien – mit einem Seitenblick auf Konvergenzen und Divergenzen zur Diskursforschung, In: Angermüller, Johannes/Dyk, Silke van (Hg.): Diskursanalyse meets Gouvernementalitätsforschung. Perspektiven auf das Verhältnis von Subjekt, Sprache, Macht und Wissen, Frankfurt/Main: Campus, S. 23-42.

Bundesamt für Migration und Flüchtlinge (BaMF) (o.J.): http://www.bamf.de/DE/Willkommen/Bildung/Studium/MigrantenLehrberuf/migrantenlehrberuf-node.html, 28.03.2015.

Bundesamt für Migration und Flüchtlinge (BaMF)/Hertie-Stiftung (Hg.) (2011): Handlungsempfehlungen „Lehrkräfte mit Migrationshintergrund. Empfehlungen zum Netzwerkaufbau", Nürnberg: Eigenverlag, http://www.bamf.de/SharedDocs/

Marianne Hirschberg

Anlagen/DE/Publikationen/Expertisen/lehrkrmighigru_handlungsempf.html?nn=
1368164, 28.03.2015.

Campbell, Fiona Kumari (2009): Contours of Ableism. The Production of Disability
and Abledness, Palgrave Macmillan: New York.

Cornelißen, Waltraud (Deutsches Jugendinstitut) (2005): Gender-Datenreport. 1. Da-
tenreport zur Gleichstellung von Frauen und Männern in der Bundesrepublik
Deutschland, München, November 2005 2. Fassung, in Zusammenarbeit mit dem
Statistischen Bundesamt, im Auftrag des BMFSFJ, Online-Publikation .

Fantini, Christoph (2012): Pädagogik der Vielfalt? In männerlosen Grundschulen ein
Lippenbekenntnis, In: Hurrelmann, Klaus/Schultz, Tanjev (Hg.): Jungen als Bil-
dungsverlierer. Brauchen wir eine Männerquote in Kitas und Schulen? Weinheim: Beltz, S. 65-71.

Fantini, Christoph (2013): PÄDAGOGIK, „Rent a teacherman", 12/13,
http://www.fb12.uni-bremen.de/de/interkulturelle-bildung/praxisprojekte/
maenner-in-die-grundschule-rent-a-teacherman.html, 28.03.2015.

Foucault, Michel (1987): Das Subjekt und die Macht, In: Dreyfus, Hubert/Rabinow,
Paul (Hg.): Michel Foucault: Jenseits von Strukturalismus und Hermeneutik,
Frankfurt/Main: Athenäum, S. 243-261.

Foucault, Michel (1990): Was ist Aufklärung?, In: Erdmann, Eva/Forst, Rai-
ner/Honneth, Axel (Hg.): Ethos der Moderne. Foucaults Kritik der Aufklärung,
Frankfurt/Main: Campus, S. 35-51.

Hamburger Schulbehörde (HHSB) (2009): Musterbeschreibung. „Aufgabenbeschreibung und Anforderungsprofil für Lehrkräfte", http://www.hamburg.de/content
blob/64742/data/aufgaben-anforderung-lehrer.pdf, 29.03.2015.

Hauptschwerbehindertenvertretung der Lehrerinnen und Lehrer im Sächsischen
Staatsministerium für Kultus in Zusammenarbeit mit den Schwerbehindertenver-
tretungen der Sächsischen Bildungsagentur (HSBVL) (2008): Informationen zur
Arbeit mit schwerbehinderten und diesen gleichgestellten behinderten Beschäftigten, http://www.hsbvl.sachsen.de/download/hsbvl/info07.pdf, 28.03.2015.

Hirschberg, Marianne (2009): Behinderung im internationalen Diskurs. Die flexible
Klassifizierung der Weltgesundheitsorganisation, Frankfurt/Main: Campus.

Hirschberg, Marianne (2015): Die überaus fähige Lehrkraft. Zur Wirkungsweise von
Ableism in der Subjektivierung von Lehrkräften. In: Zeitschrift für Inklusion, Nr.
2. http://www.inklusion-online.net/index.php/inklusion-online/article/view/274
/257, 28.08.2015.

Hughes, Bill/Paterson, Kevin (1997): The Social Model of Disability and the Disap-
pearing Body: towards a sociology of the body, In: Disability & Society, 12, 3,
S. 325-340.

Keller, Reiner (2004): Diskursforschung. Eine Einführung für Sozialwissenschaftle-
rInnen, Leske/Budrich: Opladen.

Lemke, Thomas/Krasmann, Susanne/Bröckling, Ulrich (2000): Gouvernementalität,
Neoliberalismus und Selbsttechnologien. Eine Einleitung, S. 7-40, In: Bröckling,
Ulrich/Krasmann, Susanne/Lemke, Thomas (Hg.): Gouvernementalität der Ge-
genwart. Studien zur Ökonomisierung des Sozialen, Frankfurt/Main: Suhrkamp.

Link, Jürgen (1997): Versuch über den Normalismus. Wie Normalität produziert wird,
Opladen: Westdeutscher Verlag.

Maskos, Rebecca (2010): Was heißt Ableism? Überlegungen zu Behinderung und
bürgerlicher Gesellschaft, In: Arranca! (43). Bodycheck und linker Haken,

Überaus fähig und noch mehr?!

12/2010, Online-Zeitschrift. https://arranca.org/43/was-heisst-ableism, 28.08.2015.
Maskos, Rebecca (2015): Ableism und das Ideal des autonomen Fähig-Seins in der kapitalistischen Gesellschaft. In: Zeitschrift für Inklusion; Nr. 2 (2015). http://www.inklusion-online.net/index.php/inklusion-online/article/view/277/260, 28.08.2015.
Morris, Jenny (1991): Pride against prejudice: Transforming Attitudes to Disabilities, London: The women's press.
Niedersächsisches Kultusministerium (NdsKM) (2014): Merkblatt für die Einstellung an allgemeinbildenden Schulen in Niedersachsen zum Schuljahresbeginn 2014/15, 30.03.2015.
Oliver, Michael (1998): Theories of disability in health practise and research, In: British Medical Journal, 317, S. 1446-1449.
Priestley, Mark (2003): Worum geht es bei den Disability Studies? Eine britische Sichtweise. In: Waldschmidt, Anne (Hrsg.): Kulturwissenschaftliche Perspektiven der Disability Studies. Tagungsdokumentation. Kassel: bifos, S. 23-35.
Sächsisches Staatsministerium für Kultus (SMK) (2003): Vereinbarung zur Beschäftigung Schwerbehinderter im Schuldienst im Geschäftsbereich des Sächsischen Staatsministerium für Kultus im Sinne des § 83 SGB IX, In: Ministerialblatt des SMK, Nr. 11, S. 298–301, http://www.hsbvl.sachsen.de/download/hsbvl/Integrationsvereinbarung_lehrer.pdf, 28.03.2015.
Schildmann, Ulrike (2001): Normalität, Behinderung und Geschlecht. Ansätze und Perspektiven der Forschung, Opladen: Leske & Budrich.
Sierck, Udo (2013): Budenzauber Inklusion, Neu-Ulm: AK Spak.
Thomas, Carol (2004): Disability and Impairment, In: Swain, John/French, Sally/Barnes, Colin/Thomas, Carol (Hg.): Disabling Barriers – Enabling Environments, London: Sage, S. 21-27.
UN (2006): UN-Behindertenrechtskonvention (UN-BRK). New York: UN.
UPIAS (Union of the Physically Impaired against Segregation) (1976): Fundamental principles of Disability, London, Edited and formatted by Mark Priestley in consultation with Vic Finkelstein and Ken Davis http://disability-studies.leeds.ac.uk/files/library/UPIAS-fundamental-principles.pdf, 25.03.2015.

Überlegungen zum potentiellen Inklusionsversagen aktueller Bildungsreformparadigmen. Die Produktion neuer Ungleichheiten in Zeiten von lebenslangem Lernen und standardbasierter Reformen

Einleitung

Seit Ende des letzten beziehungsweise Anfang dieses Jahrhunderts hat ein Spektrum sogenannter *large-scale*-Bildungsreformen (vgl. Gogolin et al. 2011; Altrichter/Maag Merki 2010) in unterschiedlichen Ländern Einzug gehalten, deren Entstehungszusammenhänge, Mechanismen und Effekte zunehmend ins Zentrum der sozial- und erziehungswissenschaftlichen Aufmerksamkeit gerückt sind. Zwei grundlegende Ziele dieser Bildungsreformen lauten hierbei, die Performanz[1] sowohl des Gesamtsystems der Bildung als auch jedes einzelnen Systemakteurs (LehrerInnen, SchülerInnen, AdministratorInnen, BildungsforscherInnen etc.) zu steigern sowie dabei gleichzeitig herkunfts- oder anderweitig sozial und individuell bedingte Bildungsungleichheit auszuschalten. Entsprechend hat sich die Idee umfassender Bildungsinklusion zum Leitbegriff bzw. „Modewort" (Preuss-Lausitz 2012) bildungspolitischer Reformprogramme entwickelt, wobei der Begriff im Rahmen dieses Beitrages primär im Sinne einer paradigmatischen *Einschließung* von Akteuren des Bildungssystems und ihrer Adressierung (ganz konkret durch die Programmatik lebenslangen, selbstgesteuerten Lernens) verwendet wird und damit über Inklusion im Sinne einer *Schule für alle* hinausgeht.

---

1 Zum Beispiel gemessen an Abschlussquoten, erreichten Kompetenzstufen oder internationalen Rangplätzen.

Überlegungen zum potentiellen Inklusionsversagen

Katalysatoren der Reforminitiierung waren in Deutschland insbesondere die PISA-Studien der OECD[2] mit dem kurz darauf verabschiedeten Reform-Handlungskatalog der Kultusministerkonferenz, aber auch die aktuell umzusetzende UN-Behindertenrechtskonvention von 2009. Zum Vergleich war es im selben Zeitraum der in seinen Konsequenzen radikale *No Child Left Behind-Act* der Bush-Regierung in den USA, der sich in neuer Schärfe dem *closing the achievement gap*, das heißt der Herstellung eines von Herkunftsfragen und Strukturen unabhängigen individuellen *Bildungserfolgs*, verschrieb (vgl. Ravitch 2010; Payne 2008).

Anliegen dieses Beitrages ist es, sich in aller Kürze mit hinter den aktuellen Reformen stehenden Bildungsparadigmen zu beschäftigen und hierbei auf den globalen Kontext zu verweisen, im Rahmen dessen vor der Jahrtausendwende entscheidende Reformargumente legitimiert und im Sinne eines globalen *Bildungstalks* durchgesetzt wurden. Der Fokus liegt hierbei konkret auf dem Leitgedanken des lebenslangen Lernens, der ökonomische und soziale Intentionen von Bildungsreformen gezielt harmonisierte und seit den 1990er Jahren über die strategischen Aktivitäten globaler und europäischer Institutionen weltweit verbreitet wurde (vgl. Hartong 2012; Jakobi 2006). Wenngleich das Leitbild lebenslangen Lernens nicht unmittelbar auf sämtliche aktuelle Bildungsreformen aller Länder projizierbar ist[3], so formt es doch einen hegemoniellen paradigmatischen Rahmen, der die Legitimierung von Reformen zwischen den Polen (ökonomischer) Leistungs- als Outputsteigerung (propagiert vor allem durch Akteure wie die OECD oder die Weltbank) und sozialer Inklusion (propagiert durch Akteure wie z.B. die UNESCO) neu justiert hat. In diesem Sinne wurde mit dem Einflusswachstum der internationalen Organisationen zum Sprechen und Handeln in der Bildungspolitik seit den 1980er Jahren (vgl. Barnett/Finnemore 2004; Leuze et al. 2007), aus der Kombination von lebenslangem Lernen und machtvollen Instrumenten *weicher* Politikkoordinierung (etwa gegenseitigem Lernen, Benchmarking oder Praktiken des indikatorenbasierten Vergleichens, Trubek et al. 2005) ein globales Patentrezept („panacea", Beech 2011) der Bildungssteuerung, das sämtliche Akteure des Bildungswesens einer neuartigen „Topographie des Sozialen" (Pongratz 2014: 29) unterwirft. Zu Kernbestandteilen dieses Rezeptes wurden hierbei auch eine entsprechende Neuorientierung auf „Lernkompetenzen" (englisch = *core skills*) (Maag Merki 2004) und ihre Messung sowie die Sicherstellung permanenter (selbst organisierter) *Lerngelegenheiten für alle* (= programmatische Inklusion).

Ziel dieses Beitrages ist es vor diesem Hintergrund aufzuzeigen, dass die bildungspolitische Hinwendung zu diesem globalen Patentrezept in unter-

2 PISA = Programme for International Student Assessment; OECD = Organisation for Economic Co-operation and Development. www.oecd.org.

3 In den USA sind diesbezüglich eher die Leitbilder von core skills und college-and-career-readiness unmittelbare Vorlage der Reformen (vgl. Hartong 2014).

Sigrid Hartong

schiedlichen Nationen sowohl auf der Ebene argumentativer Legitimation (*talk*), als auch auf der Ebene der Reformimplementation (*action*) oftmals vernachlässigte Lücken aufweist, die schließlich durch die Produktion neuer struktureller Diskriminierung (*perverse effects*) einer tatsächlichen Umsetzung von Inklusion entgegenstehen.

Lebenslanges Lernen: Zur Aufblähung und gleichzeitigen systematischen Verkürzung legitimer Reformargumentation

Allgemein lässt sich im Rahmen der globalen Emergenz der Ideologie lebenslangen Lernens ein konzeptueller Wechsel identifizieren, nämlich von exklusiv auf Erwachsen-*Bildung* rekurrierend hin zu einem breiteren Verständnis im Sinne von Lernerfassung und -kontrolle während der gesamten Lebensspanne (vgl. Tuschling/Engemann 2006: 455; auch Usher/Edwards 2007: 37). Dieser Wechsel führte entsprechend dazu, dass Primär- und Sekundärbildung, statt (wie vorher) zugunsten von informeller und nichtschulischer Bildung in den Hintergrund zu rücken, nun noch wesentlich stärker als *hinreichende Vorbereitungsphase* für lebenslanges Lernen Beachtung finden. In diesem Sinne verantwortet die schulische Vorbereitungsphase nun sowohl die nachhaltige Erzeugung als auch die formale Zertifizierung von Lernkompetenzen und -motivation *zukünftiger Lerner* (auch Jakobi 2009: 173).

Verschiedene Studien datieren das globale Auftauchen des lebenslangen Lernens in den 1970er Jahren, als unterschiedliche internationale Organisationen (IOs) entsprechende Policydokumente zu produzieren begannen (vgl. Field 2009; Dehmel 2006; Jakobi 2006). Drei internationale Organisationen werden hierbei als primäre Reformmotoren herausgearbeitet: Die UNESCO mit ihrem sogenannten Faure-Report *Learning to Be* (vgl. Field 2009: 21), indem sie lebenslange Bildung als notwendige menschliche Entwicklung herausstellte; die OECD, die mehr auf die Idee permanenter Bildung (*recurrent education*) als die Bereitstellung sogenannter *voluntary accessable adult* education *facilities* für eine Dauerproduktion von Humankapital abzielte (vgl. Tuschling/Engemann 2006: 455f.; Kuhlee/van Buer 2010); und schließlich die Europäische Kommission, die später zu einer der Hauptantriebskräfte der Paradigmenpromotion in Europa wurde (vgl. Usher/Edwards 2007; Lima/Guimarães 2011). In dieser ersten Phase der Paradigmenemergenz unterschieden sich die jeweiligen Interpretationen und Bezeichnungen zwischen den IOs bzw. der jeweiligen organisationalen Aktivitäten massiv (vgl. Óhidy 2009), was sich erst änderte, als im Rahmen einer zweiten Welle seit Anfang der 1990er Jahre die konflikthaften Interpretationspole (humanitäre Bildung versus permanente Produktion von Humankapital) zugunsten eines maximalistischen, einheitlichen Grundverständnisses von lebenslangem Lernen als (soziale und ökonomische) Teilhabe jedes Gesellschaftsmitgliedes an Bildungsmärkten harmonisiert wurden (vgl. Tuschling/Engemann 2006). Diese Generalisierung produzierte gleichzeitig jedoch eine Art Aufblähung, im Rahmen derer das lebenslange Lernen zu einem elastischen Konzept wurde (vgl. Dehmel 2006; Schemmann 2007) und die praktische Dominanz eines Interpretationspols (siehe unten) vielmehr durch die formale Harmonisierung *verschleiert* wurde. Dasselbe gilt für die analog folgenden allgemeinen *Label* des Reformtalks – Output-Orientierung, Kompetenzen oder evidenzbasierte Bildungspolitik –, die in dieser Zeit sukzessive mit dem lebenslangen Lernen zu einem machtvollen diskursiven Paket bzw. zu neu vorausgesetzten Figuren von Reformerfolg verschnürt wurden.

Während lebenslange bzw. dauerhafte Bildung in der ersten Phase also als Rahmen konkreter, IO-spezifischer Politiksektoren operierte, formt es heute „[…] [a natural] overarching theme for very different policy topics" (Jakobi 2006: 52), das neben einem in sich kongruenten System weitentwickelter Instrumente (wie etwa Reporting, Vergleiche, Bildungsindikatorenentwicklung etc., Leuze et al. 2007) sowie einer verstärkten Netzwerkkoordination zwischen Akteuren der Reform existiert, die zunehmend mit *einer* Stimme zu sprechen scheinen. Seit den 1990er Jahren agiert die Europäische Kommission hierbei als Schlüsselakteur bei der Produktion von Politikprogrammen zur Förderung des lebenslangen Lernens, indem sie über Programme wie etwa den EUROPASS, den Europäischen Qualifikationsrahmen[4] oder den Bologna-Prozess die Bildungssektoren der Mitgliedstaaten mit dem Ziel einer „europäischen Lerngesellschaft" (Usher/Edwards 2007: 96ff.) harmonisiert.

Zusammengefasst kann also zunächst eine doppelte Transformation auf globalem bzw. EU-Level identifiziert werden, im Rahmen dessen lebenslanges Lernen auf der einen Seite ideologisch generalisiert und auf der anderen Seite programmatisch konkretisiert wurde. Auf den zweiten Blick birgt jedoch bereits die harmonisierte Interpretation des lebenslangen Lernens folgenschwere Fallstricke, die zeigen, wie stark letztendlich der Zielpol ökonomischer Outputsteigerung trotz formaler Harmonisierung über den der sozialen Inklusion gestellt wurde: So wurde der Begriff der Bildung, der das Paradigma in den 1970er Jahren bestimmte, mit Ideen von Lernen, Lerngesellschaft oder Lernumgebungen ersetzt und damit die Implementierung eines Regimes permanenter Subjektivierungskontrolle im Sinne von *Intrapreneurship* ermöglicht (vgl. Pongratz 2014). Während Bildung auf institutionelle (öffentliche und staatliche) Verantwortung referiert, wird über die (Über-)Dominanz von Lernen eine neue individuelle Verantwortung für

---

4   EQR, http://ec.europa.eu/education/lifelong-learning-policy/eqf_de.htm.

Sigrid Hartong

(permanent zu aktivierenden) Lernerfolg erzeugt, in die der Staat vielmehr (wenngleich nur noch begrenzt) *investieren* muss. Damit wird der Staat von der Rolle des Bildungsgaranten zum Metakoordinator für Lerngelegenheiten: „At the center of attention is no longer the curriculum that learners have to master but their abilities to organize themselves and to perceive and use their circumstances as learning opportunities" (Tuschling/Engemann 2006: 458).

In der Konsequenz vermischen sich gleiche Lernchancen und lebenslanges Lernen im Sinne einer flexiblen Kompetenzorientierung als die Akkumulierung erfolgreicher Lernprozesse, deren formale Möglichkeit auf den gesamten Lebensweg erweitert wird. Die auf diese Weise produzierte individuell zugeschriebene (Lern-)Performanz (vgl. auch Bittlingmayer et al. 2009) erzeugt eine höchst voraussetzungsreiche Kultur der permanent aktiven Agentschaft im Sinne einer ununterbrochenen Lernmotivation, dem Verfügen über vielfältige Lerntechniken und einem Dauerzustand freiwilliger Selbstkontrolle (vgl. Simons/Masschelein 2006: 424).

Und dieses System inkludiert in der Tat zunächst jeden als Lernagenten und bekennt sich in diesem Sinne zu einem (Irr-)Glauben an menschliche Aktivierungspotentiale sowie zu einer Relativierung sozialer und individueller Ausgangsbedingungen. Es setzt in diesem Sinne gleiche Lernchancen (vgl. Baethge/Baethge-Kinsy 2004) und Lernfähigkeiten (Motivation bzw. Kompetenz, Spiel 2006: 86; Schober et al. 2009: 124ff.) voraus, wobei nun statt der individuellen Anpassung von Fähigkeitserwartungen vielmehr die Sicherstellung der Vergleichbarkeit von Lernprozessen und -ergebnissen eine neuartig standardisierte, detaillierte Dokumentation erfordert.

Standardbasierte Bildungsreform und die (Re-)Produktion neuer Exklusions-Kategorien

Im Zuge der Ausweitung des globalen Bildungstalks reagierten viele Länder mit sogenannten „standardbasierten Reformen" (Fuhrman 2001). Sie umfassen unter anderem die Neuausrichtung von Bildungssteuerung auf Kompetenzstandards (vgl. Artelt/Riecke-Baulecke 2004), die die oben beschriebene Herstellung von Lernbereitschaft und -fähigkeit grundlegen sollen, sowie an diesen Standards ausgerichtete Lehrerausbildung, Curricula und Lehrpläne, Assessments und Tests. Hierbei werden Standards auf der einen Seite als Garant eines insgesamt hohen Qualitätslevels des Bildungssystems betrachtet, indem die Erfüllung hoher Erwartungen von sämtlichen TeilnehmerInnen des Bildungssystems, statt als Norm leitend zu sein, schlichtweg vorausgesetzt wird. Denn anders als normengeleitete, mitunter widersprüchliche und *relativ gedachte* Bildungsleitbilder bedeutet die Redefinition von Bildung als kompetenzorientierte Standards das „Versprechen einer verbindlichen Produktqualität" (Dammer 2014: 388): „Standards [...] *sollen* nicht, sondern *müssen* erfüllt werden, denn was dem Standard nicht entspricht, wird, sei es durch Verbot, sei es durch Käuferentscheidung, vom Markt ausgeschlossen" (Dammer 2014: 389, kursiv im Original).

Gleichzeitig wird durch die eindimensionale Konzentration auf (Lern-)Kompetenzen Systemkomplexität so stark reduziert, dass sie quantifizier-, mess- und in Einzelteile (Kompetenzstufenmodelle und entsprechende Tests) zerlegbar wird.

Trotzdem soll standardbasierte Bildungspolitik aber auch die Ziele von Flexibilität und Inklusion erfüllen, indem bedarfsgeschneiderte *Unterstützungssysteme* zur Sicherstellung der Standarderfüllung installiert werden. Hier werden Gleichheit und Fairness, aber ebenso die betroffenen Akteure entlang des Erreichens und Nicht-Erreichens (welches als Anomalie systematisch ausgeschlossen werden soll) von Standards neu differenziert (klassifiziert als „individuelle Disparitäten", Gomolla 2013). Inklusion wird in diesem Sinne sukzessive durch das vorausgesetzte Erreichen von Standards bzw. Lernkompetenz vor dem Schulabschluss ersetzt: „[...] [A]rbeitsunwillige, präventionsverweigernde, aktivierungsresistente Subjekte verkörpern in diesem Kontext Bedrohungen des Sozialen – ökonomisch, als Investitionsruinen, und moralisch, als Solidaritätsgewinner" (Pongratz 2014: 28, nach Lessenich 2003).

Der sozial und ökonomisch vorausgesetzte Zwang zum Lernen wird vielmehr im Sinnbild der unterstützenden Pädagogik aufgehoben und Versagen im Sinne eines *everybody is able to learn* – bzw. in den USA noch verschärfter als *Exzellenz für alle* – tabuisiert. Es wird dabei in das Systemvokabular von Standards, Assessments, Daten und Monitoring übersetzt, im Rahmen dessen es beispielsweise als niedriges Performanz- oder Kompetenzlevel – in den USA als ein verfehlter *Adequate Yearly Progress* – visualisiert wird. Und an dieser Stelle wird Ungleichheit neuartig naturalisiert, denn aussagekräftige (Lern-)Performanzstufen funktionieren nur dort, wo eine entsprechende Normalverteilung gegeben ist – nicht jeder kann im Mess- und Rangsystem die vordersten Plätze einnehmen. Da standardbasierte Reform also die Leistungsschwachen *braucht*, um zu funktionieren, wird Ungleichheit im Rahmen standardbasierter Messung zu einem „feature" (Lingard et al. 2012: 317) – und lebenslanges Lernen damit zu einem von der Praxis abgekoppelten formalen Mittel des Reformtalks. Diese Feststellung entspricht dem oftmals diagnostizierten, grundlegenden Spannungsverhältnis zwischen Standardisierung und Differenzierung (vgl. auch Kunze 2007), deren widersprüchliche und eventuell auch dialektische Wirkungseffekte (vgl. Prengel 2007) zwar viel, aber dennoch zu wenig diskutiert werden.

Im deutschen, aber auch im amerikanischen Fall war die Einführung und Durchsetzung standardbasierter Reformen von einem wachsenden Misstrauen in die Fähigkeiten lokaler Praktiker begleitet, die vorausgesetzte Produktion

Sigrid Hartong

von Lernkompetenzen zu sichern. Entsprechend hatten die Reformen (zunächst) zentralisiertere Kontrollmöglichkeiten zum Ziel, was schließlich auch unmittelbar der Zuschreibung von Schulen, Administratoren und Lehrkräften als Lerneinheiten in der Lerngesellschaft geschuldet ist. In diesem Zusammenhang werden Standardisierung und detaillierte Datenerhebung über mögliche Lernzusammenhänge, Lernvarianzen und ihre Typisierungen notwendigerweise immer weiter vorangetrieben und dadurch legitimiert, *gesicherte* Erkenntnisse über wirksame Unterstützungsmodelle generieren zu müssen.

Im Rahmen des Systems lebenslangen Lernens und standardbasierter Reformen wird Lernverantwortung dabei sukzessive dem einzelnen Lerner übertragen und sogenannte *non-achievers* oder Standard-Verfehler werden als neue Gruppen diskursiver Stratifizierung und *erlaubter* Exklusion konstruiert, die die Teilnahme an der Lerngesellschaft (scheinbar) verweigern. Gleichzeitig exkludiert der hohe Fokus auf Kerninhalte (*core skills*) und (kognitive) Kompetenzen (da sie die einzigen sind, die annähernd messbar erscheinen, Dammer 2014: 393) diejenigen, deren Bedürfnisse jenseits dieser Kategorien, d.h. auch jenseits der festgelegten Standards liegen. Entsprechend haben Amrein und Berliner (2003) für die USA oder Stamm (2008) für Deutschland Hinweise für ein wachsendes Defizit an lernbezogenem Selbstvertrauen und Motivation bei SchülerInnen identifiziert, die durch das Raster der Standardisierung fallen, was sich in wachsenden Schulabbrecherquoten – und schließlich in einem nachhaltig versperrten Zugang zum Lernmarkt niederschlagen kann. Ähnliche Diagnosen eher wachsender denn verminderter Ungleichheit fanden Kuhlee und van Buer (2010) für den Bereich der Erwachsenenbildung oder Young und Rosenberg (2006) für den Bereich des informellen Lernens. Neben all diesen warnenden Befunden bleibt selbst das Erreichen des antizipierten allgemeinen Performanzzuwachses des Bildungssystems nach wie vor umstritten (vgl. Bellmann/Weiß 2009; Malen 2011; Payne 2008).

Bei der Umsetzung der großen Reformen besteht schließlich ein kaum zu unterschätzendes Spannungspotential zwischen den neuen Paradigmen und bereits existierenden, national und kulturell „pfadabhängigen" (Pierson 2000) Exklusions- und Distinktionsmechanismen, das sich vor allem auf lokalpolitischer Ebene, das heißt im Moment konkreter, politisch motivierter Reformumsetzung, entlädt. In Deutschland betrifft dies beispielsweise die vielbeachtete Differenzierung von Bildungsstandards entlang der unterschiedlichen Schulformen oder die lokalpolitisch bislang eher halbherzige Umsetzung der Inklusionsagenda (vgl. Preuss-Lausitz 2012). In den USA hingegen torpediert das hohe Qualitätsgefälle zwischen einzelnen Schuldistrikten oder auch die Verteidigung der freien Schulwahl Inklusion in dem Sinne, dass wenig *profitable* SchülerInnen nachhaltig auf der Strecke bleiben.

Insgesamt, so lässt sich eventuell ein (Zwischen-)Fazit ziehen, scheint es viele Gründe zu geben, den global propagierten Allheilmitteln von lebenslan-

gem Lernen und standardbasierter Reformen eine gesunde Portion Misstrau-
en entgegen zu setzen und das Augenmerk nochmals und weiterhin genau auf
die (weggeredeten, aber nach wie vor prägenden) Problematiken zwischen
(glorifizierter) Standardisierung und (notwendiger) Differenzierung, zwischen Ver- und Misstrauen sowie zwischen (Markt-)Effektivität und sozialer
Fairness zu richten.

Literatur

Altrichter, Herbert/Maag Merki, Katharina (2010): Handbuch Neue Steuerung im
    Schulsystem. Wiesbaden: VS-Verlag.
Amrein, Audrey L./Berliner, David C. (2003): The Effects of High-Stakes Testing on
    Student Motivation and Learning. In: Educational Leadership 60, 5, S. 32-38.
Artelt, Cordula/Riecke-Baulecke, Thomas (2004): Bildungsstandards. Fakten, Hinter-
    gründe, Tipps. München: Oldenbourg.
Baethke, Martin/Baethge-Kinsy, Volker (2004): Der ungleiche Kampf um das lebens-
    lange Lernen. Münster/NY: Waxmann.
Barnett, Michael/Finnemore, Martha (2004): Rules of the World. International Organ-
    izations in Global Politics. Ithaca/London: Cornell University Press.
Beech, Jason (2011): Global Panaceas, Local Realities: International Agencies and the
    Future of Education. Frankfurt/Main: Peter Lang.
Bellmann, Johannes/Weiß, Manfred (2009): Risiken und Nebenwirkungen neuer
    Steuerung im Schulsystem. Theoretische Konzeptualisierung und Erklärungsmo-
    delle. In: Zeitschrift für Pädagogik 2, S. 286-306.
Bittlingmayer, Uwe/Bauer, Ulrich/Sahrai, Diana (2009): Künstlich gesteigerte Kom-
    petenznachfrage? Kritische Anmerkungen zum Kompetenzdiskurs. In: Bolder,
    Axel/Dobischat, Rolf (Hrsg.): Eigen-Sinn und Widerstand. Kritische Beiträge
    zum Kompetenzdiskurs. Wiesbaden: VS-Verlag, S. 120-132.
Dammer, Karl-Heinz (2014): Bildungsstandards – Versuch einer Kosten-Nutzen-
    Analyse. In: Rihm, Thomas (Hrsg.): Teilhaben an Schule. Wiesbaden: VS-
    Verlag, S. 385-401.
Dehmel, Alexandra (2006): Making a European area of lifelong learning a reality?
    Some critical reflections on the European Union's lifelong learning policies. In:
    Comparative Education 42, 1, S. 49-62.
Field, John (2009): Lifelong Learning and Cultural Change: A European Perspective.
    In: Alheit, Peter/Felden, Heide von (Hrsg.): Lebenslanges Lernen und erzie-
    hunswissenschaftliche Biographieforschung. Konzepte und Forschung im euro-
    päischen Diskurs. Wiesbaden: VS-Verlag, S. 21-41.
Fuhrman, Susan H. (2001): From the Capitol to the Classroom: Standards-Based Re-
    form in the States. Chicago: University of Chicago Press.
Gogolin, Ingrid/Baumert, Jürgen/Scheunpflug, Annette (2011): Transforming Educa-
    tion. Umbau des Bildungswesens. Bildungspolitische Großreformprojekte und ih-
    re Effekte. Zeitschrift für Erziehungswissenschaft – Sonderheft 13. Wiesbaden:
    VS-Verlag.

Sigrid Hartong

Gomolla, Mechtild (2013): School Effectiveness and the Reframing of Discourses on Social Justice in Education. In: Schweizer Zeitschrift für Soziologie 39, 2, S. 245-266.

Hartong, Sigrid (2012): Basiskompetenzen statt Bildung? Wie PISA die deutschen Schulen veraendert hat. Frankfurt/Main: Campus.

Hartong, Sigrid (2014): Global policy convergence through 'distributed governance'? The emergence of national education standards in the US and Germany. In: Journal of International and Comparative Social Policy (forthcoming).

Jakobi, Anja (2006): The Worldwide Norm of Lifelong Learning. A Study of Global Policy Development. Bielefeld: Univ.

Jakobi, Anja (2009): Die weltweite Institutionalisierung lebenslangen Lernens. Neo-Institutionalistische Erklärungen politischer Programmatiken. In: Koch, Sascha/Schemann, Michael (Hrsg.): Neo-Institutionalismus in der Erziehungswissenschaft. Grundlegende Texte und empirische Studien. Wiesbaden: VS-Verlag, S. 172-189.

Kuhlee, Dina/van Buer, Jürgen (2010): Bildungspolitische Leitbilder und Realitäten des Bildungssystems. Zu den Chancen lebenslangen Lernens bei benachteiligten Jugendlichen. In: Zeitschrift für Pädagogik 56, 6, S. 112-128.

Kunze, Ingrid (2007): Unterricht zwischen Individualisierung und Standardisierung. Eine Problematisierung aus Bildungsdidaktischer Perspektive. In: Müller, Hans-Rüdiger/Stravoravdis, Wassilios (Hrsg.): Bildung im Horizont der Wissensgesellschaft. Wiesbaden: VS-Verlag, S. 235-253.

Leuze, Kathrin/Rusconi, Alexandra/Martens, Kerstin (2007): New Arenas of Education Governance: The Impact of International Organizations and Markets on Educational Policy Making. Houndmills: Palgrave Macmillan.

Lima, Licínio C./Guimarães, Paula (2011): European Strategies in Lifelong Learning. A Critical Introduction. Opladen/Farmington Hills: Budrich.

Lingard, Bob/Creagh, Sue/Vass, Greg (2012): Education policy as numbers: data categories and two Australian cases of misrecognition. In: Journal of Education Policy 27, 3, S. 315-333.

Maag Merki, Katharina (2004): Lernkompetenzen als Bildungsstandards – eine Diskussion der Umsetzungsmöglichkeiten. In: Zeitschrift für Erziehungswissenschaft 7, 4, S. 537-50.

Malen, Betty (2011): An Enduring Issue: The Relationship between Political Democracy and Educational Effectiveness. In: Mitchell, Douglas E./Crowson, Robert L./Shipps, Dorothy (Hrsg.): Shaping Education Policy. New York/London: Routledge, S. 23-60.

Óhidy, Andrea (2009): Lebenslanges Lernen und die europäische Bildungspolitik. Wiesbaden: VS-Verlag.

Payne, Charles (2008): So much reform, so little change: The persistence of failure in urban schools. Cambridge: Harvard Education Press.

Pierson, Paul (2000): Increasing Returns, Path Dependence, and the Study of Politics. In: The American Political Science Review 94, 2, S. 251-267.

Pongratz, Ludwig A. (2014): Vereinnahmung, Widerstand und Teilhabe – Zu den Grenzen der Kontrollbestrebungen aktueller Schulreformen. In: Rihm, Thomas (Hrsg.): Teilhaben an Schule. Wiesbaden: VS-Verlag, S. 23-36.

Überlegungen zum potentiellen Inklusionsversagen

Prengel, Annedore (2007): Kita und Grundschule: standardisiert oder individualisiert? Grundschultag 2007 (Bildungsstandards und Kindorientierung). Oldenburg, S. 5-16.

Preuss-Lausitz, Ulf (2012): Inklusion: Modewort oder Hoffnungsträger? Was ist neu an Inklusion und wie kann sie gelingen? In: Pädagogik 64, 9, S. 41-45.

Ravitch, Diane (2010): The death and life of the great American school system: How testing and choice are undermining education. New York: Basic Books.

Schemmann, Michael (2007): Internationale Weiterbildungspolitik und Globalisierung. Orientierungen und Aktivitäten von OECD, EU, UNESCO und Weltbank. Bielefeld: Bertelsmann.

Schober, Barbara/Finsterwald, Monika/Wagner, Petra/Spiel, Christiane (2009): Lebenslanges Lernen als Herausforderung der Wissensgesellschaft: Die Schule als Ort der Förderung von Bildungsmotivation und selbstreguliertem Lernen. In: Nationaler Bildungsbericht Österreich 2009, Band 2, S. 121-40.

Simons, Maarten/Masschelein, Jan (2006): The Learning Society and Governmentality: An introduction. In: Educational Philosophy and Theory 38, 4, S. 417-28.

Spiel, Christiane (2006): Grundkompetenzen für lebenslanges Lernen – eine Herausforderung für Schule und Hochschule? In: Fatke, Reinhard/Merkens, Hans (Hrsg.): Bildung über die Lebenszeit. Wiesbaden: VS-Verlag, S. 85-96.

Stamm, Margrit (2008): Bildungsstandardreform und Schulversagen. In: Zeitschrift für Pädagogik 54, 4, S. 481-97.

Trubek, David M./Cottrell, M. Patrick/Nance, Mark (2005): 'Soft Law', 'Hard Law', and European Integration: Toward a Theory of Hybridity. Jean Monnet Working Paper 02/2005. New York: School of Law.

Tuschling, Anna/Engemann, Christoph (2006): From Education to Lifelong Learning: The emerging regime of learning in the European Union. In: Educational Philosophy and Theory 38, 4, S. 451-69.

Usher, Robin/Edwards, Richard (2007): Lifelong Learning – Signs, Discourses, Practices. Dordrecht: Springer.

Young, Kelly/Rosenberg, Ed (2006): Lifelong Learning in the United States and Japan. In: The lifelong learning review 1, 1, S. 69-85.

III Traditionen und Zukünfte – Herausforderungen

QUALITÄTSSICHERUNG IN SCHULE UND LEHRERBILDUNG

Erziehung und Unterricht: Konstellationen pädagogischer Kommunikation in der Öffentlichkeit der Schulklasse

Erziehender Unterricht als programmatische Reflexionsformel in der pädagogischen Tradition

In welchem Verhältnis Erziehung und Unterricht stehen, ist eine Frage, die die Pädagogik beschäftigt, seit sich in modernen Gesellschaften neben der Familie ein öffentliches Erziehungssystem ausdifferenziert hat. In der pädagogischen Tradition hat sich zur Beantwortung der Frage die Reflexionsformel „Erziehender Unterricht" etabliert, die vor allem mit dem Namen Johann Friedrich Herbart und seinen einleitenden Bemerkungen in der „Allgemeinen Pädagogik" verbunden ist.[1] Folgt man der Analyse von Lutz Koch (2004) bestehe die Funktion der Reflexionsformel darin, zwei deutliche Abgrenzungen zu markieren: Auf der einen Seite gegen eine Erziehung, die ihre Wirksamkeit primär durch die Bindung von Gefühlen und Empfindungen der Heranwachsenden zu garantieren sucht und nicht im Medium von Verstehen, Einsicht und Urteil, also im Medium von Wissen und Kognition. Auf der anderen Seite gegen einen Unterricht, der Erziehung als ein der unterrichtlichen Wissenszentrierung äußerlich bleibendes Additum versteht, mit dem dann das an Defiziten in Verhaltensweisen und Einstellungen der Heranwachsenden korrigiert oder kompensiert werden soll, was in der primären Sozialisation in der Familie nicht oder in falscher Weise geleistet wurde.

---

1 „Ich gestehe gleich hier, keinen Begriff zu haben von Erziehung ohne Unterricht, so wie ich rückwärts, in dieser Schrift wenigstens, keinen Unterricht anerkenne, der nicht erzieht (Herbart 1964, Bd. 1: 10).

Erziehung und Unterricht: Konstellationen pädagogischer Kommunikation

Die Reflexionsformel insistiert auf einer Einheit von Erziehung und Unterricht, deren Garant der Wissensbezug des Unterrichts sei. Sie zielt darauf, Schüler_innen in einer Weise zu instruieren, dass diese die vermittelten Kenntnisse und Fertigkeiten so verinnerlichen, dass daraus – über den begrenzten Schulkontext hinaus – lebensbedeutsame Einstellungsmuster und Verhaltensbereitschaften entstehen. Die Bindung erziehenden Unterrichts an die Vermittlung von Wissen wird in dem Konzept als Bedingung dafür angesehen, dass die für Erziehungsleistungen notwendigen Interventionen und Arrangements nicht in Indoktrination umschlagen. In der pädagogischen Semantik, mit der die Formel des erziehenden Unterrichts gerechtfertigt wird, lässt sich vor diesem Hintergrund eine wichtige Beschränkung finden: Das erzieherische Mandat der Schule ziele nicht auf den ganzen heranwachsenden Menschen, sondern beschränke sich auf die Ermöglichung und Beeinflussung von kognitiven und im idealen Falle auch moralischen Lernprozessen. In der pädagogischen Rechtfertigungsliteratur eher am Rande behandelt wird hingegen eine weitere Seite der erzieherischen Leistung von Unterricht, die als Erziehung *für* den Unterricht beschrieben werden kann und die – wie bekannt – von Herbart mit dem Begriff der „Regierung" bezeichnet wurde, um die Disziplinierungs- und Ordnungsleistungen der Schule als Voraussetzung der Ermöglichung von Lernen zu fassen.

Der nachfolgende Beitrag zielt darauf, den erziehungswissenschaftlichen Blick auf das Verhältnis von Erziehung und Unterricht, der professionstheoretisch als hoch kontrovers gelten kann, durch Theorieumstellungen neu zu justieren, um dann am Fall politisch-moralischer Erziehung empirisch vorfindbare Konstellationen pädagogischer Kommunikation zu rekonstruieren. Gezeigt wird, dass sich die pädagogische Ordnung des Unterrichts als Einheit der Differenz unterschiedlicher Kommunikationsformen konstituiert. Unterrichten im Sinne der *vermittelnden Darstellung und Thematisierung von Wissen* ist ein zentraler Fluchtpunkt der professionellen Kommunikation in der Schule. Die pädagogische Ordnung des Unterrichts ist jedoch konstitutiv auf *Erziehung im Sinne der vorgängigen Ermöglichung und der nachgängigen Bestimmung von Lernen* verwiesen. Beide Kommunikationsformen sind aufeinander bezogen, aber sie fallen hinsichtlich der Interaktionspraktiken, der strukturierenden Rolle der Unterrichtsöffentlichkeit und der ihnen zugrundliegenden Rechtfertigungen nicht in eins.

Die Behandlung des Erziehungsproblems
in der gegenwärtigen Professionsforschung

Dass die Frage, welche Bedeutung Erziehung in der Schule zukommt, keineswegs eine Problemstellung allein der pädagogischen Tradition ist, lässt

200

Matthias Proske

sich exemplarisch an der Kontroverse zwischen dem kompetenztheoretischen und dem strukturtheoretischen Ansatz in der Professionsforschung nachzeichnen. Es scheint kein Zufall, dass sich diese Kontroverse vor allem an der Frage entzündete, wie man den Kern der Tätigkeit von Lehrkräften beschreibt und welche Rolle Erziehung darin spielt.

Baumert/Kunter (2006) beschrieben in dieser Kontroverse „die didaktische Vorbereitung und Inszenierung von Unterricht als zentrale Anforderung für den Lehrerberuf und das professionelle Kompetenzprofil von Lehrkräften" (ebd.: 473). Ihre Positionierung grenzten sie ab von der strukturtheoretischen Argumentation, die Lehrerhandeln „nach dem Idealtypus der psychoanalytischen Therapie" modelliere, für den „generalisierte Erziehungserwartungen" kennzeichnend seien, die sich auf ganze Person der Schüler richteten und eingebettet seien in eine diffuse Sozialbeziehung zwischen Lehrperson und Schülern (ebd.: 472).

Ungeachtet der Frage, als wie treffend diese Kennzeichnung der strukturtheoretischen Beschreibungen der Lehrprofession gelten kann, soll im Folgenden rekonstruiert werden, wie Baumert/Kunter den Zusammenhang von Unterricht und Erziehung fassen. Ihre Bestimmung enthält drei Argumente (vgl. ebd.: 473):

- Unterricht erziehe erstens durch das schulische Bildungsprogramm und seine kognitiven Herausforderungen, die sowohl Leistungsansprüche formulieren als auch Maßstäbe an die Form der Auseinandersetzung mit dem schulischen Wissenskanon enthalten. Denken könnte man hier etwa an die Anforderungen fachlichen Argumentierens.
- Unterricht erziehe zweitens durch seine organisatorische Form, die z.B. Pünktlichkeit und Regeltreue voraussetze.
- Schließlich erziehe Unterricht im Kontext seiner schulischen Rahmung als Teil einer kulturellen Form, die eigene Erwartungen des zivilen Umgangs im Alltag des Schullebens durchsetze (etwa wie Konflikte zu regeln sind).

„Die institutionelle Verfasstheit des Bildungsprogramms und die Sozialorganisation der Schule [entlasten] die Lehrkraft in erheblichem Maße von persönlichen Erziehungserwartungen [...] und [lokalisieren] die Erziehungsaufgabe dort [...], wo sie hingehört: nämlich in die professionelle Erfüllung der Berufsaufgabe in und außerhalb des Unterrichts" (ebd.: 474).

Auf der Folie der Eingangsskizze liest sich die Argumentation zunächst ganz auf der Linie der Tradition. Als Kronzeugen für ihre Position verweisen Baumert/Kunter entsprechend auf den bereits erwähnten Herbart, den sie bildungssoziologisch um die sozialisatorischen Wirkmechanismen von Schule („Heimlicher Lehrplan") ergänzen. Deutlich ist zu erkennen, dass in dieser Konstruktion Erziehung und Sozialisation enggeschlossen werden, insofern Erziehung als im Unterricht *mitlaufendes* Geschehen behandelt wird. Erziehung sei keine explizite professionelle Herausforderung, für die auf der operativen Ebene pädagogischen Handelns Lösungen gesucht werden müssten. Die mit Unterricht einhergehenden Erziehungsaufgaben würden immer schon durch „die Elastizität des Handlungssystems Schule und Unterricht" gelöst (ebd.). Entsprechend halten Baumert/Kunter es für „theoretisch verfehlt, Kompetenzstrukturen von Lehrkräften nach Unterrichten und Erziehen zu differenzieren" (ebd.), wie es etwa die KMK in ihren Kompetenzmodell tue, das wiederum seinen Niederschlag in einer Reihe gegenwärtiger erziehungswissenschaftlicher Curricula in der Lehrer_innenbildung gefunden hat.

In seiner Replik kritisiert Werner Helsper die Selbstverständlichkeit, mit der Baumert/Kunter unterstellten, dass die Herstellung der Bedingungen für motivierte Unterrichtsteilhabe von Schüler_innen eine quasi-automatische Nebenfolge des Unterrichtens sei. „Bei Baumert/Kunter schimmert im Hintergrund der schulisch voll sozialisierte gymnasiale Oberstufenschüler durch" (Helsper 2007: 575). Von allem, was dieses Bild stört, scheint der Unterricht bereinigt zu sein. Nur diese empirisch anzweifelbare Annahme ist die Voraussetzung dafür, Erziehung als Aufgabe zu konstruieren, die die professionelle Lehrperson immer schon gelöst hat, wenn sie nur unterrichtet und sich auf Programm und Organisation der Schule verlässt.

Wie bestimmt nun der strukturtheoretische Professionsansatz den Kern des Lehrerhandelns? Auch für Helsper steht Wissensvermittlung im Zentrum der professionellen Aufgabe von Lehrpersonen (2011: 151ff.). Er insistiert jedoch darauf, dass diese untrennbar eingelassen ist in die zwar rollenförmig strukturierte, nichtdestotrotz personenbezogene Beziehung zwischen Lehrperson und Schulklasse. Aus der konstitutiven Verknüpfung von Wissensvermittlung und Beziehungsgestaltung (Stichwort: Arbeitsbündnis) resultieren für Helsper wiederum die „widerspruchsvolle[n] Handlungskonstellationen" des Lehrerhandelns. Auffallend ist, dass Helsper – anders als Baumert/Kunter – Erziehung als Beobachtungs- und Analysekategorie für die strukturtheoretische Beschreibung des Lehrerhandelns nutzt. Diese Beobachtungsperspektive erlaubt es ihm, Antinomien des Lehrerhandelns z.B. in den widersprüchlichen pädagogischen Erwartungen und daraus resultierenden Handlungsanforderungen an die Lehrpersonen zu verorten. Gleichzeitig ist aber auch zu erkennen, dass das Beobachtungsschema Erziehung nur in einer sehr groben Auflösung genutzt wird. Es referiert in sehr allgemeiner Weise auf die Herstellung und Gestaltung des pädagogischen Arbeitsbündnisses, ohne weiter ausdifferenziert zu werden.

Bilanziert man die hier nur knapp skizzierte Kontroverse zwischen dem kompetenz- und dem strukturtheoretischen Ansatz, dann fallen drei Punkte besonders auf:

▪ Beide Ansätze lösen sich aus einem engen intentionalistischen Zugriff, der Erziehung an die Absichten und die daraus vermeintlich resultierenden Handlungen der Erzieher bindet. Damit gehen beide auf Distanz zu einem Zugriff, der die Erziehungstheorie maßgeblich geprägt hat (Prange 1992), der aber sicherlich nicht die einzige Form darstellt, Erziehung zu konzeptualisieren.

▪ Was tritt jedoch an die Stelle des intentionalistischen Zugriffs auf die Erziehungsleistungen im Unterricht? Baumert/Kunter scheinen eine Art von Theoriesubstitution vorzunehmen, wenn sie den Erziehungsbegriff durch das Konzept der mittelbaren sozialisatorischen Wirkungen von Programm und Form des schulischen Unterrichts austauschen. Ihre explizite Gleichsetzung von Unterrichten und Erziehen übersieht nicht nur Unterschiede auf der Interaktionsebene und damit einhergehende pädagogische Beobachtungs- und Rechtfertigungsmodi. Sie überrascht auch deshalb, weil das Kompetenzfeld, das sich mit der Herstellung und Aufrechterhaltung einer lernförderlichen Unterrichtsordnung beschäftigt, explizit erzieherische Leistungen thematisiert. Diese betreffen auch die operative Ebene des Lehrerhandelns, wenn es um Kooperation, Anerkennung, Rückmeldung oder Regulation im Klassenzimmer geht. Ophardt/Thiel (2013) nennen drei Merkmale einer lernförderlichen Ordnung im Klassenzimmer: sie ist ebenso kontextspezifisch wie fragil und sie beruht konstitutiv auf einem funktionierenden Arbeitsbündnis zwischen der Lehrkraft und den Schülern (ebd.: 46). Alle drei Merkmale verweisen für Ophardt/Thiel auf die Kompetenzen von Lehrpersonen an der Herstellung dieser Ordnung und alle berühren Fragen der Erziehung im Sinne der Einwirkung auf die Aneignungsbereitschaften der Schüler_innen. Die erzieherische Beeinflussung der Annahmebedingungen von Wissensangeboten muss also auch aus kompetenztheoretischer Perspektive nicht in eins fallen mit der instruktionalen Darstellung und Vermittlung von Wissen.

▪ Die Leistung des strukturtheoretischen Ansatz besteht darin, in der Frage einer nicht intentionalistisch enggeführten Konzeptualisierung von unterrichtlichen Erziehungsleistungen zu verdeutlichen, dass Erziehung „kein Gegenstandsbegriff, sondern ein Beobachtungsbegriff ist", der „eine spezifische Perspektive markiert" (Ricken 2006: 217). Im Fall der strukturtheoretischen Professionstheorie besteht diese Perspektive wie erläutert darin, das Lehrerhandeln unaufhebbar mit zwei in sich spannungsreichen Anforderungen konfrontiert zu sehen: die Orientierung an den Sachen des Unterrichts auf einen und der Orientierung an den beteiligten Personen auf der anderen Seite (Helsper 2011: 156). Erziehung wird dabei als pädagogische Aufgabe verstanden, lern- und entwicklungsbezogene Kooperationsbeziehungen im Klassenzimmer zu gestalten. Wie man die mit diesem Spannungsverhältnis bzw. ihrer professionellen Bearbeitung einhergehende Ordnung des Unterrichts auf der operativen Ebene präziser fassen kann, bleibt bislang jedoch unbeantwortet.

Als Desiderat dieses Durchgangs durch die Kontroverse zwischen strukturtheoretischem und kompetenztheoretischem Ansatz über die Bedeutung von

Erziehung und Unterricht: Konstellationen pädagogischer Kommunikation

Erziehung im Lehrerhandeln lässt sich die Frage nach einem Konzept festhalten, dass die Erziehungsleistung des Unterrichts weder intentionalistisch engführt noch auf einen Nebeneffekt der kognitiv ausgerichteten Instruktionspraktiken reduziert und auch nicht in bloße Sozialisation durch die äußere Form des Unterrichts auflöst. Gesucht wird stattdessen ein Theorieangebot, dass den operativen Zusammenhang von Erziehung und Unterricht als erzieherische Ermöglichung und Beeinflussung von Lernprozessen zu beschreiben vermag.

Pädagogische Kommunikation und die Ordnung des Unterrichts

Mit der Ordnungsbildung von Unterricht zu argumentieren, schließt an eine Theorieperspektive an, die die Konstitution von Unterricht im Zusammenspiel von Sozialität und Pädagogizität, d.h. von sozialer Praxis *und* pädagogischer Erwartung erklärt, wobei jene wiederum auf die Praxis und deren Beobachtung zurückwirkt (vgl. Hollstein/Meseth/Proske 2015; Meseth/Proske/Radtke 2011/2012; Proske 2009/2013). Ordnungsbildung bezieht sich damit auf den Zusammenhang von primär sprachlichen, aber auch nichtsprachlichen *Kommunikationsformen* in der *unterrichtlichen Interaktion*, die Ermöglichung und Rahmung dieser Formen durch *Organisation und Profession* sowie deren pädagogische *Rechtfertigung* als personenbezogene Einwirkungsversuche.

Insofern Kommunikation und Ordnungsbildung als Leitbegriffe gewählt werden, um den Zusammenhang von Erziehung und Unterricht beschreibbar zu machen, ist deutlich, dass die Argumentation an einen systemtheoretischen Bezugsrahmen anschließt. In Bezug auf die Frage, wie Erziehung unterschieden werden kann, konzentrierte sich Niklas Luhmann interessanterweise auf eine bestimmte Antworttradition innerhalb der pädagogischen Semantik, nämlich auf die handlungstheoretische Definition von Erziehung über die Absichten des Erziehenden (Luhmann 2002: 54ff.). Es überrascht wenig, dass Luhmann diese Lösung nicht überzeugte, weil sie auf Motive und Interessen abstellt. Diese kann man zwar in der Kommunikation darstellen, selbst bleiben sie aber inkommunikabel. Im Fall von Erziehung komme hinzu, dass die explizite Darstellung von Erziehungsabsichten deren Erfolgswahrscheinlichkeit nicht unbedingt erhöht. Luhmann sah die Definition jedenfalls für ergänzungsbedürftig an, indem er auf strukturelle Merkmale des Unterrichts verwies, z.B. dessen Rollenasymmetrie und Interaktionsförmigkeit (ebd.: 55ff.). Bezogen auf das Problem, wie die inkommunikable Absicht zu erziehen kommunikativ wird, ist Luhmann jedoch nicht viel weiter gekommen als darauf hinzuweisen, dass sie als begriffliche Autonomieformel

Matthias Proske

der pädagogischen Reflexion einen Freiraum für Anschlüsse auf der operativen Ebene der Interaktion schafft. Es ist dann vor allem Jochen Kade (1997/2004) gewesen, der das Theorem der pädagogischen Kommunikation ausbuchstabiert hat. Kade sah die Grundlage der Systembildung des Pädagogischen in einer spezifischen Kommunikationsform verankert, nämlich im aneignungsbezogenen Vermitteln von Wissen und dem damit verbundenen Code vermittelbar/nichtvermittelbar, der in die gesellschaftliche Ressource Wissen eine pädagogisch nutzbare Unterscheidung einführt (1997: 38ff.). In Bezug auf die Ordnung des Unterrichts lässt sich Wissensvermittlung in diesem Sinne als Bestimmung der instruktionalen Seite von Unterricht fassen. Unbesetzt bleibt in diesem Zugriff jedoch die enger gefasste kommunikative Bestimmung der Erziehungsleistung des Unterrichts, m.a.W.: die Strukturierung der Unterrichtssituation durch direkte oder indirekte Einwirkungen auf die Adressaten von Unterricht, damit Aneignung von und Auseinandersetzung mit Wissen überhaupt möglich wird.[2] Aufgerufen ist damit die kommunikative Anbahnung und Evaluation von Lernen, die in verschiedenen Unterrichtsformaten (z.B. im Klassengespräch oder in der individualisierten Aufgabenbearbeitung) unterschiedliche Gestalt annehmen kann. Zur pädagogischen Herausforderung können dabei in sozialer Hinsicht vor allem Kooperationserwartungen zwischen Lehrpersonen und Schülerinnen werden. In sachlicher Hinsicht sind aber auch den Themen des Unterrichts Ziele eingeschrieben, die Erziehungserwartungen aufrufen. Wenn Unterricht auf die Bestimmung von Lernen zielt, geht es hier immer auch um die klassenöffentliche Herbeiführung und Markierung von „richtigen" Lösungen für die thematisierten Problemstellungen.

Konstellationen pädagogischer Kommunikation im Feld politisch-moralischer Erziehung und die Öffentlichkeit der Schulklasse

In unserer empirischen Studie im Geschichts- und Ethikunterricht[3], in dem es um die Themenfelder Nationalsozialismus/Holocaust sowie Rassismus/Mul-

---

2   Im Anschluss an Kade haben aber Dinkelaker (2012) und Herrle (2013) kommunikative Formate der Aufmerksamkeitssteuerung bzw. der Ablaufsteuerung für das Feld erwachsenenpädagogischer Kurse rekonstruiert. Auch in solchen Kursen stellt sich das Problem der Einbindung der Teilnehmer_innen bzw. der Strukturierung der lernbezogenen Ordnung der Kommunikation. Der Begriff Erziehung ist für dieses Feld – wenig überraschend – jedoch keine Beobachtungskategorie.

3   Es handelt sich um die Studie "Der Umgang mit den Paradoxien politisch-moralischer Erziehung", die von der DFG gefördert gemeinsam mit V. Haug, J. Hogrefe, O. Hollstein, W.

tikulturalismus ging, haben wir untersucht, wie mit den Herausforderungen einer enger gefassten Erziehungsleistung von Unterricht umgegangen wird. Das Untersuchungsfeld schien uns deshalb besonders geeignet, weil bei diesen Themen Erziehungserwartungen nahezu unvermeidbar sind, geht es hier doch immer auch um die langfristige Herstellung und Verankerung gesellschaftlich gültiger Deutungen, moralischer Überzeugungen und sozialer Verhaltensbereitschaften in der nachwachsenden Generation. Das Untersuchungsfeld mit seinen politisch-moralischen Erziehungserwartungen wurde als exemplarischer Fall genommen, an dem Grundprobleme der Erziehung besonders klar hervortreten und sich somit auch die pädagogische Ordnungsbildung im Verhältnis von Wissensvermittlung und Erziehung genauer untersuchen lässt.

In Bezug auf die hier interessierende Fragestellung lassen sich die Ergebnisse unserer Untersuchungen entlang von drei Fragen präzisieren und ordnen:

- Was sind die kommunikativen Formen, in denen Erziehung in der Unterrichtsinteraktion beobachtbar wird?
- Welche Rolle spielt die Öffentlichkeit der Schulklasse als Rahmung für die pädagogische Kommunikation?
- Schließlich: Welche Beschränkungen und Ermächtigungen lassen sich in Bezug auf die erzieherischen Interventionen und ihre Legitimation beobachten?

Disziplinierende und motivierende Regulation von Teilnahmebereitschaft

Hinsichtlich der kommunikativen Praktiken ist zunächst festzuhalten, dass sich im Unterrichtsgeschehen durchgehend regulative und personenbezogene Interventionen zur Motivierung und Disziplinierung der Schüler_innen finden lassen. Diese adressieren die Schülerinnen und Schüler in ihrer Rolle als Mitglieder der Organisation Schule. Diese erste Form erzieherischer Kom-

Meseth und F.-O. Radtke durchgeführt worden ist. Als Datenbasis dienten insgesamt 38 Lehreinheiten zu den Themen Holocaust/Nationalsozialismus und Rassismus/Multikulturalismus, die in verschiedenen Schulformen und in *settings* der außerschulischen Jugendbildung durch teilnehmende Beobachtung und Audioaufnahmen erhoben wurden. Im Feld Schule sind über mehrere Projektphasen verteilt sechs mehrwöchige Lehreinheiten in zwei Hauptschulklassen der Jahrgangsstufe 9, zwei Gymnasialklassen der Stufe 10, einem Geschichtsgrundkurs der Oberstufe einer Gesamtschule und einem Geschichtskurs in einem beruflichen Gymnasium erhoben worden. Hinzu kamen eine Reihe weiterer kürzerer Unterrichtsbeobachtungen vor allem in der Sekundarstufe I. Auf der Basis der Beobachtungsprotokolle und Audioaufnahmen ist der Unterrichtsverlauf zunächst über Gesprächsinventare thematisch geordnet worden, um dann ausgewählte transkribierte Passagen entlang unterschiedlicher Untersuchungsfragen sequenzanalytisch zu rekonstruieren.

Matthias Proske

munikation zielt darauf, die Bedingungen für die Arbeit an den jeweiligen Themen des Unterrichts herzustellen und Lernen zu ermöglichen. Die Erziehung für den Unterricht geschieht keineswegs störungsfrei; die Mitmachbereitschaft ist gerade bezogen auf die ganze Klasse fragil; es kann nur ungenau zwischen funktionalem und engagiertem *commitment* der Schüler_innen unterschieden werden kann.

Aufmerksamkeitssteuerung zum Zwecke der Wissensvermittlung

Eine zweite Form erzieherischer Kommunikation bezieht sich nicht mehr auf die Herstellung der Bedingungen für Wissensvermittlung, sie ist vielmehr direkt auf die Ermöglichung und Strukturierung von Wissensvermittlung bezogen. Beschreiben lässt sich diese Form als Steuerung und Fokussierung der Aufmerksamkeit im Sinne der Wahrnehmung auf und der gezielten Thematisierung von bestimmten inhaltlichen Deutungen. Der Lehrperson stehen hier insbesondere konstative Äußerungsformate zur Verfügung. Diese sollen die hervorgehobene Bedeutung eines inhaltlichen Aspekts markieren. Um es an einem Beispiel zu veranschaulichen:

In einer Diskussion über die Bedeutung der NS-Vergangenheit für die heutigen Jugendlichen reagiert die Lehrperson auf die als Vorwurf kommunizierte Äußerung einer Schülerin, dass sie nicht einsehe, warum sie sich für die an den Juden begangenen Verbrechen entschuldigen müsse. Die Lehrperson formuliert ihre Intervention wie folgt: „Und nun passt auf: Es gibt etwas anderes, das müsst Ihr begreifen. Es ist nicht die Schuldfrage, sondern es ist eine völlig andere Frage. Es ist eine Verantwortungsfrage."

Sicherlich kann man die Erfolgswahrscheinlichkeit dieser belehrenden Form der Aufmerksamkeitssteuerung bezweifeln. Relevant für die Frage nach den Konstellationen pädagogischer Kommunikation und deren Rahmung ist jedoch etwas anderes. Die Lehrperson nutzt in dieser Situation den Beitrag einer Schülerin für eine *kollektive Adressierung* der ganzen Klasse. Die Lerngruppe ist es, die mit der Fokussierung auf die für die Lehrperson in dieser Situation bedeutsame kognitive Unterscheidung zwischen Schuld und Verantwortung erreicht werden soll. Die partikulare Adressierung des Einzelnen steht hier im Kontext der generalisierten Adressierung der Klasse. Was bedeutet dies für erzieherische Kommunikation im Unterricht?

Mit der Relationierung von individueller Schüleräußerung und kollektiver Adressierung der Schulklasse kann im Unterricht ein spezifisches Strukturmerkmal von Interaktionssystemen zu einem konstitutiven Erziehungsfaktor werden: die auf Dauer gestellte *gegenseitige Wahrnehmbarkeit in der Öffentlichkeit der Schulklasse* bzw. der jeweils anwesenden Lerngruppe, wenn es sich um geöffnete Settings handelt. Die kommunikative Fokussierung von Aufmerksamkeiten und die Markierung von thematischen Bedeutsamkeiten werden klassenöffentlich zur Darstellung gebracht, um die Beobachtbarkeit dieser Ereignisse als erzieherischen Wirkfaktor zu nutzen. Unter der Interaktionsbedingung von Anwesenheit ist für alle Beteiligten wahrnehmbar, wie Wissen zur Sprache gebracht wird. Alle können hören und sehen, welche Verhaltensweisen und Argumentationen als richtig honoriert werden und wie mit Abweichung umgegangen wird.

Beurteilungen zwischen forcierter Anbahnung von Selbstkorrektur und der Kognitivierung von Fehlern

Eine dritte von uns rekonstruierte Form erzieherischer Interaktionspraktiken steht im engen Zusammenhang mit Unterrichtssituationen, in den Schüler_innen beurteilt werden. Korrekturen, Nachfragen, Hinweise auf die als richtig erwartete Antwort zielen dabei auf die thematische Beeinflussung von Lernprozessen. Vor allem aus Schülersicht geht es bei der Beurteilung des dargestellten Wissens aber immer auch um sie als Personen. Beurteilung berührt die Anerkennung der Schüler_innen im Kollektivgefüge der Lerngruppe. Beurteilt wird, als wer sie dort erscheinen und anerkannt werden (vgl. auch Reh 2010; Reh/Ricken 2012: 43ff.). Auch hier spielt die Öffentlichkeit der Schulklasse als Rahmung der pädagogischen Kommunikation eine zentrale Rolle, denn sie ist das Medium, in dem die Beurteilungsprozesse als Adressierungsgeschehen ihre soziale und erzieherische Dynamik entfalten.

Auffallend in unseren Befunden ist nun, *wie* die Lehrpersonen die Funktionsstelle der Beurteilung im Unterrichtsgeschehen ausfüllen. Anders als bei der disziplinierenden und motivierenden Herstellung der Unterrichtsbedingungen zeigt sich hier, dass explizite und personennahe, d.h. expressiv kommunizierte erzieherische Korrekturen der Schüler vermieden werden, und zwar selbst dann, wenn Schüler_innen in ihren Beiträgen politisch oder moralisch problematische Deutungen und Positionierungen in Bezug auf konkrete Aneignungserwartungen zu den Themen Nationalsozialismus und Rassismus vornehmen. Fehler, missverständliche Deutungen und Wissenslücken werden von den Lehrpersonen zwar deutlich klassenöffentlich markiert. Es wird jedoch mit auffallender Regelmäßigkeit darauf verzichtet, die betreffenden Schüler direkt erzieherisch zu adressieren. Stattdessen zeigt sich ein anderes Muster des Umgangs: In personenbezogener Hinsicht besteht dieses Muster darin, auf Defizite der Schüler_innen mit mehr und weniger deutlichen Aufforderungen zur Selbstkorrektur zu reagieren, d.h. auf die Anbahnung von Selbstverbesserung bei der Darstellung ihres Wissens zu setzen (vgl. detaillierter Hogrefe et al. 2012: 15ff.). Durch gezieltes Nachfragen, durch wohlwollendes „Re-Voicing" (Pauli 2010: 149f.) oder durch lückenfüllende Ergänzungen der Schüleräußerungen sollen diese zu den richtigen Deutungen *geführt* werden. In rhetorischer Hinsicht handelt es sich um eine

Kommunikation, die zu verstehen gibt, dass die Schüler mit ihren Deutungen falsch liegen, ohne dies aber explizit zu markieren. Vertraut wird stattdessen auf die Selbstkorrektur des Gegenübers im Prozess des Unterrichtet-werdens. Die Tradition hat diese kommunikative Form als pädagogischen Takt bezeichnet (vgl. Hügli 2007).

Die zweite professionelle Strategie, die sich auch aus dem Umstand erklärt, dass es in dem untersuchten Unterricht in politisch-moralischer Hinsicht um die Vermittlung von gesellschaftlich aufgeladenem Wissens geht, lässt sich als kognitivierende Konstruktion problematischer Äußerungen der Schüler_innen beschreiben. Die Lehrpersonen vermeiden es, problematische oder falsche Deutungen auf die Schüler als Urheber ad personam zuzurechnen und damit sachliche Fehler als moralisch problematische Haltungen erscheinen zu lassen. Stattdessen dominiert ein kommunikativer Modus, der sich auf die Erörterung der Geltungsgründe von Deutungen, Positionierungen und Überzeugungen konzentriert.

Mit diesen unterschiedlichen Strategien wird offenkundig, dass sich die Rechtfertigungen der erzieherischen Interaktionen deutlich voneinander unterscheiden. Während in der Herstellung der Bedingungen von unterrichtlichem Lernen offenbar eine explizite und deutlich rigidere Disziplinierungskommunikation als pädagogisch zulässig gilt, beschränkt sich Erziehung im Kontext der evaluierenden Einwirkung auf die thematischen Lernprozesse auf indirektere Formen der Beeinflussung.

Die Vor- und Nachgängigkeit erzieherischer Kommunikation in der Ordnung des Unterrichts

Worin besteht nun der Ertrag der hier vorgestellten Überlegungen zum Verhältnis von Erziehung und Unterricht? Mir scheinen für eine abschließende Bilanzierung zwei Punkte zentral: Sie betreffen erstens die Begründung und zweitens die Konzeptualisierung der Ordnung des Unterrichts. Und offenkundig implizieren beide Punkte auch Konsequenzen für die Modellierung der Professionalität von Lehrpersonen.

Zur Begründung

Von Siegfried Bernfeld (1925/1967) stammt die bekannte Definition, dass „Erziehung […] die Summe der Reaktionen einer Gesellschaft auf die Entwicklungstatsache [ist]". Nutzt man diese Definition für die Begründung der Erziehungsfunktion des Unterrichts, dann ließe sich analog formulieren, dass Erziehung die Summe der Reaktionen des Unterrichtssystems ist, mit der erstens auf ein soziales Konstitutionsmerkmal und zweitens auf eine pädagogische Aufgabe des Unterrichts geantwortet wird. Während das *Konstitutionsmerkmal* in der eminenten Voraussetzungshaftigkeit des Stattfindens lernbezogener Kommunikation besteht, lässt sich die für Unterricht unhintergehbare *Aufgabe* als Bestimmung und Qualifizierung des dargestellten Lernens der Schülerinnen und Schüler beschreiben. Schulischer Unterricht ist – mindestens aus Sicht der Schüler_innen – ein Ort, der mehr Sinnoptionen bereitstellt als ausschließlich die des Lernens. Armin Nassehi (2004: 107) hat mit Verweis auf Knorr-Cetina für diese andere Seite von Funktionsorten den schönen Ausdruck des „prallen Lebens" geprägt, der erklärt, warum von der Nichtselbstverständlichkeit unterrichtlichen Lernens auszugehen ist und Erziehung – verstanden als dem Lernen *vorgängige* Ermöglichungskommunikation – notwendiger Bestandteil der Ordnung des Unterrichts als pädagogische ist. Und da die Operationen des Lernens wiederum zunächst als zwar ubiquitäre, aber dennoch unbekannte Größe in der Gleichung des Unterrichts auftauchen (vgl. Prange 2005: 81ff.), besteht die *nachgängige* Aufgabe von Erziehung darin, dieses Lernen der Schüler_innen in Beziehung zu setzen zu den fachlichen und sozialen Ansprüchen der Schule. In diesem Sinne würde nur eine idealisierte Konstruktion der Konstitutionsbedingungen und der Aufgabe von Unterricht es erlauben, Erziehung und die damit verbundenen sozial anspruchsvollen Steuerungsaufgaben aus dem Geschäftsbereich von Lehrpersonen und ihrer Profession zu streichen.

Zur Konzeptualisierung

Heinz-Elmar Tenorth (1992) hat bereits sehr früh auf die intentionalistische Verengung hingewiesen, die einen Teil der pädagogischen Reflexion über den Zusammenhang von Erziehung und Unterricht kennzeichne. An diesem Punkt deckt sich seine Analyse mit der Position von Baumert/Kunter, Erziehen nicht als klar abgrenzbare, auf Motiven und Absichten beruhende professionelle Handlung bzw. Kompetenz zu verstehen. Seine Antwort auf die handlungstheoretische Beschränkung bestand jedoch nicht darin, die Erziehungsproblematik zu entschärfen, indem begrifflich auf Sozialisation umgestellt und dann darauf vertraut wird, dass die institutionelle Verfasstheit des Bildungsprogramms und die Sozialorganisation der Schule für die unterrichtliche Kooperations- und Folgebereitschaft der Schülerinnen – quasi frei von Nebengeräuschen – sorgen werde. Tenorth hat stattdessen als theoretische Alternative an die etwas schillernde Metapher der „Zwischenwelt" aus der Tradition der geisteswissenschaftlichen Pädagogik angeschlossen, die in seinen Augen erlaube, die „genuine[n] Funktionsweise der Erziehung" (ebd.: 210) zu beschreiben. Mit dem Begriff Zwischenwelt referiert Tenorth – jenseits intentionalistischer einerseits und sozialisatorisch-deterministischer Er-

Matthias Proske

klärungsmodelle andererseits – auf die funktionale Eigenlogik der pädagogischen Situation. Kennzeichen der pädagogischen Situation sei es, „als emergente Wirklichkeit" auf mittelbaren Wirkmechanismen in der „Tradition indirekter Erziehung" zu beruhen (ebd.: 215). Mit dem Konzept soll auf der einen Seite die Operationsweise von Erziehung als funktionale aufgeklärt, auf der anderen Seite die Legitimationsproblematik nicht aus den Augen verloren werden. Die Legitimationsproblematik sei allen pädagogischen Situationen zu eigen, da Schule nicht umhin kann, begründet zu rechtfertigen, warum und wie der Unterricht Heranwachsende in die Auseinandersetzung mit den kognitiven und moralischen Wissenstraditionen einer Gesellschaft führt.

Für Tenorth selbst war offenkundig, dass der Begriff „Zwischenwelt" „noch zu vieles im Dunkeln belässt, um schon überzeugen zu können" (ebd.: 217). Meine These ist, dass es die hier diskutierten Überlegungen zur Ordnung des Unterrichts erlauben, etwas mehr Licht in die Konstellationen pädagogischer Kommunikation zu bringen. Weiterführend erscheint mir insbesondere, dass mit dem Konzept der Ordnung des Unterrichts ein Theorieangebot vorliegt, das die erzieherischen Wirkungen des Unterrichts aus der Strukturierung pädagogischer Situationen – und damit nicht intentionalistisch verkürzt – erklärt. Strukturierung wird in diesem Konzept aus der Konstellation von drei Elementen verstanden:

1. aus erzieherischen Interaktionspraktiken, wie wir sie in unserer Untersuchung als Gefüge von Motivierungs- und Disziplinierungskommunikation zur Herstellung und Regulierung der Unterrichtsbedingungen, von Kommunikation zur Steuerung und Fokussierung der Aufmerksamkeit und von Kommunikation zur Qualifizierung und Beeinflussung des thematischen Lernverhaltens rekonstruieren konnten,
2. aus der Interaktionsförmigkeit des Unterrichts, mit der die Öffentlichkeit des Geschehens vor den Ohren und Augen der Schulklasse zu einem wichtigen Erziehungsfaktor wird,
3. und schließlich aus dem normierenden Einfluss pädagogischer Rechtfertigungslogiken, die sich u.a. dahingehend unterscheiden, ob die organisationsvermittelten Bedingungen für Unterricht mit Hilfe erzieherischer Intervention hergestellt werden sollen oder aber, ob auf das von den Schülern dargestellte Lernen Einfluss genommen werden soll.

An dieser Strukturierungskonstellation ist die Profession und sind damit die Lehrpersonen selbstverständlich beteiligt, jedoch ist die Ordnung des Unterrichts nicht *kausal* auf das Handeln der Professionellen zurückzuführen. Sie ist vielmehr als *Effekt* des Zusammenspiels von Kommunikationsformen, Unterrichtsöffentlichkeit und pädagogischer Rechtfertigung zu verstehen.

Erziehung und Unterricht: Konstellationen pädagogischer Kommunikation

Bezogen auf meine Ausgangsfrage, wie das Verhältnis von Erziehung und Unterricht präziser bestimmt werden kann, scheint es mir notwendig, davon auszugehen, dass sich die Ordnung des Unterrichts als Einheit der Differenz unterschiedlicher Kommunikationsformen konstituiert. Unterrichten im Sinne der *vermittelnden Darstellung und Thematisierung von Wissen* ist ein zentraler Fluchtpunkt der professionellen Kommunikation in der Schule. Die Ordnung des Unterrichts als pädagogische ist jedoch konstitutiv auf *Erziehung im Sinne der vorgängigen Ermöglichung und der nachgängigen Bestimmung von Lernen* verwiesen. Beide Kommunikationsformen sind untrennbar aufeinander bezogen, aber sie fallen nicht in eins.

Vor diesem Hintergrund erscheint es theoretisch verfehlt, Erziehung nicht explizit als professionelle Herausforderung zu konzeptualisieren. Mit der Substitution der Erziehungsaufgabe durch ein Konzept mitlaufender Sozialisation wird eine Modellierung von Unterricht und professioneller Kompetenz vorgenommen, in der nur solche Probleme in den Blick kommen, die sich durch technisch-organisatorische Lösungen auf der Ebene von fachlicher und fachdidaktischer Expertise bearbeiten lassen. Nicht nur unsere Empirie zeigt sehr deutlich, dass es sich um eine „neue[n] didaktische[n] Illusion" (Helsper 2007: 575) handeln würde, wenn man Unterricht als rein kognitiv ausgerichtetes Instruktionsgeschehen fasste und von jeder sozialen Konflikthaftigkeit bereinigte, die im Regelfall mit der erzieherischen Herstellung und Aufrechterhaltung von Arbeits- und Kooperationsbeziehungen und der evaluierenden Bestimmung des Lernens einhergeht. Erziehungsansprüche müssen immer situativ in der Interaktion mit den Schülern/innen realisiert werden. Dies erfordert von den Lehrpersonen professionelle Kompetenzen, die sich nicht durch Bildungsprogrammatik und Organisation ersetzen lassen.

Literatur

Baumert, Jürgen/Kunter, Mareike (2006): Stichwort: Professionelle Kompetenz von Lehrkräften. In: Zeitschrift für Erziehungswissenschaft 9, 4, S. 469-520.
Bernfeld, Siegfried (1925/1967): Sisyphos oder die Grenzen der Erziehung. Der geheime Zweifel der Pädagogik. Wien: Internationaler Psychoanalytischer Verlag; Neudruck: Frankfurt a.M.: Suhrkamp.
Dinkelaker, Jörg (2012): Kollaboratives Aufmerksamkeitsmanagement. Zur Gestaltung der Koordination von Selektivität in Veranstaltungen der Erwachsenenbildung/Weiterbildung. In: Hof, Christiane/Ludwig, Joachim/Schäffer, Burkhard (Hrsg.): Steuerung – Regulation – Gestaltung. Baltmannsweiler: Schneider-Verlag, S. 131-144.
Herrle, Matthias (2013): Classroom Management jenseits des Schulunterrichts. Mikroethnographische Analysen zur Ablaufsteuerung in Veranstaltungen der Er-

Matthias Proske

wachsenen-/Weiterbildung. In: Zeitschrift für Erziehungswissenschaft 16, 3, S. 599-627.

Helsper, Werner (2007): Eine Antwort auf Jürgen Baumerts und Mareike Kunters Kritik am strukturtheoretischen Professionsansatz. In: Zeitschrift für Erziehungswissenschaft 10, 4, S. 567-579.

Helsper, Werner (2011): Lehrerprofessionalität – der strukturtheoretische Ansatz zum Lehrerberuf. In: Terhart, Ewald/Bennewitz, Hedda/Rothland, Martin (Hrsg.): Handbuch der Forschung zum Lehrerberuf. Münster: Waxmann, S. 149-170.

Herbart, Johann F. (1964): Pädagogische Schriften, 1. Bd.: Kleinere pädagogische Schriften. [Herausgegeben von Asmus, Walter]. Düsseldorf/München: Verlag Helmut Küpper.

Hogrefe, Juliane/Hollstein, Oliver/Meseth, Wolfgang/Proske, Matthias (2012): Die Kommunikation von Urteilen im Unterricht. Zwischen der Bildung und der Beurteilung von Urteilen und deren Folgen. In: Zeitschrift für interpretative Schul- und Unterrichtsforschung 1, 1, S. 7-30.

Hollstein, Oliver/Meseth, Wolfgang/Proske, Matthias (2015): Was ist (Schul-)unterricht? – Die systemtheoretische Analyse einer Ordnung des Pädagogischen. In: Geier, Thomas/Pollmanns, Marion (Hrsg.): Was ist Unterricht? Zur Konstitution einer pädagogischen Form. Wiesbaden: VS-Verlag, S. 43-75.

Hügli, Anton (2007): Urteilskraft und Takt. Eine Exploration im Feld der „taktiler Bildung". In: Fuchs, Birgitta/Schönherr, Christian (Hrsg.): Urteilskraft und Pädagogik. Beiträge zu einer pädagogischen Handlungstheorie. Würzburg: Königshausen & Neumann, S. 111-124.

Kade, Jochen (1997): Vermittelbar/nicht-vermittelbar: Vermitteln: Aneignen. Im Prozeß der Systembildung des Pädagogischen. In: Lenzen, Dieter/Luhmann, Niklas (Hrsg.): Bildung und Weiterbildung im Erziehungssystem. Frankfurt a.M.: Suhrkamp, S. 30-70.

Kade, Jochen (2004): Erziehung als pädagogische Kommunikation. In: Lenzen, Dieter (Hrsg.): Irritationen des Erziehungssystems. Pädagogische Resonanzen auf Niklas Luhmann. Frankfurt a.M.: Suhrkamp, S. 199-232.

Koch, Lutz (2004): Erziehender Unterricht – eine Hybridbildung. In: Ders./Schorch, Günther (Hrsg.): Erziehender Unterricht. Eine Problemformel. Bad Heilbrunn: Klinkhardt, S. 47-62.

Luhmann, Niklas (2002): Das Erziehungssystem der Gesellschaft. Frankfurt a.M.: Suhrkamp.

Meseth, Wolfgang/Proske, Matthias/Radtke, Frank-Olaf (2011): Was leistet eine kommunikationstheoretische Modellierung des Gegenstandes „Unterricht"? In: Dies. (Hrsg.): Unterrichtstheorien in Forschung und Lehre. Bad Heilbrunn: Klinkhardt, S. 223-241.

Meseth, Wolfgang/Proske, Matthias/Radtke, Frank-Olaf (2012): Kontrolliertes Laissez-faire. Auf dem Weg zu einer kontingenzgewärtigen Unterrichtstheorie. In: Zeitschrift für Pädagogik 58, 2, S. 223-241.

Nassehi, Armin (2004): Die Theorie funktionaler Differenzierung im Horizont ihrer Kritik. In: Zeitschrift für Soziologie 33, 2, S. 98-118.

Ophardt, Diemut/Thiel, Felicitas (2013): Klassenmanagement. Ein Handbuch für Studium und Praxis. Stuttgart: Kohlhammer.

Pauli, Christine (2010): Klassengespräche – Engführung des Denkens oder gemeinsame Wissenskonstruktion selbstbestimmt lernender Schülerinnen und Schüler?

Erziehung und Unterricht: Konstellationen pädagogischer Kommunikation

In: Bohl, Thorsten/Kansteiner-Schänzlin, Katja/Kleinknecht, Marc/Kohler, Britta/Nold, Anja (Hrsg.): Selbstbestimmung und Classroom-Management. Empirische Befunde und Entwicklungsstrategien zum guten Unterricht. Bad Heilbrunn: Klinkhardt, S. 145-161.

Prange, Klaus (1992): Intention als Argument. In: Luhmann, Niklas/Schorr, Karl Eberhard (Hrsg.): Zwischen Absicht und Person. Fragen an die Pädagogik. Frankfurt a.M.: Suhrkamp, S. 58-101.

Prange, Klaus (2005): Die Zeigestruktur der Erziehung. Grundriss der operativen Pädagogik. Paderborn: Schöningh.

Proske, Matthias (2009): Das soziale Gedächtnis des Unterrichts: Eine Antwort auf das Wirkungsproblem der Erziehung? In: Zeitschrift für Pädagogik 55, 5, S. 796-814.

Proske, Matthias (2013): Die Ordnung des Unterrichts. Oder: Zum Nutzen einer kommunikationstheoretischen Beschreibung von Unterricht für die Allgemeine Didaktik. In: Bohl, Thorsten/Koch-Priewe, Barbara/Hanke, Ulrike/Zierer, Klaus (Hrsg.): Jahrbuch für Allgemeine Didaktik 2013. Baltmannsweiler: Schneider Verlag, S. 147-160.

Reh, Sabine (2010): Individualisierung und Öffentlichkeit. Lern-Räume und Subjektivationsprozesse im geöffneten Grundschulunterricht. In: Amos, Karin/Meseth, Wolfgang/Proske, Matthias (Hrsg.): Öffentliche Erziehung revisited. Erziehung, Politik und Gesellschaft im Diskurs. Wiesbaden: VS-Verlag, S. 33-52.

Ricken, Norbert (2006): Erziehung und Anerkennung. Anmerkungen zur Konstitution des pädagogischen Problems. In: Vierteljahresschrift für wissenschaftliche Pädagogik 82, 2, S. 215-230.

Reh, Sabine/Ricken, Norbert (2012): Das Konzept der Adressierung. Zur Methodologie einer qualitativ-empirischen Erforschung von Subjektivation. In: Miethe, Ingrid/Müller, Hans-Rüdiger (Hrsg.): Qualitative Bildungsforschung und Bildungstheorie. Opladen: Budrich, S. 35-56.

Tenorth, Heinz-Elmar (1992): Intention – Funktion – Zwischenreich. Probleme von Unterscheidungen. In: Luhmann, Niklas/Schorr, Karl Eberhard (Hrsg.): Zwischen Absicht und Person. Fragen an die Pädagogik. Frankfurt a.M.: Suhrkamp, S. 194-217.

JOHANNES KÖNIG

Professionelle Kompetenz von Lehrkräften: Videobasierte Messung situationsspezifischer Fähigkeiten

Einleitung

Die Forschung zur professionellen Kompetenz von Lehrkräften hat in den vergangenen Jahren erheblich zugenommen. Durchgesetzt hat sich ein Verständnis, das dem Kompetenzbegriff von Weinert (2001) folgt und Lehrerkompetenzen definiert als die bei ihnen verfügbaren oder von ihnen erlernbaren kognitiven Fähig- und Fertigkeiten, die zur Lösung bestimmter Probleme und Aufgaben nötig sind. Kompetenzen stellen dann psychologische Konstrukte dar, die anhand von Testinstrumenten operationalisiert werden können. Für die Beschreibung von Lehrerkompetenzen wird ein generisches Modell professioneller Kompetenz genutzt, das kognitive Elemente (professionelles Wissen) und affektiv-motivationale Elemente (Überzeugungen, Selbstregulation, Motivation) analytisch differenziert. Diese Elemente werden im funktionalen Zusammenhang zur erfolgreichen Bewältigung von beruflichen Anforderungen wie des Unterrichtens betrachtet und begründet (Baumert & Kunter 2006).

Professionelles Lehrerwissen wird inhaltlich gegliedert (Shulman 1987), insbesondere entlang der Trias von fachlichem, fachdidaktischem und pädagogischem Wissen. Während bisher mehrere Studien Wissen mit Papier-Bleistift-Tests erhoben haben, vor allem für die Domäne der Mathematik (Blömeke/Delaney 2012) oder das pädagogische Wissen (König 2014a), nehmen sich aktuell verschiedene Studien der Herausforderung an, mithilfe von videogestützten Verfahren Lehrerkompetenzen zu messen (u.a. Forster-

Heinzer/Oser 2015; Gold et al. 2013; Kersting 2008; König 2015; Lindmeier et al. 2013; Plöger/Scholl 2014; Seidel & Stürmer 2014). Bei aller Differenzierung besteht eine grundsätzliche Zielsetzung darin, die professionelle Wahrnehmung sowie das Analyse- und Reflexionsvermögen als wichtige Bestandteile von Lehrerkompetenz kontextualisiert und situativ eingebettet zu erfassen, um die Nähe zu tatsächlichen Anforderungssituationen zu gewährleisten. Hierbei wird vielfach Bezug genommen auf die Forschung zur Lehrerexpertise.

Theoretischer Rahmen

Forschung zur Lehrerexpertise

Mit der Anwendung des Expertiseansatzes auf den Lehrer bzw. die Lehrerin wird das Wissen als Grundlage des Handelns fokussiert, d.h. jenes berufsbezogene Wissen und Können der Lehrperson, welches für die Bewältigung zentraler Anforderungen im Lehrerberuf notwendig ist (Berliner 2004; Bromme 1992). Angenommen wird, dass es sich dabei nicht um stabile, angeborene Merkmale der Lehrperson handelt, die zu untersuchen sind, sondern um spezifische Fähig- und Fertigkeiten, die im Rahmen der Lehrerbildung und während der Berufsausübung erlernt und weiterentwickelt werden können. Forschungsmethodisch wird Expertise herausgearbeitet über kontrastive Vergleiche zum Novizen (Berufsanfänger). Entscheidend ist, dass Experten nicht lediglich umfangreicheres Wissen in einer spezifischen Domäne besitzen als Novizen, sondern sie organisieren, speichern und rufen ihr Wissen ab auf andere Weise als Novizen (u.a. Bransford, Brown & Cocking 2000; Bromme 1992; Chi 2011). Bei der Anwendung auf das Unterrichten als die Kernanforderung im Lehrerberuf treten diese Unterschiede verschiedentlich in Erscheinung (vgl. im Überblick Hogan/Rabinowitz 2009).

Expertenlehrpersonen unterscheiden sich gegenüber Novizen in ihrer „kategorialen Wahrnehmung" (kognitive Unterteilung und Strukturierung; Bromme, 1992: 42) von Unterrichtssituationen. Experten nehmen Informationen schneller und genauer wahr, da sie über domänen- und situationsspezifisches Vorwissen verfügen und höhere Organisationsleistungen erbringen können (mithilfe von chunks sowie Schemata; vgl. Gobet et al. 2001; Peterson/Comeaux 1987). Dies ermöglicht ihnen im Vergleich zu Novizen, den beobachteten Unterricht kohärenter und reichhaltiger zu analysieren und zu interpretieren. In der Folge sind Expertenlehrpersonen besser als Novizen in der Lage, Schlüsselmomente des Unterrichts zu erkennen und alternative Vorgehensweisen im Unterricht zu entwickeln. Ferner verfügen Experten über automatisierte Routinen, die nötig sind, um ihre Ziele im Unterricht zu

Johannes König

verfolgen und zu erreichen, und gehen überdies beim Unterrichten flexibler vor als Novizen (Berliner 2004; Calderhead 1984). Unmittelbare Anforderungen des Unterrichtens wie der Umgang mit Komplexität und die Notwendigkeit improvisierenden Lehrerhandelns können von Experten besser bewältigt werden als von Novizen (Borko/Livingston 1989).

Viele der besonderen Leistungen einer Expertenlehrperson sind dabei gekennzeichnet durch ihre Abhängigkeit von spezifischen Situationen des Unterrichts. Die Situationsgebundenheit des unterrichtlichen Geschehens ist für Expertenlehrkräfte essentiell, während Novizen häufig losgelöst vom Kontext agieren (Leinhardt 1989; Sanchez et al. 1999), etwa bei der Unterrichtsplanung (König/Buchholtz/Dohmen 2015). Kontextgebundenheit des Wissens ist außerdem ein Resultat der Entwicklung von Expertise, da diese im Zusammenhang mit Erfahrungsbildung aufgebaut wird und Erfahrung an Situationen geknüpft ist (Chi 2011).

Empirische Forschung zur professionellen Kompetenz von Lehrkräften

Die Expertiseforschung hat bereits deutlich Eingang in die Kompetenzforschung gefunden, wenn etwa standardisierte Tests zur Erfassung von professionellem Lehrerwissen eingesetzt werden, um Ergebnisse der Lehrerbildung im internationalen Vergleich abzuschätzen (Blömeke et al. 2010) oder das Lernen von Schülerinnen und Schülern durch das bei ihren Lehrkräften vorhandene Wissen zu erklären (Baumert et al. 2010). Solche Tests stellen wichtige Indikatoren dar: Höhere Testleistungen zeigen einen größeren Umfang von Wissen an oder stehen stellvertretend für die Bewältigung höherer kognitiver Anforderungen (König 2009). Ob sie jedoch proximale Größen für hohe Expertisegrade sind, wird diskutiert (Neuweg 2014). Erkenntnisse der Expertiseforschung geben Hinweise, dass sich das Wissen und Können von Experten vielfach erst in Handlungsvollzügen manifestiert – und sich damit der unmittelbaren Reichweite einer standardisierten Papier-Bleistift-Testung entziehen kann (Berliner 2005). Wissenstests im Papier-Bleistift-Format wurden kritisiert hinsichtlich ihrer Validität, dass sie lediglich auf die Messung von "low-level or marginally relevant knowledge and skills" zielen (Darling-Hammond/Baratz-Snowden 2005: 61). Obwohl es mittlerweile gute Übersichten darüber gibt, welches Wissen die Grundlage für Lehrkräfte bilden sollte, bestehen weiterhin die großen Herausforderungen darin, valide Verfahren zur Testung dieses Wissens zu entwickeln. Insbesondere die Erfassung von kontextabhängigem, prozeduralem Wissen dürfte über bestimmte Begrenzungen von Papier-Bleistift-Tests hinausgehen (Shavelson 2010; Neuweg 2014).

Die gegenwärtige Kompetenzforschung begegnet dieser Problemlage, indem zur Erfassung die stellvertretende Bewältigung von typischen Problemen im Rahmen von videobasierten Testaufgaben genutzt wird. Im Unterschied zu qualitativen oder ethnographischen Ansätzen (Tobin/Hsueh 2014; Zohar 2004) handelt es sich hierbei um die Idee, mithilfe videobasierter Stimuli eine Kontextgebundenheit von Testfragen und -antworten zu erreichen, die spezifische Bereiche von Lehrerexpertise zugänglich machen soll (sog. „video-cued testing").

Eine Reihe von Forschungsarbeiten (u.a. Kersting 2008; Seidel/Stürmer 2015) gehen vom Ansatz einer „professional vision" (Goodwin 1994) aus, welche mit dem Konzept des „noticing" auf Lehrkräfte als Zielgruppe übertragen wurde (van Es/Sherin 2002/2008; Sherin/Jacobs/Philipp 2011). „Noticing" beschreibt den Prozess, wie Lehrerinnen und Lehrer bestimmte Unterrichtsereignisse selektiv wahrnehmen und diese auf der Basis ihres vorhandenen Wissens interpretieren. Es ist Teil ihrer Expertise, die für den Unterricht entscheidenden Aspekte und Vorkommnisse zu fokussieren, während Unwichtiges mehr oder weniger bewusst ausgeblendet wird (Borko/Livingston 1989); ferner verknüpfen sie mit ihrer Wahrnehmung bestimmte Interpretationen und Schlussfolgerungen, indem sie das Betrachtete mit bekannten, ähnlichen Fällen verbinden, Muster erkennen und Beziehungen zu abstrakten Kategorien herstellen (Berliner 2004; Chi 2011). Wahrnehmung und Interpretation werden als zwei unterschiedliche, jedoch miteinander verbundene Komponenten des „noticing" definiert, einerseits da sie stark verknüpft auftreten können, andererseits da Lehrkräfte mit der Art und Weise, wie sie unterrichtliche Ereignisse wahrnehmen und interpretieren, in zyklischer Form auch den weiteren Verlauf ihres Unterrichts und damit ihre nachfolgende Wahrnehmung und Interpretation beeinflussen.

Weiterführende Konzeptionen unterscheiden demnach neben der Wahrnehmung und der Interpretation auch das Treffen von Entscheidungen (Kaiser et al. 2015). Dieser Dreischritt ist aus Ansätzen der Unterrichtsreflexion und -entwicklung bekannt. So unterscheidet beispielsweise Rodgers (2002) in ihrem „reflective cycle" der Unterrichtsentwicklung drei Phasen der Lehrertätigkeit: (1) detaillierte Beschreibung wichtiger Momente des Unterrichts, (2) Zuschreibung von Bedeutungen zu diesen Momenten, (3) Fällen von Entscheidungen für das weitere Vorgehen. Zusammenfassend können entsprechend aktuellen kompetenztheoretischen Überlegungen (Blömeke/Gustafsson/Shavelson 2015: 7) Wissensbestände als kognitive Dispositionen definiert werden, die situationsspezifische Fertigkeiten bedingen, d.h. die erfolgreiche unterrichtliche Wahrnehmung und Interpretation (z.B. von Lernvoraussetzungen der Schüler) sowie die erfolgreichen unterrichtlichen Entscheidungen (z.B. die adaptiven Planungsentscheidungen) wahrscheinlich machen.

Johannes König

Beispielstudien

Im Folgenden soll anhand von zwei aktuellen Studien der Kompetenzforschung exemplarisch gezeigt werden, wie die dargelegten Überlegungen derzeit Eingang in die empirische Untersuchung von Lehrerkompetenzen finden. Bezug genommen wird zum einen auf das breit angelegte Follow-Up zur deutschen Beteiligung an der internationalen Vergleichsstudie TEDS-M (TEDS-FU; Blömeke/Kaiser/König 2009), zum anderen auf eine spezifische Studie zur Modellierung von Classroom Management Expertise berufstätiger Lehrkräfte (CME; König 2015).

Teacher Education and Development Study in Mathematics: Follow-Up (TEDS-FU)

In TEDS-FU wurden videobasierte Tests entwickelt, die im mathematikdidaktischen und pädagogischen Bereich Fähigkeiten des Wahrnehmens, Interpretierens und Entscheidens messen. Zielgruppen bildeten Mathematiklehrkräfte der Primar- und Sekundarstufe, die 2008 an der internationalen Vergleichsstudie TEDS-M teilgenommen hatten und nach erfolgtem Berufseinstieg 2012 erneut aufgesucht und getestet wurden. Erreicht wurden 171 Sekundarstufen- sowie 130 Primarstufenlehrkräfte. Für beide Gruppen wurden unterschiedliche Assessments entwickelt. Bei diesen kommen jeweils drei kurze, schulstufenspezifische Video-Clips von ca. 3-4 Minuten Länge zum Einsatz. Die Clips sind konstruiert und so geschnitten, dass sie sich insgesamt auf längere Unterrichtsabläufe beziehen. Im Anschluss werden offene und geschlossene Testfragen aus mathematikdidaktischer und pädagogischer Perspektive gestellt.

Anhand eines Video-Clips aus dem Sekundarstufen-Assessment soll dies verdeutlicht werden (detailliert Kaiser et al. 2015). In diesem werden Szenen aus einer Mathematikstunde in einer leistungsheterogenen 9. Gymnasialklasse gezeigt. Die Jugendlichen führen zu derselben Aufgabe eine Partnerarbeit durch, ihre Arbeitsweise unterscheidet sich jedoch mathematikdidaktisch und pädagogisch. Der Partnerarbeit schließt sich ein Plenumsgespräch zum Ergebnisaustausch an.

Auf geschlossene Fragen sollen die Probanden den Grad ihrer Zustimmung auf einem vierstufigen Antwortformat angeben (von „trifft voll und ganz zu" bis „trifft überhaupt nicht zu"), um z.B. die Aussage „Die meisten Schülerinnen und Schüler arbeiten mit" auf die betrachtete Situation zu beziehen bzw. einzuschätzen. Offene Fragen nehmen auf komplexere Sachverhalte Bezug und verlangen eine umfangreichere Analyse oder Interpretation (vgl. Abbildung 1) oder erfragen Handlungsentscheidungen (Abbildung 2).

Abbildung 1: Testaufgabe mit Anforderung des Interpretierens

| 1 | 2 | 3 |

Im Video wurden drei Paare in ihrem Arbeitsprozess genauer betrachtet. Diese Arbeitsprozesse sollen im Folgenden aus zwei Perspektiven – einer (a) mathematikdidaktischen und einer (b) pädagogischen – betrachtet werden:

(a) Mathematikdidaktische Perspektive:
In jeder der drei gezeigten Herangehensweisen wird die Aufgabe mathematisch auf eine ganz eigene Art dargestellt und bearbeitet. Beschreiben Sie kontrastierend die wesentlichen Aspekte der Herangehensweisen aus mathematikdidaktischer Sicht (in Stichworten). Nennen Sie dabei – falls möglich – auch die dazugehörigen Fachbegriffe.

(b) Pädagogische Perspektive:
Beschreiben Sie kontrastierend für jedes der drei Paare das Wesentliche der Art und Weise, in der die beiden jeweiligen Jugendlichen ihre Zusammenarbeit gestaltet haben (in Stichworten).

Quelle: TEDS-FU.

Abbildung 2: Testaufgabe mit Anforderung des Entscheidens

Die Lehrerin beendet die Partnerarbeit mit den Worten "Gut. Was habt ihr denn herausbekommen?"

Offenbar strebt sie damit einen Austausch der Ergebnisse an und wählt dazu ein von ihr selbst geleitetes Plenumsgespräch.

Skizzieren Sie stichwortartig zwei methodische Alternativen, um in dieser Unterrichtssituation das Ziel des Austausches weniger lehrkraftzentriert zu erreichen.

Quelle: TEDS-FU.

Auf Basis der aus den Testaufgaben resultierenden Items wurden Skalen gebildet, die Gesamtscores des Wahrnehmens, Interpretierens, Entscheidens

Johannes König

jeweils im mathematikdidaktischen und pädagogischen Bereich für die Probanden ergeben. Ihre Reliabilitäten sind akzeptabel bis gut: Für die Sekundarstufenlehrkräfte liegen sie bei 0,67 für Mathematikdidaktik und 0,70 für Pädagogik (detailliert vgl. Blömeke et al. 2014; König et al. 2014), für die Primarstufenlehrkräfte bei 0,77 bzw. 0,76 (Blömeke/Hoth et al. 2015). Ferner liegen Ergebnisse zur Konstruktvalidität vor. Über binnendifferenzierende Strukturanalysen konnten kognitive Prozesse des Wahrnehmens und Interpretierens bzw. Analysierens empirisch getrennt werden (König et al. 2014). Überprüft wurde ferner die Situationsabhängigkeit der Testfragen, also inwieweit die Gruppierung der Testfragen nach Zugehörigkeit zu einem der verwendeten Video-Clips die Testleistung bedingt (Blömeke/König et al. 2015). Die so analysierte intraindividuelle Variation von Lehrerperformanz war bei pädagogischen Testfragen stärker als bei mathematikdidaktischen Testfragen erkennbar, was inhaltlich auf die größere Variabilität der pädagogischen Anforderungen im Vergleich zu den mathematikdidaktischen zurückgeführt werden kann. Angesichts des eher niedrigen gemeinsamen Varianzanteils von Aufgaben eines Clips sprechen die Ergebnisse jedoch eher für die Verwendung von situationsübergreifenden Testscores. Kriteriale Validität der videobasierten Performance-Scores konnte über Korrelationen mit Ergebnissen der paper-pencil Wissenstests sowohl bei Sekundarschullehrkräften (König et al. 2014; Blömeke et al. 2014) als auch bei Primarstufenlehrkräften (Blömeke/Hoth et al. 2015) belegt werden. Ein besseres Abschneiden im Videotest geht zudem einher mit einer größeren Berufszufriedenheit (ebd.).

Classroom Management Expertise (CME)

In einem weiteren Projekt (König 2015) wurde das Ziel verfolgt, ein videobasiertes Testinstrument, das speziell die Classroom Management Expertise (CME) von berufstätigen Lehrkräften extensiv testet, zu entwickeln und damit die bisherige Forschung zur fachunspezifischen videobasierten Kompetenzmessung (u.a. Gold et al. 2013; Seidel/Stürmer 2014) gezielt zu erweitern.

Ebenfalls werden kurze Ausschnitte von Unterrichtsvideos (insgesamt vier) als item-prompts genutzt, um eine situationsnahe Erfassung zu ermöglichen. An jeden Video-Clip (von je ca. 1-2 Minuten Länge) schließen sich Testfragen an, die unmittelbar nach Betrachten des Clips beantwortet werden. Konzeptionell wurden die Clips in Anlehnung an Klassifikationen von typischen Klassenführungssituationen aus einem vorhandenen Pool von Unterrichtsvideos ausgewählt und geschnitten: Sie sollten u.a. authentische und umfassende situationsbezogene Informationen präsentieren, in denen eine Lehrperson aus pädagogisch-psychologischer (nicht: fachdidaktischer) Sicht

Professionelle Kompetenz von Lehrkräften: Videobasierte Messung

herausgefordert ist, Übergänge zu gestalten, zeitliche Abläufe zu organisieren, Schülerverhalten zu regeln und Rückmeldungen zu erteilen.
    In die Skalierung des Tests gehen 24 Testfragen ein (19 offene Items, die Kurzantworten erfordern, und fünf Multiple-Choice-Items), die die kognitive Anforderung einer „genauen Wahrnehmung", die Anforderung einer „holistischen Wahrnehmung" und die Anforderung des „Interpretierens" bzw. Analysierens an die Probanden stellen. Die Interpretation von Unterrichtssituationen bezieht sich hierbei zum Beispiel darauf, das Auftreten einzelner Unterrichtselemente oder -ereignisse funktional zu deuten. Im Gegensatz zur holistischen Wahrnehmung, welche bei Experten eher auf das Heranziehen impliziten Wissens zielt und damit noch auf einer Wahrnehmungsebene verbleibt, geht die Interpretation bzw. Analyse einen Schritt weiter, da für sie explizit Wissen abgerufen und auf die Situation angewendet bzw. für diese Interpretations-/Analyseleistung Wissen transformiert werden muss (König et al. 2014). Abbildung 3 enthält für die drei kognitiven Anforderungen jeweils ein beispielhaftes Item.

Abbildung 3: Beispielhafte Items zur Erfassung von Classroom Management Expertise (CME) im Anschluss an die Betrachtung der entsprechenden Video-Clips (kognitive Anforderungen a) „Genauigkeit der Wahrnehmung", b) „Holistische Wahrnehmung", c) „Interpretieren")

---

a) Nennen Sie vier verschiedene Handlungsmaßnahmen (Stichworte), mit denen die Lehrerin gezielt die Aufmerksamkeit der Schüler auf sich richtet.

b) Wann findet die gesehene Situation zeitlich betrachtet ungefähr statt?

Kreuzen Sie bitte nur ein Kästchen an.

A. Am Anfang einer Unterrichtsstunde (d.h. während der ersten 5 Minuten). □
B. Im ersten Drittel einer Unterrichtsstunde. □
C. Im letzten Drittel einer Unterrichtsstunde. □
D. Am Ende einer Unterrichtsstunde (d.h. während der letzten ca. 5 Minuten). □

c) Welche Funktion besitzt das Poster an der Tafel?

In einer Skalierung an 119 berufstätigen Lehrkräften (König, 2015) erweist sich der CME-Test als reliabel ($\alpha = .70$) und die faktorielle Struktur kann konfirmatorisch bestätigt werden. In einer Analyse möglicher Situationsabhängigkeit der Testaufgaben zeigt sich ähnlich wie in den Analysen von TEDS-FU, dass eine geringe intraindividuelle Variation vorliegt, insgesamt jedoch die Voraussetzungen für die Verwendung eines situationsübergreifenden Gesamtscores erfüllt sind. Dies kann in einer vertiefenden Analyse des Tests unter Verwendung der Generalisierbarkeitstheorie bestätigt werden (Casale et al., 2016).

Johannes König

Konstruktvalidität des CME-Tests wurde ferner über korrelative Befunde zum pädagogischen Wissen belegt, das über ein Papier-Bleistift-Verfahren gemessen wurde (König/Kramer 2016). Demnach hängt CME stärker mit pädagogischem Wissen zur Klassenführung zusammen als mit pädagogischem Wissen zur Strukturierung von Unterricht, zum Umgang mit Heterogenität oder zur Leistungsbeurteilung. Auch zeigen sich höhere Zusammenhänge mit handlungsnahen Items des Pädagogischen Wissenstests, die auf Basis einer kurzen unterrichtlichen Problemschilderung nach Strategien oder Handlungsoptionen fragen, als mit Items, die kontextfrei deklarativ-konzeptuelles Wissen testen. Curriculare Validität wird im Rahmen einer quasi-experimentellen Studie zur Lernwirksamkeit von Klassenführungsseminaren der universitären Lehrerausbildung belegt (König 2014). Studierende, die ein solches Seminar besucht haben, zeigen einen praktisch bedeutsamen Lernzuwachs über ein Semester (d = .27), während für Studierende, die im gleichen Modul zeitgleich ein thematisch anderes Seminar besucht haben, kein Lernzuwachs belegt werden kann (d = .06). Prognostische Validität für erfolgreiches Lehrerhandeln belegen empirische Befunde in Bezug auf berufliche Belastung (König/Rothland 2016) und qualitätsvolles Unterrichten (König/Kramer 2016). Spezifische Qualitätsmerkmale des Unterrichts im Bereich der Klassenführung (Allgegenwärtigkeit, Regelklarheit; gemessen über Schülerurteile) lassen sich dabei durch den videobasierten CME-Test besser vorhersagen als durch den paper-pencil-basierten Test zum pädagogischen Wissen.

Diskussion

Die standardisierte Erfassung kognitiver Elemente professioneller Kompetenz von Lehrkräften ist noch ein junges Forschungsfeld, einschließlich der ihr zugrunde liegenden Konzepte. Neben Papier-Bleistift-Tests zur Erfassung von Wissen werden zunehmend videobasierte Tests zur Abbildung situationsspezifischer Fähigkeiten entwickelt und genutzt. Entsprechende Ansätze weisen, wie auch die beiden dargelegten Studien TEDS-FU und CME exemplarisch zeigen, die grundsätzliche Gemeinsamkeit auf, dass sie zur Erfassung von Lehrerkompetenzen videographierte Unterrichtsausschnitte als Stimulus nutzen sowie Testfragen einsetzen, die die Probandinnen und Probanden situationsbezogen beantworten sollen. Inhaltlich beziehen sich die erfassten Fähigkeiten auf die Kernaufgabe des Unterrichtens. Die gegebenen Antworten werden bewertet und quantifiziert, in der Regel auch über Skalierungsmodelle hinsichtlich ihrer Reliabilität geprüft. Es erfolgen verschiedene Analysen ihrer Validität, die zukünftig sicherlich fortgesetzt werden (müssen).

Professionelle Kompetenz von Lehrkräften: Videobasierte Messung

Die bislang entwickelten Verfahren (neben TEDS-FU und CME u.a. Forster-Heinzer/Oser 2015; Gold et al. 2013; Kersting 2008; Lindmeier et al. 2013; Plöger/Scholl 2014; Seidel/Stürmer 2014) weisen aber auch erhebliche Unterschiede auf, sowohl in formaler Hinsicht (z.B. Anzahl und Länge der Videoausschnitte, Anzahl, Form, Zusammenstellung und Darbietung der Testfragen) als auch in inhaltlicher Hinsicht (z.B. konkrete Definition des Kompetenzkonstrukts, Teilbereiche des Konstrukts, Zielsetzungen der Messung, fokussierte Domäne und Zielgruppe). Hier sei hervorgehoben:

- Inhaltlich liegen derzeit die Schwerpunkte auf der Domäne Mathematik (u.a. Blömeke et al. 2014; Kersting 2008) sowie fächerübergreifenden Fragestellungen im Allgemeinen (König et al. 2014; Seidel/Stürmer 2014) oder im Speziellen (Klassenführung: Gold et al. 2013; König 2015). Selten werden unterschiedliche Inhalte kombiniert (Mathematik und Pädagogik: Busse/Kaiser 2015) oder weitere (z.B. sprachliche) Fächer einbezogen.
- Obwohl in den meisten Konzeptualisierungen zwischen Wahrnehmung und Interpretation unterschieden wird, fallen feinere Differenzierungen kognitiver Anforderungen begrifflich teilweise unterschiedlich aus. Dies gilt auch für die Frage der Entscheidungsfindung.
- Ferner bestehen Unterschiede in der Operationalisierung und der technischen Umsetzung im Detail. So liegen Verfahren vor, die ausschließlich geschlossene Fragen im Rating-Format nutzen (Gold et al. 2013; Seidel/ Stürmer 2014) oder vorwiegend offene Formate wählen (Kersting 2008; König 2015). Implikationen der Formate für die erzielten Befunde sind bislang kaum bekannt (vgl. Casale et al. 2016).

So scheint dieser neue Forschungsbereich verschiedentlich auf neuen Klärungsbedarf zu verweisen, darunter die folgenden Punkte:

- Reichen die Kontextinformationen tatsächlich aus, um situationsspezifische Kompetenzen zu erfassen? Wie in herkömmlichen Verfahren (Papier-Bleistift-Tests) sind auch hier die Lerngruppen den Testpersonen fremd (vgl. König/Buchholtz/Dohmen 2015); die Historie der Lerngruppe erschließt sich nicht zwangsläufig über die betrachtete Videosequenz (vgl. Neuweg 2014).
- Schöpfen videobasierte Ansätze bereits ihr Potenzial aus? Bislang liegt z.B. der Fokus auf kognitiven Merkmalen, unberücksichtigt bleiben motivational-affektive Merkmale, die möglicherweise als Mediatoren eine wichtige Rolle auch bei der Testung einnehmen.
- Was ist der „Mehrwert" gegenüber Bisherigem? Trotz hoher Augenscheinvalidität einer videobasierte Messung gilt es zu prüfen, welches Potenzial sich damit tatsächlich verbindet, welche inhaltlichen und methodischen Einschränkungen vorliegen oder inwieweit videobasierte Assessments den herkömmlichen Testverfahren (wie Papier-Bleistift-Tests) als

Johannes König

überlegen gekennzeichnet werden können (forschungsökonomische Validität). Die Analyse aus TEDS-FU (Busse/Kaiser 2015) ist hier zu nennen, die detailliert eine gewisse Überlegenheit gegenüber Papier-Bleistift-Verfahren herausarbeitet (vgl. auch die Analysen zur prognostischen Validität von König/Kramer 2016).

- Wie könnten videobasierte Testungen für international-vergleichende Analysen eingesetzt werden (trotz sprachlicher Limitierung oder Unterschiede in der kulturellen Vertrautheit)?

Von der videobasierten Kompetenzforschung kann also in den kommenden Jahren noch viel erwartet werden. Sicherlich wird sie sich über forschungsmethodisch engere Fragen hinaus auch grundsätzlicheren Fragen zuwenden, zum Beispiel wie sie zur weiteren Aufklärung der Struktur von Lehrerexpertise oder der Weiterentwicklung des Kompetenzbegriffs beitragen kann.

Literatur

Baumert, J./Kunter, M. (2006): Stichwort: Professionelle Kompetenz von Lehrkräften. In: Zeitschrift für Erziehungswissenschaft 9, 4, S. 469-520.
Baumert, J./Kunter, M./Blum, W./Brunner, M./Voss, T./Jordan, A./Klusmann, U./Krauss, S./Neubrand, M./Tsai, Y.-M. (2010): Teachers' mathematical knowledge, cognitive activation in the classroom, and student progress. American Educational Research Journal 47, S. 133-180.
Berliner, D.C. (2004): Describing the Behavior and Documenting the Accomplishments of Expert Teachers. In: Bulletin of Science, Technology & Society 24, S. 200-212.
Berliner, D.C. (2005): The near impossibility of testing for teacher quality. Journal of Teacher Education 56, 3, S. 205-213.
Blömeke, S./Delaney, S. (2012): Assessment of teacher knowledge across countries: A review of the state of research. In: ZDM – The International Journal on Mathematics Education 44, 3, S. 223-247.
Blömeke, S./Gustafsson, J. E./Shavelson, R. J. (2015): Beyond dichotomies: Competence viewed as a continuum. In: Zeitschrift für Psychologie 223, 1, S. 3-13.
Blömeke, S./Kaiser, G./König, J. (2009): Längsschnittliche Entwicklung der Kompetenzen von Junglehrkräften: Follow-Up zur internationalen Vergleichsstudie TEDS-M (TEDS-FU). Antrag auf Gewährung einer DFG-Sachbeihilfe im Rahmen.
Blömeke, S./Kaiser, G./Lehmann, R. (Hrsg.) (2010): TEDS-M 2008 – Professionelle Kompetenz und Lerngelegenheiten angehender Mathematiklehrkräfte für die Sekundarstufe I im internationalen Vergleich. Münster: Waxmann.
Blömeke, S./Hoth, J./Döhrmann, M./Busse, A./Kaiser, G./König, J. (2015): Teacher Change During Induction: Development of Beginning Primary Teachers' Knowledge, Beliefs, and Performance. In: International Journal of Science and Mathematics Education 13, 2, S. 287-308.

Blömeke, S./König, J./Suhl, U./Hoth, J./Döhrmann, M. (2015): Wie situationsbezogen ist die Kompetenz von Lehrkräften? Zur Generalisierbarkeit der Ergebnisse von videobasierten Performanztests. In: Zeitschrift für Pädagogik 61, 3, S. 310-327.

Blömeke, S./König, J./Busse, A./Suhl, U./Benthien, J./Döhrmann, M./Kaiser, G. (2014): Von der Lehrerausbildung in den Beruf – Fachbezogenes Wissen als Voraussetzung für Wahrnehmung, Interpretation und Handeln im Unterricht. In: Zeitschrift für Erziehungswissenschaft 17, 3, S. 509-542.

Borko, H./Livingston, C. (1989): Cognition and improvisation: Differences in mathematics instructed by expert and novice teachers. In: American Educational Research Journal 26, S. 413-498.

Bransford, J. D./Brown, A. L./Cocking, R. R. (Eds.) (2000): How People Learn. Brain, Mind, Experience, and School. Washington, DC: National Academic Press.

Bromme, R. (1992): Der Lehrer als Experte: zur Psychologie des professionellen Wissens. Göttingen: Hans Huber.

Busse, A./Kaiser, G. (2015): Wissen und Fähigkeiten in Fachdidaktik und Pädagogik: Zur Natur der professionellen Kompetenz von Lehrkräften. In: Zeitschrift für Pädagogik 61, 3, S. 328-344.

Chi, M. T. H. (2011): Theoretical Perspectives, Methodological Approaches, and Trends in the Study of Expertise. In: Li, Y./Kaiser, G. (Eds.): Expertise in Mathematics Instruction. New York: Springer, S. 17-39.

Calderhead, J. (1984): Teachers' Classroom Decision-making. London, New York, Sydney, Toronto: Holt, Rinehart and Winston.

Casale, G./Strauß, S./Hennemann, T./König, J. (2016, im Druck): Wie lässt sich Klassenführungsexpertise messen? Eine Überprüfung eines videobasierten Erhebungsinstruments für Lehrkräfte unter Anwendung der Generalisierbarkeitstheorie. Empirische Sonderpädagogik.

Darling-Hammond, L./Baratz-Snowden, J. (2005): A Good Teacher in Every Classroom: Preparing the Highly Qualified Teachers our Children Deserve. San Francisco, CA: John Wiley & Sons.

Es, E.A. van/Sherin, M.G. (2002): Learning to notice: Scaffolding new teachers' interpretations of classroom interactions. In: Journal of Technology and Teacher Education 10, 4, S. 571–596.

Es, E.A. van/Sherin, M.G. (2008): Mathematics teachers' "learning to notice" in the context of a video club. In: Teaching and Teacher Education 24, S. 244-276.

Forster-Heinzer, S./Oser, F. (2015): Wer setzt das Maß? In: Zeitschrift für Pädagogik 3, S. 361-376.

Gobet, F./Lane, P. C./Croker, S./Cheng, P. C./Jones, G./Oliver, I./Pine, J. M. (2001): Chunking mechanisms in human learning. In: Trends in cognitive sciences 5, 6, S. 236-243.

Gold, B./Förster, S./Holodynski, M. (2013): Evaluation eines videobasierten Trainingsseminars zur Förderung der professionallen Wahrnehmung von Klassenführung im Grundschulunterricht. In: Zeitschrift für Pädagogische Psychologie 27, S. 141–155.

Hogan, T./Rabinowitz, M. (2009): Teacher expertise and the development of a problem representation. Educational Psychology 29, S. 153-169.

Kaiser, G./Busse, A./Hoth, J./König, J./Blömeke, S. (2015): About the Complexities of Video-Based Assessments: Theoretical and Methodological Approaches to

Johannes König

Overcoming Shortcomings of Research on Teachers' Competence. In: International Journal of Science and Mathematics Education 13, 2, S. 369-387.

Kersting, N. (2008): Using video clips of mathematics classroom instruction as item prompts to measure teachers' knowledge of teaching mathematics. Educational and Psychological Measurement 68, S. 845-861.

König, J. (2009): Zur Bildung von Kompetenzniveaus im Pädagogischen Wissen von Lehramtsstudierenden: Terminologie und Komplexotät kognitiver Bearbeitungsprozesse als Anforderungsmerkmale von Testaufgaben? In: Lehrerbildung auf dem Prüfstand 2, 2, S. 244-262.

König, J. (2014a): Designing an International Instrument to Assess Teachers' General Pedagogical Knowledge (GPK): Review of Studies, Considerations, and Recommendations. Paris: OECD.

König, J. (2014b): Videos in der Lehrerinnen- und Lehrerausbildung: Konzepte – Befunde – Perspektiven. Vortrag anlässlich der feierlichen Eröffnung der Video-Datenbank ViLLA an der Universität zu Köln. Köln, 05.11.2014.

König, J./Kramer, C. (2016, online first): Teacher professional knowledge and classroom management: On the relation of general pedagogical knowledge (GPK) and classroom management expertise (CME). ZDM – The International Journal on Mathematics Education. doi: 10.1007/s11858-015-0705-4

König, J. (2015): Measuring Classroom Management Expertise (CME) of Teachers: A Video-Based Assessment Approach and Statistical Results. Cogent Education 2, 1, 991178. doi: 10.1080/2331186X.2014.991178

König, J./Blömeke, S./Klein, P./Suhl, U./Busse, A./Kaiser, G. (2014): Is teachers' general pedagogical knowledge a premise for noticing and interpreting classroom situations? A video-based assessment approach. In: Teaching and Teacher Education 38, S. 76-88.

König, J./Buchholtz, C./Dohmen, D. (2015): Analyse von schriftlichen Unterrichtsplanungen: Empirische Befunde zur didaktischen Adaptivität als Aspekt der Planungskompetenz angehender Lehrkräfte. In: Zeitschrift für Erziehungswissenschaft 18, 2, S. 375-404.

König, J./Rothland, M. (2016, im Druck): Klassenführungswissen als Ressource der Burnout-Prävention? Zum Nutzen von pädagogisch-psychologischem Wissen im Lehrerberuf. Unterrichtswissenschaft.

Leinhardt, G. (1989): Math lessons: A contrast of novice and expert competence. In: Journal for Research in Mathematics Education 20, 1, S. 52-75.

Lindmeier, A. M./Heinze, A./Reiss, K. (2013): Eine Machbarkeitsstudie zur Operationalisierung aktionsbezogener Kompetenz von Mathematiklehrkräften mit videobasierten Maßen. In: Journal für Mathematik-Didaktik 34, 1, S. 99-119.

Neuweg, G.H. (2014): Das Wissen der Wissensvermittler. In Terhart, E./Bennewitz, H./Rothland, M. (Hrsg.): Handbuch der Forschung zum Lehrerberuf. Münster: Waxmann, S. 583-614.

Peterson, P. L./Comeaux, M. A. (1987): Teachers' schemata for classroom events: The mental scaffolding of teachers' thinking during classroom instruction. In: Teaching and teacher education 3, 4, S. 319-331.

Plöger, W./Scholl, D. (2014): Analysekompetenz von Lehrpersonen–Modellierung und Messung. In: Zeitschrift für Erziehungswissenschaft 17, 1, S. 85-112.

Rodgers, C. (2002): Seeing student learning: Teacher change and the role of reflection. In: Harvard Educational Review. 72, 2, S. 230-253.

Sánchez, E./Rosaes, J./Cañedo, I. (1999) : Understanding and communication in expositive discourse: An analysis of the strategies used by expert and pre-service teachers. In: Teaching and Teacher Education 15, S. 37–58.

Seidel, T./Stürmer, K. (2014): Modeling and measuring the structure of professional vision in preservice teachers. In: American Educational Research Journal, 0002831214531321.

Shavelson, R.J. (2010): On the measurement of competency. In: Empirical Research in Vocational Education and Training 2, 1, S. 82-103.

Sherin, M. G./Jacobs, V. R./Philipp, R. A. (Eds.) (2011): Mathematics Teacher Noticing. Seeing Through Teachers' Eyes. New York: Routledge.

Shulman, L. S. (1987): Knowledge and teaching: Foundations of the new reform. In: Havard Educational Research 57, S. 1-22.

Tobin, J./Hsueh, Y. (2014): The poetics and pleasures of video ethnography of education. In: Goldman, R./Pea, R./Barron, B./Derry, S.J. (Hrsg.): Video research in the learning sciences. Routledge, S. 77-92.

Weinert, F.E. (2001): Vergleichende Leistungsmessung in Schulen – eine umstrittene Selbstverständlichkeit. In: Weinert, F.E. (Hrsg.): Leistungsmessung in Schulen, Weinheim: Beltz, S. 17-31.

Zohar, A. (2004): Elements of teachers' pedagogical knowledge regarding instruction of higher order thinking. In: Journal of Science Teacher Education 15, 4, S. 293-312.

III Traditionen und Zukünfte – Herausforderungen

QUALITÄTSSICHERUNG IN DER AUSSERSCHULISCHEN BILDUNG

Erziehungswissenschaftliche Kindheitsforschung als interdisziplinäres Projekt: Traditionslinien und Herausforderungen

„Kindheit hat Konjunktur," lautet der erste Satz des Buches „Mythologie der Kindheit" von Dieter Lenzen, das im Jahre 1985 veröffentlicht wurde. Fast 30 Jahre später lässt sich wieder oder immer noch ein regelrechter „Boom" der gesellschaftlichen und wissenschaftlichen Beschäftigung mit Kindern und Kindheit ausmachen, deren Ziel vor allem eine Verbesserung der Förderung in der frühen Kindheit ist. Seit der Jahrtausendwende haben sich einschneidende Veränderungen in der gesellschaftlichen Konstruktion von Kindheiten vollzogen. Die Allgegenwertigkeit eines Bildungsdiskurses bereits in der frühen Kindheit, die Vorverlagerung des Schulanfangs, eine Ausstreuung von Diagnostik nicht allein rund um die Einschulung, die Ausdehnung eines Förderdiskurses und stärkere familienpolitische Interventionen haben das Bild von Kindern und von Kindheit tiefgreifend verändert. Für die Zeit nach der Jahrtausendwende kann von der Durchsetzung eines Dispositivs „Bildung in der frühen Kindheit" gesprochen werden, das „Gesagtes ebensowohl wie Ungesagtes" umfasst (Foucault 1976: 120) und zu einer effektiven Verschränkung von Diskursen und Macht geführt und in Zeiten knapper öffentlicher Budgets einen Ausbau von Bildungsangeboten für Kinder bis zum Alter von zehn Jahren und von Forschung und Lehre zum Thema Kindheit in Gang gesetzt hat. Das gesellschaftliche Interesse an der Ressource Kind, das zwar keinesfalls neu (Hendrick 2014), aktuell aber gewachsen ist und durch den Rückgriff auf den Bildungsbegriff breit gesellschaftlich legitimiert wurde, hat also eine erziehungswissenschaftliche deutschsprachige Kindheitsforschung gestärkt, die sich nun eben diesen gesellschaftlichen Herausforderungen stellen muss, denen sie ihren Ausbau verdankt.

Im Folgenden wird die These vertreten, dass dies nur gelingen kann, wenn erziehungswissenschaftliche Kindheitsforschung, die sich aktuell vor allem als sozialwissenschaftliche Kindheitsforschung versteht, wieder stärker an ihre interdisziplinären Anfänge anknüpft und im Zuge dessen ihre kulturwissenschaftliche, bildungstheoretische und anthropologische Fundierung ernster nimmt, um nicht nur die Möglichkeiten, sondern auch die Grenzen von Bildung und Erziehung in der Kindheit aufzeigen zu können. In einem ersten Schritt wird deshalb an den interdisziplinären Auftakt erziehungswissenschaftlicher Kindheitsforschung in den 1970er Jahren erinnert, in einem zweiten Schritt die Phase der empirischen Ausdifferenzierung, aber auch disziplinären Verengung der Kindheitsforschung ab Mitte der 1980er Jahre bis zu ihrer Institutionalisierung im Kontext der Erziehungswissenschaft skizziert und mit einem Fazit abgeschlossen.

Neue Anfänge deutschsprachiger erziehungswissenschaftlicher Kindheitsforschung

Kindheit wird spätestens seit Mitte der 1970er Jahre ein im deutschsprachigen Raum breit bearbeitetes Thema. Zwar hatte es seit den Anfängen der Pädagogik an den Universitäten im 18. Jahrhundert ein Interesse an einer zunehmend systematischer werdenden, auf der Beobachtung von Kindern aufbauenden wissenschaftlichen Beschäftigung mit Kindheit gegeben (Tervooren 2008), die um die Wende vom 19. zum 20. Jahrhundert als empirische Kinderforschung ihren ersten Höhepunkt fand (Eßer 2014). Zwischen den beiden Weltkriegen wurden dann Zentren der Kindheits- und Jugendforschung in Hamburg und Wien jeweils mit einem Schwerpunkt in der Disziplin der Psychologie gegründet, in denen zunächst quantitative, dann auch qualitative Forschungsansätze entwickelt wurden. Nach den desaströsen Zerstörungen während des Nationalsozialismus wird jedoch an die ethnographischen und lebenslauftheoretischen Ansätze nicht mehr angeschlossen und vor allem mit Entwicklungsmodellen, wenn diese auch empirisch fundiert waren (Piaget 1932, dt. 1954), gearbeitet.

Mitte der 1970er Jahre verschaffen die Übersetzungen zweier publizistisch gut platzierter, historisch angelegter Positionen mit publikumswirksam ausgerichteten Titeln[1] der Lebensphase Kindheit wieder eine breitere gesell-

---

1 Aus der Veröffentlichung von Ariès „L'enfant et la vie familiale sous l'ancien régime" bei Hanser wird eine „Geschichte der Kindheit", während de Mause „History of Childhood" unter dem dramatisierenden Titel „Hört ihr die Kinder weinen?" bei Suhrkamp publiziert wird. Die beiden Publikationen ermöglichen dem Thema „Kindheit" eine hohe Sichtbarkeit.

Anja Tervooren

schaftliche Aufmerksamkeit. Während Philippe Ariès (1975, Orig. 1960) Kindheit als Verfallsgeschichte konzipiert, in welcher die Freiheiten der Kinder im Mittelalter durch Familiarisierung und Scholarisierung beschnitten wurden, umreißt Lloyd DeMause (1976, Orig. 1974) eine Fortschrittsgeschichte, in der sich eine stetige Verbesserung der Lebensbedingungen von Kindern vollzöge, weil – so sein psychohistorischer Ansatz – die Eltern sukzessive an Empathie für ihre Kinder hinzugewännen. Auch wenn es beiden, diachron angelegten Ansätzen nicht gelingt, die Historizität ihres Gegenstandes angemessen zu rekonstruieren, wie u.a. die Einsprüche aus der Mediavistik deutlich machen (Shahar 1990), und einem kulturkritischen Gestus verhaftet bleiben, kann seitdem nicht mehr dahinter zurückgegangen werden, Kindheit als sich historisch und gesellschaftlich wandelnde Konstruktion zu verstehen.

Nach diesem Auftakt entfalten sich neben diesem historischen Ansatz drei weitere Forschungsstränge zum Thema Kinder und Kindheit: ein sozialwissenschaftlicher, ein erziehungsphilosophischer und ein volkskundlicher. Der Sammelband „Kindheit als Fiktion" von Heinz Hengst 1979, zwei Jahre nach dem von der UNO ausgerufenen internationalen Jahr des Kindes bei Suhrkamp herausgegeben, setzt den kulturkritischen Impetus der Ausarbeitungen Ariès fort, wenn in der Einleitung eine „Liquidierung von Kindheit" oder in einem weiteren Aufsatz deren „Therapeutisierung" konstatiert wird. Signalisiert wird mit dieser Veröffentlichung, dass Kindheit im gesellschaftlichen Kontext untersucht und die Auswirkungen gesellschaftlicher Veränderungen in ihren spezifischen Konsequenzen für die Kindheit ausbuchstabiert werden müssen, was jedoch vorerst unter Verzicht auf einen systematischen Einsatz von sozialwissenschaftlichen Forschungsmethoden geschieht.

Sechs Jahre später analysiert Dieter Lenzen in seiner bereits zitierten „Mythologie der Kindheit" nicht die Kindheit selbst, sondern ihre Stellung im Lebenslauf und gibt damit einen Impuls für eine theoretische, bildungsphilosophisch ausgerichtete Forschung zu Kindheit, mit der er allerdings weniger die Kindheit, als die Rolle der Kindheit im Erwachsenenalter in den Mittelpunkt stellt. Dabei verfolgt er die These, dass die Transitionen, die das Leben in traditionellen Gesellschaften kennzeichneten, in der Postmoderne aufgehoben werden und auf diese Weise Kindlichkeit zum Element des gesamten Lebenslaufs geworden sei.

Eine entgegengesetzte Bewegung wird in der Volkskunde vollzogen, die im Themenfeld Kindheit bald eine Debatte um „Kinderkultur" anstößt. Bereits in den 1970er Jahren, als zahlreiche neue Spielzeuge und Medien für Kinder produziert werden, wird in den Geistes- und Kulturwissenschaften die Spezifik des Kinderlebens in den Mittelpunkt gestellt.[2] Die Untersuchung ei-

---

2 Heinz Hengst, schon damals einer der Protagonisten dieser Debatte, hat das anregende gesamtgesellschaftliche Diskussionsklima in den 1970er Jahren und die vorherrschende „kulturelle Perspektive" auf Kindheit anschaulich beschrieben (2013: 21ff.). Siehe für die Bear-

ner „Kultur für Kinder", die in der Volkskunde bzw. europäischen Ethnologie in den späten 1970er Jahren vor allem anhand ihrer Artefakte betrieben wird (vgl. Weber-Kellermann 1979), wird bald in eine Analyse der „Kultur der Kinder" gewendet (Bausinger 1987). Zwar ermöglicht die Inanspruchnahme eines holistischen Kulturbegriffs, Kindheit als Forschungsthema zu konturieren, doch werden die Grenzen der Idee, Kinder als eigene Gruppe zu beschreiben, durch die in den USA seit den späten 1970er Jahren geführte „Writing-Culture-Debatte", in der eine Unmöglichkeit der Repräsentation des Fremden konstatiert wurde, bereits früh deutlich. Während 1985 auf dem Volkskundekongress noch auf der Grundlage von 60 Vorträgen über Kinder und ihre Kultur diskutiert wird, zeigt sich in den folgenden Dekaden in der europäischen Ethnologie wenig Interesse an Kindern, an das die späteren, teilweise sehr einflussreichen ethnographischen Studien zu Kindheit anknüpfen können.

Empirische Ausdifferenzierung und Institutionalisierung der Kindheitsforschung in der Erziehungswissenschaft

Seit den beginnenden 1980er Jahren vollzieht sich eine empirische Ausdifferenzierung, die auf Vorarbeiten einer Jugendforschung zurückgreift, die neben der dominierenden quantitativen Jugendsoziologie bereits in den 1970er Jahren qualitative Ansätze erarbeitet.[3] 1981 findet sich die Arbeitsgruppe „Wandel der Sozialisationsbedingungen seit dem 2. Weltkrieg" zusammen, die ihre Irritation über das Verhalten Jugendlicher und Kinder zum Ausgangspunkt nimmt, um die eigene Position im Forschungsprozess, damit die eigene Kindheit und Jugend im Verhältnis zum aktuellen Aufwachsen zu reflektieren und die Modernisierung des Kinderlebens seit dem zweiten Weltkrieg in den Blick zu nehmen (Preuss-Lausitz 1983).[4]

---

beitung des Themas „Kindheit" in den Geisteswissenschaften die Schwerpunkte „Kindermedien" (1977) und „Kinderalltage" (1979) in der Zeitschrift „Ästhetik und Kommunikation".

3 Empirische Forschungen zu Jugend können sich seit Beginn der 1970er Jahre auch mit Unterstützung der ersten Senatskommission Erziehungswissenschaft in der DFG etablieren, die das Programm „Sozialisationsprozesse Jugendlicher unter Einbeziehung bestimmter Lernorte oder einer Mehrzahl von Lernorten" (1974/75-1979/80) und im Anschluss das Schwerpunktprogramm „Pädagogische Jugendforschung" (1980 bis 1985) auflegt. Erst ab den späten 1980er Jahren existieren zwei DFG-Schwerpunktprogramme, in denen Veränderungen von Kindheit neben der von Jugend in Deutschland vor und nach dem Mauerfall untersucht werden.

4 Diese Gruppe trifft sich über die Publikation des Sammelbandes „Kriegskinder, Krisenkinder, Konsumkinder" (Preuss-Lausitz et al. 1983), der bis 1995 weitere drei Auflagen erlebt, hinaus regelmäßig im Kontext der Sektion Bildungssoziologie der Deutschen Gesellschaft

Anja Tervooren

Nach diesem methodologisch orientierten Auftakt werden teilweise in enger Verschränkung historischer und qualitativer Forschung Begrifflichkeiten für die Analyse des Wandels der Kindheit herausgearbeitet wie ihre „Verhäuslichung" (Zinnecker 1991) oder ihre „Verinselung" (Zeiher 1991). Rekonstruiert werden soll eine Kulturgeschichte der Kindheit, in der Veränderungen vor allem im Alltagsleben der Kinder seit den 1950er Jahren beschrieben werden, ohne einer Rhetorik des Verfalls oder des Fortschritts aufzusitzen, welche die Handlungen der Kinder selbst übersieht (vgl. Zinnecker 1991: 142). Andere Studien arbeiten stärker im Kontext der zeitgleich im Rahmen der in der Erziehungswissenschaft stark an Bedeutung gewinnenden Biographieforschung (vgl. Behnken/Bois-Reymond 1991; Cloer et al. 1991). Während in diesen Ansätzen explizit das Kinderleben, häufig auch außerhalb von Institutionen der Bildung und Erziehung in den Mittelpunkt gestellt wird, wird im Rahmen der historischen Bildungsforschung Kindheit im Kontext der Erziehungsgeschichte untersucht (vgl. Baader 1996). Die historische Traditionslinie in der Kindheitsforschung, die bereits in den 1970er Jahren einsetzt und im Kontext einer Modernisierungsforschung eine spezifische Akzentuierung erhält, hat zwar die deutschsprachige Kindheitsforschung entscheidend gestaltet, doch geht der Einfluss dieser diachronen Herangehensweise zurück und die synchrone Analyse von Kindheit wird in zwei unterschiedlichen Spielarten intensiviert.

Seit Anfang der 1980er Jahre wurde im skandinavischen Raum Kindheit als eigene Kategorie in der Sozialforschung etabliert, Kinder nicht nur im Kontext ihrer Familien betrachtet und seitdem Statistiken anders konzipiert und Daten produziert, die sich auf Kinder selbst beziehen (Qvortrup 1985). Vor dem Hintergrund dieser internationalen Akzentverschiebung entstehen im deutschsprachigen Raum in den 1990er Jahren zahlreiche Surveystudien, die sich u.a. mit der Kindheit in Ost und West beschäftigen (vgl. Zinnecker/ Silbereisen 1996).[5] Seit der Jahrtausendwende sind Kinderstudien wie die World Vision Kinderstudien (vgl. Andresen/Hurrelmann 2013) oder der Unicef-Bericht zur Lage der Kinder in Deutschland (Bertram 2013) zum festen Bestandteil von Kindheitsforschung geworden. Unschwer lässt sich bereits an den Namensgebern und Förderinstitutionen ein starkes öffentliches, sogar internationales Interesse an den Lebenslagen von Kindern und deren Problematiken ablesen. Kindheiten konnten auf diese Weise verglichen und eine vorausgesetzte Vorstellung davon, dass Kindheiten in Deutschland besonders glücklich oder unbeschwert verlaufen, zurückgewiesen werden.

für Soziologie und fragt Mitte der 1980er Jahre in der Deutschen Gesellschaft für Erziehungswissenschaft an, ob dort eine Sektion gebildet werden könne. Nach einer abschlägigen Antwort von Seiten der erziehungswissenschaftlichen Fachgesellschaft wird in der soziologischen eine Sektion „Soziologie der Kindheit" gegründet, deren Mitglieder bis heute überwiegend in der erziehungswissenschaftlichen Disziplin situiert sind.

5   Siehe für einen exzellenten Überblick über die Kindersurveyforschung der letzten 40 Jahre Stecher/Maschke 2011.

Erziehungswissenschaftliche Kindheitsforschung

Um aktuellen Lebenswelten von Kindern näherzukommen und Kinderalltage auch im Zusammenspiel mit den Forschungen zu Modernisierung besser
verstehen zu können, werden ab Mitte der 1980 Jahre Studien zum Kinderleben vor allem in Westberlin durchgeführt (Berg-Laase u.a. 1985; Harms/
Preissing/Richtermeier 1985; Zeiher/Zeiher 1994). Da multimethodisch gearbeitet wird und auch die Stadtviertel, welche die Kinder bewohnen, einbezogen werden, können hier die Anfänge einer erziehungswissenschaftlichen
ethnographischen Kindheitsforschung datiert werden. Explizit auf die interdisziplinäre Forschungstradition der Ethnographie Bezug genommen wird
aber erst im Zuge des Ausbaus einer Peergroupforschung in der Schule
(Krappmann/Oswald 1995), wobei auch Verbindungslinien zur internationalen Ethnographie aufgezeigt werden (Kelle/Breidenstein 1996; Breidenstein/
Kelle 1998). Im Zuge dessen wird die Kindheitsforschung erstens eng mit aktuellen differenztheoretischen Debatten zusammengeschlossen, zweitens die
Methodendebatte in der Kindheitsforschung intensiviert und drittens mit den
vor allem in den skandinavischen Ländern und Großbritannien neu entstehenden „new social studies of childhood" verbunden, in denen die *„agency"*
der Kinder in den Mittelpunkt gestellt wird. Im deutschsprachigen Raum
wird unter diesen Vorzeichen von „Kindern als Akteuren" gesprochen und
die Produktion von Kindheiten auch durch die Kinder selbst analysiert. Die
Agency von Kindern wurde gegen eine entwicklungspsychologische Perspektive in Position gebracht, die, so die immer wiederholte Diktion, Kinder
stets als Werdende, nicht aber als Seiende in eigenem Recht konstituierte.

Das Konzept der „Kinder als Akteure" ist seitdem vielfach kritisiert worden und als normatives (kinder-)politisch ausgerichtetes, theoretisch aber
nicht tragfähiges Konzept bezeichnet. Die neuere erziehungswissenschaftliche Kindheitsforschung thematisiert fortan weniger Kindheit als solche als
vielmehr die generationale Ordnung. Honig verknüpft bereits in seinem
„Entwurf einer Theorie der Kindheit" (1999) die Kindheits- mit der Genera-
tionenperspektive, indem er auf die „soziale Organisation der Erziehungsaufgabe" fokussiert. Doris Bühler-Niederberger plädiert für eine Weiterentwicklung des Konzepts des „Kindes als Akteur" zu dem des „generationalen Ord-
nens", in welchem sie die Qualitäten des Handelns der Kinder in Richtung
einer Komplizenschaft präzisiert und einen stärkeren Sinn für Sozialstruktur
und Gesellschaftsanalyse einfordert (Bühler-Niederberger 2012: 229ff.). Unter diesen Vorzeichen nimmt sie nicht allein die Produktion von Kindheiten,
sondern ebenso deren strukturelle Reproduktion in den Blick, an der die Kinder in ihrer Akteursschaft selbst beteiligt seien. Heinz Hengst distanziert sich
vom Begriff der generationalen Ordnung sowie dessen Variationen, fordert
eine Dezentrierung und spricht von „differenzieller Zeitgenossenschaft", da
Kinder auch kollektive Erfahrungen machten, „die nicht ausschließlich oder
primär durch ihre Positionierung in der generationalen Ordnung vermittelt
sind" (Hengst 2012: 63). Um diese Erfahrungen angemessen analysieren zu

Anja Tervooren

können, fordert er, neben der wohlfahrtsstaatlichen die kulturelle Modernisierung genauer in den Blick zu nehmen und mit komplexeren Subjektmodellen
zu arbeiten.

Kindheitsforschung hat sich also als Wissenschaftsfeld in einer starken
Betonung seiner sozialwissenschaftlichen Spielart konsolidiert und die interdisziplinäre Ausrichtung der 1970er Jahre zwar nicht vergessen, aber auch
nicht konsequent verfolgt. Währenddessen werden pädagogische Handlungs-
felder mit der Notwendigkeit des Wissens über Kindheit zusammengeschlossen: neben der Pädagogik der frühen Kindheit vor allem die Grundschulpädagogik, die sich teilweise als eine Grundschulforschung formiert (Panagi-
otopoulou/Brügelmann 2003; Kelle 2004; Breidenstein/Prengel 2005) und
die Sozialpädagogik, die traditionell für das pädagogische Feld des Kinder-
gartens zuständig ist, aber über den Ausbau der Tagesbetreuung für Kinder
über sechs Jahren und eine zunehmende Selbstverständlichkeit der Inanspruchnahme von Hilfen zur Erziehung neue Aufgabenfelder hinzugewonnen
hat (Betz/Neumann 2011).

Eine Reihe von Handbüchern erscheinen: Zunächst das auch noch kulturwissenschaftlich und historisch ausgerichtete Handbuch „Kinder – Kindheit – Lebensgeschichte" (Zinnecker/Behnken 2001), ein Jahr darauf das sozialwissenschaftlich orientierte „Handbuch Kindheits- und Jugendforschung"
(Grunert/Krüger 2002, [2]2010) und später „The Palgrave Handbook of Childhood Studies" (Qvortrup/Corsaro/Honig 2009), in dessen Beiträgen die Erträge einer langen internationalen Zusammenarbeit dokumentiert sind. 2005
werden zwei resümierende Sammelbände – einmal mit der Betonung einer
soziologischen Perspektive (Hengst/Zeiher 2005) und das andere Mal mit der
Frage nach den Erträgen die Kindheitsforschung für die Allgemeine Pädagogik und die Sozialpädagogik (Andresen/Diehm 2005) herausgegeben. Ein
Jahr später wird die Zeitschrift „Diskurs Kindheits- und Jugendforschung"
begründet und in jüngster Zeit sind neben der seit 1991 bestehenden, sozial-
und kulturwissenschaftlich ausgerichteten Buchreihe „Kindheiten" bei Juventa zwei neue, auch sozialwissenschaftlich ausgerichtete Reihen zum Thema
gegründet worden.[6]

---

6   2011 die Reihe „Kinder, Kindheiten, Kindheitsforschung" herausgegeben von Sabine
    Andresen, Isabell Diehm, Christine Hunner-Kreisel und Klaus-Peter Treumann beim Ver-
    lag für Sozialwissenschaften und 2012 die Reihe „Kindheiten. Gesellschaften" herausgege-
    ben von Rita Braches-Chyrek, Charlotte Röhner und Heinz Sünker bei Barbara Budrich.

Desiderata aktueller erziehungswissenschaftlicher Kindheitsforschung

Nachdem Kindheitsforschung sich als erziehungswissenschaftliche Kindheitsforschung maßgeblich auch durch den Ausbau sozialwissenschaftlicher Ansätze in den erziehungswissenschaftlichen Kanon einschreiben konnte, sollen angesichts des gesellschaftlichen Zugriffs auf die Ressource Kind drei Forschungsdesiderata markiert werden. Diese sind keineswegs neu, vielmehr knüpfen diese an die Traditionslinien der Kindheitsforschung in den letzten 40 Jahren an.

Erstens ist eine Wiedergewinnung der interdisziplinären Anlage der Kindheitsforschung, wie sie bereits seit den 1970ern Jahre angelegt ist, vonnöten. Die erfolgreiche Institutionalisierung des Forschungsfeldes „Kindheit" in der Erziehungswissenschaft sollte nicht Tür und Tor dafür öffnen, Kindheit vor allem unter dem Vorzeichen von Förderung zu verstehen. Im Zuge einer erziehungswissenschaftlichen Perspektive auf Kindheit, die notwendig mit kulturwissenschaftlichen Zugängen verbunden werden sollte, könnte die Bedeutung der kulturellen Umwelt, die Materialität und Medialisierung kindlicher Lebenswelten, die Ästhetiken in der Kindheit, die Sphäre des Konsums etc. und deren Transformation näher in den Blick genommen werden.

Zweitens halte ich die Stärkung einer bildungstheoretischen Orientierung der Kindheitsforschung nicht nur, aber auch für die frühe Kindheit für geboten. Aktuelle deutschsprachige Kindheitsforschung steht zu großen Teilen in einem distanzierten Verhältnis zur Bildungstheorie und „Bildung" wurde in der Debatte um die frühe Kindheit meistens als ein strategisch-politischer und nicht als ein theoretisch fundierter Begriff eingesetzt. Da der Bildungsbegriff seine neuhumanistische Tradition mitführt und darüber hinaus am Beispiel des Erwachsenen entwickelt wurde, wertete die Arbeit mit dem Bildungsbegriff sowohl die frühe Kindheit als auch die Professionen, die sich mit dieser beschäftigt, auf. In diesem Kontext konnte das Konzept der „Selbstbildung" (Schäfer 1995) schon früh erfolgreich lanciert werden, da es – für Kinder unter sechs Jahren in Anspruch genommen – ein hohes provokatives Potential aufwies und mit der für die Konstitution der sich als „new social studies of childhood" verstehenden deutschsprachigen Kindheitsforschung wichtigen Trope des aktiven Kindes korrespondierte. In der Debatte um frühe Kindheit ist fortan die Eigenständigkeit von Kindern hochstilisiert und das Kind als „hochtouriger Lerner" (Meyer-Drawe 2008) ausgewiesen worden. Nicht nur deshalb sollte die bildungstheoretische Orientierung der Kindheitsforschung ausgebaut (vgl. Stenger 2010) und das Pathische der Bildung, die Negativität in Bildungsprozessen und ihr mögliches Scheitern (vgl. Dietrich 2011) stärker in den Fokus der Aufmerksamkeit gerückt und zum festen Bestandteil erziehungswissenschaftlicher Kindheitsforschung gemacht werden. Wiedergewonnen würde damit auch ein komplexerer Subjektbegriff, der sowohl durch Anschlüsse an aktuelle sozialtheoretische und philosophische Debatten als auch durch differenzierte Anschlüsse an bildungstheoretisch oder wissenssoziologisch fundierte qualitative Bildungsforschung und ihrer Debatte um Forschungsmethoden gelingen kann.

Darüber hinaus ermöglicht eine stärkere anthropologische Ausrichtung des Feldes, die existentielle Abhängigkeit der Kinder von ihren Eltern oder anderen Bezugspersonen theoretisieren und das zum kompetenten Akteur hochstilisierte Kind wieder stärker in seiner Verletzbarkeit in den Mittelpunkt stellen zu können. Kindheitsforschung sozialwissenschaftlicher Spielart ist immer schon sozialkonstruktivistisch ausgerichtet gewesen, wenn auch innerhalb der Kindheitsforschung selbst ist bereits früh angemerkt worden, dass das Kind regelrecht mit dem Bade ausgeschüttet werde, wenn sein Körper untheoretisiert bliebe (Hengst/Kelle 2003). Meines Erachtens sollte mit dem Körper auch die existentielle Abhängigkeit der Kinder von ihren Eltern oder anderen Bezugspersonen und ihre Leiblichkeit wieder größere Aufmerksamkeit finden. Damit stände nicht mehr der aktuell so populäre Begriff der Bildung im Mittelpunkt, sondern es müsste (wieder) um die Erziehung von Kindern und darüber hinaus um die Sorge um Kinder gehen.[7] Nicht die Theoretisierung von Autonomie, sondern die der für Kindheit konstitutiven Abhängigkeit fordert erziehungswissenschaftliche Kindheitsforschung heute heraus. In einem gesellschaftlichen Klima, in dem von dem oder der Einzelnen Aktivierung und Aktivität in allen Lebensbereichen gefordert wird, sind die eigentlichen Aufgaben im Generationenverhältnis die, Sorgebeziehungen zu modellieren, denn Kinder sind unterschiedlich verletzbar und nur manchmal eigenständig.

Literatur

Ästhetik und Kommunikation (1977): Schwerpunkt „Kindermedien". 8, 27.
Ästhetik und Kommunikation (1979): Schwerpunkt „Kinderalltag". 10, 38.
Andresen, Sabine/Diehm, Isabell (2006): Kinder, Kindheiten, Konstruktionen. Erziehungswissenschaftliche Perspektiven und sozialpädagogische Verortungen. Wiesbaden: VS-Verlag.
Andresen, Sabine/Hurrelmann, Klaus (2013): Kinder in Deutschland 2013. 3. World Vision Kinderstudie. Weinheim/Basel: Beltz.
Ariès, Philippe (1975, Orig. 1960): Geschichte der Kindheit. München: dtv.

---

7   Der Begriff der Sorge, der bereits Eingang in die Kindheitsforschung gefunden hat (Baader et al. 2014), sollte dazu noch stärker theoretisch ausbuchstabiert und an die Debatte um die Verschiedenheit von Kindern und die von Inklusion geknüpft werden.

Erziehungswissenschaftliche Kindheitsforschung

Baader, Maike (1996): Die romantische Idee des Kindes und der Kindheit. Neuwied: Luchterhand.

Baader, Maike/Eßer, Florian/Schröer, Wolfgang (2014): Kindheiten in der Moderne. Eine Geschichte der Sorge. Frankfurt am Main/New York: Campus Verlag.

Bausinger, Hermann (1987): Kultur für Kinder – Kultur der Kinder. In: Köstlin, Konrad (Hrsg.): Kinderkultur. Bremen: Focke Museum, S. 7-11.

Behnken, Imbke/Zinnecker, Jürgen (2001): Kinder – Kindheit – Lebensgeschichte. Ein Handbuch. Seelze-Velber: Kallmeyer.

Behnken, Imbke/Bois-Reymond, Manuela (1991): Kinder unter sich. Spielwelten in alten Stadtquartieren. Ein interkultureller Vergleich. In: Berg, Christa (Hrsg.): Kinderwelten. Frankfurt am Main: Suhrkamp, S. 132-154.

Berg-Laase, Günter/Berning, Maria/Graf, Ullrich/Jacob, Joachim (1985): Verkehr und Wohnumfeld im Alltag von Kindern. Eine sozialökologische Studie zur Aneignung städtischer Umwelt am Beispiel ausgewählter Wohngebiete in Berlin (West). Pfaffenweiler: Centaurus.

Bertram, Hans (2013): Reiche, kluge, glückliche Kinder? Der Unicef-Bericht zur Lage der Kinder in Deutschland 2013. Weinheim/Basel: BeltzJuventa.

Betz, Tanja/Neumann, Sascha (2011): Editorial. In: Diskurs Kindheits- und Jugendforschung. Themenheft „Kinder und ihre Kindheit in sozialpädagogischen Institutionen" 8, 2, S. 143-148.

Bois-Reymond, Manuela/Büchner, Peter/Krüger, Heinz-Hermann/Ecarius, Jutta/Fuhs, Burkhard (1994): Kinderleben: Modernisierung von Kindheit im interkulturellen Vergleich. Opladen: Leske und Budrich.

Breidenstein, Georg/Prengel, Annedore (2005): Schulforschung und Kindheitsforschung – ein Gegensatz? Wiesbaden: VS-Verlag.

Bühler-Niederberger, Doris (2012): Lebensphase Kindheit. Theoretische Ansätze, Akteure und Handlungsräume. Weinheim/München: Juventa.

Cloer, Ernst/Klika, Dorle/Seyfarth-Stubenrauch, Michael (1991): Versuch einer Pädagogisch-biographischen historischen Sozialisationsforschung. Kindsein in Arbeiter- und Bürgerfamilien des Wilhelminischen Reiches. In: Berg, Christa (Hrsg.): Kinderwelten. Frankfurt am Main: Suhrkamp, S. 68-100.

DeMause, Lloyd (1980): Evolution der Kindheit. In: Ders. (Hrsg.): Hört ihr die Kinder weinen? Eine psychogenetische Geschichte der Kindheit. Frankfurt am Main: Suhrkamp, S. 12-111.

Dietrich, Cornelie (2011): Bildungstheoretische Notizen zur Beobachtung frühkindlicher Bildungsprozesse. In: Cloos, Peter/Schulz, Marc (Hrsg.): Kindliches Tun beobachten und dokumentieren. Perspektiven auf die Bildungsbegleitung in Kindertageseinrichtungen. Weinheim/München: Juventa Verlag. S. 100-114.

Eßer, Florian (2014): Das Kind als Hybrid. Empirische Kinderforschung (1896-1914). Weinheim/Basel: Beltz Juventa.

Grunert, Cathleen/Krüger, Heinz-Hermann (2006): Kindheit und Kindheitsforschung in Deutschland. Forschungszugänge und Lebenslagen. Opladen: Barbara Budrich.

Harms, Gerd/Preissing, Christa/Richtermeier, Adolf (1985): Kinder in der Großstadt. Zur Lebenssituation 9-14jähriger Kinder. Stadtlandschaften als Bezugsrahmen pädagogischer Arbeit: Berlin-Wedding und Berlin-Spandau, Falkenhagener Feld. Berlin: Fortbildungsinst. f.d. pädagogische Praxis.

Anja Tervooren

Hendrick, Harry (2014): Die sozialinvestitive Kindheit. In: Baader, Meike/Eßer, Florian/Schrörer, Wolfgang (Hrsg.): Kindheiten in der Moderne. Eine Geschichte der Sorge. Frankfurt am Main/New York: Campus Verlag, S. 456-491.

Hengst, Heinz/Kelle, Helga (2003): Kinder – Körper – Identitäten. Theoretische und empirische Annäherungen an Praxis und sozialen Wandel. Weinheim/München: Beltz Juventa.

Hengst, Heinz (2004): Differenzielle Zeitgenossenschaft. In: Geulen, Dieter/Veith, Hermann (Hrsg.): Interdisziplinäre Sozialisationsforschung. Stuttgart: Lucius & Lucius, S. 273-291.

Hengst, Heinz/Zeiher, Helga (2005): Kindheit soziologisch. Wiesbaden: VS-Verlag.

Hengst, Heinz (2013): Kindheit im 21. Jahrhundert. Differenzielle Zeitgenossenschaft. Weinheim/Basel: Beltz Juventa.

Honig, Michael-Sebastian (1999): Entwurf einer Theorie der Kindheit. Frankfurt/Main: Suhrkamp.

Kelle, Helga (2004): Zur Bedeutung der sozialwissenschaftlichen Kindheitsforschung für die Grundschullehrerbildung. In: Zeitschrift für Erziehungswissenschaft 7, 1, S. 85-102.

Krappmann, Lothar/Oswald, Hans (1995): Alltag der Schulkinder. Beobachtungen und Analysen von Sozialbeziehungen. Weinheim: Juventa.

Krüger, Heinz-Hermann/Grunert, Cathleen (2010): Handbuch Kindheits- und Jugendforschung. 2. aktualisierte und erweiterte Auflage. Wiesbaden: VS-Verlag für Erziehungswissenschaften.

Maschke, Sabine/Stecher, Ludwig (2011): Die quantitative Kindheitsforschung als Beitrag zur Vermessung der Kindheit. In: Diskurs Kindheits- und Jugendforschung 6, 3, S. 281-298.

Meyer-Drawe, Käthe (2008): Diskurse des Lernens. München: Wilhelm Fink.

Piaget, Jean (1954, Orig. 1932): Das moralische Urteil beim Kinde. Rascher: Zürich

Panagiotopoulou, Argyro/Brügelmann, Hans (2003): Grundschulpädagogik meets Kindheitsforschung. Zum Wechselverhältnis von schulischem Lernen und außerschulischen Erfahrungen im Grundschulalter. Opladen: Leske und Budrich.

Preuss-Lausitz, Ulf/Buechner, Peter/Fischer-Kowalski, Marina (1983): Kriegskinder, Krisenkinder, Konsumkinder. Sozialisationsgeschichte seit dem Zweiten Weltkrieg. Weinheim/Basel: Beltz.

Qvortrup, Jens (1985): Placing children in the division of labour. In: Close, Paul/Collins, Rosemary (Hrsg.): Family and economy in modern society. Basingstoke/London: Palgrave Macmillan, S. 129-145.

Qvortrup, Jens/Corsaro, William A./Honig, Michael-Sebastian (2009): The Palgrave Handbook of Childhood Studies. Basingstoke/Hampshire/New York: Palgrave Macmillan.

Schäfer, Gerd E. (1995): Bildungsprozesse im Kindesalter. Selbstbildung, Erfahrung und Lernen in der frühen Kindheit. Weinheim: Juventa.

Shahar, Shulamith (2003): Kindheit im Mittelalter. Düsseldorf: Patmos Paperback (übersetzt nach der englischen Ausgabe 1990, hebräisches Original 1990).

Stenger, Ursula (2010): Die Krippe als Bildungsort – konzeptionelle Überlegungen und Beobachtungen. In: Kinderwelten – Bildungswelten. Unterwegs zur Frühpädagogik. Berlin: Cornelsen Scriptor, S. 50-67.

Tervooren, Anja (2008): Auswickeln", entwickeln und vergleichen. Kinder unter Beobachtung. In: Kelle, Helga/Tervooren, Anja (Hrsg.): Ganz normale Kinder. Heterogenität und Standardisierung der kindlichen Entwicklung. Weinheim: Juventa 2008, S. 41-58.

Weber-Kellermann, Ingeborg (1979): Die Kindheit. Kleidung und Wohnen, Arbeit und Spiel. Eine Kulturgeschichte. Frankfurt am Main: Insel Verlag.

Zeiher, Helga (1991): Die vielen Räume der Kinder. Zum Wandel räumlicher Lebensbedingungen seit 1945. In: Preuss-Lausitz, U. et al. (Hrsg.): Kriegskinder, Konsumkinder, Krisenkinder. Zur Sozialisationsgeschichte seit dem Zweiten Weltkrieg. Weinheim/Basel, S. 176-195.

Zeiher, Hartmut/Zeiher, Helga (1998): Orte und Zeiten der Kinder. Soziales Leben im Alltag von Großstadtkindern. Weinheim/München: Juventa.

Zinnecker, Jürgen (1991): Vom Straßenkind zum verhäuslichten Kind. In: Behnken, Imbke (Hrsg.): Stadtgesellschaft und Kindheit im Prozeß der Zivilisation. Opladen: Leske und Budrich, S. 142-162.

Zinnecker, Jürgen/Silbereisen, Rainer K. (1996): Kindheit in Deutschland. Aktueller Survey über Kinder und ihre Eltern. Weinheim/München: Juventa.

(Mehr) Qualität des Bildungssystems durch Ganztagsschulen mit Qualität? Theoretische Überlegungen und rekonstruktive Vergewisserungen zu den Voraussetzungen, um über Qualität verhandeln zu können

Die bildungspolitische Erwartung einer Qualitätsverbesserung des Bildungssystems durch Ganztagsschulen mit Qualität erfordert aufgrund der Unbestimmtheit des Qualitätsbegriffs eine Bestimmung dessen, was überhaupt unter Qualität gefasst werden kann. Gegenüber einem objektivistischen Qualitätsverständnis wird mit einem relationalen Qualitätsverständnis die Verhandlung über Qualität durch alle an der pädagogisch-professionellen Praxis beteiligten Akteur/inn/e/n ins Zentrum gerückt. Davon ausgehend, dass sich deren Interessenlagen unterscheiden, gestalte sich die Verhandlung über Qualität als in unterschiedlichen Konfliktfeldern stattfindendes konflikthaftes Geschehen (vgl. Schaarschuch/Schnurr 2004).

In Hinblick auf Ganztagsschulen werden wir – das Konfliktfeld einer interprofessionellen Verhandlung über Qualität betrachtend – rekonstruktiv der Frage nachgehen, inwieweit eine „strukturelle Gewährleistung von Artikulationsmöglichkeiten aller [professionellen] Akteure" (ebd.: 320) als formale Voraussetzung ausreicht, um über Qualität verhandeln zu können und abschließend das Ergebnis unserer Rekonstruktion reflektieren.

Zur bildungspolitischen Erwartung einer Qualitätsverbesserung des Bildungssystems durch Ganztagsschulen mit Qualität

Spätestens seit der Veröffentlichung der ersten PISA-Ergebnisse (vgl. Deutsches PISA-Konsortium 2001) steht das „Thema ‚Ganztagsschule' ganz oben auf der Agenda der aktuellen Bildungsreformdebatte" (Wissenschaftlicher Beirat für Familienfragen beim BMFSFJ 2006: 11). Durch das vom Bund getragene Investitionsprogramm *Zukunft Bildung und Betreuung* (IZBB) (vgl. u.a. BMBF 2009) ist ein umfassender Ausbau von Ganztagsschulen initiiert worden, mit dem übergeordneten Ziel, eine nachhaltige „Qualitätsverbesserung unseres Bildungssystems" (BMBF 2003) zu erreichen.

Die anvisierte Qualitätsverbesserung des Bildungssystems durch Ganztagsschulen, so der Konsens, sei jedoch nicht zu erreichen, indem „einfach nur *mehr vom Gleichen* geboten [werde]" (Oelkers 2010: 46; Hervorheb. im Original), also eine ausschließlich zeitliche Ausdehnung von Schule auf den ganzen Tag erfolge. Vielmehr ist eine Qualitätsverbesserung auf der Ebene des Bildungssystems nicht vorstellbar ohne eine strukturelle „Verbesserung der Qualität der Lehr-Lern-Kultur" (Holtappels/Klieme/Radisch/Rauschenbach/Stecher 2008: 38) auf (ganztags)schulischer Ebene.

Diese als interdependent zu denkenden Diskussionslinien – Qualitätsverbesserung des Bildungssystems durch Ganztagsschulen mit Qualität – sind zu verorten in einer nicht erst seit PISA, sondern bereits seit den 1990er Jahren geführten, auf das gesamte Bildungswesen bezogenen Qualitätsdebatte (vgl. dazu Klieme/Tippelt 2008a).

Auch wenn demgemäß eine „Omnipräsenz des Qualitätsbegriffs" (Klieme/Tippelt 2008b: 7) nicht von der Hand zu weisen ist, weist er keinen klar konturierten Begriffsgehalt auf. Vielmehr sei der Begriff in seiner Vagheit und Unbestimmtheit deutungsmächtig geworden (vgl. Schaarschuch/Schnurr 2004: 309), so dass „eine Reflexion darüber, was Qualität […] überhaupt *sein kann*" (ebd.; Hervorheb. im Original), zwingend notwendig erscheint.

Zur Bestimmung von Qualität

Insbesondere aufgrund der Vielfalt der unterschiedlichen Perspektiven und Bezüge, die dementsprechend unter dem Qualitätsbegriff subsumiert werden können und werden, ist es unmöglich, diese und infolgedessen das, was unter Qualität gefasst werden kann, im Einzelnen und somit konkret auszuweisen: Die Komplexität des Qualitätsbegriffs, die gerade auch in der Vielfalt der unterschiedlichen Perspektiven und Bezüge zum Ausdruck gelange (vgl. Bucher

2003: 13), bringt es zwangsläufig mit sich, dass dieser sprachlich nicht entsprochen werden kann, da „Komplexität [...] vor allem eines [meint], nämlich, dass es [...] immer mehr Möglichkeiten gibt, als durch Kommunikation und [...] Individuen [...] jeweils aktualisiert werden können" (vgl. Ladeur 2011: 9). D.h., dass jeglichem Versuch, sich komplexen Begriffen wie dem der Qualität anzunähern, zwingend eine Komplexitätsreduktion inhärent sein muss.

Eine solche Komplexitätsreduktion lässt sich durch eine Herausstellung von als wesentlich erachteten Zügen der konkreten Bestimmungen, im vorliegenden Fall von Qualität, bei gleichzeitiger Ausblendung des als nicht wesentlich Erachteten kennzeichnen.

Eine – wenn nicht sogar die – entscheidende komplexitätsreduzierende Differenzierung in der Debatte erfolgt anhand der Unterscheidung des Qualitätsbegriffs in „objektivistische" (Schaarschuch/Schnurr 2004: 321) und in relationale Verständnisse (vgl. ebd.). Durch diese Unterscheidung werden die Inhalte (also das, *was* Qualität sein kann) in den Hintergrund gerückt, während die Art und Weise (d.h., *wie* Qualität bestimmt wird) in den Vordergrund tritt.

Mit objektivistischen Qualitätsverständnissen wird die Möglichkeit einer von Akteur/inn/en unabhängig erfolgenden Festlegung von Qualität in dem Sinn markiert, dass die Relativität und die Kontextabhängigkeit des Begriffs (vgl. Harvey/Green 2000: 17) nicht in den Blick geraten oder aber ausgeblendet werden.

Als prominentes Beispiel dafür und gleichzeitig als vielzitierter Ausgangspunkt der seit den 1990er Jahren geführten, auf das gesamte Bildungswesen bezogenen Qualitätsdebatte fungiert die Adaption eines managerialistischen Qualitätsverständnisses, das sich an der Idee der Steuerung öffentlicher Institutionen durch betriebswirtschaftliche Prinzipien und Verfahren orientierte und auf eine „Effektivitätssteigerung und Qualitätserhöhung" (Schaarschuch 1999: 550) pädagogisch-professioneller Praxis zielte. Auch dazu quasi als Gegenentwurf entwickelte, die Eigenlogik pädagogisch-professioneller Praxis berücksichtigende Versuche der Bestimmung von Qualität sind einer objektivistischen Qualitätsvorstellung zuzuordnen, sodenn sie ausblenden, dass Qualität „relativ zu demjenigen [ist], der diesen Begriff verwendet sowie abhängig [ist] von Kontexten, in denen er verwendet wird" (Harvey/Green 2000: 17).

Werden dagegen die Relativität und die Kontextabhängigkeit der Bestimmung von Qualität ernst genommen, ist Qualität relational zu bestimmen und somit „substantiell auf Diskurs verwiesen [...] [als auch durch] dialogische Beschaffenheit" (Merchel 2004: 36) zu kennzeichnen.

Qualität als relationales Konstrukt – Konkretisierende Überlegungen am Beispiel der Ganztagsschule

Ein Verständnis von Qualität als relationales Konstrukt, wie es von Andreas Schaarschuch und Stefan Schnurr für den Bereich sozialer Dienstleistungen argumentiert worden ist (2004), rückt demgemäß die an der pädagogisch-professionellen Praxis beteiligten Akteur/inn/e/n ins Zentrum. Deren „Interessenlagen [und damit verbundene Perspektiven] [...] [sowie] die Verhältnisse und Beziehungen, die sie miteinander verbinden, [sind] systematisch [zu] berücksichtig[en]" (ebd.: 310).

Davon ausgehend, dass die an der pädagogisch-professionellen Praxis beteiligten Akteur/inn/e/n „auf Grund ihrer Positionierung in diesem Feld unterschiedliche und (partiell) widersprüchliche *Interessen* [aufweisen]" (ebd.: 312; Hervorheb. im Original), lässt sich begründen, dass Qualität einem solchen Bestimmungsversuch gemäß als *„konfliktakzeptierend und verhandlungsorientiert"* (ebd.: 321; Hervorheb. im Original) zu verstehen ist. D.h., dass das, was unter Qualität gefasst wird, nicht als objektive Entität existiert, sondern von den beteiligten Akteur/inn/en zu verhandeln sei – und zwar in drei verschiedenen, für Bildungsangebote und soziale Dienstleistungen konstitutiven „Konfliktfelder[n]" (ebd.: 314).

Als erstes Konfliktfeld markieren Schaarschuch und Schnurr die „Relation von Nutzer und Staat" (ebd.), in deren Rahmen es um die Verhandlung legitimer Ansprüche gehe (vgl. ebd.). Übertragen auf den Bereich der Ganztagsschule ist mit diesem Konfliktfeld auf das Verhältnis von Schüler/inne/n sowie dem Staat verwiesen. Für Erstgenannte könnte der subjektiv beurteilte Nutzen der Bildungsangebote qualitätsbestimmend sein, für den Staat werde die Qualität durch die gesellschaftliche Nützlichkeit der Bildungsangebote bestimmt (vgl. ebd.: 315).

Das zweite Konfliktfeld, in dem zu verhandeln sei, was als Qualität gelte, beziehe sich auf die „Relation von Staat und Professionellen" (Schaarschuch/ Schnurr 2004: 314). Kennzeichnend für dieses Feld seien „Konflikte um die *Effektivität* und *Effizienz* (organisierter) professioneller Tätigkeit mit [sozial-]staatlichem Auftrag" (ebd.; Hervorhebung im Original), die auch für den ganztagsschulischen Bereich angenommen werden können.

Mit dem dritten Konfliktfeld wird die Relation zwischen Nutzer/inne/n sowie Professionellen in den Blick genommen (vgl. ebd.: 314), in dem es um die Verhandlung der „Angemessenheit" (ebd.) der pädagogisch-professionellen Praxis gehe. Bezogen auf den Bereich der Ganztagsschule wird also mit dem drittgenannten Konfliktfeld der Blick auf die Relation zwischen Schüler/inne/n sowie den schul- und sozialpädagogischen Professionellen gerichtet. Während für die Kinder und Jugendlichen der subjektiv beurteilte Nutzen der Bildungsangebote als qualitätsbestimmend gelten kann, stehe für

Nina Thieme, Christiane Faller

die Professionellen der Anspruch, „gute Arbeit" (ebd.) zu leisten, im Vordergrund des Interesses.

Die Vorstellung professioneller Akteur/inn/e/n davon, was „gute Arbeit" (ebd.) und demnach Qualität sei, wird im Rahmen der Darstellung der drei Konfliktfelder als nicht verhandlungsbedürftig markiert. Richtet man jedoch den Blick auf Ganztagsschulen, lassen sich diese zunehmend durch eine Kooperation von verschiedenen Professionen charakterisieren. Vielfach gilt die Zusammenarbeit von Lehrkräften und Professionellen der Sozialen Arbeit als konstitutiver Bestandteil. Aufgrund der insbesondere Lehrkräften und Professionellen der Sozialen Arbeit zugeschriebenen „traditionsbedingt unterschiedlichen Berufsverständnisse" (Bettmer 2007: 118) erscheint es somit plausibel, dass auch zwischen den professionellen Akteur/inn/en Verhandlungsbedarf bezüglich der Qualität ihrer pädagogisch-professionellen Praxis besteht. Dementsprechend sind bezogen auf den Bereich der Ganztagsschule die von Schaarschuch und Schnurr dargestellten Konfliktfelder um ein viertes zu erweitern, um das der interprofessionellen Verhandlung über Qualität.

Das wesentliche Ziel der in den vier dargestellten Konfliktfeldern stattfindenden „Konflikte[] über Qualität" (Schaarschuch/Schnurr 2004: 320) sei die „*Transformation* der […] divergenten *Interessenlagen* der unterschiedlichen Akteure in temporäre *Kompromisse über Qualität*. Es geht *nicht* um die Herstellung eines widerspruchsfreien, überhistorischen *Konsenses* über Qualität, sondern um die Herstellung zeitlich befristeter Übereinkommen über das, was […] jeweils als Qualität gelten soll" (ebd.; Hervorheb. im Original). Damit jedoch überhaupt – gemäß eines Verständnisses von Qualität als relationalem Konstrukt – Akteur/inn/e/n über Qualität verhandeln können, seien „formale Bedingungen" (ebd.) zu bestimmen, die erfüllt sein müssten.

Als eine wesentliche dieser Bedingungen führen Schaarschuch und Schnurr „die strukturelle Gewährleistung von Artikulationsmöglichkeiten aller Akteure" (ebd.) an, die wir im Folgenden in Hinblick auf das für Ganztagsschule konstitutive vierte Konfliktfeld der interprofessionellen Verhandlung näher am Beispiel selbiger beleuchten möchten.

Die strukturelle Gewährleistung von Artikulationsmöglichkeiten als hinreichende Voraussetzung, um interprofessionell über Qualität verhandeln zu können? Rekonstruktive Vergewisserungen am Beispiel eines ganztägigen Gymnasiums

Als Grundlage der folgenden Analyse dient uns ein Auszug aus einem narrativen Interview mit einer Sozialpädagogin, Frau Hiller, die an einem ganztägigen Gymnasium, dem Pestalozzi-Gymnasium[1], tätig ist. Darüber hinaus sind die im Rahmen einer mehrmonatigen Ethnographie an der Schule entstandenen Feldprotokolle ebenfalls in die Analyse eingeflossen.

Beide Materialien entstammen dem Datenkorpus der vom BMBF geförderten qualitativ-rekonstruktiven BiRBi-Pro-Studie (Laufzeit: 10/2011 bis 01/2015) (vgl. Thieme/Faller/Heinrich 2012), mit der wir untersucht haben, ob und wie sozial- und schulpädagogische Professionelle in ganztägigen Gymnasien und Hauptschulen durch ihr Handeln – gemäß oder entgegen der von ihnen artikulierten Sichtweisen – Bildungsgerechtigkeit befördern und/ oder Bildungsungerechtigkeit reproduzieren (vgl. u.a. Thieme 2013). Unsere Analyse erfolgt zweiteilig: Zunächst werden wir die „strukturelle Gewährleistung von Artikulationsmöglichkeiten aller Akteure" (Schaarschuch/Schnurr 2004: 320) am Pestalozzi-Gymnasium unter Rückgriff auf die Feldprotokolle nachzeichnen. Daran anschließend werden wir anhand eines Auszugs aus dem Interview aufzeigen, dass diese strukturelle Gewährleistung zwar ein notwendiges, aber keinesfalls ein hinreichendes Kriterium darstellt, um interprofessionell über Qualität verhandeln zu können.

Zur strukturellen Gewährleistung von Artikulationsmöglichkeiten sozial- und schulpädagogischer Professioneller am Pestalozzi-Gymnasium

Das Pestalozzi-Gymnasium ist als gebundenes Ganztagsgymnasium organisiert, an dem – neben den Lehrer/inne/n – seit der Einführung des Ganztags zwei Professionelle der Sozialen Arbeit tätig sind.
Als wesentlich wird in der Ganztagskonzeption des Pestalozzi-Gymnasiums die Zusammenarbeit der Angehörigen beider Professionen betont, so dass vielfältige, eine gleichberechtigte Kooperation (vgl. Spies/Stecklina 2005: 9) ermöglichende Strukturen implementiert worden sind. Als Kernstück des Ganztags gelten die ein- bis zweimal im Monat stattfindenden Teamsitzungen, denen die Idee einer gemeinsam von Lehrkräften und Professionellen

---

1 Alle Namen, Schulnamen etc. wurden anonymisiert.

der Sozialen Arbeit vorgenommenen Analyse der Entwicklungen der Schü-
ler/innen zugrunde liegt. Darüberhinausgehend gibt es eine Angehörige beider Professionen vereinende Steuergruppe zum Ganztag, die sich für die Weiterentwicklung desselben zuständig erklärt.

Für die Diskussion übergreifender Fragen bezüglich der Ganztagsschul-
entwicklung finden ein- bis zweimal im Schulhalbjahr Ganztagskonferenzen
statt, an denen alle am Ganztag Beteiligten, sowohl Lehrer/innen als auch
Professionelle der Sozialen Arbeit, teilnehmen.

Ein jeweils klassenspezifisches Angebot von Kompetenztagen, z.B. zum
Thema *Mobbing*, liegt ebenfalls in der gemeinsamen Verantwortung von den
zuständigen Klassenlehrer/inne/n sowie den Professionellen der Sozialen Arbeit und wird – bei Bedarf – umgesetzt. Gerade für letztgenanntes Angebot
ist es von Vorteil, dass die Professionellen der Sozialen Arbeit – bspw. im
Rahmen von Hospitationen – auch einen Einblick in das Unterrichtsgeschehen erhalten.

Die dargelegte, somit am Pestalozzi-Gymnasium in vielfältiger Form zum
Ausdruck gelangende „strukturelle Gewährleistung von Artikulationsmöglichkeiten aller [professionellen] Akteure" (Schaarschuch/Schnurr 2004: 320)
stellt jedoch keine hinreichende Voraussetzung dar, um interprofessionell in
eine Verhandlung über Qualität einsteigen zu können, wie wir im Folgenden
zeigen werden. Gleichzeitig ist eine wechselseitige Anerkennung der Angehörigen der jeweils anderen Profession als gleichberechtigte Verhandlungs-
partner/innen ebenfalls eine notwendige Bedingung, die erfüllt sein muss
(vgl. Strauss 1978: 238).

Genau diese Anerkennung wird im folgenden Interviewauszug – und
dadurch begründet sich auch seine Auswahl – zwar auf manifester Ebene von
sozialpädagogischer Seite aus artikuliert. Die Rekonstruktion weist jedoch
auf eine grenzbetonende Hierarchisierung hin, die der Anerkennung der Leh-
rer/innen als gleichberechtigte (Verhandlungs-)Partner/innen von sozialpädagogischer Seite aus zuwiderläuft.

*Rekonstruktion: „[D]a muss ich jetzt nicht unbedingt dabei sein also
weil ähm das kann kann der Lehrer machen..."*

Unsere Rekonstruktion stützt sich auf einen Auszug aus dem Interview mit
der Sozialpädagogin Frau Hiller, dem eine Passage vorangegangen ist, in der
die Interviewte die gute Zusammenarbeit zwischen den Lehrkräften und ihr
selbst als Sozialpädagogin erläutert hat. Diese gestalte sich „völlig gleichberechtigt", die Kolleg/inn/en seien „aufgeschlossen" und wendeten sich an
Frau Hiller, um „Unterstützung" in Anspruch zu nehmen. Trotzdem seien die
Zuständigkeiten nicht klar verteilt, beispielsweise, wenn es um die Elternarbeit gehe. An dieser Stelle setzt die Nachfrage der Interviewerin ein, mit der

(Mehr) Qualität des Bildungssystems durch Ganztagsschulen mit Qualität?

sie Frau Hiller um die Erzählung eines Beispiels bittet. Darauf reagiert die Sozialpädagogin wie folgt:

„Hmm ähm also wenn ähm wenns jetzt zum Beispiel darum geht die die ähm das die also es gibt zum Beispiel ähm Eltern die möchten gerne so ne Info wie wie läuft mein Kind an der Schule, wie sind die Leistungen also die einfach nur so nen Stand haben möchten, wo steht mein Kind gerade und ähm ist es genug, was mein Kind tut oder reicht es noch nicht aus."

Frau Hiller kommt der Aufforderung nach einer Beispielerzählung nach und beschreibt eine spezifische Elterngruppe, jene, die *Infos* wünschen. Die umgangssprachliche Bezeichnung *so ne Info* kennzeichnet die Auskunft, mit der die gewünschte *Info* zur Verfügung gestellt wird, als etwas Lapidares mit wenig subjektiver Bedeutung für die Informant/inn/en. Denn: Informationen stellen eine standardisierte, i.d.R. dokumentierte Form des Wissens dar. Demgemäß sind Personen, die mit der Weitergabe von Informationen betraut sind, austauschbar. Sie fungieren als reine Träger/innen der Informationen, so dass die Weitergabe von *Infos* einen Aufgabenbereich darstellt, der kein besonders hohes Identifikationspotential mit der eigenen Tätigkeit eröffnet.

Die *Info*, die hier von dem dargestellten Elterntypus gewünscht wird, bezieht sich auf den Leistungsstand des eigenen Kindes an der Schule. In der gewählten Formulierung „wie läuft mein Kind" vollzieht sich die von der Sozialpädagogin wörtlich wiedergegebene Nachfrage der Eltern erstaunlich technisch, da diese Wendung insbesondere im Zusammenhang mit mechanischen Geräten üblich ist, die einwandfrei und unermüdlich funktionieren.[2] Erzeugt wird die technizistische Anmutung über die sprachlich nicht korrekte Ausformulierung der Phrase, die der Vollständigkeit halber um das Personalpronomen „es" ergänzt werden müsste – „wie läuft *es* für mein Kind an der Schule". Die bereits in der vorhergehenden Sequenz in Hinblick auf die Verwendung des Begriffs *Info* zum Ausdruck gelangende mechanistische Vorstellung reproduziert sich an dieser Stelle.

Mit ihrer Erzählung greift die Sozialpädagogin Frau Hiller die von ihr vorher angesprochenen fehlenden eindeutigen Zuständigkeiten der beiden im Ganztag tätigen Berufsgruppen – Sozialpädagog/inn/en und Lehrer/innen – exemplarisch für das gemeinsame Tätigkeitsfeld der Elternarbeit auf. Es ist zu erwarten, dass die Zuständigkeit für die Weitergabe von *Infos* hinsichtlich des Leistungsstandes der Kinder bei den Lehrer/inne/n liegt, da Leistung einen genuin in der Tätigkeit dieser Berufsgruppe verankerten Leitgedanken repräsentiert. Demnach, so lässt sich schließen, wird hier der Gegenentwurf zur eigenen Tätigkeit skizziert. Nicht die Sozialpädagogin ist zuständig für die Weitergabe von *Infos*, also singulärer, mit wenig subjektiver Bedeutung aufgeladener und unproblematischer Informationen, sondern die Lehrer/innen. Diese stehen für das Standardisierte und Technische, sind also hinsicht-

2   So ist beispielsweise denkbar, darauf zu verweisen, dass das eigene Auto läuft und läuft.

252

lich der Elternarbeit für nicht-professionalisierungsbedürftige Tätigkeiten (vgl. Oevermann 2002: passim) verantwortlich. Die Aufgabe der Sozialpädagogin demgegenüber, so lässt sich an dieser Stelle annehmen, muss sich als konträres Pendant zur beschriebenen Tätigkeit der Lehrer/innen gestalten: Ihre Tätigkeit – wenn es um Elternarbeit geht – kann also gerade nicht in der technizistischen Weitergabe bloßer Informationen liegen, sondern muss weitaus komplexer sein, fachliche Kompetenz, persönliche Bezugnahme und Reflexionsfähigkeit erfordern.

Damit vollzieht sich die Beschreibung des Zuständigkeitsbereichs der Lehrer/innen durch die Sozialpädagogin Frau Hiller in einem Modus der Abwertung, in Verbindung mit der gleichzeitigen Aufwertung der bis dato implizit bleibenden eigenen Tätigkeit, wie auch die Rekonstruktion der unmittelbar anschließenden Sequenz zeigt:

„Also einfach mal so ne so ne Leistungsübersicht, die Noten ganz konkret einfach mal erfahren möchten und ähm das wäre jetzt so ein Beispiel da muss ich jetzt nicht unbedingt dabei sein also weil ähm das kann kann der Lehrer machen."

Es reproduziert sich – insbesondere durch die Wendung „da muss ich jetzt nicht unbedingt dabei sein" – das bereits aufgezeigte, sich hierarchisch darstellende Verhältnis der Zuständigkeiten: Die Arbeit der Lehrer/innen wird zu einer beigeordneten Nebentätigkeit. Die Sozialpädagogin kommt dazu, wenn sich die Anforderungen über die beschriebene Form der Informationsweitergabe hinaus bewegen. Demnach wird Frau Hiller dem eigenen Selbstverständnis zufolge immer dann hinzugezogen, wenn es kritisch wird und die Lehrer/innen mit ihrem Repertoire an ihre Grenzen stoßen, also in dem Moment, wenn die Anforderungen über standardisierte und mechanistisch durchzuführende Tätigkeiten hinausgehen.

In der Abgrenzung zu diesen als wenig komplex zu charakterisierenden Tätigkeiten der Lehrer/innen entfaltet sich die Aufwertung der eigenen sozialpädagogischen Tätigkeit als professionalisierungsbedürftige Tätigkeit mit hohem Komplexitätsgrad. Bemerkenswert ist an dieser Stelle – gerade vor dem Hintergrund, dass explizit nach der eigenen Arbeit gefragt wurde –, dass eine solche Beschreibung nicht durch die inhaltlich gehaltvolle Darlegung der eigenen Tätigkeit gelingt, sondern lediglich über die Abgrenzung zur Tätigkeit der Lehrer/innen.

Zusammenfassend lässt sich festhalten, dass sich die vorgenommene Abgrenzung nicht wertfrei vollzieht, sondern ein hierarchisches Verhältnis der Tätigkeiten beider Berufsgruppen konstruiert wird, indem die Tätigkeit der Lehrer/innen im Handlungsfeld *Elternarbeit* eine Abwertung erfährt, wodurch sich gleichzeitig eine Herausstellung der Bedeutsamkeit der eigenen sozialpädagogischen Tätigkeit in dem angesprochenen Handlungsfeld vollzieht.

Mit dieser Figur einer grenzbetonenden Hierarchisierung reagiert Frau Hiller zwar auf die Notwendigkeit, sich innerhalb verändernder Rahmenbe-

(Mehr) Qualität des Bildungssystems durch Ganztagsschulen mit Qualität?

dingungen mit unklaren Zuständigkeitsbereichen, wie sie sich in ganztägigen Arrangements zeigen, der eigenen – bedeutsamen – Zuständigkeit zu vergewissern und gleichzeitig die eigene Tätigkeit zu legitimieren. Gleichzeitig verunmöglicht allerdings eine solche grenzbetonende Hierarchisierung eben diejenige wechselseitige Anerkennung beider Professionen, welche wir als notwendige Bedingung für die Verhandlung über Qualität herausgestellt haben.

Abschließende Reflexionen zur interprofessionellen Verhandlung über Qualität an Ganztagsschulen: zur Herausforderung, sich anerkennend abzugrenzen

Fasst man Qualität als relationales Konstrukt, setzt die Realisierung der bildungspolitischen Erwartung, dass Ganztagsschulen mit Qualität einen Beitrag zu einer Qualitätsverbesserung des Bildungssystems leisten sollen, eine zwischen den an Ganztagsbildung beteiligten Akteur/inn/en erfolgende Verhandlung voraus, was überhaupt unter Qualität zu verstehen ist.

Ein für Ganztagsschulen wesentliches Konfliktfeld, in dem über Qualität verhandelt wird, ist das der interprofessionellen Verhandlung. Damit jedoch überhaupt interprofessionell über Qualität an Ganztagsschulen verhandelt werden kann, sei formal „die strukturelle Gewährleistung von Artikulationsmöglichkeiten aller [professionellen] Akteure" (Schaarschuch/Schnurr 2004: 320) zu erfüllen.

Dass diese Gewährleistung jedoch keineswegs eine hinreichende Voraussetzung darstellt, haben wir am Beispiel des ganztägigen Pestalozzi-Gymnasiums zu zeigen versucht. Trotz der vielfältigen Eröffnung von Artikulationsmöglichkeiten lässt die rekonstruierte Figur einer grenzbetonenden Hierarchisierung die Möglichkeit einer interprofessionellen Verhandlung über Qualität als schwierig erscheinen: Zwar ist – professionstheoretisch gesehen – die Behauptung eigener Zuständigkeit (vgl. Abbott 1988) in einem Handlungsfeld wie der Ganztagsschule, in dem zwei (oder mehr) Professionen kooperieren, konstitutionstheoretisch notwendig, um überhaupt die eigene Profession und somit auch das eigene Handeln als solches legitimieren zu können. Gleichzeitig verhindert jedoch eine solche Abgrenzung, so denn sie sich hierarchisierend und die andere Profession abwertend vollzieht, eine für Verhandlungsprozesse (auch von Qualität) notwendige Anerkennung der anderen Partei als gleichberechtigte Verhandlungspartnerin (vgl. Strauss 1978: 238).

Als besondere, über die strukturelle Gewährleistung von Artikulationsmöglichkeiten aller professionellen Akteur/inn/e/n hinausgehende Herausfor-

254

Nina Thieme, Christiane Faller

derung, um über Qualität verhandeln zu können, kann demnach ein ausbalancierender Umgang mit dem spannungsvollen Zugleich von (professionstheoretisch notwendiger) Abgrenzung von der anderen Profession und Anerkennung dieser als gleichberechtigt markiert werden.

Literatur

Abbott, Andrew (1988): The system of professions. An essay on the division on expert labor. Chicago/London: The University of Chicago Press.

Bettmer, Franz (2007): Soziale Ungleichheit und Exklusion – Theoretische und empirische Bezüge im Kontext von Schule und Jugendhilfe. In: Ders./Maykus, S./Prüß, F./Richter, A. (Hrsg.): Ganztagsschule als Forschungsfeld. Theoretische Klärungen, Forschungsdesigns und Konsequenzen für die Praxisanwendung. Wiesbaden: VS, S. 187-211.

BMBF (2003): Verwaltungsvereinbarung Investitionsprogramm „Zukunft Bildung und Betreuung 2003 – 2007". http://www.ganztagsschulen.org/_media/2003 0512_verwaltungsvereinbarung_zukunft_bildung_und_betreuung.pdf [Zugriff: 30.06.2015].

BMBF (2009): Gut angelegt. Das Investitionsprogramm Zukunft Bildung und Betreuung. Berlin: BMBF.

Bucher, Hans-Jürgen (2003): Journalistische Qualität und Theorien des Journalismus. In: Ders./Altmeppen, K.-D. (Hrsg.): Qualität im Journalismus. Wiesbaden: Westdeutscher Verlag, S. 11-34.

Deutsches PISA-Konsortium (Hrsg.) (2001): PISA 2000: Basiskompetenzen von Schülerinnen und Schülern im internationalen Vergleich. Opladen: Leske + Budrich.

Harvey, Lee/Green, Diana (2000): Qualität definieren. Fünf unterschiedliche Ansätze. In: Zeitschrift für Pädagogik 46, 41. Beiheft, S. 17-39.

Holtappels, Heinz Günter/Klieme, Eckhard/Radisch, Falk/Rauschenbach, Thomas/Stecher, Ludwig (2008): Forschungsstand zum ganztägigen Lernen und Fragestellungen in StEG. In: Holtappels, H. G./Klieme, E./Rauschenbach, T./Stecher, L. (Hrsg.): Ganztagsschule in Deutschland. Ergebnisse der Ausgangserhebung der „Studie zur Entwicklung von Ganztagsschulen" (StEG). Weinheim/München: Juventa, S. 37-50.

Klieme, Eckhard/Tippelt, Rudolf (Hrsg.) (2008a): Qualitätssicherung im Bildungswesen. Eine aktuelle Zwischenbilanz. Zeitschrift für Pädagogik 54, 53. Beiheft.

Klieme, Eckhard/Tippelt, Rudolf (2008b): Qualitätssicherung im Bildungswesen. Eine aktuelle Zwischenbilanz. In: Dies. (Hrsg.): Qualitätssicherung im Bildungswesen. Eine aktuelle Zwischenbilanz. Zeitschrift für Pädagogik 54, 53. Beiheft, S. 7-13.

Ladeur, Karl-Heinz (2011): „Komplexität" in Niklas Luhmanns Systemtheorie. Vortragsmanuskript 2011. http://www.philosophische-gesellschaft-bremerhaven.de/ dokumente/2011/ladeur/Komplexitaet.pdf [Zugriff: 02.07.2015].

(Mehr) Qualität des Bildungssystems durch Ganztagsschulen mit Qualität?

Merchel, Joachim (2004): Qualitätsmanagement in der Sozialen Arbeit. Ein Lehr- und Arbeitsbuch, 2. Auflage. Weinheim/München: Juventa.

Oelkers, Jürgen (2010): Chancengleichheit, Ganztagsschule und Qualitätssicherung. In: Nerowski, C./Weier, U. (Hrsg.): Ganztagsschule organisieren – ganztags Unterricht gestalten. Bamberg: University of Bamberg Press, S. 33-57.

Oevermann, Ulrich (2002): Professionalisierungsbedürftigkeit und Professionalisiertheit pädagogischen Handelns. In: Kraul, M./Marotzki, W./Schweppe, C. (Hrsg.): Biographie und Profession. Bad Heilbrunn: Julius Klinkhardt, S. 19-63.

Schaarschuch, Andreas (1999): Theoretische Grundelemente Sozialer Arbeit als Dienstleistung. Ein analytischer Zugang zur Neuorientierung Sozialer Arbeit. In: neue praxis 29, 6, S. 543-560.

Schaarschuch, Andreas/Schnurr, Stefan (2004): Konflikte um Qualität. Konturen eines relationalen Qualitätsbegriffs. In: Beckmann, C./Otto, H.-U./Richter, M./Schrödter, M. (Hrsg.): Qualität in der Sozialen Arbeit. Zwischen Nutzerinteresse und Kostenkontrolle. Wiesbaden: VS, S. 309-329.

Spies, Anke/Stecklina, Gerd (2005): Aktuelle Entwicklungen von Ganztagsschule und Jugendhilfe – Zugang. In: Dies. (Hrsg.): Die Ganztagsschule. Band 2: Keine Chance ohne Kooperation – Handlungsformen und institutionelle Bedingungen. Bad Heilbrunn: Julius Klinkhardt, S. 8-21.

Strauss, Anselm (1978): Negotiations. Varieties, Contexts, Processes, and Social Order. San Francisco/Washington/London: Jossey-Bass.

Thieme, Nina (2013): Bildungsgerechtigkeit als Chancengleichheit oder jenseits von Chancengleichheit? Ein Ansatz zur empirischen Untersuchung von Bildungsgerechtigkeitskonzeptionen schul- und sozialpädagogischer Professioneller in ganztägigen Arrangements. In: Dietrich, F./Heinrich, M./Thieme, N. (Hrsg.): Bildungsgerechtigkeit jenseits von Chancengleichheit. Theoretische und empirische Ergänzungen und Alternativen zu ‚PISA'. Wiesbaden: VS, S. 159-180.

Thieme, Nina/Faller, Christiane/Heinrich, Martin (2012): Bildungsgerechtigkeit oder Reproduktion von Bildungsungerechtigkeit durch schul- und sozialpädagogische Professionelle – BiRBi-Pro. In: Soziale Passagen 4, 1, S. 159-162.

Wissenschaftlicher Beirat für Familienfragen beim BMFSFJ (2006): Ganztagsschule – eine Chance für Familien. http://www.bmfsfj.de/BMFSFJ/Service/publikationen,did=93306.html [Zugriff: 28.06.2015].

ERIK HABERZETH, BERND KÄPPLINGER, CLAUDIA KULMUS

Wirkungsforschung in der Weiterbildung – Auf dem Weg zum richtigen Maß?

Einleitung

Was wirkt? What works? Aktuell ist das Interesse groß, genaue Aussagen über die Wirkungen von Interventionen im Bildungsbereich tätigen zu können. Evidenzbasierte Bildungsforschung soll der Bildungs- bzw. oftmals eher der Arbeitsmarkt- und Wirtschaftspolitik klare Ergebnisse liefern, welche die Entscheidungsgrundlagen klären und so die Rationalität politischer Entscheidungen erhöhen sollen. Die Hoffnungen sind ebenso groß wie die Skepsis. Im Folgenden werden Ergebnisse von Wirkungsanalysen von Weiterbildungsgutscheinen diskutiert – eine Finanzierungsform, die zunehmend populär wird. Dabei wird jedoch besonderes Augenmerk darauf gerichtet, wie diese Wirkungsanalysen methodisch und theoretisch verfolgt werden können und welche Herausforderungen bestehen. Wir werden aufzeigen und diskutieren, dass es nicht nur um ein *bloßes Messen* geht, sondern auch grundlegend um die Frage, *was* man *wie* misst. Wie geht man mit den intendierten und nicht-intendierten Wirkungen von öffentlichen Förderprogrammen um?

Von der theoretischen Idee zur Förderpraxis: Diffusion von Gutscheinen in der Weiterbildung

Weiterbildungsgutscheine haben sich in Deutschland im letzten Jahrzehnt stark verbreitet. Ordnete Ehmann im Jahr 2003 Weiterbildungsgutscheine noch als „wenige realisierte, eher anekdotische Beispiele" (Ehmann 2003: 6) ein, so stellt sich die Situation nun radikal verändert dar (siehe Tab. 1): Aktuell existieren auf Bundesebene drei Programme. Auf Länderebene gab es bis zum Ende der letzten ESF-Förderperiode (2007-2013) elf Programme. Im Zuge des Übergangs zur neuen Förderperiode (2014-2020) wurden einige Programme z.t. erheblich umgestaltet, bei manchen Programmen gab es einen Zeitraum von mehreren Monaten, in dem keine Beantragung möglich war. Mit der Bildungsprämie und den Länderprogrammen, auf die sich unsere nachfolgenden Betrachtungen beziehen, ist eine Erhöhung der Beteiligung an beruflicher Weiterbildung intendiert. Kernprinzip ist eine an Individuen (und zum Teil auch Betriebe) adressierte öffentliche Kofinanzierung von Kurskosten. Der Eigenanteil liegt in der Regel zwischen 30 und 50%.

Tabelle 1: Weiterbildungsgutscheine in Bund und Ländern (Stand: März 2015)

Titel des Programms	Start des Programms
Bundesebene	
Förderung der beruflichen Weiterbildung (FbW) (Bildungsgutschein)	2003
Weiterbildung Geringqualifizierter und beschäftigter älterer Arbeitnehmer in Unternehmen (WeGebAU)	2006
Bildungsprämie (Prämiengutschein)	2008
Länderebene	
Bildungsscheck Nordrhein-Westfalen	2006
Qualifizierung von Beschäftigten (Sachsen-Anhalt WEITERBILDUNG)	2007
Weiterbildungsbonus Schleswig-Holstein	2007
Qualifizierungsscheck Hessen	2008
Kompetenzentwicklung in Unternehmen Mecklenburg-Vorpommern	2008
QualiScheck Rheinland-Pfalz	2009
Bildungsscheck Brandenburg	2009
Weiterbildungsbonus Hamburg	2009
Weiterbildungsscheck Sachsen	2010
Thüringer Weiterbildungsscheck	2011
Bremer Weiterbildungsscheck	2012

Diese bemerkenswerte und wissenschaftlich nicht antizipierte Diffusion hat eine Reihe von Gründen, die je nach Kontext variieren (vgl. Käpplinger/ Klein/Haberzeth 2013). Von der Steuerungsphilosophie her passen Weiterbildungsgutscheine mit ihrem Ansatz der Nachfrageförderung zu einem populären Politikansatz in Deutschland und anderen zentraleuropäischen Ländern, wonach Weiterbildung nur dann durch den Staat befristet gefördert

Erik Haberzeth, Bernd Käpplinger, Claudia Kulmus

werden soll, wenn ein Marktversagen z.b. bezogen auf die Beteiligung bestimmter Zielgruppen vorliegt. So adressieren alle Gutscheine nur bestimmte Personengruppen (Arbeitslose, Beschäftigte, bestimmte Einkommensgruppen, Beschäftigte in kleinen Unternehmen). Im Sinne der Neuen Steuerung verspricht dies eine vermeintlich zielgenaue Mittelverwendung. Der Einsatz von Gutscheinen spiegelt exemplarisch die Segmentierung öffentlicher Weiterbildungsfinanzierung wider. Weiterbildung wird nicht als Gesamtsystem reguliert und finanziert, sondern fällt für Beschäftigte und Arbeitslose, je nach Segment, in unterschiedliche Zuständigkeiten und Regulierungen auf Europa-, Bundes- und Länderebene. So gibt es keinen deutschen Weiterbildungsgutschein, der sich an alle Bürgerinnen und Bürger richten würde. Auch thematisch beschränkt sich die Förderung durch Weiterbildungsgutscheine auf berufliche Weiterbildung, während die Teilnahme im Bereich allgemeiner, kultureller oder gesundheitsbezogener Erwachsenenbildung nicht förderfähig ist.

Auf der administrativen Ebene sind Weiterbildungsgutscheine attraktiv, da sie keine langfristigen, gesetzlichen Förderverpflichtungen enthalten, sondern je nach Haushaltslage modifiziert werden können, was auch häufig passiert (vgl. Haberzeth/Kulmus 2013: 51f.). Des Weiteren ist zu bedenken, dass die meisten Weiterbildungsgutscheine über Mittel des Europäischen Sozialfonds (ESF) ko-finanziert werden. Dieser verlangt, dass die nationalen oder regionalen Regierungen einen Eigenanteil von 50% beisteuern müssen, um die europäischen Mittel abrufen zu können. Weiterbildungsgutscheine sind hier attraktiv, weil dieser Eigenanteil nicht von den Regierungen erbracht wird, sondern direkt an die Gutscheinnutzenden weitergegeben wird. So können deutsche Administrationen nahezu haushaltsneutral europäische Mittel akquirieren. Schließlich zeigt sich ein interessanter bildungspolitischer Spillover: Nachdem auf Länderebene der Bildungsscheck NRW erfolgreich eingeführt wurde und in Fachkreisen als Erfolgsmodell gilt, wurde dieses Modell von anderen Administrationen kopiert bzw. adaptiert. Der *Erfolg* ist dabei primär in der geschilderten Attraktivität für die Administrationen begründet. Inwiefern Weiterbildungsgutscheine zu einer Erhöhung der allgemeinen Weiterbildungsbeteiligung führen, kann im Grunde erst jetzt u.a. durch unsere Studie gesagt werden (vgl. auch Messer/Wolter 2009, Görlitz 2009), nicht aber zum Zeitpunkt ihrer Einführung und Diffusion. Allein die Idee der Weiterbildungsgutscheine war für die Administrationen so verlockend, dass sich dieses Instrument verbreitete, ohne in Hinblick auf seine Wirkungen überprüft worden zu sein. Ein neo-institutionentheoretischer Erklärungsansatz kann dabei helfen, diesen Spill-over von Administration zu Administration zu verstehen.

Diese Entwicklung war so nicht zu erwarten. Die Gutscheinidee stammt im Wesentlichen von dem US-Ökonomen Milton Friedman aus den 1950er Jahren und bezog sich auf das allgemeinbildende Schulsystem. Dieses sollte durch einen Wettbewerb zwischen den Schulen um die auf Eltern ausgestellten Gutscheine nachfrageorientierter und letztlich leistungsstärker werden. Für die Weiterbildung wurde von Friedman (1982) hingegen eine Darlehensfinanzierung vorgeschlagen. Ökonomen erhoffen sich von Gutscheinen eine Stärkung der individuellen Wahlfreiheit, während Bildungsforscher von Gutscheinen eine einseitige Forcierung von Marktkräften befürchten, die soziale Unterschiede u.a. durch „Creaming-Effekte" verschärfen (Bellmann/Waldow 2004). „Von den meisten Ökonomen geliebt, von den meisten Pädagogen und vielen anderen gehasst, so könnte man etwas pointiert die Reaktionen auf Bildungsgutscheine zusammenfassen" (Dohmen 2005: 4). Im allgemeinbildenden Schulsystem haben sich Gutscheine zwar partiell auch etabliert wie zum Beispiel in Schweden (Bellmann/Waldow 2004) oder auch im deutschen Vorschulbereich (Kindergarten-Gutscheine), aber ansonsten hat die Idee im ursprünglich angedachten Bildungsbereich eigentlich kaum Anwendung gefunden, wenngleich sie dort immer wieder vorgeschlagen oder zumindest diskutiert wird (Oelkers 2007, Blankert/Köster 2003). Die Politik nutzt wissenschaftliche Erkenntnisse – hier einen Finanzierungsansatz – selektiv. Friedman selbst würde sich heute wahrscheinlich sehr wundern, dass seine Gutscheintheorie vor allem im deutschen Weiterbildungsbereich und im schwedischen Schulsystem in den letzten Jahren Karriere gemacht hat.

Wirkungen von Weiterbildungsgutscheinen auf Teilnahmeentscheidungen – Ist der Mitnahmeeffekt das zentrale Wirkungsmaß?

Wird nach den Wirkungen von Gutscheinen auf der Ebene individueller Bildungsentscheidungen gefragt, wird konzeptionell häufig der sog. Mitnahmeeffekt als zentrales Maß herangezogen (Wolter/Messer 2009, SALSS 2008, IWAK 2013, Görlitz 2009). Im Kern geht es um die Frage, ob der öffentliche Finanzierungsanreiz individuelles Handeln in gewünschter Weise verändert, d.h. ob eine (Erst-)Aktivierung zur Weiterbildungsteilnahme stattfindet. Ein (negativ bewerteter) Mitnahmeeffekt läge demnach dann vor, wenn bereits geplante private Aufwendungen für einen Kurs nur durch öffentliche substituiert werden, der öffentliche Zuschuss also *mitgenommen* wird und sich im Grunde das Weiterbildungshandeln durch das Förderprogramm gar nicht ändert. Das Förderprogramm hätte in dieser Logik keinen positiven Effekt.

Eine häufige Frage in Evaluationen lautet zum Beispiel: „Hätten Sie die Weiterbildung auch ohne die Gutscheinfinanzierung besucht?" Nach Sekundäranalysen anderer Studien und unseren eigenen empirischen Erhebungen liegen die Mitnahmeeffekte programmübergreifend zwischen 43 und 61%

Erik Haberzeth, Bernd Käpplinger, Claudia Kulmus

(vgl. Käpplinger 2013: 65). Steuerungsphilosophisch und messtheoretisch existiert allerdings kein Schwellenmaß dazu, ab wann eine Förderung vertretbar ist. Aber diese relativ hoch scheinenden Werte werden von Ökonomen und Politikern z.T. kritisch bewertet. Sie sehen die Gefahr, dass öffentliche Mittel überwiegend private Mittel ersetzen, die erwünschten Veränderungsimpulse aber ausbleiben und vor allem die Weiterbildungsbeteiligung nicht quantitativ wie gewünscht erhöht werden kann.

Zur Diskussion steht damit letztlich die Frage nach dem Stellenwert öffentlicher finanzieller Anreize für Bildungsentscheidungen. Ist ein so gedachter, bildungsökonomisch geprägter Mitnahmeeffekt das (alleinig) angemessene Beurteilungsmaß? Sind nicht auch andere Wirkungen auf das Subjekt und seine Bildungsentscheidungen vorstellbar, die in die Bewertung einbezogen und ggf. als positiv oder negativ gewertet werden müssten? Aus einer solchen erziehungswissenschaftlichen Perspektive wurden in einem europäischen Forschungsprojekt[1] die Wirkungen ausgewählter Bildungsgutscheine auf Teilnahmeentscheidungen untersucht (Käpplinger/Klein/Haberzeth 2013). Dabei zeigte sich, dass im Zuge der Gutscheinnutzung weitere Verhaltensänderungen berichtet werden, die bei einer Überfokussierung auf den Mitnahmeeffekt aus dem Blick geraten.

Untersuchungsfeld und methodisches Vorgehen

Unser Untersuchungsgegenstand ist der Bildungsscheck Brandenburg. Dieser wurde 2009 als Instrument zur Fachkräftesicherung eingeführt. Ziel war und ist es, die Beschäftigungsfähigkeit von Personen auch überbetrieblich zu sichern bzw. zu erhöhen. Das Programm ist demnach nicht speziell auf sog. bildungsbenachteiligte Personengruppen mit niedrigem formalen Qualifikationsniveau oder Geringverdienende ausgerichtet. Gefördert wird die Teilnahme an *individuell und arbeitsplatzunabhängig* ausgerichteten Weiterbildungen, antragsberechtigt sind sozialversicherungspflichtig Beschäftigte. Bezuschusst werden können einmal im Kalenderjahr die Kosten von Weiterbildungskursen inklusive möglicher Prüfungsgebühren bei einem Förderanteil von 70 Prozent und prinzipiell offener Förderhöhe. Der Eigenanteil darf nicht vom Arbeitgeber übernommen werden.

In der Untersuchung des Programms wurden Methoden kombiniert, um die Wirkungen umfassender auf verschiedenen Ebenen erfassen zu können

---

1   Das Projekt *Effekte von nationalen Förderprogrammen der beruflichen Weiterbildung für Unternehmen und Beschäftigte im deutschsprachigen Raum* wurde von 01/2011 bis 07/2013 vom BMBF unter dem FKZ W1366 gefördert. Untersucht wurden Programme aus Deutschland, der Schweiz, Österreich und Südtirol.

(vgl. Kelle/Erzberger 2012). Dazu wurden qualitativ-rekonstruktive (Leitfadeninterviews) und quantitativ-standardisierende Ansätze (schriftliche Fragebogenerhebung) miteinander verbunden. Vorangegangen war eine Monitoring- und Programmanalyse, die eine Übersicht über die soziodemographische Nutzung sowie über Themen, Abschlüsse/Zertifikate und Anbieter ermöglichte. Diese Ergebnisse informierten das Sampling der Interviewpartner dahingehend, dass – entsprechend der quantitativ dominanten Nutzung des Bildungsscheck – vor allem Frauen als Interviewpartnerinnen ausgewählt wurden, die den Scheck für die am häufigsten nachgefragten beruflichen Themen in den Sozial- und Gesundheitsberufen einsetzten (vgl. Haberzeth/ Käpplinger/Kulmus 2013).

Es wurden insgesamt 26 Leitfadeninterviews mit Schecknutzern durchgeführt.[2] Themen des Leitfadens waren die geplante Weiterbildung selbst, die allgemeine Lebenssituation und Arbeitstätigkeit und, in diese Kontexte eingebettet, die Rolle des Finanzierungsanreizes bei der Entscheidung für eine Weiterbildung.

Die Interviews dauerten zwischen 45 und 120 Minuten. Sie wurden vollständig transkribiert und mit inhaltsanalytischen Verfahren ausgewertet (vgl. Mayring/Brunner 2010). Analysefokus waren mögliche Auswirkungen des Finanzierungsinstruments auf die konkrete Teilnahmeentscheidung der Nutzerinnen und Nutzer. Dabei wurden zunächst in einem offeneren Zugriff die Interviews auf Textstellen hin gesichtet, in denen die Teilnahmeentscheidung und die Bedeutung des Bildungsschecks thematisiert wurden. Ausgehend von den jeweils individuellen Aussagen zur Bedeutung des Schecks konnten in mehreren Abstraktionsschritten Kategorien festgelegt werden (induktive Kategorienbildung). Im nächsten Schritt wurden dann alle Interviews auf diese Kategorien hin erneut analysiert (vgl. Mayring/Brunner 2010).

Parallel zur Analyse der ersten Interviews wurde ein Fragebogen entwickelt, in dem ein Frageblock auf die quantitative Erhebung von Effekten abzielte. Erste Analyseergebnisse und ausführliche Pretests der ersten Fragebogenentwürfe flossen in den endgültigen Fragebogen ein. Die schriftliche Befragung von Interessierten und Nutzenden des Bildungsschecks wurde in der Zeit von Juli 2012 bis April 2013 durchgeführt. Befragt wurden in diesem Zeitraum alle Personen im Prozess der Antragsstellung bzw. -genehmigung, also zu einem Zeitpunkt, zu dem die Weiterbildung möglicherweise noch nicht begonnen hatte. Bei einer Rücklaufquote von über 30 Prozent wurden insgesamt 300 Personen befragt. Entsprechend dem Erkenntnisinteresse zielte die Befragung nicht darauf, Wirkungen der geförderten Weiterbildungen selbst (Lernen, Kompetenz etc.) zu erfassen, sondern Strukturen der Schecknutzung und die Wirkungen des Finanzierungsprogramms auf Bildungsbeteiligung und -entscheidungen. Es wurden 31 Fragen zu verschiedenen The-

2   Von den 26 Interviews wurden 19 im Projekt *Effekte* durchgeführt, die weiteren im Rahmen der Habilitationsstudie von Haberzeth zum Thema *Arbeit und Lernen*.

menbereichen (z.B. Antragsverfahren, Weiterbildungsveranstaltung, erwarteter Nutzen der Weiterbildung, Beratungsbedarf, soziodemografische Aspekte) gestellt. Ein Frageblock richtete sich auf den Einfluss des Bildungsschecks auf Weiterbildungsinteressen und -planungen.

Ergebnisse

Soziodemographische Merkmale der Gutscheinnutzenden

Der Altersdurchschnitt im Sample liegt bei 36,6 Jahren (Mittelwert), die jüngste Person ist 19 Jahre alt, die älteste 58. Der Altersdurchschnitt unterscheidet sich nach Geschlecht nur leicht (Mittelwert Männer: 37,5 vs. Frauen: 36,3 Jahre). Die Mehrheit der Schecknutzenden (56,7%) verfügt über eine berufliche Ausbildung im dualen oder schulischen System. Etwa ein Viertel der Befragten (25,7%) verfügt über einen Hochschulabschluss oder gar eine Promotion und 11,7% verfügen über eine Fachschul-/Meister-/Technikerqualifikation. Nur ein Prozent der Befragten hat keine abgeschlossene Berufsausbildung. Damit werden vor allem Personen mit mittlerer und guter formaler Qualifizierung durch diesen Bildungsscheck erreicht, sog. „bildungsferne Personengruppen hingegen kaum.

Auffällig ist das geschlechtsspezifische Interesse für den Bildungsscheck: 77,2% der Befragten sind weiblich, weniger als ein Viertel (22,8%) männlich. Betrachtet man zudem die Branchen, aus denen die Interessierten kommen, so lassen sich deutliche Zusammenhänge zwischen Geschlecht und Branche erkennen. Die meisten Befragten kommen mit 40,6% aus dem Gesundheits-/Veterinär- und Sozialwesen und arbeiten hier vor allem als Heilmittelerbringende (u.a. Ergo-/Physiotherapie). Dahinter folgen die übrigen Branchen mit einem Anteil von höchstens 10%.

Bezogen auf die Effekte des Bildungsschecks wurden neun Items abgefragt, die vierstufig beantwortet werden konnten. Für die Darstellung wurden die zustimmenden bzw. ablehnenden Antworten zusammengefasst.

Mehrdimensionalität der antizipierten Einflüsse finanzieller Anreize auf Bildungsentscheidungen

Durch den qualitativen Zugriff[3] konnten verschiedenartige und vielfältige Einflüsse von finanziellen Anreizen auf Weiterbildungsentscheidungen aufgezeigt werden.

Zeitliches Vorziehen der Weiterbildung

Da das Einkommensniveau der meisten Befragten eher niedrig ist und die Weiterbildungskosten in Relation dazu gesehen hoch (nicht nur die unmittelbaren Kurskosten, sondern auch: Anreise, Verpflegung, Lernmaterial, ggf. auch Übernachtung), muss die Geldbeschaffung oft längerfristig geplant werden: z.B. durch Abführung eines monatlichen Sparbetrags, Abwägung mit anderen Haushaltskosten, Vereinbarung von Ratenzahlung, Sicherstellung familiärer Absicherung im finanziellen Notfall. Der Gutschein kann bewirken, dass ein in der Zukunft avisierter Kurs zeitlich vorgezogen werden kann.

„Und dann war das so, dann habe ich so gedacht: Na ja gut, den Kurs willst du sowieso machen, probierst du es einfach darüber. Wenn das nicht klappt, gut, dann musst du halt bis nächstes Jahr sparen. Oder du hast eben das Glück, dass das doch dieses Jahr klappt und du kriegst es noch finanziert." (G 3, 376)

Anschub einer Teilnahmeentscheidung

Eng damit zusammen hängt der Effekt, dass durch den Gutschein ein mehr oder weniger konkretes Teilnahmeinteresse in eine endgültige Teilnahmeentscheidung überführt wird.

„Und also das war schon für mich auch so ein bisschen noch mal ein zusätzlicher Stups, zu sagen: Jetzt nimmst du das in Angriff. Also auch diese ganze Weiterbildung. Wie gesagt, das Heft liegt schon lange auf dem Tisch hier, aber mit dieser Info, dass das jetzt eben auch förderbar ist, war es für mich dann schon so dieses Ding: Ja, jetzt machst du das." (G 12, 429ff.)

Angesichts der Ressourcenproblematik fällt den Personen die Entscheidung für eine Kursteilnahme zumeist nicht leicht. Der Gutschein bekommt die Funktion eines Auslösers: Er wird z.B. als ein „Beschleuniger" (G 30, 231) beschrieben, der „den Arschtritt verpasst hat, aktiv zu werden" (G 12, 538). Dabei spielen auch die „Unwägbarkeiten" des Guts Bildung eine Rolle:

„Ja, es ist auch hart verdientes Geld, was man ausgibt. Es ist ja ein Unterschied, ob ich mir vorher ein Haus angucke und dann beschließe, das zu kaufen, oder – ist jetzt vielleicht ein bisschen verhältnismäßig groß – oder ob ich eine Weiterbildung, sage ich mal, kaufe und

3   Ein herzlicher Dank gilt Frau Franziska Semrau (TU Chemnitz) für die Unterstützung bei der erneuten Auswertung der Interviews für diesen Beitrag.

nicht weiß: Wie sind die Leute? Wie sind die Ausbilder? Nehme ich was mit? Schaffe ich das überhaupt? Also, ja, das waren alles Überlegungen." (G 30, 235)

Intensivierung der Weiterbildungsaktivität

Der Gutschein kann Personen in die Lage versetzen, öfter an Weiterbildung teilzunehmen. Reduziert wird ein Teil der finanziellen Last, die frei gewordenen Ressourcen werden für eine zusätzliche Kursteilnahme eingesetzt. Zur Frage nach der Bedeutung des Gutscheins sagt eine Person:

„Na, erst mal hauptsächlich, dass man finanziell eben nicht die ganze Last tragen muss, ne? Also es ist natürlich schon schwierig, wenn man jetzt Rückenschule gemacht hätte von 450 Euro, jetzt noch Autogenes Training mit 360 Euro machen will, das sind natürlich schon immense Summen irgendwo, ne? Und durch diese Angebote, die es gibt, spart man eben wirklich ‚ne Menge Geld und hat dadurch auch die Möglichkeit, mehrere Kurse besuchen zu können, ne?" (G 1, 339)

Verstetigung und Rhythmisierung von Lernaktivitäten

In einem graduellen Unterschied zur genannten Intensivierung von Weiterbildung (mehr in einem bestimmten Zeitrahmen) wird eine Verstetigung als langfristige wiederholte Teilnahme sichtbar, die u.a. auch eine Progression der eigenen Kenntnisse in einem Wissensgebiet über mehrere Niveaustufen hinweg ermöglicht.

„Er hat eher dazu geführt, dass ich das fortführe. Also wirklich, dass es nicht nur … Sagen wir mal so: Ich gehe jetzt mal sechs Wochen dahin, und dann glaube ich, es ist gut. Sondern er hat wirklich deutlich dazu beigetragen, dass ich das schon über viele Jahre mache, ja? Also jedes Jahr privat 1.000 Euro für Englisch aufzuwenden, weiß ich nicht, ob ich das so eisern durchgehalten hätte, weil man dann doch sagt: Na ja, und vielleicht brauchst du es doch nicht, und hin und her. Also da hat der Bildungsscheck schon sehr stark dazu beigetragen, dass ich dort am Ball geblieben bin." (G 20, 202)

Die Verstetigung kann auch in einer gewissermaßen rhythmischen Form auftreten, und zwar der in der Förderrichtlinie festgeschriebenen Möglichkeit folgend, den Scheck zweimal pro Jahr beantragen zu können. Weil dies möglich ist, werden auch zwei Kursteilnahmen anvisiert (z.B. G 13, 170).

Erhöhung des Entscheidungsspielraums bei der Kurswahl

Bezogen auf die Kursauswahl kann der Gutschein den Entscheidungsspielraum erhöhen, d.h. es den Personen ermöglichen, einen anderen, meist umfangreicheren und damit auch teureren Kurs in Betracht zu ziehen. Auch wenn teurere Kurse nicht unbedingt besser sind, so sind doch abschluss- bzw. zertifikatsbezogene Kurse, die für die berufliche Entwicklung i.d.R. entscheidender sind, zumeist kostenintensiver. Die Möglichkeit zur Wahl solcher

Kurse kann einerseits für die aktuelle Berufssituation hohe Bedeutung haben, indem z.b. die Teilnahme an bestimmten Weiterbildungen für Physiotherapeuten zur Durchführung abrechenbarer Leistungen qualifiziert. Andererseits können längerfristige Berufsperspektiven abgewogen werden:

„[...] um jetzt für seine Zukunft so über ein paar Jahre zu planen oder überhaupt bis zum Arbeitsende, ja? [...] Wenn sich halt die Situation ändert, dass man den jetzigen Job nicht mehr machen kann oder will oder weiß ich was. Und dafür brauche ich natürlich einfach eine Finanzierung. Das kann ich privat so nicht finanzieren, das geht einfach nicht. [...] Also finde ich eine gute Perspektive, wo man dann einfach freier entscheiden kann nach dem Inhalt und nicht nach dem Preis." (G 2, 559 ff.)

Erhöhte Reflexion über Weiterbildungsbedarfe

Das Wissen um die Fördermöglichkeit kann zudem die Reflexion über die eigenen Weiterbildungsbedarfe anregen. Ein offenerer, nicht schon von vornherein durch finanzielle Bedenken begrenzter Blick auf Qualifizierungsbedarfe, Karrierewünsche, berufliche Perspektiven etc. wird möglich:

„Und dann, daraufhin habe ich dann erst mal geguckt: Na, was könntest du denn vielleicht noch für einen Kurs machen? Was würde denn zur Rückenschule noch passen? Was bräuchtest du noch?" (G1, 372)

Signal einer gesellschaftlich-politischen Anerkennung von Weiterbildung

Auf einer grundsätzlicheren Ebene kann der Gutschein wahrgenommen werden als ein politisches oder gesellschaftliches Signal für einen hohen Stellenwert von Weiterbildung. Er wird verstanden als Zeichen der Anerkennung für individuelle Bildungsaspirationen, wodurch letztlich auch die individuelle Bereitschaft gesteigert wird, die mit Weiterbildung verbundenen Anstrengungen und Aufwendungen auch weiterhin auf sich zu nehmen.

„Also ich denke schon, dass diese Weiterbildungsbereitschaft auf jeden Fall steigt dadurch. [...] Weil wenn ich Unterstützung kriege und das nicht alles aus meiner Tasche bezahlen muss, habe ich natürlich noch viel mehr Lust, diese Weiterbildung zu machen. [...] Und meine Bereitschaft steigt dadurch auf jeden Fall, immer noch mal was zu tun und mich noch mehr weiterzubilden und zu spezialisieren." (G 11, 381ff.)

In typisierender Zusammenfassung können die Effekte wie folgt dargestellt werden:

Erik Haberzeth, Bernd Käpplinger, Claudia Kulmus

Tabelle 2: Mehrdimensionale Effekte von Weiterbildungsgutscheinen auf Teilnahmeentscheidungen

	Effekte	Beschreibung
Finanzierung	Zeitliche Effekte	Zeitliches Vorziehen einer Weiterbildung
		Rhythmisierung von Weiterbildung
	Aktivierungseffekte	Verstärkung und Verstetigung von Weiterbildungsaktivität
		Erstaktivierung für Weiterbildung
		Auslöser der Weiterbildung
	Angebotswahleffekte	Auswahl eines anderen, umfangreicheren Weiterbildungsangebots
		Auswahl eines anderen Anbieters
	Motivationale Effekte	Anstoß zur (vermehrten) Reflexion über Weiterbildung
		Gesellschaftliches Signal der Anerkennung für Weiterbildung

Quantitative Ergebnisse: Gewicht der Effektedimensionen

Mit der qualitativen Befragung konnten die Wirkungen finanzieller Anreize auf Bildungsentscheidungen ausdifferenziert werden. Die schriftliche Befragung zielte darauf ab, diese Wirkungen auch in ihrem quantitativen Gewicht einzuschätzen. In die Erstellung des Fragebogens waren erste Analysen der Interviews eingeflossen. Abbildung 1 (Seite 268) zeigt die Items und die Zustimmung bzw. Ablehnung aller Befragten in Prozent.

Nicht abgebildet wird durch diese Items der oben beschriebene Anschubeffekt für ein bislang eher loses Interesse, bei dem der Bildungsscheck den Anreiz gab, jetzt „Nägel mit Köpfen" zu machen. Auch die Signalwirkung des Bildungsschecks wird nicht abgebildet, der Fokus liegt auf dem noch eher allgemein formulierten Reflexionseffekt, dessen Komplexität zum Zeitpunkt der Fragebogenerstellung ebenfalls noch nicht ersichtlich war. Dafür wurde zusätzlich ein *betrieblicher Mitnahmeeffekt* (Aufforderung durch den Betrieb, Substitution betrieblicher Ausgaben für Weiterbildung) erhoben und es wurde außerdem gefragt, ob durch den auf berufliche Bildung ausgerichteten Bildungsscheck private Weiterbildungsinteressen verdrängt werden. Abbildung 1 (Seite 268) zeigt, als Ergebnis der deskriptiven Analyse, die Zustimmungswerte zu den einzelnen Items.

Auffällig ist die deutliche Ablehnung einer *Erstaktivierung* durch den Bildungsscheck („Der Bildungsscheck hat mich überhaupt erst auf die Idee gebracht, eine Weiterbildung zu machen."), wie er gewissermaßen als politisches Ziel formuliert wird. Nur 23,3 Prozent stimmen diesem Item zu. Möglicherweise ist dieser Wert insofern sogar noch überschätzt, als in den Interviews eine differenziertere Wahrnehmung von Aktivierungseffekten deutlich wurden, etwa dass zwar prinzipiell schon über Weiterbildung nachgedacht wurde, jedoch eher vage (thematisch und auch zeitlich) und ohne konkrete Teilnahmepläne. In jedem Fall deckt sich dieser eher schwache Erstaktivierungsaspekt mit Ergebnissen bspw. von Wolter/Messer (2009) und SALSS (2008), dass ein Bildungsscheck allein nicht das richtige Mittel ist, um bisher gar nicht Bildungsinteressierte zu erreichen.

Mehr Ablehnung als Zustimmung erfährt auch die *typische* Frage nach dem Mitnahmeeffekt („Ich würde diese Weiterbildung auch ohne Bildungsscheck machen."). Die Verteilung liegt dabei in der bereits angesprochenen Größenordnung des Mitnahmeeffektes auch in anderen Studien: Wenn 55,2 Prozent verneinen, dass sie die Weiterbildung auch ohne finanzielle Unterstützung besuchen würden, bejahen immerhin 44,8 Prozent diese Aussage. Aus den Interviews wird allerdings ersichtlich, dass ein *Ja* in der Regel von einem *Aber* begleitet wird bzw. von der Erläuterung, an welchen Stellen dann stattessen gespart werden müsste (Versicherung auf Eis legen, Verzicht auf Urlaub oder Auto etc.). Dies zeigt generell auf, dass Weiterbildungsausgaben in Konkurrenz mit Ausgaben in anderen Lebensbereichen stehen.

Abbildung 1: Quantitative Bedeutsamkeit unterschiedlicher Effektedimensionen

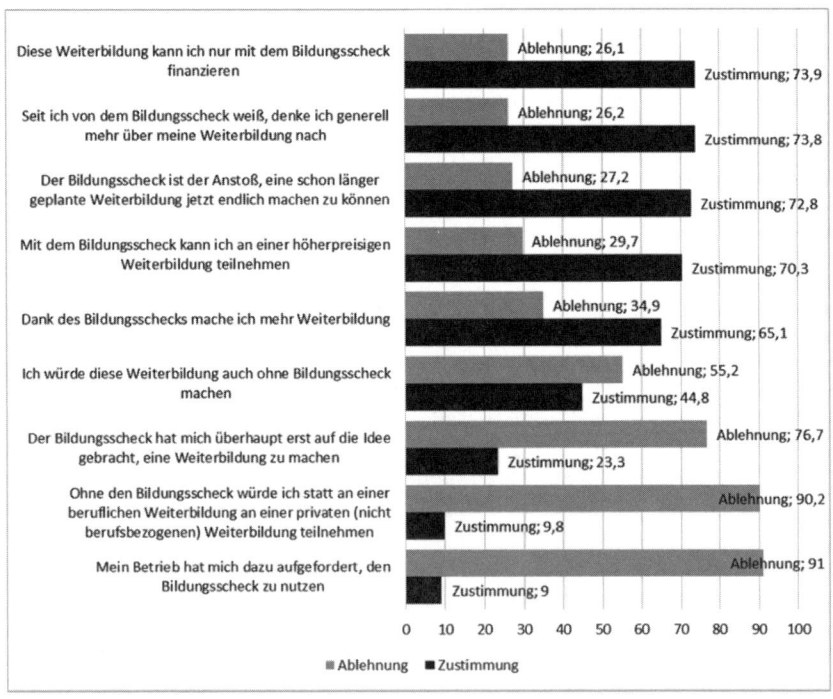

Quelle: Eigene Darstellung

Die übrigen Effekte erfahren allesamt deutliche Zustimmung von mindestens 60 Prozent. Besonders die Frage nach der finanziellen Bedeutung („Diese Weiterbildung kann ich nur mit dem Bildungsscheck finanzieren.") erfährt eine hohe Zustimmung: 73,9% bejahen, dass sie die Weiterbildung nur mit Bildungsscheck besuchen können. Dieses Ergebnis verwundert insofern etwas, als es der Zustimmung zu dem bereits genannten Mitnahme-Item „Ich würde diese Weiterbildung auch ohne Bildungsscheck machen" (44,8%) zu widersprechen scheint. Hier kann eine leichte Verzerrung durch eine soziale Erwünschtheit vermutet werden: Die Personen befinden sich alle im Antragsverfahren, möglicherweise scheint ihnen eine Ablehnung der finanziellen Wichtigkeit deshalb unangemessen oder es besteht trotz zugesicherter Anonymität die Sorge, die Chance auf eine Bewilligung des Schecks zu verringern.

Ebenfalls hoch (73,8%) ist die Zustimmung zu dem Item zur erhöhten Reflexion über die eigene Weiterbildung („Seit ich von dem Bildungsscheck weiß, denke ich generell mehr über meine Weiterbildung nach."). In den Interviews ließen sich Reflexionseffekte noch intensiver und differenzierter herausarbeiten und es zeigt sich, wie ein verstärktes Nachdenken über Weiterbildung in eine konkretere Planung und damit in eine Verstetigung und Erhöhung der individuellen Weiterbildungsbeteiligung übergehen kann. Damit wäre eine „Signalwirkung" auf individueller Ebene beschrieben, wie sie von Faulstich (2005: 26) für das „Bildungssparen" auf gesellschaftlicher Ebene beschrieben wird.

Eine Erhöhung der individuellen Beteiligung („Dank des Bildungsschecks mache ich mehr Weiterbildung.") wird ebenfalls von einer – wenn auch kleineren – Mehrheit bejaht (65,1%). Dies spricht dafür, dass nicht einfach eigene Mittel durch öffentliche Mittel ersetzt werden, sondern möglicherweise die durch die finanzielle Unterstützung freigewordenen Ressourcen wieder für Weiterbildung eingesetzt werden. Da ein Gutschein immer auch den Einsatz eigener Mittel erfordert, scheint die Bereitschaft zum Einsatz eigener Ressourcen zu steigen. In der Evaluation des Bildungsschecks NRW wird dieser Aspekt ebenfalls genannt und als Anschubeffekt bezeichnet (SALSS 2008).

Zuletzt zeigt sich, dass die in den Interviews herausgearbeiteten Auswirkungen auf die Wahl des Angebots („Dank des Bildungsschecks kann ich an einer höherpreisigen WB teilnehmen.") mit Zustimmung belegt wird. 70,3 Prozent der Personen bestätigten diese Aussage. Aus den Interviews wird erkennbar, dass der höhere Preis durch einen höheren Umfang zustande kommt und nicht selten Zertifikate damit verbunden sind.

Die Ergebnisse liefern Hinweise darauf, welches quantitative Gewicht den in den Interviews identifizierten, antizipierten Effekten zukommt. Allerdings müssen einige Einschränkungen vorgenommen werden: Nicht geklärt werden kann die Frage, ob es letztlich tatsächlich zu einer Teilnahme gekommen ist, da die Fragebögen z.T. noch im Laufe des Antragsverfahrens ausgefüllt wurden. Da die Beantragung des Bildungsschecks mit einigem Aufwand verbunden ist und schon Entscheidungen für potenzielle Anbieter und ein Thema erfordert, kann jedoch eine gewisse Verbindlichkeit angenommen werden. Sollte es dann trotz Bewilligung des Schecks doch nicht zu einer Teilnahme kommen, liegen möglicherweise eher situative Gründe wie Krankheit, fehlende Kinderbetreuung, Kursausfall, fehlende zeitliche Freistellung etc. vor. Trotz dieser Überlegungen bleibt letztlich offen, inwiefern nicht auch soziale Erwünschtheit bei Interviews und Befragung eine Rolle gespielt hat. Weitere methodologische Aspekte wären zu sondieren, die aus Platzgründen hier nicht ausgiebig diskutiert werden können. Notwendig wäre es in jedem Fall, zukünftig die Gutscheinnutzenden zu verschiedenen Zeitpunkten zu befragen, um erstens die tatsächlichen Wirkungen des Finanzierungsanreizes auf Teilnahmeentscheidungen zu erfassen und zweitens um längerfristige Wirkungen (z.B. mehr Weiterbildung im Lebensverlauf) untersuchen zu können.

Fazit

Wie wirken also Weiterbildungsgutscheine? Soll Politik diese Finanzierungsform weiterhin einsetzen? Unsere Methodik und Ergebnisse zeigen auf, dass es so einfach mit der Evidenz nicht ist. Auch bzw. gerade evidenzbasierte Bildungsforschung braucht die Diskussion, ja vielleicht sogar den Streit um Ziele, Methodiken und die Interpretation von Ergebnissen. Dies kann wie folgt an unserem Beispiel der Gutscheine veranschaulicht werden, da die gesetzten Ziele teilweise nicht erreicht werden, sich aber andere – positive – Effekte zeigen.

Zunächst stellt sich die Frage nach dem richtigen Maß, mit dem man die Wirkungen der Gutscheine beurteilt. Es hat sich eingebürgert, dass hier prominent der Mitnahmeeffekt herangezogen wird. Eine theoretische Begründung oder ein Diskurs der Vor- und Nachteile dieses Maßes findet jedoch nicht öffentlich statt, sondern bestenfalls in Expertengremien der Forschung. Evidenzbasierte Forschung zeigt hier die Tendenz, dass die Anforderung, eindeutige Ergebnisse zu liefern, dazu führt, dass die grundlegenden theoretischen Vorannahmen und methodologischen Entscheidungen öffentlich kaum thematisiert werden – zum Teil mit dem Verweis, dass die Methodik dem „höchsten Stand der Forschung" entspricht. Gerade bei diesem Forschungsschritt spielen jedoch theoretische und normative Orientierungen der Forschenden eine zentrale Rolle, die sich bis zu der Interpretation hin auswirken. Wir haben mit der Darstellung unserer Ergebnisse und Methoden aufzuzeigen versucht, dass man die Wirkungen von Gutscheinen auch ganz anders untersuchen kann und sollte. So deuten sich vielfältige intendierte Wirkungen (Steigerung der Weiterbildungsbeteiligung) und nicht-intendierte Wirkungen an (z.B. Finanzierung einer höherwertigen Weiterbildung). Evidenzbasierte Bildungsforschung muss die Frage diskutieren, ob es ausreicht, nur die politisch gewünschten Wirkungen zu untersuchen, oder ob man nicht auch analysieren sollte, welche anderen Wirkungen eintreten und ob man überhaupt Evidenzen zu den richtigen Fragestellungen liefert. So wäre bspw. zu fragen, ob die aktuell sich zeigende (Über-)Fokussierung auf eine quantitative Erhöhung der Weiterbildungsbeteiligung allein die richtige Frage ist. Selbst in der als *Goldstandard* für Evidenzbasierung dienenden Medikamentenforschung werden oftmals eher zufällig andere Wirkstoffe entdeckt, die nicht mit dem eigentlich avisierten Krankheitsbild zu tun haben, aber andere Krankheiten heilen. Weiterbildungsgutscheine taugen nur begrenzt dazu, wie intendiert die allgemeine Weiterbildungsbeteiligung zu erhöhen oder vor allem Geringqualifizierte zu erreichen. Zumindest muss man damit rechnen, dass diese Wirkungen nur eingeschränkt eintreten. Weiterbildungsgutscheine wirken aber besonders gut bei qualifizierten, weiblichen Beschäftigten in prekären Beschäftigungsverhältnissen im Gesundheitsbereich mit hohen Weiterbildungspflichten und -motivationen. Dieser nicht-intendierte Effekt tritt bei allen Weiterbildungsgutscheinen auf und macht aufmerksam für andere, erhebliche Probleme der Finanzierung in bestimmten weiblich dominierten Branchen und Beschäftigungsfeldern.

Schließlich benötigt evidenzbasierte Bildungsforschung Zeit. Viele Wirkungen von Bildung treten erst verzögert auf bzw. lassen sich erst durch Paneldaten im Lebenslauf valide untersuchen. Die dominante Fokussierung auf jährliche Quoten in der Politik – und damit dann auch oftmals in der Auftragsforschung – laufen dem zuwider. Forschende können hier versucht sein, wider besseren Wissen Ergebnisse im Schnellschuss zu produzieren, um politische und mediale Aufmerksamkeiten zu bedienen. Unsere Ergebnisse deuten darauf hin, dass Weiterbildungsgutscheine Anschubeffekte zeigen, die man über mehrere Jahre präzise und kritisch verfolgen muss. Es können mehr Weiterbildungen im Lebenslauf gemacht oder auch zeitlich vorgezogen werden, sodass eine Kompetenzsteigerung früher eintreten kann.

Evidenzbasierte Weiterbildungsforschung befindet sich damit nicht nur bei Gutscheinen auf einem Weg, der auch als Suche nach den richtigen Maßen beschrieben werden kann. Dieser Suchprozess braucht den kritischen Diskurs über Ziele, Wege und Erreichtes. Wir hoffen, Anreize zu weiteren Reflexionen gegeben zu haben. Wie können Wissenschaft und Politik zukünftig ein dem Allgemeinwohl dienendes Maß im Umgang mit Wissen und Macht finden? Diese Frage ist heute so virulent wie gestern und morgen.

Literatur

Bellmann, Johannes/Waldow, Florian (2004): Schüler als Kunden? Gutscheinsysteme als Instrumente der Bildungsfinanzierung – Konzepte, Erwartungen und Effekte. In: Die deutsche Schule 96, 3, S. 279-285.

Blankart, Charles B./Köster, Gerrit. B. (2003): Schulen im Wettbewerb. Frankfurter Allgemeine Zeitung vom 6.9.2003, S. 13.

Dohmen, Dieter (2005): Theorie und Empirie von Bildungsgutscheinen. Was können wir von den Erfahrungen anderer Länder für die deutsche Diskussion lernen? Vortrag vor dem Bildungsökonomischen Ausschuss des Vereins für Socialpolitik, 18. März 2005. Forschungsinstitut für Bildungs- und Sozialökonomie. Köln.

Ehmann, Christoph (2003): Finanzierung, Vielfalt und Verantwortung. Finanzierungsmodelle für die Weiterbildung und ihre Wirkungen. In: EB 1, S. 2-7.

Faulstich, Peter (2005): Ressourcen für „Lebenslanges Lernen". In: Faulstich, P./ Bayer, M. (Hrsg.): Lerngelder. Für öffentliche Verantwortung in der Weiterbildung. Hamburg: VSA-Verlag, S. 9-32.

Kelle, Udo/Erzberger, Christian (2012): Qualitative und quantitative Methoden: kein Gegensatz. In: Flick, U./Kardorff, E. v./Steinke, I. (Hrsg.): Qualitative Forschung. Ein Handbuch. Reinbek: Rowohlt, S. 299-309.

Friedman, Milton (1982): Capitalism and Freedom. Chicago: University of Chicago Press.

Görlitz, Katja (2009): The Effect of Subsidizing Continuous Training Investments – Evidence from German Establishment Data. Ruhr Economic Papers, No. 144. RWI.http://www.rwi-essen.de/media/content/pages/publikationen/ruhr-economic-papers/REP_09_144.pdf [Zugriff: 20.08.2010].

Haberzeth, Erik/Kulmus, Claudia (2013): Förderprogramme der beruflichen Weiterbildung: Bedeutung, Stand und Entwicklung von Weiterbildungsgutscheinen in Deutschland. In: Käpplinger, B./Klein, R./Haberzeth, E. (Hrsg.): Weiterbildungsgutscheine – Wirkungen eines Finanzierungsmodells in vier europäischen Ländern. Bielefeld: Bertelsmann, S. 39-56.

IWAK (2013): Evaluierung des Instruments „Qualifizierungsschecks". Zwischenbericht zum Informationssystem berufliche Weiterbildung in Hessen. Frankfurt/Main. http://www.iwak-frankfurt.de/documents/ISWZwischenbericht2012.pdf [Zugriff: 04.06.2013].

Käpplinger, Bernd (2013): Gutschein- und Scheckförderungen in der Weiterbildung. In: Käpplinger, Bernd/Klein, Rosemarie/Haberzeth, Erik (Hrsg.): Weiterbildungsgutscheine. Wirkungen eines Finanzierungsmodells in vier europäischen Ländern. Bielefeld: Bertelsmann, S. 57-77.

Käpplinger, Bernd/Klein, Rosemarie/Haberzeth, Erik (2013) (Hrsg.): Weiterbildungsgutscheine – Wirkungen eines Finanzierungsmodells in vier europäischen Ländern. Bielefeld: Bertelsmann.

Mayring, Philipp/Brunner, Eva (2010): Qualitative Inhaltsanalyse. In: Friebertshäuser, B./Langer, A./Prengel, A. (Hrsg.): Handbuch Qualitative Forschungsmethoden in der Erziehungswissenschaft. Weinheim und München: Juventa, S. 323-333.

Oelkers, Jürgen (2007): Expertise Bildungsgutscheine und Freie Schulwahl. Bericht zuhanden der Erziehungsdirektion des Kantons Bern. Bern: Bildungsplanung und Evaluation, Erziehungsdirektion des Kantons Bern.

Erik Haberzeth, Bernd Käpplinger, Claudia Kulmus

SALSS (2008): Evaluierung des „Bildungsscheck NRW". Endbericht. http://www.gib.nrw.de/service/downloads/SALSS_Univation_Bildungsscheck_ Endbericht.pdf [Zugriff: 24.05.2013].

Wolter, Stefan/Messer, Dolores (2009): Weiterbildung und Bildungsgutscheine. Resultate aus einem experimentellen Feldversuch. Bern: BBT.

Zwischen handlungsleitenden Traditionen und Zukunft – Eine empirische Rekonstruktion des Umgangs mit Zeitlichkeit in organisationalen Lehrprofilen der Erwachsenenbildung

Einführung

Der Umgang mit der eigenen Vergangenheit und der erwarteten Zukunft kann für Organisationen Allgemeiner Erwachsenenbildung im Kontext der eigenen Profilbildung relevant werden. Schließlich kann die Frage, was eine spezifische Erwachsenenbildungsorganisation auszeichnet, durch den Rückblick auf ihre Tradition und Entwicklungsgeschichte reflektiert (vgl. zur Entwicklung des Feldes der Erwachsenenbildung Olbrich 2001) und in Relation zu ihren Zukunftserwartungen – hinsichtlich der Veränderung von Finanz- und Teilnehmendenstrukturen (vgl. z.B. Vater 2007; Friebe/Jana-Tröller 2008) sowie von Lehr- und Lernkulturen (vgl. z.B. Arnold/Schüßler 1998; Franz 2014) – betrachtet werden. Darüber, wie Organisationen mit der damit implizierten *Zeitlichkeit* umgehen, ist bislang wenig bekannt. Insgesamt wird der Umgang mit Zeitlichkeit in Organisationen in der empirischen Forschung und Theoriebildung der Erwachsenenbildung eher vernachlässigt (vgl. Schmidt-Lauff 2007, 2008; Schäffter 1993; Schäffter/Schmidt-Lauff 2010). Die bestehenden empirischen und zeittheoretischen Überlegungen beziehen sich vor allem auf die Konstitution von Zeitlichkeit in didaktischen Prozessen (Scheunpflug 2001; Treml 2000), in individuellen Lebensverläufen (vgl. Schmidt-Lauff 2007, 2008, 2009) und in der Synchronisation von individuellen und institutionellen Zeitkontingenten im Erwachsenenbildungssystem (Schäffter 1993).

Wie Weiterbildungsorganisationen als kollektive Organisationen mit Zeitlichkeit umgehen und ob und inwiefern dies auch mit der Herausbildung spezifischer Lehrprofile in Verbindung steht, wurde bislang nicht untersucht. An dieses Desiderat anschließend wird mit diesem Beitrag danach gefragt, welche organisationalen Umgangsweisen mit Zeitlichkeit empirisch beobachtet und mit der Herausbildung organisationaler Lehrprofile relationiert werden können. Dazu wird im Folgenden zunächst das methodische Vorgehen der zu Grunde liegenden qualitativen Studie expliziert, bevor die Ergebnisse entlang des empirischen Materials vorgestellt und abschließend aus zeittheoretischen Perspektiven diskutiert werden.

Methodischer Zugang

Die hier vorgelegten Ergebnisse zur Bedeutung von Zeitlichkeit im Hinblick auf das Lehren in erwachsenenpädagogischen Organisationen wurden im Kontext einer umfangreicheren qualitativen Studie zu kollektiven Lehrorientierungen in Organisationen Allgemeiner Erwachsenenbildung erarbeitet.[1]

In der *Datenerhebung* der Studie wurden jeweils getrennte Gruppendiskussionen (vgl. Loos/Schäffer 2001) mit unterschiedlichen Gruppen von Mitarbeitenden – hauptamtlich pädagogische Mitarbeitende, freiberufliche Kursleitende und Verwaltungskräfte – in Organisationen Allgemeiner Erwachsenenbildung erhoben. Zusätzlich wurde jeweils ein leitfadengestütztes Interview mit der Leitung der Einrichtung geführt.

Das *Sample* wurde im Sinne des *theoretical Samplings* (vgl. Glaser/Strauß 1967) aufgebaut. Nach der kriteriengeleiteten Auswahl erster Fälle wurden weitere Organisationen in iterativen Schleifen während des Auswertungsprozesses einbezogen. Das gesättigte Sample der Studie beinhaltet neun Organisationen Allgemeiner Erwachsenenbildung, die sich beispielsweise hinsichtlich ihrer Trägerschaft, ihres Gründungszeitraums und ihrer inhaltlichen Ausrichtung unterscheiden (siehe Abb. 1).

Die *Auswertung* des Datenmaterials erfolgte nach der dokumentarischen Methode (vgl. Bohnsack/Nentwig-Gesemann/Nohl 2007). Mit der in den methodologischen Grundannahmen begründeten Differenzierung zwischen kommunikativen bzw. theoretischen und konjunktiven bzw. atheoretischen Wissensformen (vgl. Mannheim 1980) wird es möglich, kollektive, implizite und handlungsleitende Orientierungen zu rekonstruieren. In den Interpretati-

1   Für die Förderung des Projekts „Lehren in der Erwachsenenbildung – Eine qualitativ-rekonstruktive Studie zu den Orientierungen von Mitarbeitenden in Organisationen der Erwachsenenbildung" (FR 2716/2-1) von 2012-2014 danke ich der Deutschen Forschungsgemeinschaft herzlich.

Julia Franz

onsschritten wird zunächst über die *formulierende Interpretation* das theoretische, kommunikativ-generalisierende Wissen analysiert, indem untersucht wird, *was* thematisiert wird. Mit der *reflektierenden Interpretation* werden kollektive Orientierungsmuster rekonstruiert, indem danach gefragt wird, *wie* Themen gerahmt und diskutiert werden. Die Auswertung der Gruppendiskussionen und Interviews erfolgt komparativ. Im Rahmen der Fragestellung nach kollektiven organisationalen Lehrorientierungen wurde untersucht, wie Vorstellungen zum Lehren unterschiedlicher Organisationsmitglieder miteinander in Verbindung stehen und welche geteilten Orientierungen vorliegen. Fallintern wurden also die perspektivischen Ausschnitte[2] der Organisationsmitglieder des konjunktiven Erfahrungsraums *Organisation* relationiert. Fallextern wurden die Perspektiven der einzelnen Organisationen miteinander kontrastiert und zu vier Typen verdichtet (vgl. zu Typenbildung Nentwig-Gesemann 2007; Nohl 2013).

Abbildung 1: Das Sample im Überblick

Fall	Trägerschaft	Bildungsinhalte	Gründung
A	kirchliche Trägerschaft	Politische Bildung	1950er
B	kirchliche Trägerschaft	Grundwissen, Kunst, Theologie	1970er
C	kirchliche Trägerschaft	Biografie Kommunikation	1970er
D	kirchliche Trägerschaft	Werte Politik, Familie, Theologie, Kunst, Kultur	1970er
E	öffentliche Trägerschaft	Sprachen, Gesundheit, Gesellschaft	1970er
F	öffentliche Trägerschaft	Sprachen, Gesundheit, Gesellschaft	1970er
G	öffentliche Trägerschaft	Berufliche und Allgemeine Bildung	1990er
H	zivilgesellschaftliche Trägerschaft	Berufliche und Allgemeine Bildung	1980er
I	zivilgesellschaftliche Trägerschaft	Gesundheit, Kultur, Familienbildung	1950er

Quelle: Eigene Erstellung

---

2   Methodologisch kann mit Mannheim ein konjunktiver Erfahrungsraum als Konstrukt beschrieben werden, das über den zugehörigen Mitgliedern „schwebt" (Mannheim 1980, S. 232) und von diesen nie vollständig erkannt oder „gewusst" (ebd.) wird. Die Mitglieder nehmen vielmehr jeweils aus ihrer spezifisch geprägten Perspektive einen „Ausschnitt" (ebd.) des Erfahrungsraums wahr. Diese Ausschnitte zusammen genommen bilden nach Mannheim das „organisch Ganze" (ebd.), das allerdings nicht vollständig erfasst werden kann, da es sich aus den perspektivischen Ausschnitten der Mitglieder zusammensetzt.

Empirische Ergebnisse:
Zur Zeitlichkeit von Lehrperspektiven

In einer verdichteten Auswertung konnten durch eine komparative Analyse vier unterschiedliche kollektive Perspektiven zum Lehren in Organisationen der Allgemeinen Erwachsenenbildung herausgearbeitet werden (vgl. Franz 2015). Diese Perspektiven beschreiben, wie Lehren konjunktiv betrachtet wird. In der Rekonstruktion dieser Lehrperspektiven wurde zudem deutlich, dass der Umgang mit Zeitlichkeit – als Bearbeitung von organisationseigenen Traditionen und antizipierten Zukunftserwartungen – die Vorstellungen über das gegenwärtige Lehren mit prägt.

Dabei können im Material über das Sample hinweg zwei Muster im Umgang mit Zeitlichkeit unterschieden werden. Zum einen gibt es Organisationen, die Vergangenheit und Zukunft in *Differenz* zueinander betrachten und jeweils eine Seite der Differenz positiv hervorheben. Zum zweiten relationieren andere Organisationen im Sample Vergangenheit und Zukunft, indem eine kontinuierliche Perspektive der *Entwicklung* hervorgehoben wird. Beide Muster differenzieren sich jeweils in zwei unterschiedlichen Formen aus und stehen mit spezifischen Vorstellungen zur Gestaltung von Lehrprozessen in Verbindung, die im Folgenden entlang des empirischen Materials rekonstruiert werden.

Zum differenzsetzenden Umgang mit Zeitlichkeit

In Organisationen, in denen Vergangenheit und Zukunft in der Differenz zueinander betrachtet werden, werden *früher* und *heute* als Vergleichshorizonte genutzt, um entweder die Bedeutung der Vergangenheit für die organisationale Profilbildung zu betonen, oder die Orientierung an der eigenen Anschlussfähigkeit an zukünftige Entwicklungen.

Zur Emphatisierung der Vergangenheit

Im Sample zeigt sich, dass Organisationen, die sich im Feld der politischen Bildung verorten, tendenziell die Vergangenheit emphatisieren. Im empirischen Material werden hier vor allem (bildungs-)politische Rahmenbedingungen der eigenen Bildungsarbeit thematisiert und dabei negative zukünftige Entwicklungen prognostiziert. In diesem Zusammenhang wird *früher* als hochpolitische und identitätsbildende Phase dargestellt, wie im Ausschnitt aus der Diskussion mit hauptamtlich pädagogischen Mitarbeitenden aus Organisation A deutlich wird.

Julia Franz

Am	└mit dem Sieg der Demokratie gleichzei-
	tig sozusagen auch der Druck auf die politische Bildung (1)
Cm	na das is schon ziemlich verändert ja ich selber komm ja noch aus der Generation wo
	man gedacht hat mit politischer Bildung kann man die Gesellschaft verändern ähm u:nd
Am	└ja. die
Cm	das Selbstverständnis gibt's ja heute gar nicht mehr
Am	Bewegungen┘ └ja
Cm	└hmhm außer bei n paar alten
	Cowboys ne @(.)@ das is (6)

Organisation A, Hauptamtlich pädagogische Mitarbeitende; Z. 551-571

Die Vergangenheit der politischen Bildung wird hier in einem wehmütigen Modus betrachtet, da durch den wahrgenommenen erhöhten Druck auf politische Bildung die Perspektive „mit politischer Bildung die Welt zu verändern" einer älteren Generation „alter Cowboys" zugeschrieben wird. Der Druck resultiert aus Veränderungen, die als „neoliberale Zeiten" beschrieben (Organisation A, HPM, Z.: 570) und vor dem Hintergrund der organisationseigenen politischen Tradition heraus kritisiert werden.

In Organisation H wird ebenfalls ein Spannungsfeld zwischen der – auf einer sozialen Bewegung fundierten – partizipativen politischen Tradition und der Notwendigkeit, zukünftig Fördermittel auf dem Markt zu akquirieren, beschrieben. Im Unterschied zu Organisation A wird dies allerdings ambivalenter betrachtet. So verändere sich durch kompetitive Förderstrukturen die „Mentalität von denjenigen die Bildungsarbeit machen" (Organisation H, HPM, Z.: 836). Gleichwohl sehen die Organisationsmitglieder auch die Möglichkeit die Interessen ihrer Bildungsarbeit über „Lobbyarbeit" (Organisation H, HPM, Z.: 723; 905) in politischen Gremien zu vertreten, um so die „Rahmenbedingungen von Bildung" (Organisation H, HPM, Z.: 715) beeinflussen zu können.

Die hier dargestellte Hervorhebung einer politisierten Tradition und emphatisierten Vergangenheit, die durch gegenwärtige und zukünftige Entwicklungen bedroht erscheint, steht in Zusammenhang mit organisationalen Vorstellungen zum Lehren. So wird in diesen Organisationen kaum über die Praxis des Lehrens gesprochen, diese wird eher im Modus der Selbstverständlichkeit als Vermittlung gesellschaftlich und zivilpolitisch relevanter Inhalte verstanden. Die Organisationen orientieren sich handlungsleitend daran, die eigenen Traditionen und Interessen politischer Bildung nach außen zu vertreten und so zu schützen.

Zur Hervorhebung der Anschlussfähigkeit an Zukunft.

Im Sample zeigt sich in Organisationen öffentlicher Trägerschaft, dass die eigene Vergangenheit als veraltete Tradition abgewertet wird, während die Anschlussfähigkeit an eine positiv gewertete Zukunft hervorgehoben wird. Im empirischen Material wird vor allem über zukünftige Entwicklungen und die

Zwischen handlungsleitenden Traditionen und Zukunft

entsprechende Konzeptionierung eigener innovativer und zukunftsfähiger Angebote gesprochen. Dabei wird die eigene Tradition als veraltete Praxis dargestellt, wie sich explizit in der Diskussion mit den Verwaltungskräften in Organisation E zeigt.

Aw	da hat sich schon nochmal was verändert hätten wir früher, konnt mer sich gar net vorstellen dass wär ja so als wilde Idee abgetan worden [...]
Cw	oder der Kochkurs direkt im Laden (.) dieses Showküche das is ja auch ne neue Art
Aw	⌊ja. Ja.⌋
Cw	was zu lernen ne?
Aw	⌊ja ich also ich hab schon das Gefühl dass wir um einiges anders machen als wir früher
Dw	⌊wir gehen halt mit der Zeit (.) wir sind ja jetzt nicht wie du gesagt hast
Aw	⌊jaja.⌋
Dw	eingestaubt wir sind entstaubt also wirklich wenn was Neues is hörn wer sofort ähm
Aw	⌊jaja.⌋
Dw	Müssen wer auch irgendwie anbieten sei es dieses Flexibar oder Nordic Walking war
Aw	⌊ja⌋
Cw	⌊hmhm⌋
Dw	ganz toll
Aw	⌊hmhm

Organisation E, Verwaltung, Minute 40f.

Die Gruppe beschreibt hier einen Gegensatz zwischen früher und heute. Während früher Konzepte – wie der Kochkurs im Laden – „wilde Ideen" dargestellt hätten, ging es heute darum, „mit der Zeit zu gehen". Dabei wird über die Differenz von „eingestaubt" und „entstaubt" deutlich, dass in der Organisation die eigene Tradition als veraltet und inadäquat abgewertet wird, während der Anschluss an zukunftsfähige – von außen herangetragen – Konzepte positiv bewertet wird. Die Einrichtung versteht sich durch das Aufgreifen solcher Ideen als *Vorreiter* (Organisation H, HPM, Z.: 902, 986, 1048, 1220), die am Puls der Zeit agiere und Trends aufgreife. Implizit wird damit auch der Druck der Einrichtung deutlich, durch das Aufgreifen von „was Neuem" Teilnehmende als Kunden zu gewinnen, was im empirischen Material allerdings nicht explizit reflektiert wird.

In ähnlicher Form zeigt sich diese Perspektive auch in den Organisationen F und I, in denen die eigene vergangene Bildungspraxis explizit als lehrzentrierte Tradition beschrieben wird, von der sich die Organisationen abgrenzen, da diese im Kontext der Diskurse um selbstgesteuertes und lebenslanges Lernen kaum zunftsfähige Anschlussmöglichkeiten für die Organisationen eröffne. Zusammenfassend zeigt sich, dass die eigene Tradition als nicht anschlussfähig für künftige Entwicklungen – und die zukünftige Gewinnung von Teilnehmenden – erachtet wird und damit ein Druck zur Anpassung evoziert wird.

Die herausgearbeitete Hervorhebung der eigenen Anschlussfähigkeit an Zukunft steht wiederum in Relation zu dem Lehrprofil dieser Organisationen. Dieses zeichnet sich dadurch aus, dass vor allem makrodidaktische Aspekte

Julia Franz

der Programmplanung in den Mittelpunkt gerückt werden, während die mikrodidaktische Praxis als selbstverständliche Durchführung von Angeboten betrachtet wird.

Zum relationierenden Umgang mit Zeitlichkeit

Im empirischen Material wird weiterhin deutlich, dass einige Organisationen Vergangenheit und Zukunft relationierend betrachten und damit die Entwicklung der eigenen Organisation fokussieren. Das Ziel dieses Entwicklungsprozesses ist dabei jeweils pädagogisch und normativ begründet und bezieht sich entweder auf die Förderung lernender Subjekte oder gesellschaftlicher Teilhabe durch Bildungsprozesse.

Zur Relationierung von Tradition und Zukunft im Kontext der Subjektbildung

Im Sample zeigt sich ausschließlich bei Organisationen in konfessioneller Trägerschaft, dass Tradition und Zukunft hier im Kontext der normativen Orientierung an der Entwicklung des Subjekts miteinander verbunden werden. Über dieses gemeinsame Dritte werden christliche Tradition und zukunftsfähige pädagogische Konzepte miteinander verknüpft, wie im Interview mit der Leitung von Organisation B deutlich wird, die den Prozess der Qualitätsentwicklung beschreibt.

L	hier ja schon ne Hauskultur schon herrschte die auch getragen ist von dem Ansatz (.) christlichen Menschenbild orientiert und die Förderung des Menschen hin zum selbstkritischen und selbstreflektierten sittlichen Subjekt. Was natürlich ganz stark zusammenhängt mit dem christlichen Horizont unter dem wir arbeiten […] n paar Grundkonstanten ham sich herausgestellt die sowohl mit diesem Ansatz den ich grad verdeutlicht hab als auch mit den modernen pädagogischen äh Theorien, die es gibt die Ermöglichungsdidaktik des offenen Lernsettings der Teilnehmendenorientierung der stark partizipativen ergebnis-offenen Methodik und Didaktik so in Übereinklang gebracht sind. Also es passt eigentlich so das was so im pädagogisch wissenschaftlichen Bereich äh Mainstream war oder ist mit dem was kirchliche und Erwachsenenbildung als Idee als Vision hat eigentlich relativ gut zusammen und insofern verfolgen wir hier einen kann man sagen kirchlich modifizierten ermöglichungsdidaktischen Ansatz

Organisation B, Leitung, Z. 49-74

Im Transkript wird die Verknüpfung einer christlich orientierten Tradition und modernen pädagogischen Konzepten zu einem „kirchlich modifizierten ermöglichungsdidaktischen Ansatz" dargestellt. Die Einheit der Differenz stellt dabei die Förderung der Bildung des Subjekts da. Damit wird Zeitlichkeit als Kontinuum gedacht, mit dem Tradition und Zukunft über die normative Grundhaltung der Förderung des Subjekts relationiert werden.

In Organisation C erfolgt eine ähnliche Verhältnissetzung über ein gemeinsam geteiltes „talentorientiertes", christliches Menschenbild (Organisation C, Gruppe Erwachsenenbildung, Z.: 1519), das mit subjektorientierten Methoden der Bildungsarbeit in Verbindung gebracht wird.

Die herausgearbeitete relationierende Betrachtung von Tradition und Zukunft im Kontext der Subjektbildung steht mit den Lehrprofilen dieser Organisationen in enger Verbindung. In diesen Organisationen wird Lehren ausgehend von den Entfaltungsmöglichkeiten der Subjekte gedacht und sich daran orientiert, extensionale und atmosphärisch gestalteten Lernarrangements bereitzustellen, in denen Lernende zu Bildungs- und Reflexionprozessen angeregt werden sollen.

Die Relationierung von Tradition und Zukunft im Kontext gesellschaftlicher Entwicklungen

In zwei weiteren Organisationen im Sample werden eigene Traditionen und Zukunftserwartungen über die normative Orientierung an gesellschaftlicher Teilhabe verknüpft. In diesen Organisationen werden gesellschaftliche Entwicklungen und die Anforderung der Bildungsarbeit im Verhältnis zueinander betrachtet; dabei wird die Tradition der Einrichtungen als eine diskurs- und partizipationsorientierte Kultur beschrieben, die wiederum an gesellschaftliche Entwicklungen anschlussfähig erscheint. Diese Tradition der diskursiven Grundhaltung wird insbesondere in der Diskussion der Kursleitenden von Organisation D sichtbar.

Am	Henning zum Beispiel der is ja für uns sozusagen der Zuständige, da wird auch
Bw	⌊jaja⌋
Am	gerungen; also ich hab ja diesmal als erstes Mal [..] für Inklusion irgendn verrücktes Thema […] wie is unsere Gesellschaft als ausgrenzende überhaupt gemacht, und äh da haben wir eine <u>scharfe Debatte</u> geführt; eine <u>scharfe</u> Debatte; […] so wir ham uns schon verständigt und so und das finde ich dann auch n guter Rückmeldung und dass
Bw	⌊ja⌋
Am	er nich nur sagt, ja Am wissen wir schon du machst das (wird immer nett) mensch was hast du denn dafür ne Idee aber <u>das</u> müssen wir nochmal kritisch hinterfragen dann waren wir uns aber schnell einig dass wir natürlich dafür sind ja Seminare da, auch was kritisch hinterfragen und so; von dorther is das einfach nur meine Begründung weil das jetzt gefragt war ham wir Erfahrung mit dem Träger oder irgendwie; sag ich hier Kirche klasse; danke;

Organisation D, Kursleitende; Z. 1154-1176

In diesem Ausschnitt wird das Aushandeln von Inhalten mit dem zuständigen hauptamtlich pädagogischen Mitarbeitenden beschrieben. Deutlich wird dabei, dass über die Rückmeldung und die „scharfe Debatte", gesellschaftlich relevante Themen – wie hier der Inklusion – weiterentwickelt werden. Es geht nicht darum, *etwas nettes* anzubieten, sondern dem normativen Ziel entsprechend zu lehren. Innovationen werden daher eher als kontinuierliche dis-

Julia Franz

kursive Weiterentwicklung der eigenen Praxis konstruiert, die durch das normative Ziel – und nicht durch äußere Debatten – angestoßen werden. Zeitlichkeit wird hier prozesshaft als Entwicklung verstanden, mit der Vergangenheit und Zukunft miteinander in Verbindung gesetzt werden.

In ähnlicher Form zeigt sich diese Perspektive auch in Organisation G, in der allerdings – vor dem Hintergrund der durch die Arbeitsagentur entsendeten Teilnehmenden – Anschlüsse an den Arbeitsmarkt als Ausdruck gesellschaftlicher Teilhabe hervorgehoben werden.

Die herausgearbeitete Relationierung von diskursiver Tradition und gesellschaftlicher Zukunftserwartung stehen mit den Lehrprofilen dieser Organisationen in Zusammenhang. Im Material wird deutlich, dass hier vor allem *Prozesse* in der didaktischen Gestaltung fokussiert werden. Die Bildungsarbeit repräsentiert in der Lehrorientierung eine *Gesellschaft im Kleinen*, bei denen Lehrende die Aufgabe haben, über zukünftig gesellschaftlich anschlussfähige Themen diskursive Lehrprozesse zu initiieren, zu beobachten und reflexiv zu begleiten.

Zusammenfassung

Zusammenfassend zeigt sich, dass Zeitlichkeit in den untersuchten Organisationen entweder in Form einer Differenzsetzung oder in Form einer Relationierung von Vergangenheit und Zukunft erfolgt, die jeweils in zwei unterschiedlichen Formen vorliegen und mit spezifischen Vorstellungen zum Lehren in Verbindung stehen (vgl. Abb. 2).

Abb. 2: Zusammenfassende Darstellung: Organisationaler Umgang mit Zeitlichkeit und Relation zum Lehren

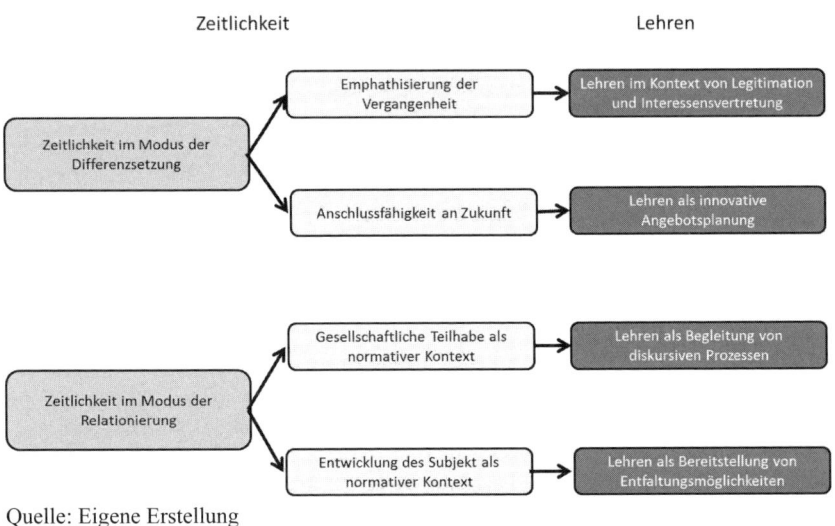

Quelle: Eigene Erstellung

Diskussion: Zeittheoretische Überlegungen

Aus den empirischen Ergebnissen der qualitativen Studie zum Umgang mit Zeitlichkeit in Organisationen der Erwachsenenbildung lässt sich die These ableiten, dass der *Umgang mit dem temporalen Grundbezug der Zeitdimensionalität eine bedeutsame Komponente für organisationale Sinnstiftungsprozesse im Hinblick auf das Lehren darstellt.*

Aus den Ergebnissen der Studie heraus deutet sich an, dass die Art und Weise, wie Organisationen Zeitlichkeit konstruieren bzw. wie sie sich mit dem Grundbezug der Zeitdimensionalität selbst in ein Verhältnis setzen (vgl. Schmidt-Lauff 2007, 2008, 2009), zur Generierung von organisationalem Sinn im Hinblick auf das Lehren beiträgt (vgl. Weick 1995). Zeit stellt als Sinndimension für Organisationen die Möglichkeit bereit, die Gegenwart in den Kontext vergangener und zukünftiger Zeithorizonte zu stellen und damit differenziert zu erfahren (vgl. Luhmann 1984). Insofern scheint Temporalität in Organisationen eine – neben sachlichen und sozialen – gleichwertige Dimension der Sinnkonstitution darzustellen, die auf die Identitätsentwicklung und Profilbildung kollektiver Akteure einwirkt. Anknüpfend an Ortfried

Julia Franz

Schäffters Entwürfe einer Temporaltheorie der Erwachsenenbildung (1993), bei der Erwachsenenbildung als „temporales System der Ereignisverknüpfung" konzipiert wird, das „seine gesellschaftliche Funktion als Synchronisation divergierender Eigenzeiten zwischen unterschiedlichen Systemreferenzen bestimmt" (Schäffter 1993: 452), können die herausgearbeiteten Umgangsweisen mit Zeitlichkeit als *organisationale Eigenzeiten* beschrieben werden, die „temporale Strukturierungsleistungen" ermöglichen (Schäffter 1993: 456). „Es bilden sich reflexive Muster temporaler Selbstidentifikationen und Selbstbeschreibung heraus, die sich als Geschichte von Selbstfestlegungen lesen lassen" (a.a.O). Damit werden Ereignisse in Organisationen zur Sinnstiftung auf zwei unterschiedlichen Arten verknüpft. Der empirisch herausgearbeitete Modus der Differenzsetzung steht für eine Fokussierung einer dichten Zeit, eines *Kairos* (vgl. Treml 2000: 44), mit der entweder die politische Vergangenheit und Tradition oder die *entstaubte* Zukunftserwartung, als *temporale Kontexte* auf Sinnstiftungsprozesse im Hinblick auf das Lehren einwirken. Mit einer relationierenden Perspektive wird Zeit als Entwicklung, als fortlaufende Dauer, als „Chronos" (Treml 2000: 48) betrachtet, mit der ein pädagogisches Entwicklungsziel – die Bildung des Subjekts oder die Teilhabe an Gesellschaft – auf die Generierung von Sinn im Hinblick auf das Lehren einwirkt. Beide temporalen Sinnperspektiven – *Chronos* und *Kairos* – stehen eng mit den normativen Grundhaltungen in Verbindung. Während chronologische Perspektiven in Relation zu pädagogischen Normen stehen, deutet sich bei der Perspektive auf Zeit als Kairos an, dass hier eher normative Haltungen vorliegen, die (bildungs-)politisch oder marktökonomisch fundiert sind.

Implikationen für Forschung und Theoriebildung

Vor diesem Hintergrund lassen sich abschließend Anregungspotenziale für weitere Forschung und Theoriebildung ableiten. *Implikationen für die Forschung* ergeben sich dahingehend, als dass die die diskutierten Ergebnisse auf einen möglichen Zusammenhang zwischen Temporalität und Normativität in Organisationen verweisen. An diese Spur könnte durch organisationspädagogische Forschungsarbeiten angeknüpft werden, indem quantitativ der mögliche Zusammenhang von Temporalität und Normativität in Organisationen untersucht und qualitativ analysiert wird, ob und inwiefern eine solche mögliche Relationierung für das Lernen von Organisationen von Bedeutung sein könnte.

Für die *Theoriebildung* ergibt sich die Anregung, zeittheoretische Perspektiven wie sie beispielsweise von Ortfried Schäffter (1993) und von Sabine Schmidt-Lauff (z.B. 2007, 2008, 2009, in diesem Band) entwickelt wor-

den sind, organisationstheoretisch und organisationspädagogisch anzurei-
chern. Bislang beziehen sich zeittheoretische Rekonstruktionen der Erwachsenenbildung vor allem auf die Ebenen der lernenden Subjekte und der Syn-
chronisationsleistung des Weiterbildungssystems. Eine organisationstheoreti-
sche Ausleuchtung einer zeittheoretischen Perspektive erscheint vor dem
Hintergrund der hier vorgestellten Ergebnisse ertragreich.

Literatur

Arnold, Rolf/Schüßler, Ingeborg (1998): Wandel der Lernkulturen. Ideen und Bau-
steine für ein lebendiges Lernen. Darmstadt: Wissenschaftliche Buchgesellschaft.
Bohnsack, Ralf/Nentwig-Gesemann, Iris/Nohl, Arnd-Michael (Hrsg.) (2007): Die do-
kumentarische Methode und ihre Forschungspraxis. Grundlagen qualitativer Sozialforschung (2. Aufl.). Wiesbaden: VS-Verlag.
Franz, Julia (2015): Lehren in Organisationen Allgemeiner Erwachsenenbildung. Eine
qualitativ-rekonstruktive Studie zu organisationalen Lehrorientierungen (Unver-
öffentlichte Habilitationsschrift). Friedrich-Alexander-Universität Erlangen-
Nürnberg.
Franz, Julia (2014): Der Umgang mit neuen Lernkulturen in Organisationen der All-
gemeinen Erwachsenenbildung – eine empirische Fallanalyse. In: Weber, S. M./
Göhlich, M./Schröer, A./Schwarz, J. (Hrsg.): Organisation und das Neue. Wies-
baden: VS-Verlag, S. 247-258.
Friebe, Jens/Jana-Tröller, Melanie (2008): Weiterbildung in der alternden deutschen
Gesellschaft. Bestandsaufnahme der demografischen Entwicklungen, des Ler-
nens im höheren Lebensalter und der Perspektiven für die Weiterbildung. Bonn:
Deutsches Institut für Erwachsenenbildung. http://www.die-bonn.de/id/4094
[Zugriff: 23.05.2015].
Glaser, Barney G./Strauss, Anselm. L. (1967): The Discovery Of Grounded Theory:
Strategies For Qualitative Research. Hawthorne, N.Y.: Aldine de Gruyter.
Loos, Peter/Schäffer, Burkhard (2001): Das Gruppendiskussionsverfahren. Theoreti-
sche Grundlagen und empirische Anwendung. Opladen: Budrich Verlag.
Luhmann, Niklas (1984): Soziale Systeme. Grundriß einer allgemeinen Theorie.
Frankfurt/Main: Suhrkamp.
Nentwig-Gesemann, Iris (2007): Die Typenbildung der dokumentarischen Methode.
In: Bohnsack, R./Nentwig-Gesemann, I./Nohl, A.-M. (Hrsg.): Die dokumentari-
sche Methode und ihre Forschungspraxis. Grundlagen qualitativer Sozialfor-
schung (2. Auflage). Wiesbaden: VS-Verlag, S. 277-302.
Nohl, Arnd-Michael (2013): Relationale Typenbildung und Mehrebenenvergleich.
Neue Wege in der dokumentarischen Methode. Wiesbaden: VS-Verlag.
Mannheim, Karl (1980): Strukturen des Denkens. Frankfurt/Main: Suhrkamp.
Olbrich, Josef (2001): Geschichte der Erwachsenenbildung in Deutschland. Bonn:
Bundeszentrale für politische Bildung.

Julia Franz

Schäffter, Ortfried (1993): Die Temporalität von Erwachsenenbildung. Überlegungen zu einer Zeit theoretischen Rekonstruktion des Weiterbildungssystems. Zeitschrift für Pädagogik 39, 3, S. 443-462.

Schäffter, Ortfried/Schmidt-Lauff, Sabine (2010): Temporalität. In: Nolda, S./Nuissl, E./Arnold, R. (Hrsg.): Wörterbuch Erwachsenenbildung. Bad Heilbrunn: Klinkhardt Verlag, S. 337-338.

Scheunpflug, Annette (2001): Evolutionäre Didaktik. Weinheim: Beltz.

Schmidt-Lauff, Sabine (2009): Zeitfragen und Temporalität in der Erwachsenenbildung. In: Tippelt, R./von Hippel, A. (Hrsg.): Handbuch Erwachsenenbildung/Weiterbildung, (3., überarbeitete und erweiterte Auflage). Wiesbaden: VS-Verlag, S. 213-228.

Schmidt-Lauff, Sabine (2008): Zeit für Bildung im Erwachsenenalter. Interdisziplinäre und empirische Zugänge. Waxmann: Münster.

Schmidt-Lauff, Sabine (2007): Zeit in der Erwachsenenbildung – Erwachsenenbildung in der Zeit. In: Wiesner, G./Zeuner, C./Forneck, J. H. (Hrsg.): Empirische Forschung und Theoriebildung in der Erwachsenenbildung. Schneider Verlag, Hohengehren, S. 222-235.

Treml, Alfred K. (2000): Allgemeine Pädagogik. Stuttgart: Kohlhammer.

Vater, Stefan (2007): Lebenslanges Lernen und Ökonomisierung im Bildungsbereich Gemeinnützige Erwachsenenbildung, Prekarisierung und Projektarbeit. MAGAZIN erwachsenenbildung.at. Das Fachmedium für Forschung, Praxis und Diskurs 1, 0 S. 51-59. http://www.erwachsenenbildung.at/magazin/07-0/meb-ausgabe07-0.pdf [Zugriff 23.05.2015].

Weick, Karl E. (1995): Sensemaking in Organizations. Thousand Oaks, London, New Dehli: Sage.

Herausforderung Kompetenzmodellierung: Theoriegeleitete Annäherung an die Kernkompetenz *Selbstreflexion*

Einleitung

„Erwachsenenpädagogische Professionalität basiert – neben einer theoriebegründeten und handlungsorientierten Wissensbasis – auf Deutungen, Diagnosen und Interpretationen, sie ist nicht etwas Abgeschlossenes, sondern sie muss sich als Kompetenz immer wieder bewähren und neu entwickeln (vgl. Nittel 2000: 85). Somit setzt dies über wissenschaftliches Grundlagenwissen hinaus vor allem praktische Erfahrungen und ein hohes Maß an Reflexionsfähigkeit voraus" (Gruber/Wiesner 2012: 14). Gruber und Wiesner (2012) beschreiben Reflexionsfähigkeit damit als zentrales Element im Konzert der Kompetenzen, die erwachsenenpädagogische Professionalität ausmachen. Im DQR (2011: 9), wo sie als Teilkompetenz der Personalen Kompetenz auftritt, ist sie folgendermaßen umschrieben: „Reflexivität beinhaltet die Fähigkeit, mit Veränderungen umzugehen, aus Erfahrungen zu lernen und kritisch zu denken und zu handeln." Diese Beschreibung ist jedoch zu ungenau, um den von Gruber und Wiesner (2012: 14f.) geforderten Dreischritt aus Formulierung, Anerkennung und Vermittlung von Kernkompetenzen leisten zu können. Göhlich (2011) geht noch einen Schritt weiter in der Begründung der Wichtigkeit von Reflexion für (erwachsenen-)pädagogische Professionalität. Er stellt einerseits fest: „Reflexion ist der Pädagogik als Anspruch eigen" und führt das Vorhandensein dieses Postulats für pädagogische Professionalität bis auf Plato zurück (ebd.: 138). Er geht aber noch darüber hinaus, indem er ausführt: „Es geht heute nicht mehr nur um Reflexion als Mittel der Professionalisierung des (z.B. pädagogischen) Handelns, sondern es geht um die Professionalisierung der Reflexion(sunterstützung) selbst" (ebd.: 139). Er erklärt die Zunahme der Bedeutung von Reflexion und den Bedarf der Unterstützung dabei mit Hilfe von modernisierungstheoretischen Begründungen, die gesellschaftliche Wandlungsprozesse zu erklären versuchen (vgl. ebd.: 145f.). So konstatieren Beck und Giddens (1996), auf die er dabei verweist, in ihrer Zeitdiagnose von der „reflexiven Modernisierung" die Auflösung der Selbstverständlichkeiten der ersten Moderne, welche mit einer verstärkten Wahrnehmung von Komplexität und Kontingenz der Welt einhergeht und zunehmende Reflexion erforderlich macht (vgl. Göhlich 2011: 146; vgl. ausführlicher Pachner 2014c). Göhlich (2011: 139) plädiert nun dafür, das Feld der Reflexion und der Reflexionsunterstützung zu einem der Pädagogik zu machen. Voraussetzung dafür, dass Selbstreflexion in professionellen (erwachsenen-)pädagogischen Kontexten gezielt unterstützt werden kann, ist jedoch – wie bereits erwähnt – ihre wissenschaftlich fundierte Formulierung (vgl. Gruber/Wiesner 2012: 14f.). Hier will dieser Artikel einen Beitrag leisten durch eine Einordnung und Zusammenschau bestehender, theoretischer Konzepte von Selbstreflexion auch im Kontext professioneller Kompetenz. Dem folgt ein Ausblick auf eine forschungsbasierte (Weiter-)Entwicklung von Selbstreflexion als Kompetenz im Feld der Erwachsenenbildung.

Bestehende Konzeptionen von Selbstreflexion

Es gibt in der Pädagogik und Psychologie bereits Konzeptionen von Selbstreflexion, an die angeknüpft werden kann (vgl. ausführlicher auch Pachner 2013a, 2014b). In der Psychologie spielt Selbstreflexion seit den 1970er Jahren eine Rolle, wo sie z.B. im Kontext von Problemlöseprozessen untersucht worden ist (vgl. z.B. Dörner 1979; Reither 1979). Tisdale beschreibt Selbstreflexion als „Betrachtung und kritische Analyse eines Protokolls der eigenen Aktivitäten, unter Zuhilfenahme von Prozessen der Rekapitulation und Rekonstruktion" und zwar bzgl. des Erreichens vorher festgelegter Ziele (1998: 7). Greif (2008) fasst Selbstreflexion als den bewussten Vergleich von realem und idealem Selbstkonzept auf, was nur gelingen kann, sofern Selbstaufmerksamkeit gegeben ist. Er differenziert dabei nach unterschiedlichen Arten von Selbstreflexion (Greif 2008: 35ff.). Denn nicht jeder selbstreflexive Prozess zeitigt Folgen. Nur die „ergebnisorientierte" Problem- bzw. Selbstreflexion führt auch zu Veränderungen. Dabei unterscheiden sich Problem- und Selbstreflexion in Bezug auf die Selbstbezogenheit. Beide zielen auf das Erschließen neuer Handlungsmöglichkeiten ab. Dementsprechend formuliert Greif: „Selbstreflexion ist ein bewusster Prozess, bei dem eine Person ihre Vorstellungen oder Handlungen durchdenkt und expliziert, die sich auf ihr

Anita Pachner

reales und ideales Selbstkonzept beziehen. Ergebnisorientiert ist die Selbstreflexion, wenn die Person dabei Folgerungen für künftige Handlungen oder Selbstreflexionen entwickelt" (2008: 40). Die ergebnisorientierte Problembzw. Selbstreflexion ist folglich nicht zu verwechseln mit „ziellos kreisenden Grübeleien" (Greif 2008: 37), die gerade nicht in Folgerungen für ein (verändertes) zukünftiges Handeln und Verhalten münden. Selbstreflexive Prozesse werden dann angestoßen, wenn Diskrepanzen zwischen dem idealen und dem realen Selbst bewältigt werden sollen, da diese Diskrepanzen von negativen Gefühlen begleitet werden. Dazu werden gegenwärtige mit früheren Erfahrungen abgeglichen, Denk- und Handlungsmuster, die sich als nicht mehr zielführend erweisen verändert und ggf. neue, situationsangemessene Ziele formuliert und verfolgt (vgl. Tisdale 1998: 12). Greif (2008: 87f.) vermutet als potentielle Auslöser für Selbstreflexion z.B. Fragebögen, die Fragen über das Selbst enthalten, neue und schwierige Aufgaben, Feedback, Konflikte oder Misserfolge.

In der Pädagogik findet sich das Konstrukt der *selbsteinschließenden Reflexion*. Sie ist ähnlich der psychologischen Konzeption von Selbstreflexion eine Beobachtung des Selbst, eine „Beobachtung II. Ordnung" (Siebert 2011: 10). Aus pädagogisch-konstruktivistischer Sicht beschreibt Siebert Selbstreflexion als „selbsteinschließende Reflexion" (a.a.O.) und bezieht sich dabei auf Varela und Kollegen (1992: 50). Sie erachten ebenfalls Aufmerksamkeit – im Gegensatz zur „gewohnheitsmäßigen Unaufmerksamkeit" (a.a.O.) – als wichtige Bedingung für Selbstreflexion und verstehen darunter, „achtsam zu verfolgen, wie der Geist seinen eigenen Wege geht" (ebd.: 55). „Selbsteinschließende Reflexion" ist ebenfalls offen für Veränderungen. Siebert weist explizit daraufhin, dass nur solche Arten von Selbstreflexion für Lehren und Lernen von Bedeutung sind, die Veränderung zulassen (a.a.O.). Und nur solche Arten von Selbstreflexion sind auch im Kontext des Kompetenzdiskurses sinnvoll und anschlussfähig, da sie situationsangemessenes (Lehr-)Handeln in komplexen Situationen ermöglichen. Denn der Rekurs auf langjährige Praxiserfahrung allein genügt dafür oftmals nicht mehr oder behindert sogar innovatives Handeln (vgl. Siebert 2011: 16). Ausgelöst werden nachhaltige selbstreflexive Prozesse dabei, so Siebert, durch „Irritationen" wie sie z.B. durch neue Herausforderungen entstehen (a.a.O.; vgl. ausführlicher auch Pachner 2013a, 2014b).

Kompetenz und Selbstreflexion

Beide Konzeptionen von Selbstreflexion weisen Ähnlichkeiten zum *Reflective Practitioner* auf, wie Schön ihn bereits 1983 zur Diskussion stellt (vgl. auch Pachner 2013b, 2014a, b). Indem Komplexität, Unsicherheit und konfligierende Werte in der professionellen Praxis zunehmen, erachtet Schön Anpassungsfähigkeit als wichtige ja notwendige Eigenschaft des professionell Handelnden (vgl. Schön 1983: 13ff.). Wissen, Erfahrung und herkömmliche praktische Fähigkeiten, wie sie traditionelle Auffassungen von Expertise beschreiben, reichen nicht mehr aus (a.a.O.). Damit nimmt er nicht nur die modernisierungstheoretischen Begründungen Göhlichs (2011) vorweg, sondern ist auch anschlussfähig an gegenwärtige Definitionen von Kompetenz, die davon ausgehen, dass erst Kompetenzen das Handeln in offenen, komplexen Situationen erlauben (vgl. z.B. Erpenbeck/von Rosenstiel 2007). Sie fassen Kompetenzen auf als Selbstorganisationsdispositionen physischen und psychischen Handelns, wobei unter Dispositionen die bis zu einem bestimmten Handlungszeitpunkt entwickelten inneren Voraussetzungen zur Regulation der Tätigkeit verstanden werden. Damit umfassen Dispositionen nicht nur individuelle Anlagen sondern auch Entwicklungsresultate (Clauß/Kulka/Lompscher/Rösler/Timpe/Vorwerg 1995: 126). Kompetenzen sind folglich „eindeutig handlungszentriert und primär auf divergent-selbstorganisative Handlungssituationen bezogen" (Erpenbeck/von Rosenstiel 2007: XXXVI). *Dispositionen*, also die Anlagen oder die Bereitschaft zur Bewältigung bestimmter Tätigkeiten, sind zwar vorhanden, kommen aber als Kompetenz nur dann zum Tragen, wenn sie in der konkreten Handlungssituation auch tatsächlich und immer wieder von neuem abgerufen werden können. Von Kompetenzen ist zudem nur dann die Rede, wenn es sich bei den so bezeichneten Anlagen um das Ergebnis komplexer Entwicklungsprozesse handelt und nicht etwa um bereits vorhandene, z.B. ererbte Veranlagungen oder das Produkt einfacher Vermittlungsprozesse. Solche komplexen Kompetenzentwicklungsprozesse können z.B. auch informell am Arbeitsplatz, im sozialen Umfeld oder online erfolgen (vgl. Weinert 2001: 45-65 zit. nach Erpenbeck/von Rosenstiel 2007: XXXVIII). Vornehmlich *handlungszentriert* sind Kompetenzen, da v.a. das Handeln der kompetenten Person interessiert und nicht so sehr ihre Eigenschaften, was einer subjektzentrierten Sichtweise entspräche. Zuletzt ist von Kompetenzen nur dann die Rede, wenn es um die erfolgreiche Bewältigung von *divergent-selbstorganisativen* Situationen geht. Damit sind offene, unsichere und komplexe Handlungssituationen gemeint, denen nicht mit Routine allein erfolgreich begegnet werden kann. Schön geht nun einerseits davon aus, dass systematisches, vornehmlich wissenschaftliches Wissen und seine Anwendung in konkreten Handlungssituationen kompetentes, professionelles Handeln auszeichnen (1987: 33). Andererseits stellt er fest, dass dieses Wissen nicht für jedes praktische Problem eine Lösung oder Regel bereithält. Damit wird die Fähigkeit zur *reflection-in-action* eine wichtige Bedingung für kompetentes, professionelles Handeln und zwar gerade in offenen, unsicheren Situationen, wie sie uns heute immer öfter begegnen (vgl. ebd.: 39). Professionelles Handeln funktioniert aufgrund von unbewusstem *knowing-in-action*. „Our knowing is ordinarily tacit, implicit in our patterns of action and in our feel for the stuff with which we are dealing" (Schön 1983: 49). Die erfolgreiche Bewältigung offener, unsicherer Situationen macht es notwendig, über dieses *knowing-in-action* zu reflektieren und es dadurch beschreibbar zu machen. *Knowing-in-action* wird dadurch zum *knowledge-in-action* (vgl. Schön 1987: 26). Diese Reflexion kann auf zweierlei Weise erfolgen (vgl. Schön 1983: 49-50): Findet die Reflexion bereits im Verlauf der Handlung statt, bezeichnet Schön sie als *reflection-in-action* (a.a.O.). Geschieht sie erst im Anschluss an die bzw. nach Abschluss der Handlung, dann nennt er sie *reflection-on-action* (Schön 1987: 26). Ausgelöst werden beide Prozesse der Reflexion, wenn das professionelle Handeln zu unerwarteten, überraschenden Resultaten führt (vgl. a.a.O.). Die Reflexionsprozesse wiederum können sich auf vielfältige Gegenstände beziehen: The practitioner „may reflect on the tacit norms and appreciations which underlie a judgment, or on the strategies and theories implicit in a pattern of behavior. He may reflect on the feeling for a situation which has led him to adopt a particular course of action, on the way in which he has framed the problem he is trying to solve, or on the role he has constructed for himself within a larger institutional context" (Schön 1983: 62). Reflexion dient folglich auch nach dem Verständnis von Schön dazu, bewährte Annahmen zu hinterfragen, eine veränderte Sicht auf bekannte Situationen zu gewinnen und neue Handlungsmöglichkeiten zu entwickeln und auszuprobieren (vgl. Schön 1987: 35; Wolcott 1995: 40). Dies sind Voraussetzungen, die es dem professionell Handelnden erst ermöglichen, mit offenen, unsicheren und komplexen Handlungssituationen erfolgreich und kompetent umzugehen.

Zusammenfassung: Selbstreflexion in der Erwachsenenbildung – eine theoriegeleitete Annäherung

Fasst man die beschriebenen Ansätze der *ergebnisorientierten Selbstreflexion* nach Greif (2008), der *selbsteinschließenden Reflexion* nach Siebert (2011) bzw. Varela und Kollegen (1992) und des *Reflective Practitioners* nach Schön (1983/1987) zusammen, ergibt sich das in Abbildung 1 dargestellte Bild.

Abbildung 1: Integrierende Zusammenschau der Konzeptionen von Selbstreflexion

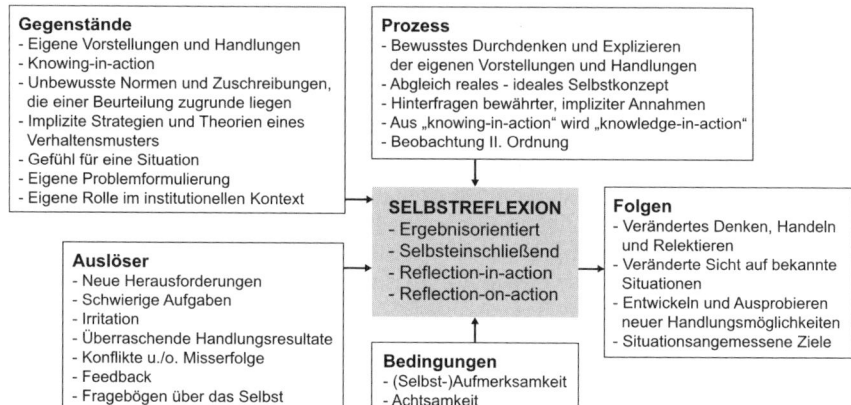

Quelle: Schön (1983, 1987), Varela et al. (1992) bzw. Siebert (2011) und Greif (2008).

Man könnte demnach neue Herausforderungen oder schwierige Aufgaben, ebenso wie Irritationen, Konflikte, Misserfolge oder Feedback als Auslöser für selbstreflexive Prozesse deuten. Unter der Voraussetzung, dass (Selbst-)Aufmerksamkeit oder Achtsamkeit gegeben sind, werden eigene Vorstellungen und Handlungen und implizite Annahmen, die diesem Handeln zugrunde liegen, ins Bewusstsein gerufen und beobachtet. Reflexion erfolgt also als Beobachtung II. Ordnung. Ist die Selbstreflexion erfolgreich, resultiert sie in verändertem Denken, Handeln aber auch Reflektieren. Dadurch wird innovatives pädagogisches Handeln möglich. Deutlich wird, dass Selbstreflexion den genannten Konzeptionen zufolge die zentrale Funktion hat, unbewusste Aspekte des eigenen professionellen Denkens und Tuns explizit und damit gestaltbar zu machen. Reflexion führt zu reflektiertem Handeln, einem Handeln also, das immer wieder von neuem situationsangemessen, veränderbar und offen für Innovation ist. Damit sind die zentralen Merkmale kompetenten, professionellen Handelns angesprochen. Auch in der Synopse wird sichtbar, was Gruber und Wiesner postulieren: Kompetentes, erwachsenenpädagogisches Handeln setzt Reflexionsfähigkeit voraus (2012: 14). Dies ist umso wichtiger angesichts der Herausforderung zunehmend offener, komplexer und unsicherer Handlungsanforderungen in professionellen Kontexten.

Anita Pachner

Ausblick auf eine forschungsbasierte Erarbeitung der Kernkompetenz Selbstreflexion

Gruber und Wiesner finden eine eindeutige Antwort auf die Frage nach dem *Was*, welches professionell Handelnde in der Erwachsenenbildung auszeichnet (2012: 14ff.). Sie weisen auf die besondere Bedeutung von Kernkompetenzen hin und halten die drei Schritte aus Formulierung, Anerkennung und Vermittlung solcher Kompetenzen für zentral (vgl. ebd.: 14-15). Denn Voraussetzung dafür, dass Kernkompetenzen an zukünftige Erwachsenenbildnerinnen und Erwachsenenbildner weitergegeben werden können bzw. dass der Erwerb dieser Kompetenzen, wo er informell erfolgt ist, anerkannt werden kann, ist zunächst einmal, dass diese wissenschaftlich fundiert (re-)konstruiert und formuliert werden (vgl. ebd.: 15). Insbesondere in Bezug auf die Anerkennung informell erworbener Kompetenzen hat u.a. die Weiterbildungsakademie Österreich (wba) in Wien hier Pionierarbeit geleistet (vgl. Heilinger 2012). Sie hat ein Kompetenzmodell entwickelt, das nun dazu dient, auch informell erworbene Kompetenzen von professionell in der Erwachsenenbildung Tätigen zu prüfen, ggf. anzuerkennen und zu zertifizieren. Selbstreflexionsfähigkeit soll dabei als wichtige Komponente Personaler Kompetenz ebenfalls unter Beweis gestellt werden (vgl. wba-Curriculum 07/2012: 24). Dafür wird die Teilnahme an Seminaren mit geschlossenen Lerngruppen und an Supervision bzw. Coaching berücksichtigt. Zudem dient die wba-Diplomarbeit sowie das *Zertifizierungswerkstatt* genannte Assessment-Center dazu, das Vorhandensein von Selbstreflexionsfähigkeit zu überprüfen (vgl. ausführlicher auch Pachner 2013b). Seit Ende 2014 verfolgt das BMBF-Projekt GRETA für Deutschland eine ähnliche Zielsetzung (vgl. Brandt 2015; DIE 2015). Das Deutsche Institut für Erwachsenenbildung (DIE) und acht Bundes- und Dachverbände der Erwachsenen- und Weiterbildung haben es sich darin zur Aufgabe gemacht, ein System für die bundesweite und trägerübergreifende Anerkennung und Zertifizierung von Kompetenzen erwachsenenpädagogisch Tätiger auf den Weg zu bringen.

In Kooperation mit der wba und dem BMBF-Projekt GRETA soll die oben theoretisch abgeleitete Skizze des Konstrukts *Selbstreflexion* empirisch weiterentwickelt werden. Ziel ist die Rekonstruktion und Formulierung der Kernkompetenz Selbstreflexion für das Feld der Erwachsenenbildung. Dazu sollen die Stimmen der Praktikerinnen und Praktiker ebenso gehört werden, wie die Sichtweise von kompetenzzertifizierenden Stellen und mit der Ausbildung künftiger Erwachsenenbildnerinnen und Erwachsenenbildnern befassten Institutionen berücksichtigt werden. Auf diese Weise soll multiperspektivisch und multimethodisch die Kernkompetenz Selbstreflexion, wie sie in unterschiedlichen Tätigkeitsfeldern der Erwachsenenbildung zu Tage tritt, rekonstruiert und für weitere Schritte der Kompetenzmodellierung, -anerkennung und -anbahnung verfügbar gemacht werden.

Fazit

Aus den vorhergehenden Ausführungen wird deutlich, dass eine dichte und für Verfahren der Anerkennung, Zertifizierung aber auch Anbahnung geeignete Formulierung von Kompetenzen ein herausforderndes Unterfangen ist. Zwar können bestehende Theorien und Konzepte auch der sogenannten Nachbarwissenschaften dafür fruchtbar gemacht werden, trotzdem bleibt die Herausforderung, zentrale Kompetenzen für das Handlungsfeld der Erwachsenenbildung spezifisch zu konturieren. Dies kann – so die diesem Beitrag zugrundeliegende Annahme – nicht ohne einen Blick in die Praxis geschehen. Sollen zentrale Aspekte erwachsenenpädagogischer Professionalität als Kompetenzen modelliert werden, so ist es notwendig, die entsprechend relevanten Komponenten erfolgreichen Handelns und gelungener Praxis zu (re-)konstruieren. Ein wichtiger Schritt ist dafür zunächst die Arbeit mit bestehenden Konzepten und Begriffen, wozu dieser Artikel beitragen will. Will die (Erwachsenen-)Pädagogik Reflexion und Reflexionsarbeit für sich als Feld beanspruchen (vgl. Göhlich 2011), kommt sie nicht umhin, auch an der wissenschaftlich fundierten Erarbeitung des Konstrukts mit- und weiterzuarbeiten. Dazu bestehen nun im Rahmen des genannten GRETA-Projektes gute Möglichkeiten. Selbstreflexion ist dabei besonders interessant, weil es sich dabei um eine der schwer zu fassenden „weichen", aber grundlegenden Kompetenzen handelt, die oftmals die Voraussetzung für die erfolgreiche Anwendung anderer Kompetenzen, etwa aus dem Bereich der Fach- oder Methodenkompetenzen, sind. Umso mehr lohnt es sich, sich dieser herausfordernden Aufgabe zu stellen. Nicht zuletzt wird damit auch ein Beitrag zu Professionalität, Professionalisierung und Qualitätssicherung in der Erwachsenenbildung geleistet.

Literatur

Arbeitskreis Deutscher Qualifikationsrahmen (AK DQR) (2011): Deutscher Qualifikationsrahmen für lebenslanges Lernen. Bonn: Bundesministerium für Bildung und Forschung (BMBF).

Beck, Ulrich/Giddens, Anthony/Lash, Scott (1996): Reflexive Modernisierung. Eine Kontroverse. Frankfurt a.M.: Suhrkamp.

Anita Pachner

Brandt, Peter (2015): Anerkennung der Professionalität erwachsenenbildnerischer Praxis. In: DIE Zeitschrift für Erwachsenenbildung 22, 3, S. 38-40.

Clauß, Günter/Kulka, Helmut/Lompscher, Joachim/Rösler, Hans-Dieter/Timpe, Klaus-Peter/Vorwerg, Giesela (1995): Wörterbuch der Psychologie. Frankfurt a.m.: Pahl-Rugenstein.

Deutsches Institut für Erwachsenenbildung (DIE) (2015): GRETA: Grundlagen für die Entwicklung eines trägerübergreifenden Anerkennungsverfahrens für die Kompetenzen Lehrender in der Erwachsenen- und Weiterbildung. http://www.die-bonn.de/weiterbildung/forschungslandkarte/projekt.aspx?id=712& [Zugriff: 07.08.2015].

Dörner, Dietrich (1978): Self Reflection and Problem Solving. In: Klix, F. (Hrsg.): Human and artificial intelligence. Amsterdam: North-Holland, S. 101-107.

Erpenbeck, John/Rosenstiel, Lutz von (2007): Handbuch Kompetenzmessung. Stuttgart: Schäffer-Poeschel.

Göhlich, Michael (2011): Reflexionsarbeit als pädagogisches Handlungsfeld. Zur Professionalisierung der Reflexion und zur Expansion von Reflexionsprofessionellen in Supervision, Coaching und Organisationsberatung. In: Helsper, W./Tippelt, R. (Hrsg.): Pädagogische Professionalität. Weinheim u.a.: Beltz, S. 138-152 (Zeitschrift für Pädagogik, Beiheft, 57).

Greif, Siegfried (2008): Coaching und ergebnisorientierte Selbstreflexion. Göttingen: Hogrefe.

Gruber, Elke/Wiesner, Gisela (2012): Erwachsenenpädagogische Kompetenz stärken. Kompetenzbilanzierung für Weiterbildner/-innen. Bielefeld: Bertelsmann.

Heilinger, Anneliese (2012): Professionalisierung mit Kompetenz steuern am Beispiel der Weiterbildungsakademie Österreich. In: Gruber, E./Wiesner, G. (Hrsg.): Erwachsenenpädagogische Kompetenz stärken. Kompetenzbilanzierung für Weiterbildner/-innen. Bielefeld: Bertelsmann, S. 59-81.

Nittel, Dieter (2000): Von der Mission zur Profession? Stand und Perspektiven der Verberuflichung in der Erwachsenenbildung. Bielefeld: Bertelsmann.

Pachner, Anita (2013a): Selbst und Reflexion – Veränderungsbereitschaft ermöglichen. In: Weiterbildung. Zeitschrift für Grundlagen, Praxis und Trends 24, 3, S. 28-31.

Pachner, Anita (2013b): Selbstreflexionskompetenz. Voraussetzung für Lernen und Veränderung in der Erwachsenenbildung? In: Magazin erwachsenenbildung.at. Das Fachmedium für Forschung, Praxis und Diskurs 20, 6, S. 1-9.

Pachner, Anita (2014a): Grounded (Re-)Construction of the Self-Reflection Core Competence from Statements of Adult Education Professionals. In: Wright, R. R./Greenawalt, A. (Hrsg.): Proceedings of the 55th Annual Adult Education Research Conference (AERC) June 5 – 7, 2014. Middletown, PA: Penn State Harrisburg, S. 360-365.

Pachner, Anita (2014b): Die Metakompetenz „Selbstreflexion" und ihre Bedeutung für pädagogisch Tätige und deren Professionalitätsentwicklung. In: Heyse, V. (Hrsg.): Aufbruch in die Zukunft. Erfolgreiche Entwicklungen von Schlüsselkompetenzen in Schulen und Hochschulen. Münster: Waxmann, S. 429-442.

Pachner, Anita (2014c): Reflexive Beratung in einer Gesellschaft reflexiver Modernisierung: Theoretische Verortung und Veranschaulichung aus der Praxis. In: Journal für Psychologie 22, 2, S. 9-34.

Reither, Franz (1979): Über die Selbstreflexion beim Problemlösen. Diss. Gießen: Justus-Liebig-Universität.

Schön, Donald Alan (1983): The reflective practitioner. How professionals think in action. New York, NY: Perseus Books.

Schön, Donald Alan (1987): Educating the reflective practitioner. San Francisco, CA: Jossey-Bass Publishers.

Siebert, Horst (2011): Selbsteinschließende Reflexion als pädagogische Kompetenz. In: Arnold, R. (Hrsg.): Veränderung durch Selbstveränderung. Impulse für das Changemanagement. Baltmannsweiler: Schneider Verlag Hohengehren, S. 9-18.

Tisdale, Tim (1998): Selbstreflexion, Bewusstsein und Handlungsregulation. Weinheim: Beltz.

Weiterbildungsakademie Österreich (wba) (2012): Curriculum wba-Diplom: Diplomierte/r Erwachsenenbildner/in Lehren/Gruppenleitung/Training. http://wba.or.at /login/downloads/Curriculum_wba_Diplom_Lehren.pdf [Zugriff: 20.10.2013].

Weinert, Franz Emanuel (2001): Concept of competence: A conceptual clarification. In: Rychen, D. S./Salganik, L. H. (Hrsg.): Defining and selecting key competencies. Seattle, WA: Hogrefe & Huber, S. 45-65.

Wolcott, Linda L. (1995): The distance teacher as reflective practitioner. In: Educational Technology 35, 1, S. 39-43.

Varela, Francisco J./Thompson, Evan/Rosch, Eleanor (1992): Der Mittlere Weg der Erkenntnis. Bern: Scherz.

EVA MARIA BITZER, MAREIKE LEDERLE, THOMAS MÖSSLE,
PAULA BLECKMANN

Prävention von problematischer und pathologischer Nutzung von Bildschirmmedien – Der Ist-Zustand in Deutschland

Ziele dieser Befragung sind eine Bestandsaufnahme der nationalen Situation zur Prävention problematischer Nutzung von Bildschirmmedien von Kindern und Jugendlichen sowie die Ableitung von Handlungsempfehlungen für die Praxis.

Dazu haben wir eine schriftliche Befragung unter Anbietern, die aktuell Präventionsangebote im Bereich der problematischen Bildschirmmediennutzung bereitstellen, durchgeführt. Der Fragebogen umfasst fast 500 Items mit Angaben zu den Angeboten zur Prävention problematischer Bildschirmmediennutzung. Zunächst haben wir eine deskriptive Analyse der einzelnen Items vorgenommen und anschließend mittels Analyse der Häufigkeiten der Variablen auf statistisch signifikante Unterschiede zwischen den Einrichtungen geprüft. Insgesamt lagen uns 127 ausgefüllte Fragebögen zur Analyse vor (Rücklauf 49%). Bei den Einrichtungen handelt es sich meist um Erziehungs- und Familienberatungsstellen (34,6%) sowie Sucht- und Jugendberatungsstellen (30,7%).

Für die Praxis wird die Notwendigkeit von evidenzbasierten und vor allem auch manualisierten Konzepten für Angebote im Bereich der Prävention von problematischer Bildschirmmediennutzung im Kindes- und Jugendalter deutlich.

Hintergrund

Der technische Fortschritt und die kulturelle Entwicklung ermöglichen bereits Kindern und Jugendlichen einen frühen Zugang zu elektronischen Medien (Rehbein/Mößle/Arnaud/Rumpf 2013; Grüsser/Thalemann/Albrecht/Thalemann 2005).

Neben einer Vielzahl positiver Nutzungsmöglichkeiten sind mit zunehmenden Nutzungszeiten und sich erweiternden Nutzungsformen von Bildschirmmedien besonders für junge Nutzergruppen auch gravierende Risiken und Probleme, bereits weit unterhalb der Grenze zur suchtartigen Nutzung, verbunden (Christakis/Zimmermann 2006; Feierabend/Karg/Rathgeb 2012; Feierabend/Karg/Rathgeb 2013).

Die negativen Auswirkungen des Bildschirmmedienkonsums spielen dabei mit einer Reihe von anderen problematischen Einflüssen zusammen und tragen zu Beeinträchtigungen der körperlichen Entwicklung (Verzögerungen der Bewegungsentwicklung, Übergewicht, Schlafprobleme), der sozio-emotionalen Entwicklung (Sprachentwicklungsverzögerungen, Empathieverlust) und der kognitiven Entwicklung (z.B. gemessen an schulischen Leistungen) bei (American Academy of Pediatrics 2011; Christakis/Zimmermann 2006; Mößle 2012).

Gerade auch jüngere Altersgruppen verbringen einen immer größeren Anteil ihrer Zeit vor Bildschirmmedien (Feierabend/Karg/Rathgeb 2013; Feierabend 2000; Njoroge/Elenbaas/Garrison/Myaing/Christakis 2013; Duch/Fisher/Ensari/Harrington 2013). Gleichzeitig wird ein Anwachsen der Nachfrage nach Beratungs- und Präventionsveranstaltungen besonders von Elternseite her von den Anbietern für primär- und sekundärpräventiver Aktivitäten und Interventionen berichtet. Diese Angaben aus der Präventionspraxis sind bisher nicht systematisch oder quantifizierbar erhoben worden. Sie werden jedoch plausibilisiert durch Angaben aus dem alljährlichen Sicherheitsreport, den das Institut für Demoskopie Allensbach im Auftrag der Deutschen Telekom erstellt. In den letzten Jahren wird von einer Zunahme von Sorgen und Sicherheitsbedenken auf Seiten der Eltern bezüglich der kindlichen Nutzung moderner Kommunikationstechnologien berichtet (Deutsche Telekom/T-Systems 2014).

Ziel der vorliegenden Befragung ist es deshalb, einen umfassenden Überblick über präventive Aktivitäten im Bereich der problematischen Nutzung von Bildschirmmedien in Deutschland abzubilden.

Eva Maria Bitzer, Mareike Lederle, Thomas Mößle,
Paula Bleckmann
Methodik

Studiendesign

Aus unseren vorbereitenden Literaturrecherchen (Stalter 2013) wurde deutlich, dass sich Einrichtungen aus unterschiedlichen Sektoren und Perspektiven mit der Prävention problematischer Nutzung von Bildschirmmedien befassen. Allerdings gibt es kein bundesweites Verzeichnis präventiver Einrichtungen. Die lokalen, regionalen, überregionalen und bundesweiten Angebotsstrukturen sind sehr heterogen, deshalb ist eine genaue Beschreibung der Grundgesamtheit nicht möglich.

Mittels eines zweistufigen Rekrutierungsvorgehens soll dennoch ein möglichst vollständiges Bild der nationalen Situation zur Prävention problematischer Nutzung von Bildschirmmedien abgebildet werden. Dafür haben wir zunächst potentielle Anbieter primär- und sekundärpräventiver Aktivitäten und Interventionen, die explizit oder implizit als (Teil-)Ziel den Schutz vor einer problematischen oder pathologischen Bildschirmmediennutzung anstreben, angeschrieben, ob sie aktiv in der Prävention problematischer Bildschirmmediennutzung tätig sind (Stufe-1). Erst in der darauffolgenden schriftlichen Befragung haben wir interessierte Einrichtungen ausführlich befragt (Stufe-2).

Stichprobe

Im Herbst/Winter 2012 haben wir insgesamt etwa 4.000 E-Mails mit dem Link auf die Stufe-1 Befragung verschickt. Den Onlinefragebogen sahen sich 730 Institutionen an. Davon füllten 718 einzelne Einrichtungen den Fragebogen tatsächlich aus. Die Frage, ob sie aktiv in der Prävention problematischer Nutzung von Bildschirmmedien sind, beantworteten davon 515 Teilnehmende. Von diesen geben wiederum 388 Einrichtungen an, selbst Interventionen in dem abgefragten Bereich anzubieten. 259 Institutionen erklärten sich bereit, an der Stufe-2 Befragung im Januar 2013 teilzunehmen.

Erhebungsinstrument

Für die zweistufige Kontaktaufnahme haben wir zwei Erhebungsinstrumente entwickelt. Ein erster kurzer Online-Fragebogen (Stufe-1) erhebt, ob die Einrichtungen Angebote zu Prävention im Bereich der Bildschirmmedien bzw. elektronischen Medien anbieten. Falls die Anbieter dies bestätigen und zum

Prävention von problematischer Nutzung von Bildschirmmedien

anderen bereit sind an einer ausführlichen Befragung teilzunehmen, werden sie gebeten ihre Kontaktdaten anzugeben. Der ausführliche Fragebogen der Stufe-2 umfasst insgesamt 40 Fragen (mit insgesamt fast 500 Items) und benötigt eine Bearbeitungszeit von etwa 45 Minuten. Die Entwicklung des Fragebogens orientiert sich an den Kriterien für Qualitätsentwicklung von wirkungsvoller Prävention und Gesundheitsförderung (Kliche/Mann 2004; Kliche/Töppich/Kawski/Koch/Lehmann 2008) sowie anderen Erhebungen (Korczak 2012).

Das Befragungsinstrument berücksichtigt allgemeine Variablen zur Einrichtung, Angaben zu den Angeboten zur Prävention problematischer Nutzung von Bildschirmmedien und zur Wichtigkeit von Zielen und Inhalten der vorgehaltenen Angebote sowie Angaben zu der persönlichen Einstellung der Befragten zu Bewertungen und Empfehlungen zur kindlichen und jugendlichen Bildschirmmediennutzung.

Auswertungsvorgehen

Um das breite Spektrum der Einrichtungen zu klassifizieren, das beispielweise von Erziehungsberatungsstellen über Einrichtungen der Suchtprävention bis hin zu Landesmedienanstalten reicht, werden fünf Kategorien gebildet.

1. Erziehungs- und Familienberatung
2. Sucht- und Jugendberatung
3. (Sucht)Prävention und Gesundheitsförderung
4. Verhaltenssuchtberatung (Spezialangebote für Mediensucht)
5. Sonstige

Um insgesamt einen umfassenden Überblick über präventive Aktivitäten im Bereich der problematischen Bildschirmmediennutzung in Deutschland abbilden zu können haben wir eine deskriptive Analyse der Items vorgenommen. Statistisch signifikante Unterschiede zwischen den fünf Einrichtungsarten werden mittels Analyse der Häufigkeiten der Variablen (χ^2-Test) berechnet. Für alle Ergebnisse wird ein Signifikanzniveau von $p<0,05$ festgelegt und die statistische Auswertung erfolgt mit IBM SPSS Statistics 21.

Die aktuell angebotenen präventiven Interventionen im Bereich der problematischen Bildschirmmediennutzung werden in aktuelle Literatur eingeordnet und Handlungsempfehlungen für die Praxis der Medien(sucht)prävention abgeleitet.

Eva Maria Bitzer, Mareike Lederle, Thomas Mößle,
Paula Bleckmann

Ergebnisse

Insgesamt lagen uns 127 Fragebögen von Einrichtungen vor, die aktiv in der Prävention problematischer Bildschirmmediennutzung tätig sind (Rücklauf 49%). Bei den Einrichtungen handelt es sich meist um Erziehungs- und Familienberatungsstellen (34,6%) sowie Sucht- und Jugendberatungsstellen (30,7%).

Strukturmerkmale der Präventionsangebote

In nur wenigen Einrichtungen wurde die Prävention problematischer Nutzung von Bildschirmmedien vor dem Jahr 2000 initiiert (vgl. *Tabelle 1*). Jedoch hat bereits vor 2000, z.T. seit den 1970er Jahren, über ein Viertel der Erziehungs- und Familienberatungsstellen Angebote bereitgestellt. Mehr als die Hälfte der Einrichtungen (56%) bietet erst seit 2010 Maßnahmen an. Insgesamt konzentrieren sich die meisten Einrichtungen (74%) auf eine frühe Vorbeugung gegen eine problematische oder suchtartige Bildschirmmediennutzung (universelle Prävention). Einrichtungen der Sucht- und Jugendberatung bieten im Vergleich zu den anderen Einrichtungen häufiger für alle Ebenen der Prävention (universelle, selektive und indizierte) Maßnahmen an.

Im Hinblick auf die Einbettung der Maßnahmen unterscheiden sich die Einrichtungen statistisch signifikant voneinander. Während Einrichtungen der Erziehungs- & Familienberatung hauptsächlich (64%) Einzelmaßnahmen anbieten und die Angebote nur zum geringen Teil in andere Bereiche integrieren, betten die anderen vier Einrichtungstypen ihre Maßnahmen als Teil der Suchtprävention bzw. in sonstige andere Bereiche ein. Der Fokus wird in allen Einrichtungstypen besonders auf die Inhalte und die Nutzungsdauer von Bildschirmmediennutzung gelegt. Die Erziehungs- und Familienberatungsstellen beziehen am häufigsten auch die Ausstattung mit Bildschirmgeräten als Thema in die Beratungsarbeit mit ein. Bezüglich der Reichweite wird deutlich, dass angebotene Maßnahmen sich eher auf den Landkreis beschränken und nur vereinzelte Maßnahmen bundesland- und bundesweit angeboten werden (vgl. *Tabelle 1*).

Prävention von problematischer Nutzung von Bildschirmmedien

Tabelle 1: Zentrale Struktur- und Qualitätsmerkmale der Angebote in der Prävention problematischer Nutzung von Bildschirmmedien

Prävention Bildschirmmedien	Art der Einrichtung #					Gesamt	p-Wert°
	1	2	3	4	5		
Verankert seit	(n = 31) 100%	(n = 34) 100%	(n = 19) 100%	(n = 9) 100%	(n = 9) 100%	(n = 102) 100%	0,005
vor 2000	26%	3%	5%	-	22%	12%	
2000 bis 2009	55%	41%	74%	78%	56%	56%	
seit 2010	19%	56%	21%	22%	22%	32%	
Art der Prävention	(n = 44)	(n = 39)	(n = 24)	(n = 10)	(n = 10)	(n = 127)	
Universell	77%	59%	88%	80%	80%	74%	n.s.
Selektiv	34%	56%	50%	100%	20%	48%	<0,001
Indiziert	18%	46%	12%	80%	10%	30%	<0,001
Einbettung	(n = 44) 100%	(n = 37) 100%	(n = 23) 100%	(n = 10) 100%	(n = 10) 100%	(n = 124) 100%	<0,001
Einzelne Maßnahme	64%	32%	13%	10%	10%	36%	
Teil von Lebenskompetenztraining	13%	5%	9%	-	-	8%	
Teil von Suchtprävention	7%	51%	48%	40%	10%	31%	
Teil sonstiger Maßnahmen	16%	11%	30%	50%	80%	25%	
Fokus auf	(n = 44) 100%	(n = 39) 100%	(n = 24) 100%	(n = 10) 100%	(n = 10) 100%	(n = 127) 100%	n.s.
Inhalte, Dauer & Medienausstattung	36%	5%	33%	30%	20%	24%	
Inhalte und Dauer	48%	72%	33%	50%	50%	53%	
Inhalte	5%	5%	17%	10%	10%	8%	
Sonstige Kombination	11%	18%	17%	10%	20%	15%	
Reichweite	(n = 42) 100%	(n = 37) 100%	(n = 22) 100%	(n = 10) 100%	(n = 9) 100%	(n = 120) 100%	<0,001
Kommune	29%	46%	18%	20%	11%	30%	
Landkreis	71%	49%	59%	50%	33%	58%	
Bundesland	-	3%	-	30%	33%	6%	
Bundesweit	-	3%	23%	-	22%	7%	
Konzept/Manual verfügbar?	(n = 44) 100%	(n = 39) 100%	(n = 22) 100%	(n = 10) 100%	(n = 9) 100%	(n = 124) 100%	<0,001
Für alle Angebote	2%	15%	32%	60%	22%	18%	
Für einen Teil der Angebote	5%	13%	27%	10%	33%	14%	
Nein	93%	72%	41%	30%	44%	69%	

Eva Maria Bitzer, Mareike Lederle, Thomas Mößle,
Paula Bleckmann

Prävention Bildschirmmedien	Art der Einrichtung #					Gesamt	p-Wert°
	1	2	3	4	5		
Wissenschaftliche Begleitung	(n = 42) 100%	(n = 39) 100%	(n = 23) 100%	(n = 10) 100%	(n = 9) 100%	(n = 123) 100%	n.s.
Nein	100%	90%	78%	90%	89%	91%	
Ja, Beschreibung	-	5%	9%	-	11%	4%	
Ja, Evaluation	-	5%	13%	10%	-	4%	

Anmerkungen. # 1 = Erziehungs- & Familienberatung, 2 = Sucht- & Jugendberatung, 3 = (Sucht-)Prävention & Gesundheitsförderung, 4 = Verhaltenssuchtberatung, 5 = Sonstige. p-Wert für Unterschiede nach Art der Einrichtung.

Qualitätsmerkmale der Präventionsangebote

Der Großteil (69%) der Einrichtungen nutzt weder ein Konzept noch ein Manual für die Angebote oder Teile der Angebote. Eine Ausnahme bilden die Einrichtungen für Verhaltenssuchtberatungen, die zu 60% (für alle Angebote) konzept- bzw. manualorientiert vorgehen. Lediglich 8% der Teilnehmenden berichten über eine wissenschaftliche Begleitung (vgl. *Tabelle 1*).

Empfohlenes Einstiegsalter

Aus Sicht der Praxis wird die folgende Reihenfolge für den Beginn der Mediennutzung nach Medium empfohlen: zunächst die Nutzung von Fernsehen bzw. DVD/Video, Kameranutzung und Computernutzung offline, gefolgt von der Verwendung von Spielkonsolen und Computerspielen, Tablet PC und Handy/Smartphone, Internet und zuletzt die Nutzung von Online-Kontaktnetzwerken wie Facebook. Für keines der erfragten Medien kommt ein Einstiegsalter von 0-2 Jahren (lediglich für Kamera und TV/DVD) in Frage (vgl. *Tabelle 2*).

Hinsichtlich der Frage nach dem empfohlenen Beginn der Mediennutzung gibt es nur kleinere Unterschiede zwischen den Praktikergruppen. Einen eher späten Einstieg empfehlen dabei sowohl die Erziehungsberatungsstellen als auch die Spezialangebote für Verhaltenssüchte.

Betrachtet man die Empfehlungen insgesamt über alle erfragten Medien zeigt sich, dass die fünf Einrichtungstypen keine Abweichungen von mehr als einer Alterskategorie aufweisen.

Prävention von problematischer Nutzung von Bildschirmmedien

Empfohlene Nutzungsdauer

Tabelle 2: Empfohlenes Einstiegsalter bezgl. der Nutzung verschiedener Medien und die Einstellung zum Jugendschutz

	Art der Einrichtung #						
Mediennutzung [a]	1	2	3	4	5	Gesamt	p-Wert
TV/DVD/Video	2,3	2,4	2,4	2,5	2,3	2,4	n.s.
PC offline	3,0	3,1	2,9	3,2	2,9	3,0	n.s.
Kamera	3,4	3,2	2,7	3,2	2,8	3,1	0,04
Spielkonsole	3,4	3,6	3,6	3,7	3,5	3,5	n.s.
Computerspiele	3,6	3,6	3,5	3,7	3,5	3,6	n.s.
Handy	4,4	4,2	4,2	4,2	4,2	4,3	n.s.
Internet	4,4	4,2	4,2	4,2	4,2	4,3	n.s.
Tablet PC	4,3	4,1	4,0	4,1	3,7	4,1	n.s.
Online-Kontaktnetzwerke	4,9	4,7	4,8	4,8	4,9	4,8	n.s.
Jugendschutz (JS) [b]	**1**	**2**	**3**	**4**	**5**	**Gesamt**	**p-Wert**
JS sollte von Eltern besser umgesetzt werden	2,4	2,3	2,4	2,8	2,7	2,4	n.s.
JS sollte in Bildungseinrichtungen besser umgesetzt werden	1,6	1,8	1,6	2,0	1,6	1,7	n.s.
Altersfreigaben für FSK sollten deutlich strenger sein	1,7	1,5	1,5	1,7	1,3	1,6	n.s.
Sendezeitgrenzen im TV sollten deutlich strenger sein	1,8	1,5	1,5	1,7	1,3	1,6	n.s.
Altersfreigaben für FSM sollten deutlich strenger sein	1,9	1,7	1,9	2,0	1,5	1,8	n.s.
Altersfreigaben der USK sollten deutlich strenger sein	1,9	1,7	1,7	1,9	1,4	1,8	n.s.
Altersfreigaben der USK sollten auch Abhängigkeitsrisiko berücksichtigen	2,6	2,5	2,7	2,5	2,0	2,5	n.s.
Nutzerseitiger JS sollte einfacher zu installieren und schwerer zu umgehen sein	2,5	2,5	2,3	2,2	2,2	2,4	n.s.
Netzseitige JS (Sperren/Löschen von Seiten) sollte verschärft werden	2,4	1,9	2,2	2,2	2,3	2,2	n.s.
alle 9 strenger	2,1	1,9	2,0	2,1	1,8	2	n.s.
Regelungen des JS sind ausreichend	1,6	1,8	1,5	1,4	2,1	1,7	n.s.

Anmerkungen. # 1 = Erziehungs- & Familienberatung, 2 = Sucht- & Jugendberatung, 3 = (Sucht-)Prävention & Gesundheitsförderung, 4 = Verhaltenssuchtberatung, 5 = Sonstige. a Wir erfragten das Alter, ab dem die Nutzung eines bestimmten Bildschirmmediums empfohlen wird, in folgenden Kategorien: 1 = 0-2 Jahre; 2 = 3-5 Jahre; 3 = 6-8 Jahre; 4 = 9-12 Jahre; 5 = 13-18 Jahre. b Wir erfragten die Zustimmung zu verschiedenen Maßnahmen des Jugendschutzes in folgenden Kategorien: 0 = stimmt nicht, 1 = stimmt kaum, 2 = stimmt eher, 3 = stimmt genau. °p-Wert für Unterschiede nach Art der Einrichtung.

Eva Maria Bitzer, Mareike Lederle, Thomas Mößle,
Paula Bleckmann

Die Präventionseinrichtungen wurden außerdem zu ihren Einstellungen bzgl. der maximalen täglichen Nutzungsdauer von Bildschirmmedien für verschiedene Altersgruppen befragt. In der Fragestellung wird zwischen der Nutzungszeit werktags und am Wochenende/in den Ferien differenziert. Für folgende Altersgruppen wurden Angaben erbeten: 0-3 Jahre, 4-6 Jahre, 7-12 Jahre, 13-18 Jahre und für Personen über 18 Jahren.

Zunächst zeigt sich, dass die mittlere empfohlene maximale Bildschirmzeit der Praktiker mit dem Alter der Kinder und Jugendlichen ansteigt. Die maximalen Nutzungszeiten für Schultage oder Werktage liegen für alle Altersgruppen unter den empfohlenen zeitlichen Obergrenzen für Wochenend- oder Ferientage.

Betrachtet man die durchschnittliche Empfehlung für die maximale tägliche Nutzungsdauer von Bildschirmmedien wird deutlich, dass Einrichtungen für Verhaltenssuchtberatung insgesamt eine etwas höhere maximale Mediennutzung am Tag empfehlen als die anderen Einrichtungen (n.s). Die geringsten Nutzungszeiten geben Einrichtungen der (Sucht-)Prävention und Gesundheitsförderung an, dicht gefolgt von Einrichtungen der Erziehungs- und Familienberatung (n.s).

Einstellung zum Jugendschutz

Die befragten Präventionspraktiker wurden zu ihren Einstellungen bezüglich verschiedener vorgegebener Aussagen zum Jugendmedienschutz befragt (vgl. *Tabelle 2*), mit den Antwortkategorien 0 (stimmt nicht), 1 (stimmt kaum), 2 (stimmt eher), 3 (stimmt genau). Insgesamt sehen die befragten Praktiker einen deutlichen Änderungsbedarf in Richtung einer Verschärfung der Jugendmedienschutzbestimmungen. Über alle neun erfragten Bereiche gemittelt, ergab sich überwiegend (eher) die Forderung nach einer Verschärfung.

Die Umsetzung des Jugendmedienschutzes sollte nach Meinung der Einrichtungen vor allem in den Familien ("von den Eltern", Mittelwert 2,4) besser umgesetzt werden, aber auch in den Bildungseinrichtungen (Mittelwert 1,7).

Nach Einschätzung der meisten Praktiker in unserer Befragung werden jedoch Verbesserungen im Schutz von Kindern und Jugendlichen vor problematischer Bildschirmmediennutzung durch eine Kombination zwischen der Verbesserung rechtlicher und technischer Regelungen und deren besserer Umsetzung durch das Umfeld der Kinder und Jugendlichen erreicht. Bezüglich der Einstellungen zum Jugendschutz unterscheiden sich die fünf Einrichtungstypen kaum (n.s).

Schutzmöglichkeiten

Hinsichtlich der persönlichen Einstellungen zur Medienerziehung wird in *Abbildung 1* deutlich, dass sowohl die gänzliche Vermeidung der Nutzung von Bildschirmmedien als auch eine gemeinsame Nutzung von Kindern mit Eltern oder anderen Bezugspersonen in der jüngsten Altersgruppen von den Befragten als wichtiges Ziel angesehen wird und diese Wichtigkeit mit zunehmenden Alter abnimmt. Einen entgegengesetzten Verlauf zeigt das Ziel der selbstverantworteten Nutzung. Diese wird bis zum Ende des Kindergartenalters nur von etwa einem Zehntel der Befragten als wichtiges Ziel angesehen, die Kurve steigt dann bei älteren Kinder und Jugendlichen tendenziell an und wird gerade ab dem Alter von 13 Jahren sogar als wichtigstes Ziel genannt. Die Bedeutung technischer Schutzmaßnahmen dagegen nimmt anfangs leicht zu, danach mit zunehmendem Alter der Zielgruppe etwas ab, bleibt aber über alle Altersgruppen wichtig.

Abbildung 1: Relevanz von Möglichkeiten zum Schutz vor problematischer Nutzung von Bildschirmmedien nach Altersgruppen

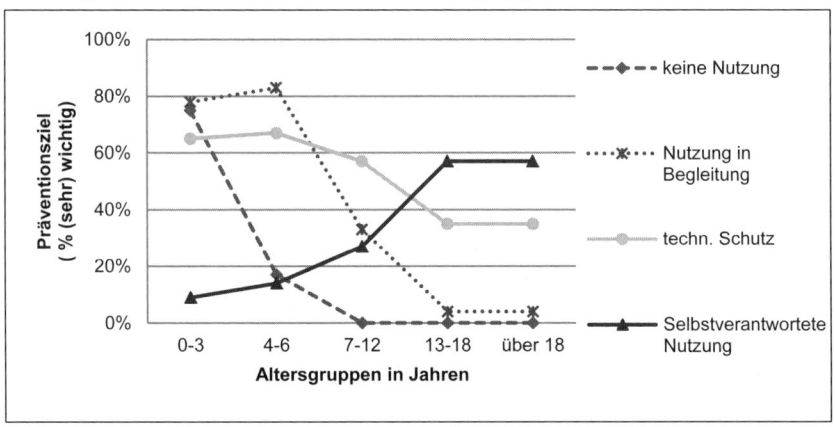

Dargestellt ist der Anteil an Personen, der einen Aspekt als „wichtig" oder „sehr wichtig" für die betreffende Altersgruppe einschätzt.

Diskussion

Interessant ist, dass sich in Bezug auf den Beginn der Angebote („Seit wann ist der Bereich Bildschirmmedien in der Präventionsarbeit verankert?") bei der vorliegenden Befragung von Praxiseinrichtungen eine andere Verteilung

Eva Maria Bitzer, Mareike Lederle, Thomas Mößle,
Paula Bleckmann

ergab als bei der Befragung von Beratungs- und Behandlungseinrichtungen von Petersen/Thomasius (2010). In dieser Studie sind viele Angebote erst innerhalb der drei Jahre vor der Befragung entstanden. Bei unserer Befragung wird jedoch auch deutlich, viele der Angebote stellen Einrichtungen der Erziehungs- und Familienberatung bereit. Diese geben mehrheitlich an, das Thema Medienerziehung sei im Sinne der Hinführung zu einem gelingenden, geregelten Umgang mit Medien im Familienalltag, schon seit längerem, z.t. seit über 20 Jahren, in ihrer Beratungsarbeit verankert. Dabei werden vor allem Eltern als wichtige Zielgruppe angesprochen.

Bei den Empfehlungen zum Einstiegsalter von Kindern sind deutliche Differenzen zum realen Einstiegsalter in Deutschland sichtbar. Während die Praktiker in unserer Befragung empfehlen, dass Kinder zwischen 0 und 2 Jahren (mit Ausnahme von TV o. DVD) keines der angegebenen Medien nutzen sollten, berichten Feierabend und Kollegen (Feierabend/Karg/Rathgeb 2013) in ihrer Studie, dass nach Angaben der Eltern etwa dreiviertel der Kinder bereits im Alter von 2 bis 3 Jahren Erfahrungen mit dem Fernsehen gemacht haben.

Auch bezüglich der Empfehlungen zur maximalen täglichen Bildschirmzeiten in verschiedenen Altersgruppen zeigt sich, dass in jeder der abgefragten Alterskategorien die reale Nutzungsdauer in Deutschland etwa doppelt so hoch ist wie die von Praktikern empfohlene maximale tägliche Nutzungsdauer. Die Diskrepanz zwischen Empfehlung und Realität nimmt dabei mit zunehmendem Alter zu (Feierabend/Karg/Rathgeb 2012; Feierabend/Karg/ Rathgeb 2013). Zusammenfassend lässt sich sagen, dass die realen Nutzungs- und Ausstattungsmuster den Zielen der Medien(sucht)prävention entgegenstehen.

Limitation

Aufgrund des Auswahlverfahrens bei der Praxisbefragung liegen keine Informationen zur Grundgesamtheit der befragten Einrichtungen vor, so dass wir die Repräsentativität der teilnehmenden Einrichtungen nicht einschätzen können. Aufgrund der Vielgestaltigkeit von Akteuren in der Prävention und Gesundheitsförderung, Sucht- und Medienprävention in Deutschland gibt es kein zentrales Register (wie etwa ein „Krankenhausregister") so dass ein Vergleich der Teilnehmerstichprobe mit externen Datenquellen nicht möglich ist. Wir gehen davon aus, dass ca. ein Drittel der in der Prävention von problematischer Bildschirmnutzung aktiven Einrichtungen an der Befragung teilgenommen hat.

Fazit für die Praxis

Die vorliegende Befragung veranschaulicht ein gemeinsames Verständnis der Einrichtungen von Präventionsziele im Bereich der problematischen Bildschirmmediennutzung. Über alle Einrichtungsgruppen hinweg zeigt sich ein Fokus auf Präventionsangebote für Kinder und Jugendliche ab 7 Jahren, für die jüngeren Altersstufen sind weniger Angebote verfügbar. Deutlich wird aber auch, dass für die meisten Angebote keine wissenschaftliche Begleitung und nur selten Konzepte und Manuale zur Verfügung stehen.

Insgesamt ergeben sich an Hand der Befragung aus unserer Sicht folgende Handlungsempfehlungen für die Praxis.

- In einem neuen Präventionsbereich erscheint die langfristige Wirksamkeitsevaluation besonders wichtig, so dass dies eine wichtige Handlungsempfehlung für die Kooperation zwischen Forschung und Praxis darstellt (Wasem 1957).
- Notwendig ist eine Identifikation und Beschreibung von Best-Practice-Einrichtungen und detaillierte Beschreibung ihrer Vorgehensweise (evidenzbasiert, manualisiert).
- Für junge Altersgruppen müssen mehr indirekte Interventionen über die Eltern oder pädagogische Fachkräfte an Bildungsinstitutionen angeboten werden.

Literatur

American Academy of Pediatrics (2011): Media Use by Children Younger Than 2 Years. Council on Communications and Media Pediatrics 128, 5.

Christakis, Dimitri. A./Zimmerman, Frederick. J. (2006): Media as Public Health Issue. In: Arch Ped Adol Med 160, 445-446.

Deutsche Telekom/T-Systems (2014): Sicherheitsreport 2014. Ergebnisse einer repräsentativen Bevölkerungsumfrage. https://www.telekom.com/static/-/244706/5/140801-sicherheitsreport2014-si. [Zugriff: 12.08.2015].

Duch, Helena/Fisher, Elisa/Ensari, Ipek/Harrington, Alison (2013): Screen time use in children under 3 years old: a systematic review of correlates. Int J Behav Nutr Phys Act 10, 102.

Feierabend, Sabine/Karg, Ulrike/Rathgeb, Thomas (2012): JIM-Studie 2012. Jugend, Information, (Multi-)Media. Basisuntersuchung zum Medienumgang 12- bis 19-Jähriger. (Forschungsbericht). Stuttgart: Medienpädagogischer Forschungsverbund Südwest.

Feierabend, Sabine/Karg, Ulrike/Rathgeb, Thomas (2013): KIM-Studie 2012. Kinder + Medien, Computer + Internet. Basisuntersuchung zum Medienumgang 6- bis 13-Jähriger in Deutschland. (Forschungsbericht). Stuttgart: Medienpädagogischer Forschungsverbund Südwest.

Eva Maria Bitzer, Mareike Lederle, Thomas Mößle,
Paula Bleckmann

Grüsser, Sabine/Thalemann, Ralf/Albrecht, Ulrike/Thalemann, Carolin N. (2005): Exzessive Computernutzung im Kindesalter – Ergebnisse einer psychometrischen Erhebung. Wien Klein Wochenschr 117, 5-6, 188-195.

Kliche, Thomas/Mann, R. (2008): Die Qualität der Versorgungsangebote für adipöse Kinder und Jugendliche. Bundesgesundheitsblatt – Gesundheitsforschung – Gesundheitsschutz 5, 6, 646–656.

Kliche, Thomas/Töppich, Jürgen/Kawski, Stephan/Koch, Uwe/Lehmann, Harald (2004): Die Beurteilung der Struktur-, Konzept- und Prozessqualität von Prävention und Gesundheitsförderung. Anforderungen und Lösungen. Bundesgesundheitsblatt – Gesundheitsforschung – Gesundheitsschutz 47, 2, 125–132.

Korczak, Dieter (2012): Föderale Strukturen der Prävention von Alkoholmissbrauch bei Kindern und Jugendlichen. Schriftenreihe Health Technology Assessment (HTA) In der Bundesrepublik Deutschland (Bd.112a). Köln: DIMDI.

Mößle, Thomas (2012): dick, dumm, abhängig, gewalttätig? Problematische Mediennutzungsmuster und ihre Folgen im Kindesalter. Ergebnisse des Berliner Längsschnitt Medien. Baden Baden: Nomos Verlag.

Njorge, Wanjiku F.M./Elenbaas, Laura M./Garrison, Michelle M./Myaing, Mon/Christakis, Dimitri (2013): Parental cultural attitudes and beliefs regarding young children and television. JAMA Pediatrics 167, 739–45.

Petersen, Kai Uwe/Thomasius, Rainer (2010): Beratungs- und Behandlungsangebote zum pathologischen Internetgebrauch in Deutschland. Endbericht an das Bundesministerium für Gesundheit (BMG): Deutsches Zentrum für Suchtfragen des Kindes- und Jugendalters (DZSKJ).

Rehbein, Florian/Mößle, Thomas/Arnaud, Nicolas/Rumpf, Hans-Jürgen (2013): Computerspiel- und Internetsucht. Der aktuelle Forschungsstand. Nervenarzt 4.

Stalter, Stephanie (2013): Perspektiven von präventiven Programmen gegen problematische bzw. pathologische Nutzung von Bildschirmmedien in Deutschland – Konzeption und Durchführung einer zweistufigen Befragung. Masterarbeit. PH Freiburg, Freiburg (unveröff.).

Wasem, Erich (1957): Jugend und Filmerleben : Beiträge zur Psychologie und Pädagogik der Wirkung des Films auf Kinder und Jugendliche. München; Basel: Reinhardt.

Verzeichnis der Autorinnen und Autoren

Prof. Dr. Eva Maria Bitzer, Pädagogische Hochschule Freiburg, Institut für Alltags-kultur, Bewegung und Gesundheit, Public Health & Health Education, Kunzen-weg 21, 79117 Freiburg, evamaria.bitzer@ph-freiburg.de

Dr. Paula Bleckmann, Kriminologisches Forschungsinstitut Niedersachsen e.V., Lüt-zerodestraße 9, 30161 Hannover, paula.bleckmann@kfn.de

Prof. Dr. Sigrid Blömeke, Centre for Educational Measurement, Postboks 1161, Blin-dern 0318, Oslo, sigrid.blomeke@cemo.uio.no

Prof. Dr. Marcelo Caruso, Humboldt-Universität zu Berlin, Kultur-, Sozial- und Bil-dungswissenschaftliche Fakultät, Institut für Erziehungswissenschaften, Abtei-lung Historische Bildungsforschung, Unter den Linden 6, 10099 Berlin, marcelo.caruso@hu-berlin.de

Prof. Dr. Rita Casale, Bergische Universität Wuppertal, Allgemeine Erziehungswis-senschaft/Theorie der Bildung, Gaußstr. 20, 42119 Wuppertal, casale@uni-wuppertal.de

Prof. Dr. Xianming Chen, Peking University, Graduate School of Education, Yi Heyuan Road No.5, HaiDian district, Beijing, PRC, postal code: 100871

Prof. Kai S. Cortina, Ph.D., University of Michigan, School of Education, 610 East University Avenue, Ann Arbor, Michigan 48109-1259, schnabel@umich.edu

Christiane Faller, Leibniz Universität Hannover, Institut für Erziehungswissenschaft, Schloßwender Straße 1, 30159 Hannover, christiane.falleriew.uni-hannover.de

Prof. Dr. Julia Franz, Eberhard Karls Universität Tübingen, Wirtschaft- und Sozial-wissenschaftliche Fakultät, Institut für Erziehungswissenschaften, Münzgasse 11, 72070 Tübingen, julia.franz@uni-tuebingen.de

Dr. Julia Gorges, Universität Bielefeld, Abteilung für Psychologie, Pädagogische Psy-chologie, Universitätsstraße 25, 33615 Bielefeld, julia.gorges@uni-bielefeld.de

Prof. Dr. Carola Groppe, Helmut Schmidt Universität Hamburg, Fakultät für Geistes- und Sozialwissenschaften, Allgemeine Pädagogik, Erziehungswissenschaft/ ins-besondere Historische Bildungsforschung, Holstenhofweg 85, 22043 Hamburg, groppe@hsu-hh.de

Dr. Norbert Grube, Pädagogische Hochschule Zürich, Zentrums für Schulgeschichte (ZSG), Lagerstrasse 2, 8090 Zürich, norbert.grube@phzh.ch

Dr. Erik Haberzeth, Universität Hamburg, Fakultät für Erziehungswissenschaft, Be-rufliche Bildung und Lebenslanges Lernen (EW 3), Reichenhainer Str. 41, 09111 Chemnitz, erik.haberzeth@phil.tu-chemnitz.de

Dr. Sigrid Hartong, Helmut Schmidt Universität Hamburg, Professur für Erziehungs-wissenschaft Holstenhofweg 85, 22043 Hamburg, hartongs@hsu-hh.de

Prof. Dr. Marianne Hirschberg, Hochschule Bremen, Gesundheit, Menschenrechte, Disability Studies, Inklusive Bildung, Neustadtswall 30, 28199 Bremen, marian-ne.hirschberg@hs-bremen.de

Prof. Dr. Andreas Hoffmann-Ocon, Leitung des Zentrums für Schulgeschichte (ZSG), Pädagogische Hochschule Zürich, Lagerstrasse 2, 8090 Zürich, a.hoffmann-ocon@phzh.ch

Prof. Dr. Bernd Käpplinger, Justus-Liebig-Universität Gießen, FB 03 Sozial- und Kulturwissenschaften, Institut für Erziehungswissenschaft, Professur für Weiter-

Verzeichnis der Autorinnen und Autoren

bildung, Karl-Glöckner-Straße 21B, 35394 Gießen, bernd.kaepplinger@erzieh ung.uni-giessen.de

Prof. Dr. Johannes König, Universität zu Köln, Humanwissenschaftliche Fakultät, Fachgruppe Erziehungs- und Sozialwissenschaften, Institut für Allgemeine Didaktik und Schulforschung, Gronewaldstr. 2a, 50931 Köln, johannes.koenig @uni-koeln.de

Claudia Kulmus, Humboldt Universität zu Berlin, Kultur-, Sozial- und Bildungswissenschaftliche Fakultät, Institut für Erziehungswissenschaften, Abteilung Erwachsenenbildung/Weiterbildung, Unter den Linden 6, 10099 Berlin, claudia.kul mus@hu-berlin.de

Prof. Nita Kumar, Ph.D., Claremont McKenna College, Department History, Kravis Center 214, Claremont, CA 91711, USA, nita.kumar@cmc.edu

Mareike Lederle, Pädagogische Hochschule Freiburg, Institut für Alltagskultur, Bewegung und Gesundheit, Public Health & Health Education, Kunzenweg 21, 79117 Freiburg, mareike.lederle@ph-freiburg.de

Prof. Dr. Ingrid Lohmann, Universität Hamburg, Fakultät für Erziehungswissenschaften, Ideen- und Sozialgeschichte der Erziehung/ Historische Bildungsforschung, Allgemeine, Interkulturelle und International, Vergleichende Erziehungswissenschaft, Von-Melle-Park 8 20146 Hamburg, Ingrid.Lohmann@uni-hamburg.de

Prof. Dr. Birgit Lütje-Klose, Universität Bielefeld, Fakultät für Erziehungswissenschaft, Schultheorie mit dem Schwerpunkt Grund- und Förderschulen, Universitätsstraße 25, 33615 Bielefeld, birgit.luetje@uni-bielefeld.de

Dr. Thomas Mößle, Kriminologisches Forschungsinstitut Niedersachsen e.V., stellvertretender Direktor, Lützerodestr. 9, 30161 Hannover, thomas.moessle@kfn.de

Phillip Neumann, Universität Bielefeld, Fakultät für Erziehungswissenschaft, Schultheorie mit dem Schwerpunkt Grund- und Förderschulen, Universitätsstraße 25, 33615 Bielefeld, phillip.neumann@uni-bielefeld.de

Prof. Dr. Rita Nikolai, Humboldt-Universität zu Berlin, Kultur-, Sozial- und Bildungswissenschaftliche Fakultät, Institut für Erziehungswissenschaften, Systematische Didaktik und Unterrichtsforschung, Juniorprofessorin für Systembezogene Schulforschung, Geschwister-Scholl-Straße 7, 10117 Berlin, rita.nikolai@hu-berl in.de

Anita Pachner, Eberhard Karls Universität Tübingen, Wirtschaft- und Sozialwissenschaftliche Fakultät, Institut für Erziehungswissenschaften, Münzgasse 11, 72070 Tübingen, anita.pachner@uni-tuebingen.de

Prof. Dr. Matthias Proske, Universität zu Köln, Humanwissenschaftliche Fakultät, Fachgruppe Erziehungs- und Sozialwissenschaften, Institut für Allgemeine Didaktik und Schulforschung, Innere Kanalstraße 15, 50823 Köln, m.proske@uni-koeln.de

Prof. Dr. Sabine Reh, Humboldt Universität zu Berlin, Kultur-, Sozial- und Bildungswissenschaftliche Fakultät, Institut für Erziehungswissenschaften, Historische Bildungsforschung, Unter den Linden 6, 10099 Berlin, sabine.reh@hu-berlin.de

Prof. Dr. Roland Reichenbach, Universität Zürich, Professor für Allgemeine Erziehungswissenschaft, Freiestrasse 3, 8032 Zürich, roland.reichenbach@ife.uzh.ch

Dr. Ulrich Salaschek, Fichtestraße 14, 10967 Berlin, ulrich@salaschek.de

Verzeichnis der Autorinnen und Autoren

Prof. Dr. Sabine Schmidt-Lauff, Technische Universität Chemnitz, Philosophische Fakultät, Institut für Pädagogik, Professur Erwachsenenbildung und Weiterbildung, Reichenhainer Str. 41, 09111 Chemnitz, schmidt-lauff@phil.tu-chemnitz.de

Jurik Stiller, Humboldt-Universität zu Berlin, Kultur-, Sozial- und Bildungswissenschaftliche Fakultät, Institut für Erziehungswissenschaften, Abteilung Grundschulpädagogik, Unter den Linden 6, 10099 Berlin, jurik.stiller@hu-berlin.de

Prof. Dr. Anja Tervooren, Universität Duisburg-Essen, Fakultät für Bildungswissenschaften, Institut für Pädagogik, Arbeitsgruppe Kindheitsforschung, Berliner Platz 6-8, 45127 Essen, anja.tervooren@uni-due.de

Dr. Nina Thieme, Leibniz Universität Hannover, Institut für Erziehungswissenschaft, Schloßwender Straße 1, 30159 Hannover, nina.thieme@iew.uni-hannover.de

Dr. Andrea De Vincenti, Pädagogische Hochschule Zürich, Zentrums für Schulgeschichte (ZSG), Lagerstrasse 2, 8090 Zürich, andrea.devincenti@phzh.ch

Prof. Dr. Christoph Wulf, Frei Univeristät Berlin, Fachbereich Erziehungswissenschaft und Psychologie, Arbeitsbereich Anthropologie und Erziehung, Habelschwerdter Allee 45, 14195 Berlin, christoph.wulf@fu-berlin.de

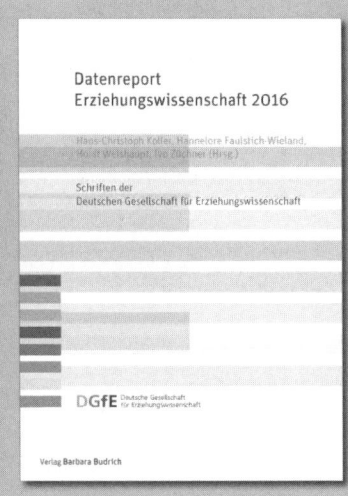